Braunschneider

Strafrecht AT

Boorberg Basics

Hartmut Braunschneider

Strafrecht AT

Das Skript
12. Auflage

Bibliografische Information der Deutschen Nationalbibliothek | Die Deutsche Nationalbibliothek verzeichnet diese Publikation in der Deutschen Nationalbibliografie; detaillierte bibliografische Daten sind im Internet über www.dnb.de abrufbar.

12. Auflage, 2021

ISBN 978-3-415-06921-3

© 2021 Richard Boorberg Verlag

Das Werk einschließlich aller seiner Teile ist urheberrechtlich geschützt.
Jede Verwertung, die nicht ausdrücklich vom Urheberrechtsgesetz zugelassen ist, bedarf der vorherigen Zustimmung des Verlages. Dies gilt insbesondere für Vervielfältigungen, Bearbeitungen, Übersetzungen, Mikroverfilmungen und die Einspeicherung und Verarbeitung in elektronischen Systemen.

Titelfoto: © kraifreedom – stock.adobe.com| Druck und Bindung: Vereinigte Druckereibetriebe Laupp & Göbel GmbH, Robert-Bosch-Straße 42, 72810 Gomaringen

Richard Boorberg Verlag GmbH & Co KG | Scharrstraße 2 | 70563 Stuttgart
Stuttgart | München | Hannover | Berlin | Weimar | Dresden
www.boorberg.de

Worum geht's hier?

Die Probleme, die uns im Jurastudium begegnen, kann man auf einen ziemlich simplen Nenner reduzieren: **Datenfülle und Komplexität**.

Die Gründe hierfür sind ebenfalls leicht zu benennen:

Wer sich als Jurist einen Namen machen will, kann dies im Rechtswissenschaftssystem nur durch eine möglichst große Anzahl von Veröffentlichungen. Eigentlich ist zwar zu allen Standards schon alles gesagt. Aber eben noch nicht von allen. **Wer schreibt, der bleibt.** – Das bedingt die Datenfülle.

Soweit es die Komplexität betrifft, gibt es drei Gründe.
- Zuerst ist es so, dass nicht alles im Leben einfach *ist*.
- Zum Zweiten *kann* nicht jeder die komplizierten Dinge aus den einfachen erklären.
- Zum Dritten *will* das auch gar nicht jeder, denn was einfach klingt, wird oft als anspruchslos abgestempelt.

Was nichts [an Anstrengung] kostet, ist nichts wert. Mit dem Einfachen lässt sich deshalb keine wissenschaftliche Reputation erreichen.

Die Lösung dieser Probleme ist Anliegen der Reihe **Das Skript**.

Das Skript verzichtet darauf, die Anerkennung des Wissenschaftlers zu finden. Das Skript kann es sich deshalb leisten, **einfache Dinge einfach** zu **erklären** und die komplizierten Dinge auf die einfachen zurückzuführen. Dass man dabei den ganzen, klausurrelevanten Stoff versteht, ist das durchaus beabsichtigte Hauptanliegen.

Das Skript kann den Fundstellenapparat in überschaubarem Rahmen halten, denn **das Einfache braucht keinen Beleg**. Es leuchtet auch so ein. Die Belege in diesem Skript sollen deshalb nur die Sicherheit vermitteln, dass juristische Autoritäten (Bundesgerichtshof ...) es auch so sehen.

Das Skript muss **keine wissenschaftliche Auseinandersetzung** führen. Es kann deshalb auch klipp und klar sagen, wie man sich in einer Klausur am besten verhält, um maximalen Erfolg zu erzielen.

Vor allem aber werden alle Themen stets unter Klausuraspekten beleuchtet. Ich nenne dieses Vorgehen *Umzentrieren*.

Das Skript liefert also in der Sache keine Erkenntnisse, die man nicht auch woanders herbekommen könnte. Aber die Art, *wie* es diese Erkenntnisse aufbereitet, kann man woanders nicht bekommen.

Es geht in juristischen Klausuren grundsätzlich um die Darstellung
- bestimmter Inhalte („Stoff", „Standardprobleme" mit „Lösungen"),
- in bestimmten Reihenfolgen („Aufbauschemata") und
- in bestimmten Darstellungsarten („Gutachtenaufbau" für die Logik und „Gutachtenstil" für die Formulierungen).

Und deshalb vermittelt das Skript die gebrauchsfertige Kombination **Stoff – (in) Aufbau – (mit) Formulierungen**. Alles, was man wissen muss, steht dort, wo es hingehört, und so beschrieben, wie es dort hingehört.

Dazu gibt es Aufbauschemata und Formulierungsvorschläge, Musterklausuren und eine Anleitung für die Erstellung von Hausarbeiten.

Gelegentlich lese ich, dieses oder jenes Skript aus der Reihe stelle nur das Einfachste dar oder behandle die Themen nicht vollständig. Dazu zweierlei:

- Bei meiner Tätigkeit als Prüfer im Ersten Staatsexamen habe ich mich in aller Regel auf den Stoff beschränkt, wie ich ihn in meinen Skripten bringe. – Wir dürfen sicher sein, dass gleichwohl kaum ein Kandidat in der mündlichen Prüfung all die „einfachen" Fragen beantworten konnte.
- Es geht mir in allen Skripten wesentlich um **Systematik und** die **Strukturen**, wie sie sich **aus der Klausurperspektive** darstellen.

Was von Vollständigkeit zu halten ist, hat ganz wunderbar Egon Friedell (*„Kulturgeschichte der Neuzeit, Band 1"*) beschrieben:

„In vielen gelehrten Werken findet sich im Vorwort die Bemerkung: „Möglichste Vollständigkeit war natürlich überall angestrebt, ob mir dies restlos gelungen, mögen die verehrten Fachkollegen entscheiden." Mein Standpunkt ist nun genau der umgekehrte. Denn ganz abgesehen davon, dass ich die verehrten Fachkollegen natürlich gar nichts entscheiden lasse, möchte ich im Gegenteil sagen: möglichste Unvollständigkeit war überall angestrebt. Man wird vielleicht finden, dies hätte ich gar nicht erst anzustreben brauchen, es wäre mir auch ohne jedes Streben mühelos gelungen. Dennoch verleiht ein solcher bewusster Wille zum Fragment und Ausschnitt, Akt und Torso, Stückwerk und Bruchwerk jeder Darstellung einen ganz besonderen stilistischen Charakter.

Wir können die Welt immer nur unvollständig sehen; sie mit Willen unvollständig zu sehen, macht den künstlerischen Aspekt."

Feedback ist gerne gesehen (**braunschneider@das-skript.de**). Lassen Sie Ihrer Fantasie freien Lauf. Nur mit Strafrecht AT sollte es was zu tun haben.

Inhaltsübersicht

1. Teil - Das System 3

2. Teil - Die einzelnen Deliktsformen 12
   ① Das vollendete vorsätzliche Begehungsdelikt (Tun) [Lesezeit: ca. 90 Min.] 12
   ② Das versuchte vorsätzliche Begehungsdelikt [Lesezeit: ca. 30 Min.] 132
   ③ Das fahrlässige Begehungsdelikt [Lesezeit: ca. 25 Min.] 168
   ④ Das vorsätzliche echte Unterlassungsdelikt [Lesezeit: ca. 5 Min.] 202
   ⑤ Das fahrlässige echte Unterlassungsdelikt [Lesezeit: unter 1 Min. :-)] 208
   ⑥ Das vollendete vorsätzliche unechte Unterlassungsdelikt [Lesezeit: ca. 15 Min.].. 210
   ⑦ Das versuchte vorsätzliche unechte Unterlassungsdelikt [Lesezeit: ca. 3 Min.].. 230
   ⑧ Das fahrlässige unechte Unterlassungsdelikt [Lesezeit: ca. 1 Min.] 234

3. Teil – Täterschaft und Teilnahme 238
   A. Übersicht [Lesezeit: ca. 7 Min.] 238
   B. Täterschaft [Lesezeit: ca. 15 Min.] 244
   C. Die Teilnahme [Lesezeit: ca. 13 Min.] 262
   D. Sonderproblem §§ 30, 31: versuchte Beteiligung [Lesezeit: ca. 3 Min.] 276
   E. Sonderproblem § 28 II [Lesezeit: ca. 9 Min.] 278

4. Teil – Konkurrenzen [Lesezeit: ca. 8 Min.] 288
   A. Übersicht 288
   B. Vorgehensweise 288
   C. Ablaufplan Konkurrenzen 291
   D. Gesetzeskonkurrenz 295
   E. Idealkonkurrenz & Realkonkurrenz 296

5. Teil – Gutachtenstil & Übungsklausuren 298
   A. Der Gutachtenstil – Überblick [Lesezeit: ca. 10 Min.] 298
   B. Übungsklausur Nr. 1 306
   C. Übungsklausur Nr. 2 313
   D. Übungsklausur Nr. 3 324

6. Teil – Hausarbeiten 338

7. Teil – Sachregister 374

Inhaltsverzeichnis

1. Teil - Das System 3
Am Ende zählen nur die (guten) Noten 3
Das Studium: unendlich viele Probleme 3
Begrenzt viele Wege und Methoden 3
Das *Wo* entscheidet: Wissen braucht (Ein-)Ordnung und Standorte. 3
Privatrecht – öffentliches Recht - Strafrecht 3
Der Sinn von Einteilungen 5
Die Einteilung nach Deliktsformen 7
Zwischenfazit 8
Wie geht es weiter? 9

2. Teil - Die einzelnen Deliktsformen 12
① Das vollendete vorsätzliche Begehungsdelikt (Tun) [Lesezeit: ca. 90 Min.] 12
I. Tatbestandsmäßigkeit 14
Mini-Exkurs - Allgemeine Systematik des BT 14
1. Objektiver (äußerer) Tatbestand 19
- Überblick (Täter, Situation, Verhalten, Mittel, Opfer, Effekt) 19
a. Das Tatsubjekt - Merkmale des Handelnden 19
b. Die Tathandlung 19
c. Das Tatobjekt 21
d. Der Taterfolg und die Verbindung von Handlung und Erfolg 22
    aa. Keine Kausalität (keine Ursache) 23
    bb. Normale Kausalität (eine Ursache) 23
    cc. Doppelkausalität / alternative Kausalität (2 volle Ursachen) 24
    dd. Kumulative / atypische Kausalität (2 halbe Ursachen) 25
    ee. Überholende / abbrechende Kausalität (Reserveursache vs. Turbo) ...25
    ff. Hypothetische Kausalität (Beinahe-Ursache) 26

2. Subjektiver (innerer) Tatbestand 34
- Überblick 34
a. Der Vorsatz 35
    aa. Die Wissenskomponente: das Bewusstsein 35
    bb. Die Wollenskomponente 36
    cc. Die 3 Vorsatzformen 36
        (1) Die Absicht (dolus directus 1. Grades): Dominanz des Wollens 36
        (2) Der direkte Vorsatz (dolus directus 2. Grades): Dominanz des Wissens ...37
        (3) Der Eventualvorsatz (dolus eventualis): Na wenn schon! 37

      (4) Die bewusste Fahrlässigkeit: Wird schon gutgehen! 38
    dd. Entscheidender Zeitpunkt für den Vorsatz: Begehung der Tat 40
  b. Die sonstigen subjektiven Tatbestandsmerkmale 41
  c. Irrtümer im Rahmen des subjektiven Tatbestandes 42
    aa. Der Subsumtionsirrtum 44
    bb. Der Irrtum über das Tatobjekt (error in persona vel objecto) 45
    cc. Die Abirrung (das Fehlgehen) der Tat (die aberratio ictus) 47
    dd. Der Irrtum über strafschärfende bzw. strafmildernde Umstände 51
    ee. Der Irrtum über den [Kausal] Verlauf 53
3. Tatbestandsannexe (Anhängsel) 56
4. Akzessorietätseinschränkende Umstände (Fälle des § 28 II) 57

II. Rechtswidrigkeit 57

1. Grundgedanke: Rechtswidrigkeit ist Normalfall (und damit indiziert). 58
2. Ausnahmetatbestände (Rechtswidrigkeit ist nicht indiziert.) 58
3. Ausnahmesituationen: Rechtfertigungsgründe (= Erlaubnistatbestände) 60
  a. Überblick 60
  b. Allgemeiner Aufbau 60
4. Notwehr, § 32: „Das Recht muss dem Unrecht nicht weichen." 61
  a. Angriff 62
  b. Gegenwärtigkeit 63
  c. Rechtswidrigkeit 64
  d. Verteidigung 64
  e. Erforderlichkeit 65
  f. Gebotenheit 65
  g. Subjektiver (Rechtfertigungs-) Tatbestand 67
  h. (Aufgedrängte) Nothilfe gegen den Willen des Angegriffenen? 68
5. Der rechtfertigende Notstand 68
  a. § 228 BGB (Defensivnotstand) 69
  b. § 904 BGB (Aggressivnotstand) 71
  c. § 34 („normaler" Notstand) 73
6. Die rechtfertigende Einwilligung 74
  a. Abgrenzung zu den „Notgründen": statt 1 + 1 = 2 nur: 1 − 1 = 0 74
  b. Die (ausdrückliche) Einwilligung 75
  c. Die mutmaßliche Einwilligung 77
7. Fazit zur Rechtswidrigkeit 77

III. Schuld 78
    1. Die Schuldfähigkeit 78
        a. Schuldausschließungsgründe 78
        b. Die jüngere Rechtsprechung zur a.l.i.c. 96
    2. Spezielle Schuldmerkmale 98
    3. Die persönliche Vorwerfbarkeit – das Unrechtsbewusstsein im weiten Sinne 99
        a. Der Schuld-Vorsatz 102
        b. Das Unrechtsbewusstsein im engeren Sinne 110
            aa. Direkter Verbotsirrtum 110
            bb. Indirekter Verbotsirrtum 111
        c. Noch mal: die Schuldtheorien 113
    4. Entschuldigungsgründe 114
        a. Die wichtigsten Entschuldigungsgründe 115
        b. Der entschuldigende Notstand, § 35 115
        c. Irrtum über Entschuldigungsgründe 116
        d. Der Notwehrexzess, § 33 116
            aa. Die Konstellationen 116
            bb. Beispiele zu den Konstellationen 117
            cc. Die Prüfungsvoraussetzungen im Einzelnen 118

IV. Besonderheiten 119
    1. Strafausschließungs-/Strafaufhebungsgründe 119
    2. Strafverfolgungshindernisse 119
    3. Strafzumessungsnormen (z.B. Regelbeispiele) 119

V. Sonstiges 120
    1. Aufbau von Grundtatbestand & Qualifikation 120
    2. Einiges über Handlungslehren und Klausuraufbau 122

② Das versuchte vorsätzliche Begehungsdelikt [Lesezeit: ca. 30 Min.] 132
[- „Vorprüfung"] 134
    1. Fehlen der Vollendung 134
    2. Strafbarkeit des Versuchs, § 23 I 135
I. Tatbestandsmäßigkeit 136
    1. Der subjektive Tatbestand 137
        a. Abgrenzung Tatentschluss – Tatgeneigtheit 139
        b. Umfang des Tatentschlusses 139
        c. Irrtümer: untauglicher Versuch (umgekehrter Tatbestandsirrtum) 140
            aa. Die Problematik [tatsächliche, außer-rechtliche Defizite] 140

bb. Die 3 Fallgruppen 140
cc. Zusammenfassung zum untauglichen Versuch 142
d. Irrtümer: Wahndelikt (umgekehrte Verbots-/Subsumtionsirrtümer) 143
aa. Die Problematik [rechtliches Defizit] 143
bb. Die 3 Gründe 144
cc. Zusammenfassung zum Wahndelikt: Klausuraufbaukonsequenzen 148
2. Objektiver Tatbestand – unmittelbarer Ansatz zur Tat......................149
3. Tatbestandsannexe / 4. Fälle des § 28 II 151
II. Rechtswidrigkeit & III. Schuld 152
IV. Besonderheiten: Strafaufhebungsgründe 152
1. Der Rücktritt gem. § 24 152
a. Die Wirkung: Prämie für den rechten Weg 152
b. Beendeter / unbeendeter Versuch: Schon alles für den Erfolg getan?.........153
c. Der fehlgeschlagene Versuch 155
d. Die Freiwilligkeit: autonom (will nicht) statt heteronom (kann nicht) 156
e. Die Ernsthaftigkeit -> endgültiges Aufhören 158
f. Mehrere Tatbeteiligte 158
g. § 24 II S. 2 letzte Var. – Rücktritt auch bei Vollendung? 160
2. Strafverfolgungshindernisse / 3. Regelbeispiele 162
V. Versuchsaufbau bei Qualifikationen 165

③ Das fahrlässige Begehungsdelikt [Lesezeit: ca. 25 Min.] 168
I. Tatbestandsmäßigkeit 170
1. [Objektiver] Tatbestand...170
a. Tathandlung: Objektive Sorgfaltspflichtverletzung 171
aa. Inhalt der Sorgfaltspflicht 172
bb. Art und Umfang der Sorgfaltspflicht 172
b. Taterfolg 175
c. Verbindung von pflichtwidriger Handlung & Erfolg 175
aa. Kausalität (c.s.q.n.) 175
bb. (Obj. Zurechnung I) – Objektive Vorhersehbarkeit 176
cc. (Obj. Zurechnung II) – Objektiver Pflichtwidrigkeitszusammenhang 177
dd. (Obj. Zurechnung III) – Schutzweck der Sorgfaltspflicht 179
[2. Subjektiver Tatbestand] 181
3. Tatbestandsannexe..182
4. Fälle des § 28 II 182
II. Rechtswidrigkeit 183

III. Schuld 183

1. Schuldfähigkeit & 2. Spezielle Schuldmerkmale..183

3. Persönliche Vorwerfbarkeit – Unrechtsbewusstsein i.w.S. 184

  a. Schuld-Fahrlässigkeit..184

   aa. Subjektive Sorgfaltspflichtverletzung..184

   bb. Subjektive Vorhersehbarkeit...186

  b. Unrechtsbewusstsein i.e.S. 186

4. Entschuldigungsgründe 187

IV. Besonderheiten..188

V. Exkurs – Leichtfertigkeit...190

VI. Exkurs – Vorsatz-Fahrlässigkeitskombinationen 192

1. Eigentliche Vorsatz-Fahrlässigkeitskombinationen 192

2. Erfolgsqualifizierte Delikte (uneigentliche)..193

3. Das versuchte erfolgsqualifizierte Delikt 195

  a. Grund-TB versucht – schwere Folge eingetreten 196

  b. Grund-TB vollendet – schwere Folge nur versucht 198

④ Das vorsätzliche echte Unterlassungsdelikt [Lesezeit: ca. 5 Min.] 202

Einstieg: Unterschied zum Begehungsdelikt 202

I. Tatbestandsmäßigkeit 204

1. Objektiver Tatbestand 204

  a. Geschriebene Zusatz-Merkmale: Möglichkeit und Zumutbarkeit 204

  b. Ungeschriebene Merkmale 205

2. Subjektiver Tatbestand...205

II. Rechtswidrigkeit – Die rechtfertigende Pflichtenkollision 205

III. Schuld / IV. Besonderheiten 207

⑤ Das fahrlässige echte Unterlassungsdelikt [Lesezeit: unter 1 Min. :-)] 208

⑥ Das vollendete vorsätzliche unechte Unterlassungsdelikt [Lesezeit: ca. 15 Min.]210

I. Tatbestandsmäßigkeit 211

1. Objektiver Tatbestand 211

  a. Tatsubjekt und Tatobjekt 211

  b. Eintritt des tatbestandsmäßigen Erfolges..211

  c. Nichtvornahme des zur Erfolgsabwendung objektiv gebotenen Tuns 212

   - Abgrenzung Tun – Unterlassen 212

   - Schwerpunkt der Vorwerfbarkeit 214

   aa. Objektive Gebotenheit eines Tuns 216

bb. Subjektive Gebotenheit eines Tuns 217
    (1) Garantenstellung 217
    (2) Tatsächliche Möglichkeit dieser Handlung 220
    (3) Zumutbarkeit dieser Handlung 221
d. Verbindung zwischen Unterlassen & Erfolg: Quasikausalität des Unterlassens 221
e. Entsprechungsklausel I: objektiv 222

2. Subjektiver Tatbestand **222**
a. Vorsatz 222
b. Sonstige subjektive Merkmale (Absichten etc.) 223
c. Entsprechungsklausel II: subjektiv 223

II. Rechtswidrigkeit **226**
1. Standard 226
2. Die unechte Pflichtenkollision 226
3. Die eigenverantwortliche Selbstgefährdung 227

III. Schuld **228**

IV. Besonderheiten **228**

⑦ Das versuchte vorsätzliche unechte Unterlassungsdelikt [Lesezeit: ca. 3 Min.] **230**
    Vorbemerkung 231
    I. Tatbestand 231
        1. Subjektiver Tatbestand – Tatentschluss 231
        2. Objektiver Tatbestand: Unmittelbarer Ansatz 231
    II. Rechtswidrigkeit/Schuld 232

⑧ Das fahrlässige unechte Unterlassungsdelikt [Lesezeit: ca. 1 Min.] **234**
    Tatbestandsmäßigkeit 235
    Besonderheit: Bezugspunkt der Sorgfaltspflichtverletzung 235
        a. Sorgfaltsfehler: Vornahmefehler (falsch gemacht) 235
        b. Sorgfaltsfehler: (Er-)Kenntnisfehler (falsch gedacht) 235

3. Teil – Täterschaft und Teilnahme 238

A. Übersicht [Lesezeit: ca. 7 Min.] **238**

B. Täterschaft [Lesezeit: ca. 15 Min.] **244**
    I. Der unmittelbare Täter 244
    II. Der mittelbare Täter 245
        1. Die Konstellation 245

    2. Konsequenzen für den Aufbau einer Arbeit 249
        a. Objektiver Tatbestand 249
        b. Subjektiver Tatbestand 250
    3. Zusammenfassung der Aufbaukonsequenz 253
 III. Die Mittäterschaft 253
    1. Subjektiver Tatbestand – Gemeinsamer Tatentschluss 254
    2. Objektiver Tatbestand – Gemeinsame Tatausführung 256
    3. Konsequenzen für den Aufbau 258
        a. Gemeinsame Prüfung 258
        b. Getrennte Prüfung 259
        c. Die Theoriengruppen 259
 IV. Nebentäterschaft 261

C. Die Teilnahme [Lesezeit: ca. 13 Min.] 262
 1. Form – Die Anstiftung 263
    - Obersatz 264
    I. Tatbestandsmäßigkeit 264
        1. Objektiver Tatbestand 264
            a. Vorliegen einer vorsätzlichen und rechtswidrigen Haupttat 264
                aa. Nicht versuchte Haupttat: (maximal) versuchte Anstiftung 265
                bb. Versuchte, aber nicht vollendete Haupttat: Anstiftung zum Versuch ..265
                cc. Vollendete Haupttat 265
                dd. Beendete Haupttat 265
            b. Die Anstifterhandlung 266
                Sonderfall: Aufstiftung 267
                Sonderfall: Abstiftung 267
        2. Subjektiver Tatbestand 268
            a. Der (Doppel-) Vorsatz 268
            b. Irrtümer 269
        3. Fälle des § 28 II 271
    II. Rechtswidrigkeit & III. Schuld 271

 2. Form – Die Beihilfe 271
    - Obersatz 272
    I. Tatbestandsmäßigkeit 272
        1. Objektiver Tatbestand 272
            a. Vorliegen einer vorsätzlichen und rechtswidrigen Haupttat 272
                aa. Nicht versuchte Haupttat 272

                    bb. Versuchte, aber nicht vollendete Haupttat 273
                    cc. Vollendete Haupttat 273
                    dd. Beendete Haupttat 273
                b. Die Gehilfenhandlung 273
                    aa. Beihilfe durch Unterlassen 274
                    bb. „Effektloses" Hilfeleisten 274
                    cc. „Berufstypische" Handlungen 274
                    dd. Unerkanntes Hilfeleisten 274
            2. Subjektiver Tatbestand – Der (Doppel-)Vorsatz 275
            3. Fälle des § 28 II 276
        II. Rechtswidrigkeit & III. Schuld 276
    D. Sonderproblem §§ 30, 31: versuchte Beteiligung [Lesezeit: ca. 3 Min.] 276
    E. Sonderproblem § 28 II [Lesezeit: ca. 9 Min.] 278
        I. Übersicht 278
            1. Zusätzliche Akzessorietätslockerungen 278
            2. Besondere persönliche Merkmale 279
            3. Konsequenzen des § 28 II 279
        II. Aufbaubeispiele zu § 28 282

4. Teil – Konkurrenzen [Lesezeit: ca. 8 Min.] 288

   A. Übersicht 288
   B. Vorgehensweise 288
   C. Ablaufplan Konkurrenzen 291
   D. Gesetzeskonkurrenz 295
   E. Idealkonkurrenz & Realkonkurrenz 296

5. Teil – Gutachtenstil & Übungsklausuren 298

   A. Der Gutachtenstil – Überblick [Lesezeit: ca. 10 Min.] 298
       I. Der unberechtigte Konjunktiv 300
       II. Der Dreierschritt 302
       III. Beispielsfall 302
       IV. Lösungsvorschlag 302
       V. Zusammenfassung 305
   B. Übungsklausur Nr. 1 306
   C. Übungsklausur Nr. 2 313
   D. Übungsklausur Nr. 3 324

6. Teil – Hausarbeiten 338
Anleitung zur Anfertigung von Hausarbeiten [Lesezeit: ca. 40 Min.] 338
    I. **Die Vorbereitungsphase** 339
        1. Arbeitsmittel 339
        2. Der Arbeitsplatz 341
            a. Daheim 341
            b. Unterwegs 342
    II. **Die Bearbeitungsphase** 342
        1. Vorüberlegung 343
        2. Lektüre und Verständnis 343
        3. (Grob-) Gliederung 344
        4. Literaturverarbeitung 345
        5. „Manuskript"-Erstellung 346
            a. Der Text 347
                aa. Stellungnahme zu juristischen Streitfragen 347
                bb. Meinungsdarstellung und Fußnoten – Allgemeines und Fehler 349
                cc. Fußnoten – Standort und Minimalformalien 351
                dd. Die Zitierung von Gerichtsentscheidungen 352
                ee. Die Zitierung von Literatur 354
                ff. Text in Fußnoten 356
                gg. Überschriften 356
            b. Das Literaturverzeichnis 357
            c. Die Gliederung 361
            d. Der Sachverhalt / Das Deckblatt 364
        6. Unterschreiben, Sichern und Tschüss. 365
    III. **Die Nachbearbeitungsphase – Beschwerden** 365
        1. Übersicht – Der Beschwerdeansatz 365
        2. Korrekturfehler bei Formalien 366
        3. Formelle Korrekturfehler 366
        4. Korrekturfehler bei fallunabhängigen Kriterien 367
        5. Korrekturfehler bei fallabhängigen Kriterien 367
        6. Zusammenfassung zur Vorgehensweise 368
        7. Formalien einer Beschwerde 368
        8. Beschwerdemuster 370

7. Teil – Sachregister 374

☞ **1. Teil - Das System** (Lesezeit: ca. 8 Minuten)
2. Teil - Die einzelnen Deliktsformen
3. Teil - Täterschaft und Teilnahme
4. Teil - Konkurrenzen
5. Teil - Gutachtenstil und Übungsklausuren
6. Teil - Hausarbeiten

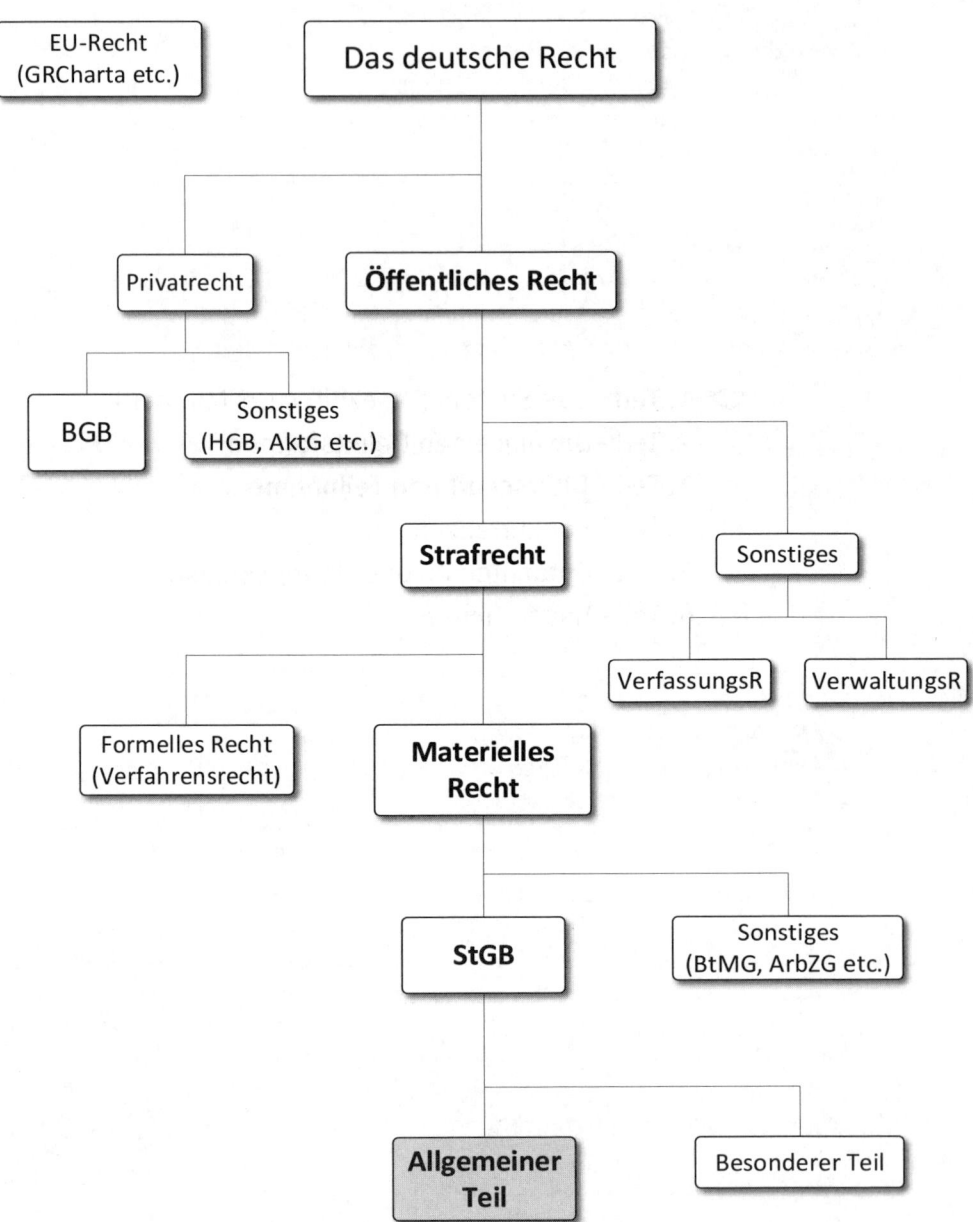

1. Teil - Das System

Am Ende zählen nur die (guten) Noten ...
... und deshalb müssen wir damit anfangen: Im Jurastudium und im 1. Staatsexamen wird man danach bewertet, wie man mit Rechtsproblemen umgeht (in Klausuren und mündlichen Prüfungen).
Der Umgang mit Problemen ist entscheidend für die Benotung.

Das Studium: unendlich viele Probleme
Aber es gibt unendlich viele mögliche Probleme. Und man kann nur endlich viel lernen. Eher früher als später im Studium kommen deshalb Probleme, die man nicht kennt und deren konkrete Lösung man nicht gelernt hat.

Begrenzt viele Wege und Methoden
Zwingende Konsequenz: Man kann und muss nicht alle möglichen Einzelprobleme lernen, sondern eine überschaubare Zahl allgemeiner Wege, auf denen man Problemen begegnen kann, und eine überschaubare Zahl allgemeiner Methoden, Probleme zu lösen. Und was ist ein Problem?

Ein Problem ist immer die Abweichung von etwas Normalem. Um in einer Fallgestaltung ein Problem überhaupt erkennen und dann lösen zu können, muss man daher das Normale kennen. Was normal ist, kann man aber erst dann beurteilen, wenn man Zusammenhänge kennt. Die Summe aller Zusammenhänge ist das System, mit dem heute das Recht gestaltet wird.
Aus diesen wenigen Überlegungen ergibt sich schon, dass nur ein **systemorientiertes Vorgehen**, nur ein systemorientiertes Lernen auch ein sinnvolles, ein arbeitsökonomisches Vorgehen und Lernen sein kann.

Das *Wo* entscheidet: Wissen braucht (Ein-)Ordnung und Standorte.
Um überhaupt verstehen zu können, *was* man lernt, muss man also wissen, *wo* und *wie* in einem System es einzuordnen ist - (nur) **wer Ordnung hält, den hält die Ordnung.**
Grundsätzliche Regel in diesem Zusammenhang: Von oben nach unten, vom Groben zum Feinen, vom Ganzen zum Einzelnen vorgehen. Wir blicken auf die Seite links. Und dort nach ganz unten in die Mitte. Den Teil können wir abhaken, wenn wir mit diesem Buch fertig sind.

Privatrecht – öffentliches Recht - Strafrecht
Der Unterschied zwischen dem Privatrecht und dem öffentlichen Recht besteht – vereinfacht – darin, dass es im Privatrecht um die Rechtsbeziehungen zwischen gleichberechtigten Rechtssubjekten geht und im öffentlichen Recht um solche zwischen Hoheitsträgern (Trägern von Staatsmacht) und Rechtsunterworfenen.

Die schärfsten Formen von Rechtsunterwerfung gibt es im Strafrecht. Hier verbietet der Staat bestimmte Verhaltensweisen und stellt Verstöße dagegen unter (Freiheits-) Strafe. Traditionell wird dieses Spezial-Öffentliche-Recht von Juristen deshalb als eine Sondermaterie behandelt.

Schlagwortartig kann man sagen:
  Privat-Recht = Verhältnis Bürger zu Bürger
Öffentliches Recht = Verhältnis Staat zu Bürger

Es gibt nun verschiedene Möglichkeiten, die zahlreichen Delikte des Strafgesetzbuchs und der anderen strafrechtlichen Vorschriften einzuteilen. Die gebräuchlichsten **Einteilungsmöglichkeiten** sind folgende:

Delikte

- **Verbrechen / Vergehen (§ 12 I)** – (§ 212 / § 223)
  (Totschlag / Körperverletzung)

- **Vorsatz- / Fahrlässigkeitsdelikte (§ 15)** – (§ 212 / § 222)
  (Totschlag / fahrlässige Tötung)

- **Erfolgs- / Tätigkeitsdelikte** – (§ 212 / § 154)
  (Totschlag / Meineid)

- **Verletzungs- / Gefährdungsdelikte** – (§ 212 / § 306a)
  (Totschlag / Schwere Brandstiftung)

- **Dauer- / Zustandsdelikte** – (§ 239 / § 223)
  (Freiheitsberaubung / Körperverletzung)

- **Begehungs- / Unterlassungsdelikte** – (§ 212 / § 323c)
  (Totschlag / Unterlassene Hilfeleistung)

- **Allgemein-/Sonder-/Eigenhändige Delikte**
  – (§ 212 / § 332 / § 154)
  (Körperverletzung / Bestechlichkeit / Meineid)

- **Unternehmensdelikte (§ 11 I Nr. 6)** – (§ 81)
  (Hochverrat gegen den Bund)

Der Sinn von Einteilungen
Die Einteilungsmöglichkeiten überschneiden sich, wie man den Beispielen unschwer entnehmen kann. So ist zum Beispiel Totschlag, § 212, sowohl Verbrechen, als auch Vorsatzdelikt, als auch Erfolgsdelikt, als auch Verletzungsdelikt, als auch Begehungsdelikt, als auch Allgemeindelikt.
Lernen bedeutet Verstehen. Das bedeutet, dass wir nachfragen sollten, **warum** es diese Einteilungsmöglichkeiten überhaupt gibt. Für rein akademische Spielereien (Einteilen, weil's so schön ist) hat man im Studium selten Zeit. So ist es hier aber auch nicht. Für die Einteilungen gibt es gute Gründe:

- Die Unterscheidung zwischen Verbrechen und Vergehen ist bspw. für die Strafbarkeit eines Versuchs wichtig: Der Versuch eines Verbrechens ist stets strafbar, der Versuch eines Vergehens nur dann, wenn das Gesetz es ausdrücklich bestimmt (vgl. § 23 I). Diese Einteilung ist also wichtig, weil das Gesetz daran Folgen knüpft.
- Die Unterscheidung zwischen Erfolgs- und Tätigkeitsdelikten gewinnt an Bedeutung, wenn es darum geht, wann ein Delikt vollendet ist und ob man über „Kausalität" sprechen muss. Bei einem Tätigkeitsdelikt reicht schlichtes Tun, bei einem Erfolgsdelikt muss noch einiges dazu kommen.
- ...

Ich verzichte darauf, hier alle Gründe darzustellen. Für mein Anliegen, den Stoff des Strafrecht AT so aufzubereiten, dass Fälle leicht gelöst und Klausuren sauber geschrieben werden können, ist das nicht nötig.
Idealerweise findet man es aber (irgendwann im Studium) auch ohne Klausurkontext interessant, seine juristischen Kenntnisse tiefer zu legen.

Jede Einteilung macht eine Vielfalt leichter handhabbar. Und allein das StGB hat gut 350 Paragraphen. Das sind viele.
Wenn man nun Aussagen machen wollte, die für alle Strafvorschriften zugleich gelten, käme nur wenig dabei heraus. Das ist zunächst kein Nachteil, denn dann muss man ja auch nicht viel lernen. Man könnte mit diesem wenigen Gelernten anschließend aber auch nur wenig anfangen.

Bsp.: Eine Aussage über den Charakter von „Beförderungsmitteln" allgemein wird nicht lang sein. – **Grobe Betrachtung.**

Fängt man dagegen (über eine [Ein-]Teilung) an zu differenzieren, kann man Zusatzaussagen machen – und trotzdem noch übersichtlich bleiben.

Bsp.: Teilt man „Beförderungsmittel" in luft-, wasser-, schienen- und straßengebundene Mittel (Verkehrswegqualität) sind speziellere, themenorientierte, aber immer noch allgemeingültige Aussagen möglich. Statt der Bindung an den Verkehrsweg könnte man auch die Energiequalität der Antriebseinheit als Teilungskriterium nutzen (fossile Brennstoffe, Elektrizität, Wasserstoff, Hybride). – **Feinere Betrachtung.**

Jedes Ergebnis einer (Ein-)Teilung kann seinerseits weiter unterteilt werden. Eine Weile bleibt es dann noch übersichtlich.

Bsp.: Die straßengebundenen Mittel könnte man nach der Anzahl ihrer Räder, ihrer Achsen, ihres Gewichtes einteilen. – **Noch feinere Betrachtung.**

Irgendwann sind wir aber bei einer so individuellen Betrachtung, dass wir am Faktum der unendlich vielen Probleme scheitern. Die Kunst liegt also darin, (nur) so fein zu unterteilen, dass es den Umgang erleichtert, aber handhabbar bleibt.

Am Ende gilt auch für mein Buch, was für jedes (naturgemäß umfangbegrenzte) Printmedium gilt: Es werden (vor allem inhaltliche) Fragen offenbleiben. Und je interessierter man ist, je tiefer man gehen will, umso mehr Fragen sind das.
Dann ist es angesagt, die Antworten zu suchen. Und nicht zu warten, dass irgendwann die Erkenntnis kommt. Für dieses Suchen sind die vielen Bücher ganz gut, die entweder erheblich dicker sind als meines oder die sich mehr (meistens ausschließlich) um Inhalte als um Aufbaufragen kümmern.

Bei der Gelegenheit: Wenn eben (bei den Deliktseinteilungsmöglichkeiten) und im Folgenden **Paragraphen** genannt werden, dann sollten wir (mindestens diese!) **nachlesen.** Das hat zwei Gründe.
- Der erste ist der, dass man dann weiß, über was wir überhaupt reden.
- Und der zweite besagt, dass die Kenntnis des Gesetzes für die Rechtsfindung meistens nicht schädlich ist.

Ich frage jetzt seit über 30 Jahren in diversen Unterrichtskonstellationen immer wieder danach, wer denn das jeweils aktuell behandelte Gesetz (hier das StGB) schon mal gelesen hat – und damit meine ich *ganz* gelesen. Die Anzahl derer, die sich dazu bekennen, liegt bei weit unter 1 %.
Ein guter Einstieg wäre es, sich den Gesetzestext in der Beck-dtv-Ausgabe zur Hand zu nehmen (ist für die ersten paar Semester sowieso die beste Wahl) und dort zunächst mal nur die Überschriften in der Inhaltsübersicht zu lesen. Das sind – beginnend auf Seite 1 – nur knapp 12 Seiten. Danach ahnt man dann z.B. schon, dass die Paragraphen des Dritten Abschnitts (Rechtsfolgen der Tat) wohl eher später in der Ausbildung zu vertiefen sind und deren Lektüre nicht so dringlich ist. (Ich habe deshalb wenig Hoffnung, dass sich die Zahl der „Ich-habe-das-StGB-ganz-gelesen!"-Bekenner nennenswert vergrößern wird.)
Diese sollten es mindestens sein: §§ 1-3; 8-35; 52-54. Lesen (dauert knapp 10 Minuten)! Bei §§ 11 und 14 reicht überfliegen. §§ 4-7 sind *nett zu wissen*.

Die Einteilung nach Deliktsformen

Und dann gibt es noch sog. **Deliktsformen**. Auch dabei geht es wieder um eine Einteilung, diesmal aber nach einem arbeitstechnisch orientierten Kriterium: Wie gehe ich als Jurist technisch mit einer Norm um, wenn ich wissen will, ob sie einschlägig ist: Wie prüfe ich sie?

Unter Deliktsformen im hier benutzten Sprachgebrauch verstehen wir deshalb die **am Prüfungsaufbau orientierte Unterscheidung** zwischen einzelnen Delikten. (Die richtige Bezeichnung wäre also eigentlich *Deliktsprüfungsaufbauform*. Wir bleiben aber bei der kürzeren Variante *Deliktsform*.)

Das bedeutet: Der Prüfungsaufbau eines Deliktes hängt von verschiedenen Umständen ab. Je nachdem, ob ein Delikt **vorsätzlich** oder **fahrlässig** begangen, ob es durch ein (aktives) **Tun** oder (passives) **Unterlassen** begangen, ob es **vollendet** oder nur **versucht** wurde, ist der Prüfungsaufbau zu variieren.

Es gibt dabei 8 (①-⑧) verschiedene Deliktsformen, die so zusammen hängen:

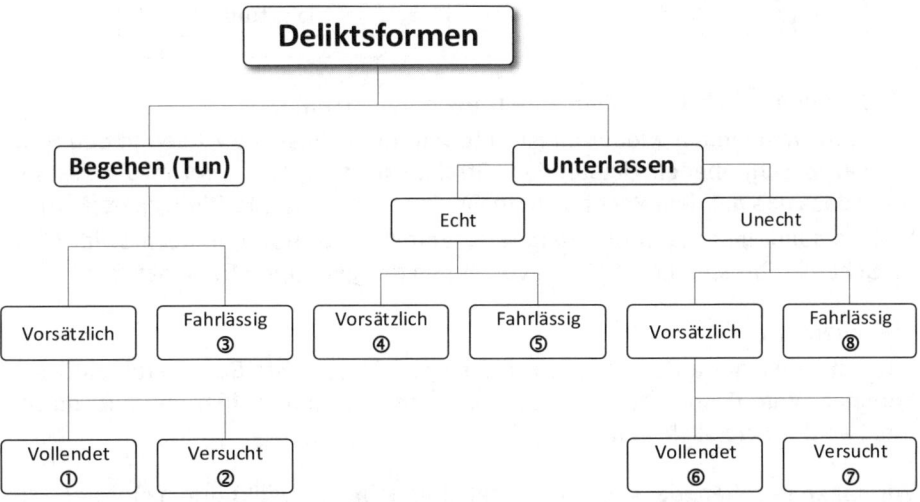

Vielleicht fällt auf, dass die Varianten ③, ④, ⑤ und ⑧ keine Unterteilung nach *Vollendet* und *Versucht* haben. Das liegt daran, dass die Fahrlässigkeit ihrem Wesen nach einen Willen zur Tat ausschließt. Und der ist Voraussetzung für einen Versuch. Damit sind ③, ⑤ und ⑧ raus.

Variante ④ dagegen gibt es nur als Vergehen, nirgendwo im Gesetz ist hierfür Versuchsstrafbarkeit angeordnet – und das bräuchte es, damit man einen Versuch sinnvoll prüfen könnte.

Jede dieser acht Formen kann auf eine **für alle gleiche** Grundaufbauform zurückgeführt werden, auf die **Grundform jeder Strafbarkeitsprüfung**:

Die Grundform enthält die Elemente **Unrecht** und **Schuld**.
Das Unrechtselement wiederum ist unterteilt in die Passung zu den in den Strafnormen beschriebenen Umständen (Straf-**Tatbestand** [TB]) und in die Feststellung, dass das mit dem Recht nicht in Einklang steht (**Rechts-Widrigkeit** [RW]).
Weil es damit insgesamt drei Hauptelemente (I. Tatbestand, II. Rechtswidrigkeit, III. Schuld) gibt, spricht man auch von einem **dreigliedrigen Deliktsaufbau**.

Zwischenfazit
Jetzt ist es wieder an der Zeit, auf die eingangs erwähnte Systematik zurückzukommen. Vom Groben zum Feinen, von oben nach unten, hieß es dort. Im Moment sind wir ziemlich weit oben.

Wir haben gesehen, dass es 8 Möglichkeiten gibt, ein Delikt durchzuprüfen. Bislang allerdings jeweils nur mit einem Oberbegriff („③ Fahrlässiges Begehungsdelikt").
Wir haben weiterhin gesehen, dass es für alle 8 Deliktsformen eine (1) Grundform gibt, die durchgängig unverändert bleibt. Wir könnten uns damit also theoretisch durchaus vorstellen, dass unter jede der 8 Deliktsformen diese Grundaufbauform gesetzt wird. Ich verzichte auf eine Darstellung der dann entstehenden Großstruktur; das kann sich jeder selbst ausmalen.
Ich beschränke mich auf den Begehungszweig (Tun) ①-③ und stelle ihn dar, wie er aussieht, wenn man die Strukturen kombiniert.

Das System: Überblick

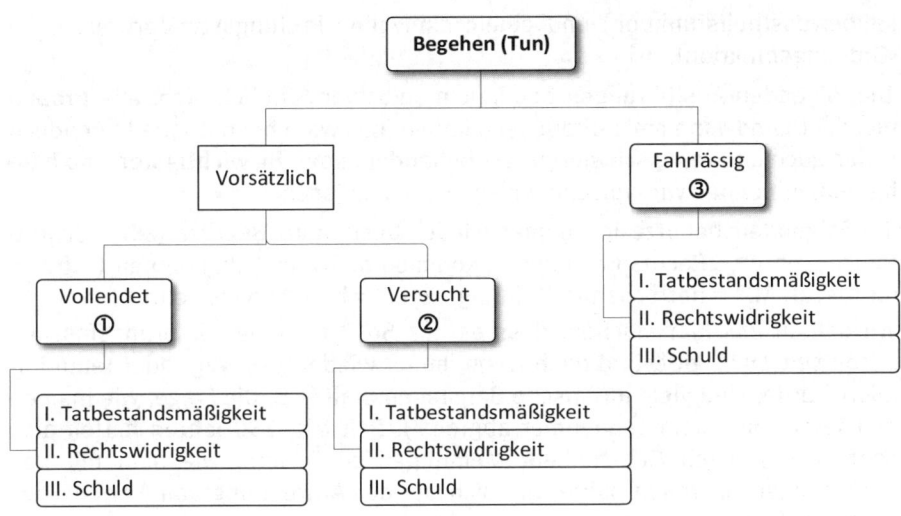

Wie geht es weiter?
Der folgende Teil beschäftigt sich nun im Einzelnen in der Reihenfolge der alphabetischen Benennung mit jeder dieser 8 Möglichkeiten, ein Delikt durchzuprüfen. Ihm liegt dabei ein ziemlich simples und deshalb praktikables Konzept zugrunde.

- Zunächst wird für die behandelte Deliktsform jeweils ein **Aufbauschema** gezeigt. Darin werden die Punkte Tatbestandsmäßigkeit / Rechtswidrigkeit / Schuld schon um einzelne Merkmale und Problempunkte angereichert.
- Anschließend werden dann anhand dieses erweiterten Schemas die bei einer Fallprüfung typischerweise auftretenden (potentiellen) **Probleme** behandelt – natürlich in der Reihenfolge, die durch das Schema vorgegeben ist.
- Gleichzeitig wird im **Kopfbereich** das jeweils behandelte Schema etwas verkürzt, bei umfangreichen Schemata in verkleinerter Form dargestellt. Diese Darstellung ist wichtig. Sie dient dazu, dass die allgemeinen Ausführungen und die klausurrelevanten Probleme **richtig eingeordnet** werden können.
- Im Kopfbereich wird der Standort der Erörterungen dadurch **gekennzeichnet**, dass der entsprechende Teil (durch Fettsetzung und/oder Rasterung) hervorgehoben wird. Es hilft beim Lernen enorm, mit jeder neuen Seite einen Blick auf diese Kopfzeile zu werfen.

Vier Anmerkungen noch, bevor es losgeht:
1. Es werden natürlich nie alle Probleme, die in diesem Buch behandelt werden, in einer Klausur *gleichzeitig* auftauchen. **Sinn eines Schemas** ist es nur, dass wir für den Fall, dass ein Problem besteht, dieses Problem auch finden (Prob-

lembewusstheitsfunktion) und einem sinnvollen Prüfungsstandort zuordnen (Ordnungsfunktion).

2. Die folgenden Ausführungen behandeln selbstverständlich **nicht alle Probleme**, die irgendwann mal auftauchen können (das wäre bei potentiell unendlich vielen auch ein wenig schwierig). Sie behandeln **aber die wichtigsten und häufigsten**, mit denen wir typischerweise rechnen müssen.

3. Im Folgenden benutze ich immer wieder **bestimmte Begriffe** (z.B. „Schrifttum", „Lehre", „Rechtsprechung", „Kommentar") und Abkürzungen („str." = strittig, „h.M." = herrschende Meinung, „h.L." = herrschende Lehre).

Wir sollten uns klar machen, dass es das StGB in seiner Ursprungsfassung schon seit 1871 gibt. Und auch wenn immer wieder was weg- oder reinreformiert wurde, sind viele juristische Baustellen uralt (z.B. die Frage, wie man einen Täter von einem Teilnehmer abgrenzt). Seit fast 150 Jahren hatten also sehr viele Juristen Gelegenheit, Meinungen zu äußern, wie man mit den Rechtsfragen umgehen sollte, die sich bei der Anwendung von Normen des StGB ergeben.

Und unangenehmer Weise haben sehr viele Juristen diese Gelegenheiten genutzt und tun dies auch heute noch.

Dabei sind sie sich nicht immer einig (eigentlich sind sie sich eher selten einig). Rechtsansichten in diesem Zusammenhang sind dann **strittig** (str.). Die Meinung, die die Allermeisten vertreten, nennt man **herrschende Meinung**.

Wenn eine Position im Kontext einer Gerichtsentscheidung auftaucht, dann sprechen wir von der Ansicht der **Rechtsprechung**. Am wichtigsten sind die obersten Gerichte (das ist heute im Strafrecht der Bundesgerichtshof (**BGH**), gelegentlich auch mal das Bundesverfassungsgericht (**BVerfG**); bis 1945 war es das Reichsgericht (**RG**)). Gerichte in dieser Flughöhe haben Spruchkörper (Senate). Eine Rechtsprechung ist also immer eine Kollektivmeinung. Bleibt eine Meinung dort lange gleich, nennt man das **ständige Rechtsprechung**.

Veröffentlicht ein Hochschullehrer oder eine wissenschaftliche Hilfskraft / Assistenz etwas, gehört das zur sog. **Lehre**. Sehen (viele) andere aus der Lehre das auch so, haben wir eine **h.L.**

Schreibt irgendjemand anderes etwas ((Lehr-)Bücher, Aufsätze), reden wir vom **Schrifttum**. Autor kann jeder sein, der ein Veröffentlichungsforum findet.

Ein spezielles Genre ist der **Kommentar**. Hier wird (möglichst viel) Wissenswertes in der numerischen Reihenfolge der Paragraphen dargestellt. Autoren solcher Kommentare sind häufig auch Richter des BGH. Im Kommentar können sie – anders als im Senat – ihre persönliche Einzelmeinung verkünden.

4. Für jede größere Sinneinheit habe ich die **ungefähre Lesezeit in Minuten** notiert. (Wenn der Stoff komplett neu und man selbst müde ist, dürfte es länger dauern, wenn man Gelerntes nur wiederholt, sollte es schneller gehen.)

1. Teil - Das System ✓
2. **Teil - Die einzelnen Deliktsformen**
☞   ① Das vollendete vorsätzliche Begehungsdelikt (Tun)
3. Teil - Täterschaft und Teilnahme
4. Teil - Konkurrenzen
5. Teil - Gutachtenstil und Übungsklausuren
6. Teil - Hausarbeiten

12 || Das vollendete vorsätzliche Begehungsdelikt (Tun)

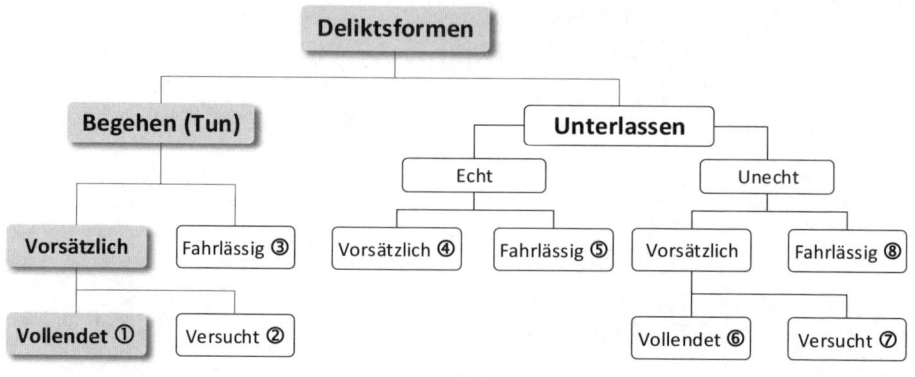

2. Teil - Die einzelnen Deliktsformen

① Das vollendete vorsätzliche Begehungsdelikt (Tun) [Lesezeit: ca. 90 Min.]

I. Tatbestandsmäßigkeit

1. Objektiver (äußerer) Tatbestand (TB)
   a. Das **Tatsubjekt** (= der Handelnde / Täter) - besondere Merkmale des Handelnden (Beamteneigenschaft etc., § 331).
   b. Die **Tathandlung** (*Wegnahme* beim Diebstahl, § 242) - Begehungsweisen (z.B.: *gewaltsam* beim Raub, § 249) und Tatmittel (*Waffe* bei § 250).
   c. Das **Tatobjekt** (Sache beim Diebstahl) mit den tb-lich umschriebenen Merkmalen (fremd, beweglich beim Diebstahl)
   d. Bei Erfolgsdelikten zusätzlich: Eintritt des **Taterfolges** (Tod bei § 212) und **Verbindung** dieses Erfolges mit der Täterhandlung (aufgrund eines Schusses etc.) über Kausalität und Zurechnung.

2. Subjektiver (innerer) Tatbestand
   a. **Vorsatz** = (Wissen & Wollen) bezüglich aller objektiven Merkmale, inkl. Erfolg und dessen Verbindung zur Handlung bei Erfolgsdelikten. Standort für eine bestimmte Form von Irrtum des Täters: Tatbestandsirrtum.
   b. **Sonstige subjektive Merkmale** (Zueignungsabsicht beim Diebstahl). Auch hier Tatbestandsirrtum möglich.

3. Tatbestandsannexe
   Sog. „objektive Bedingungen der Strafbarkeit" (Tod eines Menschen bei § 231 I). Müssen nicht vom subjektiven Tatbestand umfasst sein.

4. Fälle des § 28 II (dazu am Ende des 3. Teils - Täterschaft und Teilnahme).

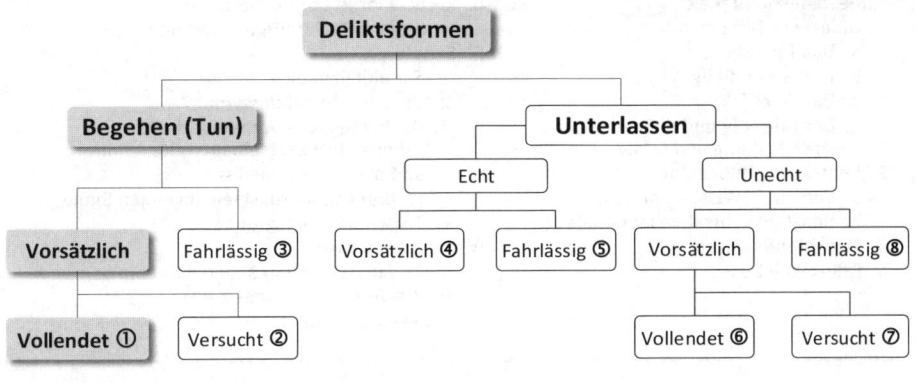

II. Rechtswidrigkeit (RW)
1. Regelfall: Wird durch die Tatbestandsmäßigkeit indiziert (anders nur bei §§ 240 II, 253 II). Das weiß man, schreibt es aber nicht.
2. Ausnahme: Es liegen Rechtfertigungsgründe vor (Notwehr, § 32 etc.).
   a. Objektive Voraussetzungen (z.B. Notwehr: gegenwärtiger, rechtswidriger Angriff, notwendige Verteidigungshandlung).
   b. Subjektive Voraussetzungen (Kenntnis/Verteidigungswille)

III. Schuld (S)
1. Schuldfähigkeit (Geisteskranke, Kinder). Systematischer Standort für den Einstieg in eine Prüfung der actio libera in causa.
2. Spezielle Schuldmerkmale: selten (Böswilligkeit im § 225 I, str.)
3. Die persönliche Vorwerfbarkeit: das Unrechtsbewusstsein (im weiteren Sinne) des Täters.
   a. Schuldform: Vorsatz. Standort für speziellen Verbotsirrtum: Erlaubnistatbestandsirrtum.
   b. Unrechtsbewusstsein (im engen Sinne). Standort für „normale" Verbotsirrtümer
   c. Keine Entschuldigungs-, bzw. Schuldaufhebungsgründe (Notstand, § 35).

IV. Besonderheiten
1. Bestimmte Strafausschließungs- oder Strafaufhebungsgründe (Angehörigeneigenschaft in § 258 VI, tätige Reue in § 306e).
2. Bestimmte Strafverfolgungshindernisse (Strafantrag etc.).
3. Standort für die Prüfung von Regelbeispielen (vgl. dazu die Lösung zur Übungsklausur Nr. 2).

14 || Das vollendete vorsätzliche Begehungsdelikt (Tun)

I. Tatbestandsmäßigkeit
1. Objektiver Tatbestand
   a. Das Tatsubjekt
   b. Die Tathandlung
   c. Das Tatobjekt
   d. Der Taterfolg und die Verbindung von Handlung und Erfolg
2. Subjektiver Tatbestand
   a. Vorsatz (= Wissen und Wollen)
   b. Sonstige subjektive Merkmale
3. Tatbestandsannexe
4. Fälle des § 28 II

II. Rechtswidrigkeit (indiziert)
   Ausnahme: Rechtfertigungsgründe
III. Schuld
1. Schuldfähigkeit
2. Spezielle Schuldmerkmale
3. Die persönliche Vorwerfbarkeit
   Unrechtsbewusstsein im weiten Sinne
   a. Schuldform: Vorsatz
   b. Unrechtsbewusstsein im engen Sinne
4. Entschuldigungsgründe
IV. Besonderheiten
1. Strafausschließungs- und aufhebungsgründe
2. Strafverfolgungshindernisse
3. Regelbeispiele

I. Tatbestandsmäßigkeit

Es war bereits die Rede vom *Tatbestand*. Noch nicht gesprochen wurde über den *Sachverhalt*. Beide sind strikt voneinander zu trennen. Tatbestände stehen im Gesetz, Sachverhalte häufig auf dem Papier, aus dem Klausuren geschnitzt sind.

Der Tatbestand enthält die gesetzlich normierten Voraussetzungen der Strafbarkeit. **Der Sachverhalt** bildet den Tatsachenstoff des zu beurteilenden Geschehens. (Ist der Sachverhalt dem Tatbestand gemäß, liegt Tatbestandsmäßigkeit vor.) Auf den Punkt:

> **Tatbestand = Gesetz**
> **Sachverhalt = Leben**

Alle Strafvorschriften des Besonderen Teils des StGB (des BT) sind nach demselben Muster gestrickt: „Wer X macht, wird bestraft mit ..." X stellt dabei den Tatbestand dar.

Mini-Exkurs - Allgemeine Systematik des BT

Der Gesetzgeber ist nicht immer so planlos wie bei der Steuergesetzgebung. Im Besonderen Teil hat er sich von einer ganz bestimmten Systematik leiten lassen, die zu kennen das Verständnis wesentlich vereinfacht. (Wir müssen der Fairness halber sagen, dass der Gesetzgeber, der das StGB konstruiert hat – 1871 –, mit dem heutigen nicht einen Topf geworfen werden sollte. Gerade bei der Steuergesetzgebung geht es ja auch um immer nur kurzfristig bedachte Wahlgeschenke an bestimmte Zielgruppen. Das kann gar nicht planvoll sein.)

Tatbestände, die **dieselbe Thematik** behandeln, werden zu **Gruppen** zusammengefasst (Thematik „Leben": §§ 211, 212, 216, 222 etc.; Thematik: „Eigentum": §§ 242, 244, 247 etc.).

Deliktsform ①: Tatbestand || 15

I. Tatbestandsmäßigkeit
1. Objektiver Tatbestand
   a. Das Tatsubjekt
   b. Die Tathandlung
   c. Das Tatobjekt
   d. Der Taterfolg und die Verbindung von Handlung und Erfolg
2. Subjektiver Tatbestand
   a. Vorsatz (= Wissen und Wollen)
   b. Sonstige subjektive Merkmale
3. Tatbestandsannexe
4. Fälle des § 28 II

II. Rechtswidrigkeit (indiziert)
Ausnahme: Rechtfertigungsgründe

III. Schuld
1. Schuldfähigkeit
2. Spezielle Schuldmerkmale
3. Die persönliche Vorwerfbarkeit Unrechtsbewusstsein im weiten Sinne
   a. Schuldform: Vorsatz
   b. Unrechtsbewusstsein im engen Sinne
4. Entschuldigungsgründe

IV. Besonderheiten
1. Strafausschließungs- und aufhebungsgründe
2. Strafverfolgungshindernisse
3. Regelbeispiele

Innerhalb der Gruppen herrschen hierarchische Verhältnisse, d.h., bestimmte Aufbauregeln sind zu berücksichtigen.

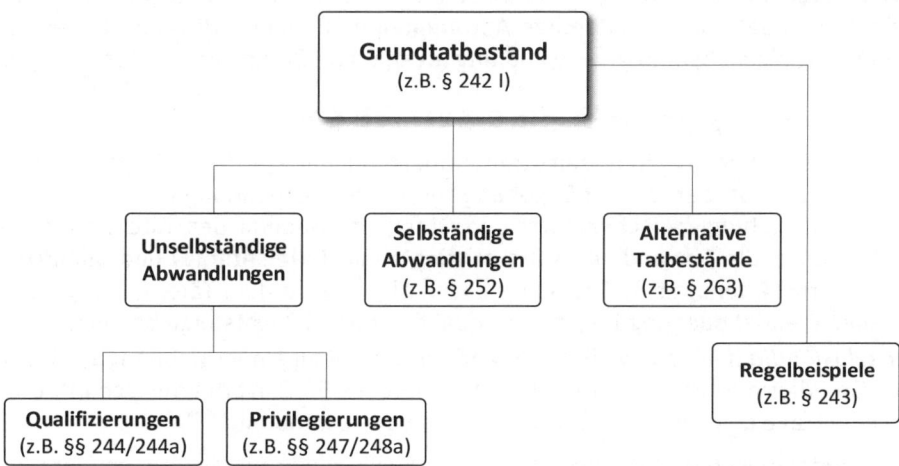

Zwischen den Gruppen (zum Beispiel: Totschlag, § 212, und Diebstahl, § 242) gibt es keine Rangverhältnisse, es gilt als allgemeine Regel, dass die schwerwiegendsten Delikte zuerst geprüft werden (im gerade genannten Beispiel: der Totschlag, vgl. die Strafdrohung).

Erläuterungen zur internen Gruppendynamik:

Der Grundtatbestand (z. B. § 242 I)

Der Grundtatbestand bildet die Grundform des Deliktstyps. Er enthält die **Mindestvoraussetzungen**, die dem Delikt sein typisches Gepräge geben und seinen Unrechtsgehalt bestimmen.

16 || Das vollendete vorsätzliche Begehungsdelikt (Tun)

I. Tatbestandsmäßigkeit	II. Rechtswidrigkeit (indiziert)
1. Objektiver Tatbestand	Ausnahme: Rechtfertigungsgründe
a. Das Tatsubjekt	III. Schuld
b. Die Tathandlung	1. Schuldfähigkeit
c. Das Tatobjekt	2. Spezielle Schuldmerkmale
d. Der Taterfolg und die Verbindung von Handlung und Erfolg	3. Die persönliche Vorwerfbarkeit Unrechtsbewusstsein im weiten Sinne
2. Subjektiver Tatbestand	a. Schuldform: Vorsatz
a. Vorsatz (= Wissen und Wollen)	b. Unrechtsbewusstsein im engen Sinne
b. Sonstige subjektive Merkmale	4. Entschuldigungsgründe
3. Tatbestandsannexe	IV. Besonderheiten
4. Fälle des § 28 II	1. Strafausschließungs- und aufhebungsgründe
	2. Strafverfolgungshindernisse
	3. Regelbeispiele

Er sagt etwas über den Täter (**Tatsubjekt**), über das **Tatobjekt**, über die **Tathandlung**, über den **Taterfolg**.

> **Aufbautechnisch** ist der Grundtatbestand immer als erstes zu prüfen, es sei denn, es liegt eine selbständige Abwandlung vor. Dann prüft man als erstes (und nur) die selbständige Abwandlung (deshalb heißt die auch „selbständig").

Die unselbständige Abwandlung (z. B. § 247 oder § 244)

Der Gesetzgeber erweitert den Grundtatbestand um spezielle Merkmale (hinsichtlich Zeit/Ort der Tat, der Begehungsweise, der Verwendung bestimmter Mittel, der Beziehung zwischen Täter und Opfer, der Qualität des Täters oder des Opfers etc.). Die Abwandlung kann **privilegierend (erleichternd)** und **qualifizierend (verschärfend)** sein. Das hängt davon ab, ob eine dem Täter günstigere (= privilegierende) oder ungünstigere (= qualifizierende) Rechtsfolge bestimmt ist.
Unselbständig heißt sie, weil die Veränderung nicht zu einer Unabhängigkeit von der Grundform führt, sondern (nur) ein rechtliches Stufenverhältnis schafft. Dies ist eine Frage des Einzelfalles (vgl. selbständige Abwandlung).

> **Aufbautechnisch** darf die unselbständige Abwandlung nie alleine, sondern immer nur mit dem Grunddelikt geprüft werden.

Die selbständige Abwandlung (z. B. § 252)

Eine selbständige Abwandlung liegt dann vor, wenn eine Abwandlung ein neues Delikt mit eigenständigem Unwert bildet.

So ist der räuberische Diebstahl, § 252, (un-)wertungsmäßig schon so weit vom „normalen" Diebstahl, § 242, entfernt, dass man ihn nicht mehr einfach nur als etwas Unselbständiges begreifen kann.

Wann eine Abwandlung selbständig ist, muss im Einzelfall ermittelt werden. Das ist allerdings nicht problematisch, weil es für alle Delikte im Grunde schon lange entschieden ist. Man muss es nur in einem Kommentar nachlesen.

I. Tatbestandsmäßigkeit	II. Rechtswidrigkeit (indiziert)
1. Objektiver Tatbestand	Ausnahme: Rechtfertigungsgründe
a. Das Tatsubjekt	III. Schuld
b. Die Tathandlung	1. Schuldfähigkeit
c. Das Tatobjekt	2. Spezielle Schuldmerkmale
d. Der Taterfolg und die Verbindung von Handlung und Erfolg	3. Die persönliche Vorwerfbarkeit Unrechtsbewusstsein im weiten Sinne
2. Subjektiver Tatbestand	a. Schuldform: Vorsatz
a. Vorsatz (= Wissen und Wollen)	b. Unrechtsbewusstsein im engen Sinne
b. Sonstige subjektive Merkmale	4. Entschuldigungsgründe
3. Tatbestandsannexe	IV. Besonderheiten
4. Fälle des § 28 II	1. Strafausschließungs- und aufhebungsgründe
	2. Strafverfolgungshindernisse
	3. Regelbeispiele

Geprüft wird die selbständige Abwandlung ganz alleine (s. Grundtatbestand). Manchmal ist sie sogar selber ein (neuer) Grundtatbestand (vgl. §§ 252 i.V.m. 250, 251).

Die alternativen Tatbestände (z. B. § 263)

Alternative Tatbestände sind in der Weise konstruiert, dass von zwei in Betracht kommenden Tatbeständen *entweder* der eine *oder* der andere (oder keiner), niemals aber beide gleichzeitig erfüllt sein können.

(Bsp.: Diebstahl, § 242, und Betrug, § 263. Grund: Diebstahl setzt Wegnahme = Gewahrsamswechsel *gegen* den Willen voraus, (Sach-)Betrug setzt voraus, dass der Täter den Gewahrsam durch einen (wenn auch erschlichen) *einverständlichen* Gewahrsamswechsel – Vermögensverfügung – erhält.)

Aufbautechnisch darf nach Bejahung des einen der andere Tatbestand nicht mehr geprüft werden. (Bei Verneinung natürlich schon.)

Die Regelbeispiele (z. B. § 243) – keine Tatbestände

Regelbeispiele beschäftigen sich nur mit der Straf*zumessung*, sind also nicht wie die Tatbestände Grundlage einer Straf*barkeit*. Sie sind nur beispielhaft, d.h., der Richter **kann** schärfer bestrafen, er muss aber nicht (BGH v. 8.6.2016 – 5 StR 170/16, Rz. 3); bei Tatbeständen muss der Richter. Wichtig ist in diesem Zusammenhang, dass man nicht von *Tatbeständen* und *Tatbestands*merkmalen spricht, wenn ein Regelbeispiel auftaucht.

Aufbautechnisch werden die Regelbeispiele immer nur mit dem Grunddelikt geprüft, und zwar, nachdem dort Strafbarkeit festgestellt wurde.

18 || Das vollendete vorsätzliche Begehungsdelikt (Tun)

I. Tatbestandsmäßigkeit	II. Rechtswidrigkeit (indiziert)
1. Objektiver Tatbestand	Ausnahme: Rechtfertigungsgründe
a. Das Tatsubjekt	III. Schuld
b. Die Tathandlung	1. Schuldfähigkeit
c. Das Tatobjekt	2. Spezielle Schuldmerkmale
d. Der Taterfolg und die Verbindung von Handlung und Erfolg	3. Die persönliche Vorwerfbarkeit Unrechtsbewusstsein im weiten Sinne
2. Subjektiver Tatbestand	a. Schuldform: Vorsatz
a. Vorsatz (= Wissen und Wollen)	b. Unrechtsbewusstsein im engen Sinne
b. Sonstige subjektive Merkmale	4. Entschuldigungsgründe
3. Tatbestandsannexe	IV. Besonderheiten
4. Fälle des § 28 II	1. Strafausschließungs- und aufhebungsgründe
	2. Strafverfolgungshindernisse
	3. Regelbeispiele

Folgend ein Überblick über die Folgen, die diese Einteilung für den Aufbau von Klausuren und Hausarbeiten hat. Es handelt sich zunächst nur um einen **groben Überblick.**

Welche Möglichkeiten es im Einzelnen gibt, z.B. Grundtatbestand und Qualifikation aufzubauen (es sind drei) und welche davon wann zulässig (nach herrschender Meinung: nur zwei) und sinnvoll sind, werde ich weiter unten näher erläutern (ab Seite 120). Die detaillierte Darstellung ist aber erst dann verständlich, wenn wir wenigstens eine Deliktsform komplett kennengelernt haben. Insoweit müssen wir uns noch ein wenig gedulden.

Geprüft wird:	Aufbau:
Privilegierung / Qualifizierung	Erst den Grundtatbestand, dann die Privilegierung / die Qualifikation prüfen.
Selbständige Abwandlung	Sofort das selbständige Delikt prüfen. Regelmäßig ist der Grundtatbestand schon bei einer vorherigen Handlung geprüft worden.
Alternative Tatbestände	Den einen *oder* den anderen Tatbestand prüfen. Nach Bejahung des einen kein Wort mehr über den anderen.
Regelbeispiele	Immer mit dem Grundtatbestand zusammen prüfen (Bsp.: §§ 242 I, 243 I S. 2 Nr. 6; Einzelheiten auf Seite 120.)

Deliktsform ①: Tatbestand

I. **Tatbestandsmäßigkeit**
1. Objektiver Tatbestand
   a. Das Tatsubjekt
   b. Die Tathandlung
   c. Das Tatobjekt
   d. Der Taterfolg und die Verbindung von Handlung und Erfolg
2. Subjektiver Tatbestand
   a. Vorsatz (= Wissen und Wollen)
   b. Sonstige subjektive Merkmale
3. Tatbestandsannexe
4. Fälle des § 28 II

II. **Rechtswidrigkeit** (indiziert)
   Ausnahme: Rechtfertigungsgründe
III. **Schuld**
1. Schuldfähigkeit
2. Spezielle Schuldmerkmale
3. Die persönliche Vorwerfbarkeit Unrechtsbewusstsein im weiten Sinne
   a. Schuldform: Vorsatz
   b. Unrechtsbewusstsein im engen Sinne
4. Entschuldigungsgründe
IV. **Besonderheiten**
1. Strafausschließungs- und aufhebungsgründe
2. Strafverfolgungshindernisse
3. Regelbeispiele

1. Objektiver (äußerer) Tatbestand

- **Überblick (Täter, Situation, Verhalten, Mittel, Opfer, Effekt)**

Der objektive Tatbestand kennzeichnet das nach außen Sichtbare einer Straftat. Dazu gehört zunächst der **Täter** (das Tatsubjekt), der sich in einer bestimmten Weise verhält, das **Opfer** (das Tatobjekt), das durch das Verhalten in Mitleidenschaft gezogen wird, und das **Verhalten** selbst (die Tathandlung), das als strafwürdig angesehen wird. Gelegentlich nutzt der Täter bei seinem Verhalten weitere Objekte (Tatmittel).

Ist das Verhalten allein nicht strafwürdig, gehört oft auch noch ein **Effekt** (der Taterfolg) dazu, der dann auf dem Verhalten *beruhen* muss (die Verbindung von Tathandlung und Taterfolg). Zuletzt ist es manchmal so, dass bestimmtes Verhalten nur in bestimmten **Situationen** strafwürdig ist: Das Unterlassen von Hilfeleistung z.B. setzt die Notlage eines anderen voraus (vgl. § 323c).

a. Das Tatsubjekt - Merkmale des Handelnden

Die meisten Delikte kann tatbestandlich jeder Mensch begehen.

Es gibt aber auch Delikte, die voraussetzen, dass der Täter bestimmte Merkmale in seiner Person erfüllt. Das sind insbesondere die Amtsdelikte. Täter einer Bestechlichkeit kann nur ein Amtsträger sein, vgl. § 332. Dieses Element des objektiven Tatbestandes ist aus der Sicht des Strafrecht AT unproblematisch. Entweder der Täter erfüllt das besondere Merkmal (ist z.B. Amtsträger) oder er erfüllt es nicht (zum Amtsträger: BGH v. 13.1.2016 – 2 StR 148/15, Rz. 11 ff). Das lässt sich mit Definitionskenntnissen aus dem Strafrecht BT unschwer feststellen.

b. Die Tathandlung

Die gesetzlichen Tatbestände beschreiben eine bestimmte Handlung des Täters. (In § 212 I z.B. besteht diese Handlung im Töten.) Das scheint zunächst unproblematisch. Entweder der Täter handelt, und diese Handlung entspricht der im Tatbestand beschriebenen Handlung – oder sie entspricht ihr nicht.

20 || Das vollendete vorsätzliche Begehungsdelikt (Tun)

I. **Tatbestandsmäßigkeit**
1. Objektiver Tatbestand
   a. Das Tatsubjekt
   b. Die Tathandlung
   c. Das Tatobjekt
   d. Der Taterfolg und die Verbindung von Handlung und Erfolg
2. Subjektiver Tatbestand
   a. Vorsatz (= Wissen und Wollen)
   b. Sonstige subjektive Merkmale
3. Tatbestandsannexe
4. Fälle des § 28 II

II. **Rechtswidrigkeit** (indiziert)
   Ausnahme: Rechtfertigungsgründe
III. **Schuld**
1. Schuldfähigkeit
2. Spezielle Schuldmerkmale
3. Die persönliche Vorwerfbarkeit Unrechtsbewusstsein im weiten Sinne
   a. Schuldform: Vorsatz
   b. Unrechtsbewusstsein im engen Sinne
4. Entschuldigungsgründe
IV. **Besonderheiten**
1. Strafausschließungs- und aufhebungsgründe
2. Strafverfolgungshindernisse
3. Regelbeispiele

Manchmal ist es aber auch etwas kniffeliger.
- Die Probleme liegen zum einen darin, dass eine Handlung sowohl in einem (aktiven) Tun als auch in einem (passiven) Unterlassen liegen kann. Das wird uns aber erst später beschäftigen (bei den Unterlassungsdelikten). Hier gehen wir zunächst nur auf das Tun als Handlung ein.
- Zum anderen ist auch beim Tun die Frage, was genau eine Handlung ist, nicht unumstritten. Es gibt dazu verschiedene „Lehren" [Fister, Kap. 8 Rz. 3].
- Ich folge in diesem Buch der sog. **sozialen Handlungslehre**, da man mit ihr in allen Fällen zurechtkommt.

Die **Handlungslehren**, die es sonst noch gibt (*kausal, final, personal*) sind – ebenso wie die *soziale* – **reine Zweckkonstrukte.** Man will damit bestimmte Dinge in den Griff kriegen. Es gibt also nicht eine richtige oder eine wahre, es gibt nur praktische und weniger praktische.

Als Student(in) muss man sich damit aber nicht abplagen. Es genügt, wenn man in Zweifelsfällen die folgende Definition kennt, bringt und anwendet. *Dass* man damit einer bestimmten Lehre gefolgt ist, erkennt ein Korrektor sofort, begründen muss man es nicht.

Handlung = menschliches, willensgetragenes, sozialerhebliches Verhalten, das sich über Ereignisse in der Außenwelt beschreiben lässt

Es sind also drei Merkmale zu prüfen:
- **Menschliches Verhalten.** Dieser Punkt schließt aus, dass Tiere oder Naturereignisse für sich auf Strafbarkeit hin überprüft werden können (ein Tier tötet einen Menschen). Wir haben das indirekt schon gesagt, wenn wir als Tatsubjekt nur Menschen genannt hatten. Natürlich wäre menschliches Verhalten zu prüfen, wenn das Tier von einem Menschen gehetzt worden wäre.
- **Willensgetragenes Verhalten.** Liegt nicht vor bei Bewegungen im Schlaf, Reflexen oder Bewegungen infolge sog. absoluter Gewalt [(*Fister*, Kap.8 Rz. 4);

I. Tatbestandsmäßigkeit	II. Rechtswidrigkeit (indiziert)
1. Objektiver Tatbestand	Ausnahme: Rechtfertigungsgründe
a. Das Tatsubjekt	III. Schuld
b. Die Tathandlung	1. Schuldfähigkeit
c. Das Tatobjekt	2. Spezielle Schuldmerkmale
d. Der Taterfolg und die Verbindung von Handlung und Erfolg	3. Die persönliche Vorwerfbarkeit Unrechtsbewusstsein im weiten Sinne
2. Subjektiver Tatbestand	a. Schuldform: Vorsatz
a. Vorsatz (= Wissen und Wollen)	b. Unrechtsbewusstsein im engen Sinne
b. Sonstige subjektive Merkmale	4. Entschuldigungsgründe
3. Tatbestandsannexe	IV. Besonderheiten
4. Fälle des § 28 II	1. Strafausschließungs- und aufhebungsgründe
	2. Strafverfolgungshindernisse
	3. Regelbeispiele

absolute Gewalt verhindert Willensbildung oder -betätigung] (X wird von T auf den O geworfen; O stirbt an den Folgen. X hat nicht gehandelt.)
- **Sozialerhebliches Verhalten.** Liegt nur vor, wenn es das Verhältnis des Einzelnen zu seiner Umwelt betrifft und diese durch seine Auswirkungen berührt. Wenn T auf vertrautem Fuß mit dem Satan steht, diesen nachts beschwört, dass er den O holen solle, und O anderntags tot gefunden wird, stellt sich die Frage: Was zum Teufel ist mit O passiert? -> Kein sozialerhebliches Verhalten.

Die Frage, *ob* eine Handlung vorliegt oder nicht, ist **extrem selten** zu erörtern. Meistens ist es so, dass man z.B. Tierhandlungen oder Reflexe nicht *ernsthaft* auf Strafbarkeit untersuchen kann, ohne das lächerlich zu finden. Am ehesten denkbar ist eine Erörterung der stark wertungsabhängigen Sozialerheblichkeit.

Normalerweise gilt für die Frage der Handlungsqualität als solcher: **Kein Wort darüber!** Wir werden später noch einmal auf die aufbautechnischen Unterschiede zwischen der kausalen und den anderen Handlungslehren zurückkommen, weil man damit einige Probleme besser verstehen kann (ab Seite 122).

c. Das Tatobjekt

In einigen Tatbeständen reicht es nicht, dass der Täter *etwas* tut (Meineid, § 154), sondern es ist darüber hinaus erforderlich, dass er dieses „etwas" einem bestimmten Objekt antut.

So verbietet z. B. § 176 I den Missbrauch des Objektes „Kind", § 303 das Beschädigen oder Zerstören des Objektes „Sache".

Diese Objekte sind in aller Regel noch genauer umschrieben.

§ 176 verbietet den Missbrauch einer „Person unter 14 Jahre (Kind)", § 303 die Manipulation einer „fremden" Sache.

Auch hier gibt es keine bedeutsamen Probleme des StGB AT.

22 || Das vollendete vorsätzliche Begehungsdelikt (Tun)

I. Tatbestandsmäßigkeit
1. Objektiver Tatbestand
   a. Das Tatsubjekt
   b. Die Tathandlung
   c. Das Tatobjekt
   d. Der Taterfolg und die Verbindung von Handlung und Erfolg
2. Subjektiver Tatbestand
   a. Vorsatz (= Wissen und Wollen)
   b. Sonstige subjektive Merkmale
3. Tatbestandsannexe
4. Fälle des § 28 II
	II. Rechtswidrigkeit (indiziert)
	Ausnahme: Rechtfertigungsgründe
	III. Schuld
	1. Schuldfähigkeit
	2. Spezielle Schuldmerkmale
	3. Die persönliche Vorwerfbarkeit
	   Unrechtsbewusstsein im weiten Sinne
	   a. Schuldform: Vorsatz
	   b. Unrechtsbewusstsein im engen Sinne
	4. Entschuldigungsgründe
	IV. Besonderheiten
	1. Strafausschließungs- und aufhebungsgründe
	2. Strafverfolgungshindernisse
	3. Regelbeispiele

d. Der Taterfolg und die Verbindung von Handlung und Erfolg

Ganz anders dagegen dieser Prüfungspunkt. Der hat Probleme satt. Bevor wir diese im Einzelnen behandeln, müssen wir aber die Begriffe *Handlung* und *Erfolg* gegeneinander abgrenzen.

> **Handlung** = willensgetragenes, sozialerhebliches, menschliches Verhalten, das sich über Ereignisse in der Außenwelt beschreiben lässt
>
> **Erfolg** = Ereignis in der Außenwelt, das nicht mit der Handlung identisch ist

Soweit es die Handlung betrifft, ist das natürlich dieselbe Definition, die wir gerade schon kennengelernt haben. Ich bringe sie hier nur noch einmal des Zusammenhanges wegen.

Wann etwas ein Erfolg ist, ist manchmal einfach (bei den Tötungsdelikten der eingetretene pathologische Zustand), manchmal aber auch ziemlich schwierig (ist die Wegnahme beim Diebstahl (nur) eine Handlung oder ein - zusätzlicher - Erfolg?).

Es genügt nun aber nicht, dass irgendeine Handlung irgendwie mit irgendeinem Erfolg zusammentrifft, sondern es tritt ein zusätzliches Erfordernis bei Erfolgsdelikten hinzu:

> **Der Erfolg muss „das Werk des Täters" sein.**

Dies ist ein (in der Regel) *ungeschriebenes Merkmal* des objektiven Tatbestandes. Manchmal (meist bei den Fahrlässigkeitsdelikten) schreibt der Gesetzgeber aber auch etwas darüber (§ 222: Wer ... verursacht ...)

Es gibt 2 Fallgruppen, die völlig unproblematisch sind (der Begriff Kausalität wird gleich noch erklärt):
- Keine Kausalität (keine Ursache)
- Normale Kausalität (eine Ursache)

Deliktsform ①: Tatbestand || 23

I. Tatbestandsmäßigkeit
1. Objektiver Tatbestand
   a. Das Tatsubjekt
   b. Die Tathandlung
   c. Das Tatobjekt
   d. Der Tatferfolg und die Verbindung von Handlung und Erfolg
2. Subjektiver Tatbestand
   a. Vorsatz (= Wissen und Wollen)
   b. Sonstige subjektive Merkmale
3. Tatbestandsannexe
4. Fälle des § 28 II

II. Rechtswidrigkeit (indiziert)
   Ausnahme: Rechtfertigungsgründe
III. Schuld
1. Schuldfähigkeit
2. Spezielle Schuldmerkmale
3. Die persönliche Vorwerfbarkeit
   Unrechtsbewusstsein im weiten Sinne
   a. Schuldform: Vorsatz
   b. Unrechtsbewusstsein im engen Sinne
4. Entschuldigungsgründe
IV. Besonderheiten
1. Strafausschließungs- und aufhebungsgründe
2. Strafverfolgungshindernisse
3. Regelbeispiele

Und es gibt 4 Fallgruppen, die ziemlich problematisch sind:
- Doppelkausalität (auch Alternativkausalität genannt)
- Kumulative (gehäufte) Kausalität (auch atypische Kausalität genannt)
- Überholende (abbrechende) Kausalität
- Hypothetische Kausalität

Hinweis: Bei den Beispielen gleich, heißt es immer wieder „O stirbt am Gift" oder „O stirbt am Schuss". Für das, was wir hier untersuchen (Verbindung von Handlung und *Erfolg*), ist das nicht ganz präzise. „Sterben" ist ein über die Zeit verlaufender Vorgang, der nicht Ziel von Strafandrohung ist. Richtig wäre auf den Endpunkt des Sterbens abzustellen, auf den Tod. Das war mir aber zu gekünstelt („Der Tod des O wurde durch die Wirkungen des Giftes herbeigeführt.").

Unproblematische Fälle:

aa. Keine Kausalität (keine Ursache)

Fall 1: T schaltet das Fernsehen ein. In genau demselben Augenblick stirbt in New York der O bei einem Verkehrsunfall. **Keine Ursache: kein Problem.**

---

aa. **Keine Kausalität:** Handlung und Erfolg haben nichts miteinander zu tun.

Handlung	Erfolg
Fernseher anschalten	Unfall in New York

---

bb. Normale Kausalität (eine Ursache)

Fall 2: T mischt O eine tödliche Dosis Gift ins Essen. O stirbt am Gift. **Eine Ursache: auch kein Problem.**

24 || Das vollendete vorsätzliche Begehungsdelikt (Tun)

I. Tatbestandsmäßigkeit
1. Objektiver Tatbestand
   a. Das Tatsubjekt
   b. Die Tathandlung
   c. Das Tatobjekt
   d. Der Taterfolg und die Verbindung von Handlung und Erfolg
2. Subjektiver Tatbestand
   a. Vorsatz (= Wissen und Wollen)
   b. Sonstige subjektive Merkmale
3. Tatbestandsannexe
4. Fälle des § 28 II

II. Rechtswidrigkeit (indiziert)
   Ausnahme: Rechtfertigungsgründe
III. Schuld
1. Schuldfähigkeit
2. Spezielle Schuldmerkmale
3. Die persönliche Vorwerfbarkeit
   Unrechtsbewusstsein im weiten Sinne
   a. Schuldform: Vorsatz
   b. Unrechtsbewusstsein im engen Sinne
4. Entschuldigungsgründe
IV. Besonderheiten
1. Strafausschließungs- und aufhebungsgründe
2. Strafverfolgungshindernisse
3. Regelbeispiele

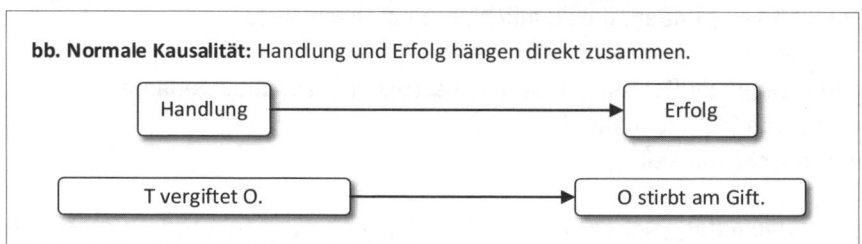

bb. Normale Kausalität: Handlung und Erfolg hängen direkt zusammen.

Problematische Fälle:

cc. Doppelkausalität / alternative Kausalität (2 volle Ursachen)

Fall 3: T mischt O eine tödliche Dosis Gift ins Essen. X mischt ebenfalls eine tödliche Dosis in das Essen des O. Beide wissen nichts voneinander. O stirbt. Die Gifte wirken gleichzeitig. **2 volle Ursachen: 1 halbes Problem.**

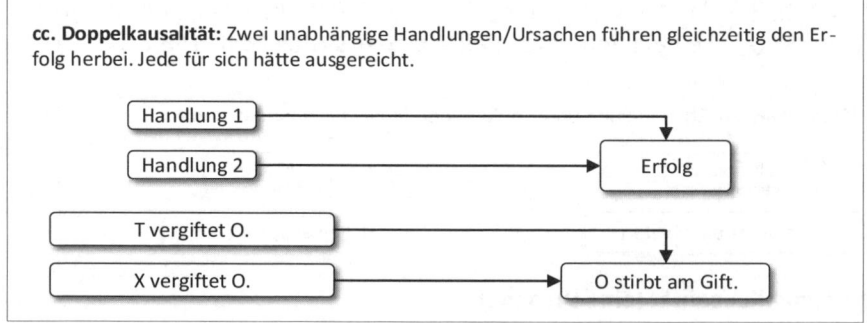

cc. **Doppelkausalität:** Zwei unabhängige Handlungen/Ursachen führen gleichzeitig den Erfolg herbei. Jede für sich hätte ausgereicht.

Deliktsform ①: Tatbestand || 25

I. Tatbestandsmäßigkeit
  1. Objektiver Tatbestand
     a. Das Tatsubjekt
     b. Die Tathandlung
     c. Das Tatobjekt
     d. Der Taterfolg und die Verbindung von Handlung und Erfolg
  2. Subjektiver Tatbestand
     a. Vorsatz (= Wissen und Wollen)
     b. Sonstige subjektive Merkmale
  3. Tatbestandsannexe
  4. Fälle des § 28 II

II. Rechtswidrigkeit (indiziert)
  Ausnahme: Rechtfertigungsgründe
III. Schuld
  1. Schuldfähigkeit
  2. Spezielle Schuldmerkmale
  3. Die persönliche Vorwerfbarkeit Unrechtsbewusstsein im weiten Sinne
     a. Schuldform: Vorsatz
     b. Unrechtsbewusstsein im engen Sinne
  4. Entschuldigungsgründe
IV. Besonderheiten
  1. Strafausschließungs- und aufhebungsgründe
  2. Strafverfolgungshindernisse
  3. Regelbeispiele

dd. Kumulative / atypische Kausalität (2 halbe Ursachen)

Kumulative Kausalität - Fall 4a: T mischt O die Hälfte der Dosis Gift ins Essen, die für eine Tötung notwendig wäre. Er glaubt, diese Dosis reiche zur Tötung. X mischt O ebenfalls die Hälfte der Dosis Gift ins Essen, die für eine Tötung notwendig wäre. Auch er glaubt, diese Dosis reiche. Beide Gifte zusammen führen zum Tode des O.
Atypische Kausalität - Fall 4b: T schießt mit Tötungsvorsatz auf O. Er trifft ihn nur mit einem Streifschuss. Trotzdem kommt O ums Leben, weil er Bluter ist. Dies wusste T nicht. **2 „halbe" Ursachen: 1 volles Problem.**

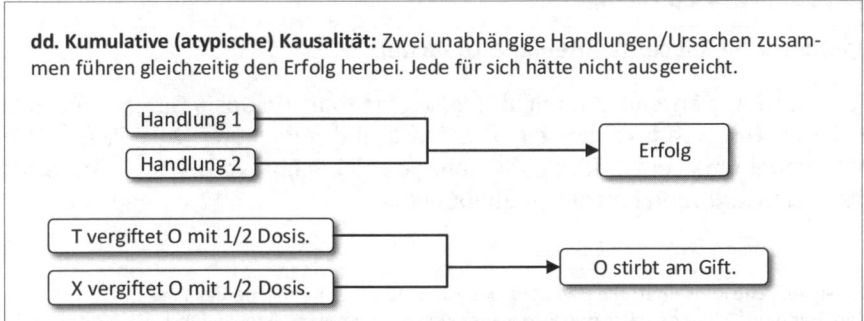

ee. Überholende / abbrechende Kausalität (Reserveursache vs. Turbo)

Fall 5: T mischt O eine tödliche Dosis Gift ins Essen. Bevor das Gift wirken kann, wird O von X erschossen.

26 || Das vollendete vorsätzliche Begehungsdelikt (Tun)

I. Tatbestandsmäßigkeit
1. Objektiver Tatbestand
   a. Das Tatsubjekt
   b. Die Tathandlung
   c. Das Tatobjekt
   d. Der Taterfolg und die Verbindung von Handlung und Erfolg
2. Subjektiver Tatbestand
   a. Vorsatz (= Wissen und Wollen)
   b. Sonstige subjektive Merkmale
3. Tatbestandsannexe
4. Fälle des § 28 II

II. Rechtswidrigkeit (indiziert)
   Ausnahme: Rechtfertigungsgründe

III. Schuld
1. Schuldfähigkeit
2. Spezielle Schuldmerkmale
3. Die persönliche Vorwerfbarkeit
   Unrechtsbewusstsein im weiten Sinne
   a. Schuldform: Vorsatz
   b. Unrechtsbewusstsein im engen Sinne
4. Entschuldigungsgründe

IV. Besonderheiten
1. Strafausschließungs- und aufhebungsgründe
2. Strafverfolgungshindernisse
3. Regelbeispiele

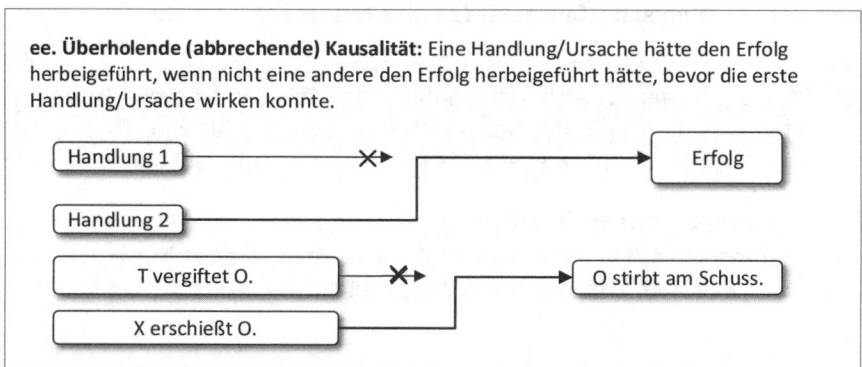

ee. Überholende (abbrechende) Kausalität: Eine Handlung/Ursache hätte den Erfolg herbeigeführt, wenn nicht eine andere den Erfolg herbeigeführt hätte, bevor die erste Handlung/Ursache wirken konnte.

ff. Hypothetische Kausalität (Beinahe-Ursache)

Fall 6: T mischt O während einer Schiffsreise eine tödliche Dosis Gift ins Essen. O stirbt daran. Das Schiff rammt einen Eisberg und geht unter. Alle Passagiere kommen dabei ums Leben. (Bis auf O, aber der ist schon vorher tot.) **Eins statt eins bzw. eins und vielleicht eins – bleibt eins.**

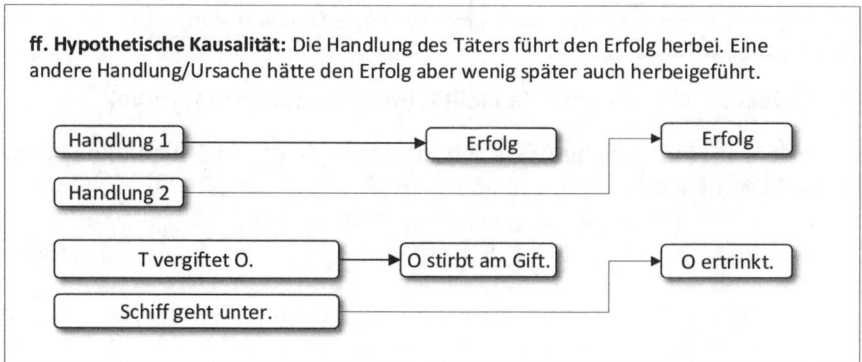

ff. Hypothetische Kausalität: Die Handlung des Täters führt den Erfolg herbei. Eine andere Handlung/Ursache hätte den Erfolg aber wenig später auch herbeigeführt.

I. Tatbestandsmäßigkeit
1. Objektiver Tatbestand
   a. Das Tatsubjekt
   b. Die Tathandlung
   c. Das Tatobjekt
   d. Der Taterfolg und die Verbindung von Handlung und Erfolg
2. Subjektiver Tatbestand
   a. Vorsatz (= Wissen und Wollen)
   b. Sonstige subjektive Merkmale
3. Tatbestandsannexe
4. Fälle des § 28 II

II. Rechtswidrigkeit (indiziert)
   Ausnahme: Rechtfertigungsgründe
III. Schuld
1. Schuldfähigkeit
2. Spezielle Schuldmerkmale
3. Die persönliche Vorwerfbarkeit Unrechtsbewusstsein im weiten Sinne
   a. Schuldform: Vorsatz
   b. Unrechtsbewusstsein im engen Sinne
4. Entschuldigungsgründe
IV. Besonderheiten
1. Strafausschließungs- und aufhebungsgründe
2. Strafverfolgungshindernisse
3. Regelbeispiele

Nachdem die problematischen und unproblematischen Konstellationen anhand von Beispielsfällen und Skizzen vorgestellt wurden, wollen wir die Fälle jetzt lösen. Wir sollten aber nicht versäumen, uns zwischendrin kurz klar zu machen, dass jedes komplexe Problem leichter lösbar ist, wenn man es sich optisch veranschaulicht. Das ist der Sinn der Skizzen. Komplex ist im Übrigen jedes Problem, das mehr als 2 Elemente (Täter, Opfer, Ursachen, Mittel etc.) hat.

Klausurüberlegung: Es gibt 2 grundsätzliche Möglichkeiten, die Verbindung von Handlung und Erfolg („Werk des Täters") herzustellen:
- Entweder man denkt vom zeitlich Früheren – **von der Handlung** – (= Ursache) zum zeitlich Späteren – **zum Erfolg** (= Wirkung).
- Oder man schaut umgekehrt **vom Erfolg auf die Handlung** zurück.

Unterschiedlich ist also **die Betrachtungs-Richtung**.
(Nebenbei bemerkt: in Wirklichkeit stimmt das mit den verschiedenen Betrachtungsrichtungen natürlich nicht. Wir schauen *immer* zurück. Denn erst wenn wir mindestens zwei Teile haben - also auch schon den Erfolg -, macht es überhaupt Sinn, eine Verbindung herstellen zu wollen. Für unsere Aufbauüberlegungen ist das aber nicht wichtig.)
- Den ersten Weg (von Ursache zu Wirkung) ging – in verschiedenen Spielarten – die klassische Verbrechenslehre und geht aktuell die **Rechtsprechung**. Weil immer von Ursache und Wirkung die Rede ist, heißen die Lehren, die sich damit befassen, **Kausalitätslehren** (causa (lat.) = die Ursache). In Störfällen modifiziert die Rechtsprechung einfach die Kausalitätskriterien oder stellt einen Vorsatzmangel fest (wg. Abweichung vom Kausalverlauf, dazu unten S. 53).
- Der zweite Weg entspricht einer moderneren Strafrechtsdogmatik, die im **Schrifttum** dominiert. Dabei wird gewertet, ob man einen Erfolg einer Handlung noch zurechnen kann. Aus diesem Grund wird auch von einer **„normativen" (= wertenden) Zurechnung** gesprochen. Dieser zweite Weg ist kein grundlegend anderer, sondern ein zusätzlicher (Fischer, Vor § 13 Rz. 24a). Er

28 || Das vollendete vorsätzliche Begehungsdelikt (Tun)

I. Tatbestandsmäßigkeit	II. Rechtswidrigkeit (indiziert)
1. Objektiver Tatbestand	Ausnahme: Rechtfertigungsgründe
a. Das Tatsubjekt	III. Schuld
b. Die Tathandlung	1. Schuldfähigkeit
c. Das Tatobjekt	2. Spezielle Schuldmerkmale
d. Der Taterfolg und die Verbindung von Handlung und Erfolg	3. Die persönliche Vorwerfbarkeit Unrechtsbewusstsein im weiten Sinne
2. Subjektiver Tatbestand	a. Schuldform: Vorsatz
a. Vorsatz (= Wissen und Wollen)	b. Unrechtsbewusstsein im engen Sinne
b. Sonstige subjektive Merkmale	4. Entschuldigungsgründe
3. Tatbestandsannexe	IV. Besonderheiten
4. Fälle des § 28 II	1. Strafausschließungs- und aufhebungsgründe
	2. Strafverfolgungshindernisse
	3. Regelbeispiele

wird immer dann beschritten, wenn die reine Ursächlichkeit zu unbefriedigenden Lösungen führt (dazu gleich).

In einer Klausur kombiniert man die beiden Ansätze und geht wie folgt vor:

1. Zunächst prüft man, ob die Handlung des Täters eine kausale Ursache (= Bedingung) für den Erfolg ist. Dies geschieht mit der sog. **„Conditio-sine-qua-non-Formel"** (c.s.q.n.). (conditio = die Bedingung, sine = ohne, qua = die, non = nicht. Zusammen also: „Bedingung, ohne die nicht".)

Sie lautet *grundsätzlich* (zu Modifikationen gleich bei der Lösung von Fall 3):

> **Kausal** (= Ursache) im Sinne des Strafrechts ist jede Bedingung, die nicht hinweggedacht werden kann, ohne dass der Erfolg in seiner konkreten Gestalt entfällt. [BGH v. 3.5.2015 – 4 StR 223/15, Rz. 10, Fister, Kap. 9 Rz. 21 ff]

2. Stellt sich **anschließend** heraus, dass das damit erzielte Ergebnis zu „weit" ist (der Vater des Mörders hat mit dessen Zeugung auch eine solche Ursache gesetzt -> Störgefühl), prüft man, ob der Erfolg dieser (c.s.q.n.-)kausalen Ursache auch zugerechnet werden kann. Dies geschieht mit der **Formel der Zurechnungslehre**. Sie lautet:

> **Objektiv zurechenbar** ist ein Erfolg nur dann, wenn die für den Erfolg (1.) ursächliche Handlung eine (2.) (im Sinne des jeweiligen Tatbestandes) **rechtlich missbilligte Gefahr** des Erfolgseintritts **geschaffen und** (3.) diese sich in dem konkreten Erfolgseintritt **auch realisiert** hat (Fischer, Vor § 13 Rz. 25).

[Wenn man genau hinsieht, könnte man auch sagen, dass diese Lehre eigentlich keine *Zu*-Rechnungslehre ist, sondern eine *Weg*-Rechnungslehre. Was die klassische Lehre schon als hinreichend abgehakt hatte, wird von dieser Lehre bei entsprechenden Voraussetzungen wieder als nicht zusammengehörig weg- bzw. rausgeworfen. Wir behalten diese Gedanken in einer Klausur aber für uns.]

Die Punkte (2.) und (3.) in der Formel sind neu.

Deliktsform ①: Tatbestand || 29

I. **Tatbestandsmäßigkeit**
 1. Objektiver Tatbestand
  a. Das Tatsubjekt
  b. Die Tathandlung
  c. Das Tatobjekt
  d. Der Taterfolg und die Verbindung von Handlung und Erfolg
 2. Subjektiver Tatbestand
  a. Vorsatz (= Wissen und Wollen)
  b. Sonstige subjektive Merkmale
 3. Tatbestandsannexe
 4. Fälle des § 28 II

II. **Rechtswidrigkeit** (indiziert)
 Ausnahme: Rechtfertigungsgründe
III. **Schuld**
 1. Schuldfähigkeit
 2. Spezielle Schuldmerkmale
 3. Die persönliche Vorwerfbarkeit
  Unrechtsbewusstsein im weiten Sinne
  a. Schuldform: Vorsatz
  b. Unrechtsbewusstsein im engen Sinne
 4. Entschuldigungsgründe
IV. **Besonderheiten**
 1. Strafausschließungs- und aufhebungsgründe
 2. Strafverfolgungshindernisse
 3. Regelbeispiele

(2.) **Gefahr geschaffen:** Jeder Straftatbestand dient dem Schutz irgendeines Rechtsgutes (die Tötungsdelikte etwa dienen dem Schutz des Rechtsgutes *Leben*). Die Handlung des Täters muss nun gerade für dieses Rechtsgut eine konkrete und rechtlich missbilligte Gefahr (Risiko) geschaffen haben.

Den Begriff der **Gefahr** definieren Juristen als „die **Wahrscheinlichkeit eines Schadenseintrittes**". Anders gesagt: Das Verhalten des Täters muss so beschaffen gewesen sein, dass die Wahrscheinlichkeit eines Schadenseintrittes für das Rechtsgut des untersuchten Straftatbestandes bestand.

Das ist nicht der Fall, wenn das **Risiko erlaubt** ist (z. B. *ordnungsgemäße Teilnahme am Straßenverkehr*) oder wenn ein schon bestehendes **anderes Risiko verringert** wird (Fischer, Vor § 13 Rz. 28; z. B. Ablenkung eines fallendes Astes vom Gesicht zur Schulter des Opfers).

(3.) **Gefahr realisiert:** Wenn es dann heißt, dass sich *diese* Gefahr (also diese Wahrscheinlichkeit eines Schadenseintrittes) im konkreten Erfolg realisiert haben muss, dann bedeutet das nichts anderes, als dass aus dem *wahrscheinlichen* Schadenseintritt ein *wirklicher* Schadenseintritt geworden ist.

Kein Problem gibt es also zunächst, wenn die - kausale - Handlung des Täters gar keine rechtlich missbilligte Gefahr geschaffen hat (der Vater des Mörders schafft mit der Zeugung keine rechtlich missbilligte Gefahr).

Kein Problem gibt es weiter, wenn sich *genau der* Schaden verwirklicht hat, der wahrscheinlich war (Fall 2 und 3).

Die **Probleme** fangen aber dann an, wenn ein bestimmter Schadenseintritt *wahrscheinlich* ist (eine rechtlich missbilligte Gefahr also geschaffen wurde), **ein anderer Schaden** aber *wirklich* eintritt:

Neben den Kausalitätsfällen 4a und 4b (kumulative/atypische Kausalität) kann das wie in Fall 5 (überholende / abbrechende Kausalität) noch relevant werden, wenn ein Dritter mit einer Handlung eigenverantwortlich (vorsätzlich) „dazwischen tritt" und den Kausalverlauf unterbricht (BGH v. 3.12.2015 – 4 StR

30 || Das vollendete vorsätzliche Begehungsdelikt (Tun)

I. Tatbestandsmäßigkeit
1. Objektiver Tatbestand
   a. Das Tatsubjekt
   b. Die Tathandlung
   c. Das Tatobjekt
   d. Der Taterfolg und die Verbindung von Handlung und Erfolg
2. Subjektiver Tatbestand
   a. Vorsatz (= Wissen und Wollen)
   b. Sonstige subjektive Merkmale
3. Tatbestandsannexe
4. Fälle des § 28 II

II. Rechtswidrigkeit (indiziert)
   Ausnahme: Rechtfertigungsgründe
III. Schuld
1. Schuldfähigkeit
2. Spezielle Schuldmerkmale
3. Die persönliche Vorwerfbarkeit
   Unrechtsbewusstsein im weiten Sinne
   a. Schuldform: Vorsatz
   b. Unrechtsbewusstsein im engen Sinne
4. Entschuldigungsgründe
IV. Besonderheiten
1. Strafausschließungs- und aufhebungsgründe
2. Strafverfolgungshindernisse
3. Regelbeispiele

223/15, Rz. 10; Fischer, Vor § 13 Rz. 27), wenn das Opfer sich eigenverantwortlich selbst gefährdet (Fischer, Vor § 13 Rz. 30; z.B. Verkauf von Schlaftabletten durch Täter und Einnahme einer Überdosis durch Opfer), wenn ein Erfolg nicht im Schutzzweck einer verletzten Norm liegt (bei Fahrlässigkeitsdelikten, siehe S. 179).

In solchen Fällen muss man sich nämlich Gedanken darüber machen, ob die **Abweichung des Wahrscheinlichen vom Wirklichen** noch so gering ist, dass eine Zurechnung angemessen ist, oder ob sie schon so (zu) groß ist, dass eine Zurechnung nicht möglich ist.

Die Lehre von der Zurechnung versucht sich hier mit der Floskel von „der wertenden Feststellung, ob der Erfolg nach dem gewöhnlichen Verlauf der Dinge und der allgemeinen Lebenserfahrung noch in Rechnung zu stellen ist oder nicht."
Was allerdings in einer von uns zu schreibenden Klausur *der gewöhnliche Verlauf der Dinge* ist, was *die allgemeine Lebenserfahrung* alles weiß und wie man dann *wertend in Rechnung stellt*, das kann uns auch die Lehre von der Zurechnung nicht sagen. Das kann uns eigentlich überhaupt niemand sagen. Wir müssen es uns in einer Klausur selbst ausdenken, mit der wohlklingenden Formel umrahmen – und dann argumentieren.

> Die Prüfung läuft damit so:
> Schritt 1 (a): Ist die betrachtete Handlung **c.s.q.n.** für den eingetretenen Erfolg?
> Schritt 2 (b): Hat diese Handlung eine rechtlich missbilligte **Gefahr geschaffen**?
> Schritt 3 (c): Hat sich **diese** Gefahr im Erfolg **realisiert** (verwirklicht)?

Es ergibt sich für die Fälle:

Einstieg für alle Fälle:
T kann[1] sich durch sein Verhalten gemäß § 212 I strafbar gemacht haben.

---

[1] Gutachtenstil ohne Konjunktiv, vgl. Seite 300.

I. Tatbestandsmäßigkeit
1. Objektiver Tatbestand
   a. Das Tatsubjekt
   b. Die Tathandlung
   c. Das Tatobjekt
   d. Der Taterfolg und die Verbindung von Handlung und Erfolg
2. Subjektiver Tatbestand
   a. Vorsatz (= Wissen und Wollen)
   b. Sonstige subjektive Merkmale
3. Tatbestandsannexe
4. Fälle des § 28 II

II. Rechtswidrigkeit (indiziert)
Ausnahme: Rechtfertigungsgründe

III. Schuld
1. Schuldfähigkeit
2. Spezielle Schuldmerkmale
3. Die persönliche Vorwerfbarkeit Unrechtsbewusstsein im weiten Sinne
   a. Schuldform: Vorsatz
   b. Unrechtsbewusstsein im engen Sinne
4. Entschuldigungsgründe

IV. Besonderheiten
1. Strafausschließungs- und aufhebungsgründe
2. Strafverfolgungshindernisse
3. Regelbeispiele

(Objektiver Tatbestand:) Dann muss sein Verhalten zum Tod eines Menschen geführt haben. O ist tot. Fraglich ist aber, ob dieser Tod das Werk des T ist.

Fall 1 (keine Kausalität):
a. Das Einschalten ist nicht c.s.q.n. - Ende der Prüfung: Der obj. TB liegt nicht vor. [Das ist so klar, dass man die Prüfung in einer Klausur gar nicht erst beginnen würde.]

Fall 2 (normale Kausalität):
a. Das Untermischen des Giftes ist c.s.q.n. für den Tod.
b. Mit dem Untermischen hat T eine rechtlich missbilligte Gefahr für das Leben des O geschaffen.
c. Diese Gefahr hat sich realisiert.
[Dies alles ist so eindeutig, dass man zu den Punkten b. und c. in einer Klausur nichts sagt, sondern lediglich feststellt:] Der obj. TB des § 212 I ist erfüllt.

Fall 3 (Doppelkausalität / alternative Kausalität):
a. Die Handlung des T kann hinweggedacht werden (c.s.q.n.!), ohne dass der Erfolg entfällt.
Also keine Ursächlichkeit? – Falsch.
In Fällen wie dem vorliegenden wird die **c.s.q.n.-Formel** dahingehend **abgewandelt**, dass von mehreren Bedingungen, die zwar **alternativ** (wahlweise) **aber nicht kumulativ** (gehäuft) hinweggedacht werden können, ohne dass der Erfolg entfiele, jede für den Erfolg ursächlich ist. [BGH v. 30.3.1993 - 5 StR 720/92, Rz. 11, Fister, Kap. 9 Rz. 10]
Der Grund hierfür liegt in dem absurden Ergebnis, das man sonst erzielen würde: Man kann nämlich sonst - wahlweise - die Handlung des T und die des X hinwegdenken, ohne dass der Erfolg entfällt und kommt damit dazu, dass *keine* der beiden Handlungen ursächlich war. Das aber ist ersichtlich Blödsinn: Beide (zusammen) waren ursächlich.

32 || Das vollendete vorsätzliche Begehungsdelikt (Tun)

I. **Tatbestandsmäßigkeit**
  1. Objektiver Tatbestand
    a. Das Tatsubjekt
    b. Die Tathandlung
    c. Das Tatobjekt
    d. Der Taterfolg und die Verbindung von Handlung und Erfolg
  2. Subjektiver Tatbestand
    a. Vorsatz (= Wissen und Wollen)
    b. Sonstige subjektive Merkmale
  3. Tatbestandsannexe
  4. Fälle des § 28 II

II. **Rechtswidrigkeit** (indiziert)
  Ausnahme: Rechtfertigungsgründe

III. **Schuld**
  1. Schuldfähigkeit
  2. Spezielle Schuldmerkmale
  3. Die persönliche Vorwerfbarkeit Unrechtsbewusstsein im weiten Sinne
    a. Schuldform: Vorsatz
    b. Unrechtsbewusstsein im engen Sinne
  4. Entschuldigungsgründe

IV. **Besonderheiten**
  1. Strafausschließungs- und aufhebungsgründe
  2. Strafverfolgungshindernisse
  3. Regelbeispiele

Man sieht hier im Übrigen, wie praktisch es ist, dass man die Formel als einen reinen Zweckbegriff versteht. Passt der Begriff nicht mehr zum Zweck, wird er eben geändert.
b. Missbilligte Gefahr geschaffen und
c. eingetreten wie oben unter Fall 2. Auch hier sind b. und c. völlig selbstverständlich und daher nicht zu erwähnen. Der objektive Tatbestand ist erfüllt.

Fall 4a (kumulative Kausalität):
a. Denkt man die Handlung des T weg, entfällt der Tod des O. Die Hälfte von X hätte nicht ausgereicht.
b. Diese Handlung hat die rechtlich missbilligte Gefahr geschaffen, dass O durch das Gift zu Schaden kommt.
c. Fraglich dagegen, ob sich gerade diese Gefahr im konkreten Erfolg realisiert hat. Hier wird wertend festgestellt, ob der konkrete Erfolg nach dem gewöhnlichen Verlauf der Dinge und der allgemeinen Lebenserfahrung noch in Rechnung zu stellen ist oder nicht.
Das von T beigebrachte Gift hätte nur gesundheitliche Schäden, aber nicht den Tod des O herbeiführen können. Erst in der Verbindung mit dem von X beigebrachten Gift ist es zum Tod des O gekommen.
Vorliegend ist festzustellen, dass es absolut ungewöhnlich ist, dass zwei Personen unabhängig voneinander gleichzeitig einer dritten Person Gifte verabreichen, die erst gemeinsam zum Tod des Opfers führen. Damit hat sich nicht die von T geschaffene Gefahr (der bloßen Gesundheitsschädigung) realisiert. Eine Zurechnung des Todeserfolges zu seiner Handlung kann nicht stattfinden.
Der obj. TB ist nicht erfüllt. Ende der Prüfung des vollendeten Delikts. Es bleibt nur (bei Anhalt für Tötungswille) die Prüfung eines Versuches (+ ein vollendeter § 224 I Nr. 1).

Fall 4b (atypische Kausalität):
a. Ohne den Streifschuss hätte O gar nicht zu bluten angefangen.
C.s.q.n. also (+)

Deliktsform ①: Tatbestand || 33

I. Tatbestandsmäßigkeit
1. Objektiver Tatbestand
   a. Das Tatsubjekt
   b. Die Tathandlung
   c. Das Tatobjekt
   d. Der Taterfolg und die Verbindung von Handlung und Erfolg
2. Subjektiver Tatbestand
   a. Vorsatz (= Wissen und Wollen)
   b. Sonstige subjektive Merkmale
3. Tatbestandsannexe
4. Fälle des § 28 II

II. Rechtswidrigkeit (indiziert)
   Ausnahme: Rechtfertigungsgründe
III. Schuld
1. Schuldfähigkeit
2. Spezielle Schuldmerkmale
3. Die persönliche Vorwerfbarkeit Unrechtsbewusstsein im weiten Sinne
   a. Schuldform: Vorsatz
   b. Unrechtsbewusstsein im engen Sinne
4. Entschuldigungsgründe
IV. Besonderheiten
1. Strafausschließungs- und aufhebungsgründe
2. Strafverfolgungshindernisse
3. Regelbeispiele

---

b. Diese Handlung hat die rechtlich missbilligte Gefahr geschaffen, dass O durch den Schuss sterben könnte.
c. Fraglich dagegen, ob sich gerade diese Gefahr im Erfolg realisiert hat. Hier wird wertend festgestellt, ob der Erfolg nach dem gewöhnlichen Verlauf der Dinge und der allgemeinen Lebenserfahrung noch in Rechnung zu stellen ist oder nicht.
Gewöhnlich stirbt jemand, der von einem Schuss getroffen wird, daran, dass das Projektil lebenswichtige Organe funktionsunfähig macht.
Es ist aber nicht absolut ungewöhnlich, dass jemand Bluter ist. [In Deutschland ca. 1% der Bevölkerung. Eine andere Ansicht ist ebenfalls gut vertretbar]. Je nach Ansicht daher entweder erfüllter objektiver Tatbestand oder nicht erfüllt. Im letzteren Falle bleibt nur eine Versuchsprüfung.

Fall 5 (überholende/abbrechende Kausalität):
a. Man kann das Gift hinwegdenken, ohne dass der Tod des O entfällt. Also: keine c.s.q.n. Damit: Ende der Prüfung des vorsätzlich vollendeten Deliktes, kein obj. TB. (Es liegt aber natürlich Versuch vor.) [Fister, Kap. 9 Rz. 14]

Fall 6 (hypothetische Kausalität):
a. Man kann das Gift nicht hinwegdenken, ohne dass der Erfolg in seiner *konkreten* Form entfällt. Zwar wäre O so oder so gestorben, aber anders. [Im Übrigen: Sterben müssen wir alle mal, und jeder Zustand ist temporär, schon deshalb kann man nicht auf (spätere) hypothetische Ursachen zurückgreifen.] Das Unrecht besteht bei Tötungsdelikten immer (auch) in einer Verkürzung der Restlebensspanne. Das trifft auch bei Tötung eines Sterbenden zu. [Fister, Kap. 9 Rz. 18]
Folge: c.s.q.n. (+).
b. / c. keine Probleme, daher auch kein Wort darüber. Der obj. Tatbestand liegt vor.

34 || Das vollendete vorsätzliche Begehungsdelikt (Tun)

I. Tatbestandsmäßigkeit	II. Rechtswidrigkeit (indiziert)
1. Objektiver Tatbestand	Ausnahme: Rechtfertigungsgründe
a. Das Tatsubjekt	III. Schuld
b. Die Tathandlung	1. Schuldfähigkeit
c. Das Tatobjekt	2. Spezielle Schuldmerkmale
d. Der Taterfolg und die Verbindung von Handlung und Erfolg	3. Die persönliche Vorwerfbarkeit Unrechtsbewusstsein im weiten Sinne
2. Subjektiver Tatbestand	a. Schuldform: Vorsatz
a. Vorsatz (= Wissen und Wollen)	b. Unrechtsbewusstsein im engen Sinne
b. Sonstige subjektive Merkmale	4. Entschuldigungsgründe
3. Tatbestandsannexe	IV. Besonderheiten
4. Fälle des § 28 II	1. Strafausschließungs- und aufhebungsgründe
	2. Strafverfolgungshindernisse
	3. Regelbeispiele

2. Subjektiver (innerer) Tatbestand

- **Überblick**

Im subjektiven Tatbestand wird – salopp gesagt – nachgesehen, ob die innere Seite (des Täters) die äußere Seite (der Tat) widerspiegelt.

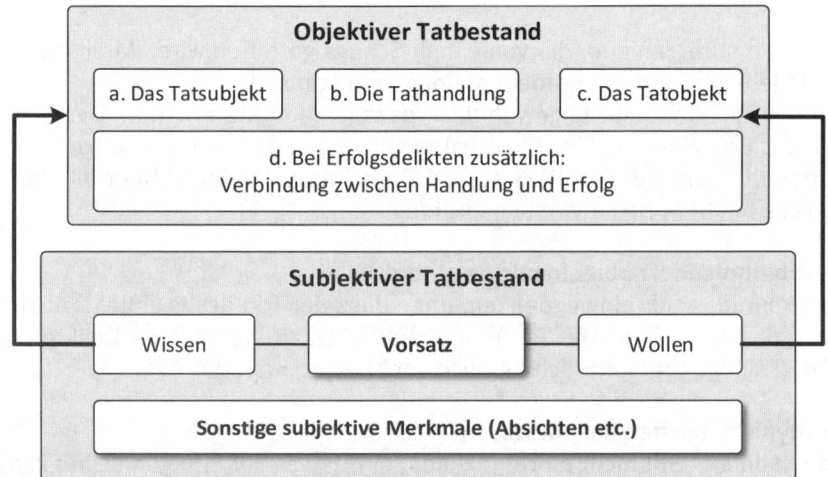

Es geht dabei hier (noch) nicht darum, ob man dem Täter einen Vorwurf machen kann. Das ist Sache der Schuld. Es geht alleine darum, wie der Täter innerlich zur Verwirklichung des objektiven Tatbestandes steht. **§ 15** stellt klar, dass **grundsätzlich nur vorsätzliches Verhalten strafbar** ist. Wir werden das Vorwurfthema später (im Zusammenhang mit den sog. *finalen* und *kausalen Aufbaulehren*) aber noch einmal ansprechen (ab Seite 122).

Nachfolgend werden wir zunächst den Vorsatz behandeln, seine Bestandteile und seine Ausprägungen. Danach geht es dann um die außerordentlich klausurträchtigen Irrtümer, bzw. auch Nicht-Irrtümer.

Deliktsform ①: Tatbestand || 35

I. Tatbestandsmäßigkeit
1. Objektiver Tatbestand
   a. Das Tatsubjekt
   b. Die Tathandlung
   c. Das Tatobjekt
   d. Der Taterfolg und die Verbindung von Handlung und Erfolg
2. Subjektiver Tatbestand
   a. Vorsatz (= Wissen und Wollen)
   b. Sonstige subjektive Merkmale
3. Tatbestandsannexe
4. Fälle des § 28 II

II. Rechtswidrigkeit (indiziert)
Ausnahme: Rechtfertigungsgründe

III. Schuld
1. Schuldfähigkeit
2. Spezielle Schuldmerkmale
3. Die persönliche Vorwerfbarkeit Unrechtsbewusstsein im weiten Sinne
   a. Schuldform: Vorsatz
   b. Unrechtsbewusstsein im engen Sinne
4. Entschuldigungsgründe

IV. Besonderheiten
1. Strafausschließungs- und aufhebungsgründe
2. Strafverfolgungshindernisse
3. Regelbeispiele

a. Der Vorsatz

Vorsatz = Wissen und Wollen aller zum gesetzlichen Tatbestand gehörenden objektiven Merkmale.

Es müssen also 2 Elemente vorliegen: ein Wissenselement und ein Wollenselement / Willenselement (BGH v. 28.6.2017 – 1 StR 624/16).

aa. Die Wissenskomponente: das Bewusstsein

Man unterscheidet Vollbewusstsein und Mitbewusstsein. Für das Vorliegen des Wissenselementes ist es aber egal, welche Form vorliegt. Diese Unterscheidung ist klausurmäßig gesehen rein akademisch.
- **Vollbewusstsein**: Der Täter denkt explizit über die TB-Verwirklichung nach.
- **Mitbewusstsein**: Der Täter weiß den Umstand, auch wenn er nicht darüber nachdenkt. (Der Polizist, der im Amt ein Opfer verprügelt, weiß, dass er Amtsträger ist.)

Wissen um einen Erfolg hat man immer erst hinterher. Bei Erfolgsdelikten kann es deshalb im Augenblick der Tathandlung noch gar kein (vollständiges) Wissen geben. Das Wissenselement liegt daher schon dann vor, wenn der Täter „meint", der Erfolg trete ein; es taucht ein Wahrscheinlichkeitsurteil, eine **Prognose** auf.
Für andere Elemente des objektiven Tatbestandes (Subjekt, Objekt) gilt das nicht notwendig. Dass etwas z.B. eine fremde bewegliche Sache ist (vgl. § 242 I), kann man auch vor einer Tat wissen.

Wenn T einen Schuss auf O abgibt, dann weiß er in diesem Moment noch nicht, ob er O treffen wird.

In der Prognose muss sich der Täter nicht sicher sein (das wäre Gewissheit). Es reicht, dass er die Verwirklichung des objektiven Tatbestandes für möglich hält.

36 || Das vollendete vorsätzliche Begehungsdelikt (Tun)

I. Tatbestandsmäßigkeit
1. Objektiver Tatbestand
   a. Das Tatsubjekt
   b. Die Tathandlung
   c. Das Tatobjekt
   d. Der Tatererfolg und die Verbindung von Handlung und Erfolg
2. Subjektiver Tatbestand
   a. Vorsatz (= Wissen und Wollen)
   b. Sonstige subjektive Merkmale
3. Tatbestandsannexe
4. Fälle des § 28 II
	II. Rechtswidrigkeit (indiziert)
	   Ausnahme: Rechtfertigungsgründe
	III. Schuld
	1. Schuldfähigkeit
	2. Spezielle Schuldmerkmale
	3. Die persönliche Vorwerfbarkeit Unrechtsbewusstsein im weiten Sinne
	   a. Schuldform: Vorsatz
	   b. Unrechtsbewusstsein im engen Sinne
	4. Entschuldigungsgründe
	IV. Besonderheiten
	1. Strafausschließungs- und aufhebungsgründe
	2. Strafverfolgungshindernisse
	3. Regelbeispiele

bb. Die Wollenskomponente

- Wollen liegt vor, wenn der Täter sich für die erkannte (= Wissen) Möglichkeit der Tatbestandsverwirklichung **entscheidet**.
- Wollen kann man daher nur, was man weiß (und/oder meint/prognostiziert). Logische Folge: **Wollen kommt immer nach dem Wissen**.

cc. Die 3 Vorsatzformen

Es gibt 3 Formen des Vorsatzes: Absicht, direkter Vorsatz, Eventualvorsatz.

Grundgedanke: Wissen und Wollen stehen in einem wechselseitigen Verhältnis zueinander. Das bedeutet, dass viel Wissen wenig Wollen ausgleichen kann und umgekehrt. Die 3 Erscheinungsformen des Vorsatzes unterscheiden sich daher durch die unterschiedlichen Stärken von Wissen und Wollen.

(1) Die Absicht (dolus directus 1. Grades): Dominanz des Wollens

Bei der Absicht **entscheidet das Wollen**. Das Wissen kann schwach sein, muss es aber nicht: Es liegt bei starkem Wollen auch dann Absicht vor, wenn der Täter für sich (zusätzlich) die Gewissheit hat, dass der Erfolg eintritt (starkes Wissen).

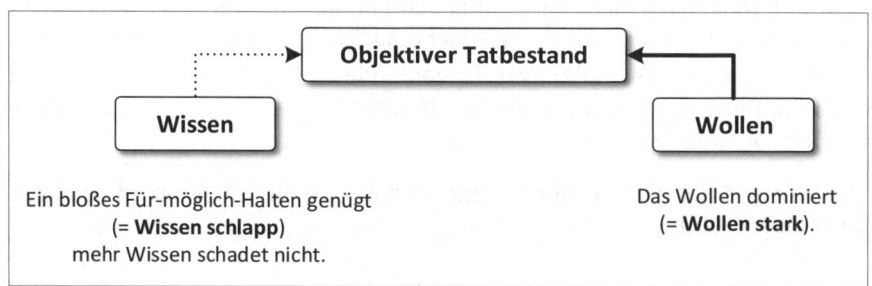

Bsp.: T will seine Frau F töten, um in den Genuss einer Versicherungssumme zu kommen. Er schüttet Gift in ihren Kaffee. Er handelt hinsichtlich ihres Todes mit Absicht.

Deliktsform ①: Tatbestand

I. Tatbestandsmäßigkeit
1. Objektiver Tatbestand
   a. Das Tatsubjekt
   b. Die Tathandlung
   c. Das Tatobjekt
   d. Der Taterfolg und die Verbindung von Handlung und Erfolg
2. Subjektiver Tatbestand
   a. Vorsatz (= Wissen und Wollen)
   b. Sonstige subjektive Merkmale
3. Tatbestandsannexe
4. Fälle des § 28 II

II. Rechtswidrigkeit (indiziert)
   Ausnahme: Rechtfertigungsgründe
III. Schuld
1. Schuldfähigkeit
2. Spezielle Schuldmerkmale
3. Die persönliche Vorwerfbarkeit
   Unrechtsbewusstsein im weiten Sinne
   a. Schuldform: Vorsatz
   b. Unrechtsbewusstsein im engen Sinne
4. Entschuldigungsgründe
IV. Besonderheiten
1. Strafausschließungs- und aufhebungsgründe
2. Strafverfolgungshindernisse
3. Regelbeispiele

(2) Der direkte Vorsatz (dolus directus 2. Grades): Dominanz des Wissens
Beim direkten Vorsatz **entscheidet das Wissen**, die Gewissheit. Man kann sich das auch so vorstellen, dass das angebliche „Nicht-Wollen" des T gar nicht ernst zu nehmen ist, weil er ja Gewissheit hat, wie's ausgeht. Wenn er *wirklich nicht* will, dann muss er sich anders verhalten.

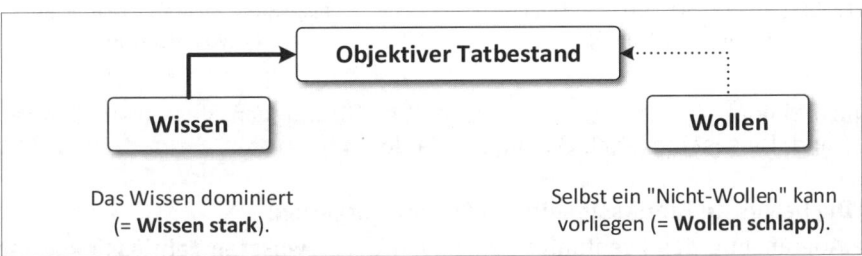

Das Wissen dominiert (= **Wissen stark**).

Selbst ein "Nicht-Wollen" kann vorliegen (= **Wollen schlapp**).

Bsp.: Wie gerade. Zusätzlich: Die Tante X sitzt auch am Tisch und trinkt vom vergifteten Kaffee. T handelt hinsichtlich des Todes der X mit direktem Vorsatz.

(3) Der Eventualvorsatz (dolus eventualis): Na wenn schon!
Hier bringen Wissen und Wollen gemeinsam gerade noch genug auf die Waage. Der Täter nimmt die

- als möglich und nicht ganz fernliegend erkannte (= Wissenselement) Tatbestandsverwirklichung
- **billigend in Kauf** oder **findet sich** um des erstrebten Zieles willen damit **ab**, selbst wenn sie ihm eigentlich gleichgültig oder gar unerwünscht ist (= Wollenselement; BGH v. 22.11.2016 – 1 StR 194/16, BGH v. 6.8.2019 – 4 StR 255/19).

38 || Das vollendete vorsätzliche Begehungsdelikt (Tun)

I. Tatbestandsmäßigkeit
1. Objektiver Tatbestand
   a. Das Tatsubjekt
   b. Die Tathandlung
   c. Das Tatobjekt
   d. Der Taterfolg und die Verbindung
      von Handlung und Erfolg
2. Subjektiver Tatbestand
   a. Vorsatz (= Wissen und Wollen)
   b. Sonstige subjektive Merkmale
3. Tatbestandsannexe
4. Fälle des § 28 II
	II. Rechtswidrigkeit (indiziert)
	   Ausnahme: Rechtfertigungsgründe
	III. Schuld
	1. Schuldfähigkeit
	2. Spezielle Schuldmerkmale
	3. Die persönliche Vorwerfbarkeit
	   Unrechtsbewusstsein im weiten Sinne
	   a. Schuldform: Vorsatz
	   b. Unrechtsbewusstsein im engen Sinne
	4. Entschuldigungsgründe
	IV. Besonderheiten
	1. Strafausschließungs- und aufhebungsgründe
	2. Strafverfolgungshindernisse
	3. Regelbeispiele

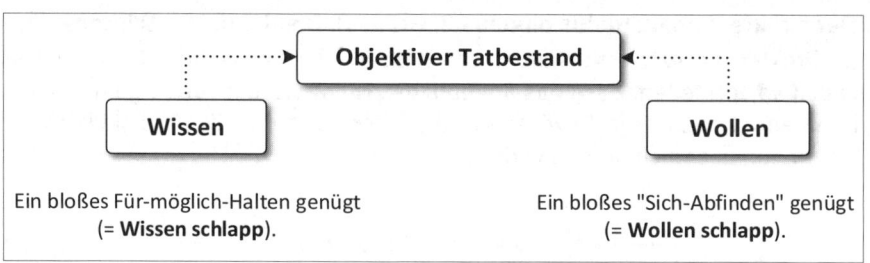

Bsp.: T zündet das Haus des X an. Er hält es für möglich, dass noch Bewohner drin sind. Dies ist ihm egal. O kommt zu Tode.

(4) Die bewusste Fahrlässigkeit: Wird schon gutgehen!

Zur Abgrenzung des Eventualvorsatzes von der **bewussten Fahrlässigkeit** (sog. luxuria, lat. Zügelosigkeit, Übermut) eine strukturell gleiche Abbildung. Die Einzelheiten der Fahrlässigkeitsdelikte werden ab Seite 170 behandelt – inkl. der **unbewussten Fahrlässigkeit** (sog. negligentia, lat. Nachlässigkeit, Sorglosigkeit), bei der es komplett am Wissen fehlt.

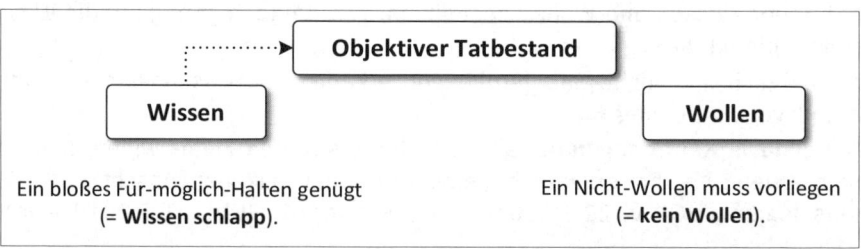

Bsp.: T zündet das Haus des X an. Er hält es für möglich, dass noch Bewohner drin sind. Er hofft allerdings, dass dies nicht der Fall ist. O kommt zu Tode.

I. Tatbestandsmäßigkeit
1. Objektiver Tatbestand
   a. Das Tatsubjekt
   b. Die Tathandlung
   c. Das Tatobjekt
   d. Der Taterfolg und die Verbindung von Handlung und Erfolg
2. Subjektiver Tatbestand
   a. Vorsatz (= Wissen und Wollen)
   b. Sonstige subjektive Merkmale
3. Tatbestandsannexe
4. Fälle des § 28 II
	II. Rechtswidrigkeit (indiziert)
	Ausnahme: Rechtfertigungsgründe
	III. Schuld
	1. Schuldfähigkeit
	2. Spezielle Schuldmerkmale
	3. Die persönliche Vorwerfbarkeit Unrechtsbewusstsein im weiten Sinne
	   a. Schuldform: Vorsatz
	   b. Unrechtsbewusstsein im engen Sinne
	4. Entschuldigungsgründe
	IV. Besonderheiten
	1. Strafausschließungs- und aufhebungsgründe
	2. Strafverfolgungshindernisse
	3. Regelbeispiele

Das Wollen fehlt nur dann, wenn der Täter ernsthaft auf den Nichteintritt des tatbestandlichen Erfolgs vertraut und mit diesem Erfolg nicht einverstanden ist (BGH v. 25.4.2019 – 4 StR 442/18, Rz. 16). Faustformel:

    bewusste Fahrlässigkeit: Der Täter sagt sich:
        „Wird schon gutgehen."
    bedingter Vorsatz: Der Täter sagt sich:
        „Na wenn schon."

Warum ist die Dreiteilung des Vorsatzes überhaupt von Bedeutung? – Vielleicht sollten wir zwischendrin mal überlegen, was das Ganze soll. Schließlich ist es nicht gerade das Aufregendste der Welt zu lernen, dass der Vorsatz in drei Formen modelliert wird.

Nun, das Gesetz selbst umschreibt verschiedene Vorsatzformen.

- Sagt das Gesetz gar nichts, dann (vgl. § 15) genügt jede Art des Vorsatzes, also auch der Eventualvorsatz. Dies z.B. bei Mord, § 211.
- Teilweise verwendet der Gesetzgeber Begriffe wie **„wissentlich"**, **„wider besseres Wissen"** etc. (§§ 145, 145d etc.). Dann ist der direkte Vorsatz gefordert. Denn dann geht es ersichtlich um die Betonung der Wissenskomponente.
- Zuletzt benutzt das Gesetz auch den Begriff der **„Absicht"**. Das bedeutet aber leider nicht immer, dass damit auch die Absicht im hier dargestellten (technischen) Sinne gemeint ist.
- In den §§ 164, 288 meint der Gesetzgeber damit nur den direkten Vorsatz. Im § 267 dagegen meint er Absicht und sagt nur **„zur Täuschung"**.

Was genau gemeint ist, ist im Einzelfall durch Auslegung zu ermitteln (idealerweise mit einem unterstützenden Blick in einen Kommentar).

Die unterschiedlichen Verwendungsformen dienen also dazu, Abweichungen von der Regel, dass der einfache, der Eventualvorsatz genügt, festzulegen.

40 || Das vollendete vorsätzliche Begehungsdelikt (Tun)

I. Tatbestandsmäßigkeit
1. Objektiver Tatbestand
   a. Das Tatsubjekt
   b. Die Tathandlung
   c. Das Tatobjekt
   d. Der Taterfolg und die Verbindung von Handlung und Erfolg
2. Subjektiver Tatbestand
   a. Vorsatz (= Wissen und Wollen)
   b. Sonstige subjektive Merkmale
3. Tatbestandsannexe
4. Fälle des § 28 II
	II. Rechtswidrigkeit (indiziert)
	Ausnahme: Rechtfertigungsgründe
	III. Schuld
	1. Schuldfähigkeit
	2. Spezielle Schuldmerkmale
	3. Die persönliche Vorwerfbarkeit Unrechtsbewusstsein im weiten Sinne
	   a. Schuldform: Vorsatz
	   b. Unrechtsbewusstsein im engen Sinne
	4. Entschuldigungsgründe
	IV. Besonderheiten
	1. Strafausschließungs- und aufhebungsgründe
	2. Strafverfolgungshindernisse
	3. Regelbeispiele

Die oben gestellte Frage ist damit so zu beantworten, dass die Bedeutung der Dreiteilung in der richtigen Einordnung dessen liegt, was der Gesetzgeber gewollt hat.

Das sollte uns aber immer noch nicht genügen, denn es kann uns schließlich auch einerlei sein, was der Gesetzgeber will, wenn sich das in einer Klausur oder Hausarbeit nicht auswirkt. Es wirkt aber. Denn je nachdem, was der Gesetzgeber gewollt hat, müssen wir **mehr oder weniger prüfen**, um das Vorliegen des subjektiven Tatbestandes bejahen zu können.

dd. Entscheidender Zeitpunkt für den Vorsatz: Begehung der Tat

Der entscheidende Zeitpunkt für den Vorsatz ist die Begehung der Tat (= die Tathandlung). Unbeachtlich: **früherer Vorsatz** (dolus antecedens) oder **späterer Vorsatz** (dolus subsequens, BGH v. 24.4.2019 – 2 StR 377/18, Rz. 8). Zwar sind auch Vorsätze, die früher oder später gefasst wurden, Vorsätze. Aber es sind **keine strafrechtlich relevanten Vorsätze**. Wir riskieren einen Blick in § 8.

In Klausuren kann man das prima problematisieren, wenn sich ein Vorgang über einen längeren Zeitraum erstreckt, wenn also z. B. der Erfolg erst lange Zeit nach der Handlung eintritt. (Spannend auch – aber hier nur am Rande erwähnt –, wenn ein Mittäter erst dann dazu kommt, nachdem der Täter schon einige Erfolge erzielt hat, und wenn dieser Mittäter die schon erzielten Erfolge nachträglich billigt – sukzessive Mittäterschaft, s.u. S. 255).

Bsp. für früheren Vorsatz:
T macht eine Waffe schussfertig, um O am nächsten Tag zu töten. Dabei löst sich versehentlich ein Schuss und tötet O. Kein relevanter Vorsatz. Möglicherweise: fahrlässige Tötung.

Bsp. für späteren Vorsatz (dolus subsequens):
T schießt auf eine Vogelscheuche. Hinter dieser stand, für T nicht erkennbar, der O. O ist tot. T erkennt dies jetzt und ist hocherfreut. Er sagt sich: „Hätte ich das

I. Tatbestandsmäßigkeit	II. Rechtswidrigkeit (indiziert)
1. Objektiver Tatbestand	Ausnahme: Rechtfertigungsgründe
a. Das Tatsubjekt	III. Schuld
b. Die Tathandlung	1. Schuldfähigkeit
c. Das Tatobjekt	2. Spezielle Schuldmerkmale
d. Der Tatererfolg und die Verbindung von Handlung und Erfolg	3. Die persönliche Vorwerfbarkeit Unrechtsbewusstsein im weiten Sinne
2. Subjektiver Tatbestand	a. Schuldform: Vorsatz
a. Vorsatz (= Wissen und Wollen)	b. Unrechtsbewusstsein im engen Sinne
b. Sonstige subjektive Merkmale	4. Entschuldigungsgründe
3. Tatbestandsannexe	IV. Besonderheiten
4. Fälle des § 28 II	1. Strafausschließungs- und aufhebungsgründe
	2. Strafverfolgungshindernisse
	3. Regelbeispiele

gewusst, hätte ich es erst recht getan." Kein relevanter Vorsatz. Möglicherweise: fahrlässige Tötung.

b. Die sonstigen subjektiven Tatbestandsmerkmale

Es gibt außer dem Vorsatz noch weitere subjektive Merkmale, die nicht in allen, wohl aber in einigen Delikten **zusätzlich** zum „normalen" Vorsatz gefordert werden.

Bsp.: Absichtsmerkmale bei den §§ 242, 263, 267, etc.

Die Bezeichnung „Absichts"-Merkmale sollte uns stutzen lassen. Absicht ist gerade erst als eine Vorsatzform festgestellt worden. Warum also jetzt noch eine **zusätzliche Absicht**? Diese Technik hat mehrere Funktionen:

- Die Ausgliederung von zusätzlichen Absichtsmerkmalen aus dem normalen Vorsatz ermöglicht es einmal, verschiedene Vorsatzformen in einen (subjektiven) Tatbestand hineinzubringen („**Mischen**") und damit vom Normalzustand (alle Merkmale des objektiven Tatbestandes werden von derselben Vorsatzform erfasst) abzuweichen.
- Zum anderen ermöglicht die Ausgliederung es aber auch, dass der Vorsatz ein Stück **vom objektiven Tatbestand abgekoppelt** wird. Es gibt dann nicht mehr zwingend Gegenstücke im objektiven Tatbestand. Bestimmte andere Merkmale, die tatsächlich (objektiv) nicht vorliegen, müssen lediglich angestrebt sein. Dies nennt man **„überschießende Innentendenz"**. (Innen [per Vorsatz] ist mehr als außen [im obj. TB].)

Bsp.: Beim Diebstahl, § 242, genügt für die *Wegnahme einer fremden beweglichen Sache* der Eventualvorsatz. Für die angestrebte rechtswidrige Zueignung dagegen ist Absicht erforderlich. (Wir beachten hierbei, dass die Zueignung *nicht* erfolgt sein muss. Es genügt, wenn der Täter nur die Absicht hatte.)

42 || Das vollendete vorsätzliche Begehungsdelikt (Tun)

I. Tatbestandsmäßigkeit	II. Rechtswidrigkeit (indiziert)
1. Objektiver Tatbestand	Ausnahme: Rechtfertigungsgründe
a. Das Tatsubjekt	III. Schuld
b. Die Tathandlung	1. Schuldfähigkeit
c. Das Tatobjekt	2. Spezielle Schuldmerkmale
d. Der Tatererfolg und die Verbindung von Handlung und Erfolg	3. Die persönliche Vorwerfbarkeit Unrechtsbewusstsein im weiten Sinne
2. Subjektiver Tatbestand	a. Schuldform: Vorsatz
a. Vorsatz (= Wissen und Wollen)	b. Unrechtsbewusstsein im engen Sinne
b. Sonstige subjektive Merkmale	4. Entschuldigungsgründe
3. Tatbestandsannexe	IV. Besonderheiten
4. Fälle des § 28 II	1. Strafausschließungs- und aufhebungsgründe
	2. Strafverfolgungshindernisse
	3. Regelbeispiele

Abgrenzung zu der „normalen" Absicht als Vorsatzform:
- Die Absicht als Vorsatzform bezieht sich **auf alle Merkmale** des objektiven Tatbestandes.
- Die Absicht der sonstigen subjektiven Merkmale bezieht sich immer **nur auf einen Punkt** (Diebstahl, § 242: Absicht rechtswidriger Zueignung). Dieser Punkt ist meistens (aber nicht immer) im subjektiven Tatbestand verankert.

Ansonsten ist hier aber dasselbe Chaos wie bei der Absicht als Vorsatzform, insbesondere stellt sich auch hier die Frage, ob der Gesetzgeber denn tatsächlich die Absicht im technischen Sinne oder nur im Sinne eines direkten Vorsatzes gemeint hat. Man muss also stets aufs Neue antesten, was denn nun gemeint ist. Weil dies jeden Tatbestand einzeln betrifft, ist das eine Frage des Besonderen Teils. Sorgen muss man sich darum aber nicht. Bedenkt man, dass das StGB seit 1871 existiert, liegt es auf der Hand, dass die meisten Probleme *in dieser Hinsicht* ausgelutscht sind: Man kann sie überall nachlesen (ich hatte eben schon den Blick in einen Kommentar angeraten).

Zur Wiederholung: Der Unterschied zwischen Absicht und direktem Vorsatz liegt in der Dominanzausprägung von Wissen und Wollen.
- Absicht: **Wollen stark** / Wissen (mindestens) schlapp (mehr schadet nicht),
- direkter Vorsatz: Wollen schlapp / **Wissen stark**.

Probleme, die sich mit der Abgrenzung der 3 Vorsatzformen befassen, sind sehr selten. Häufig ist nur die Abgrenzung zwischen Eventualvorsatz und bewusster Fahrlässigkeit.

c. Irrtümer im Rahmen des subjektiven Tatbestandes

Irren ist menschlich. Wie schön. Solche Plattheiten könnte man sich sparen, hätten sie nicht irgendeine Bedeutung. Haben sie: Bestimmte Irrtümer im Bereich des Tatbestandes schließen den Vorsatz aus, vgl. § 16 I S. 1.

Irrtum = Auseinanderfallen von Bewusstsein und Wirklichkeit

I. Tatbestandsmäßigkeit
  1. Objektiver Tatbestand
    a. Das Tatsubjekt
    b. Die Tathandlung
    c. Das Tatobjekt
    d. Der Taterfolg und die Verbindung von Handlung und Erfolg
  2. Subjektiver Tatbestand
    a. Vorsatz (= Wissen und Wollen)
    b. Sonstige subjektive Merkmale
  3. Tatbestandsannexe
  4. Fälle des § 28 II
	II. Rechtswidrigkeit (indiziert)
	  Ausnahme: Rechtfertigungsgründe
	III. Schuld
	  1. Schuldfähigkeit
	  2. Spezielle Schuldmerkmale
	  3. Die persönliche Vorwerfbarkeit Unrechtsbewusstsein im weiten Sinne
	    a. Schuldform: Vorsatz
	    b. Unrechtsbewusstsein im engen Sinne
	  4. Entschuldigungsgründe
	IV. Besonderheiten
	  1. Strafausschließungs- und aufhebungsgründe
	  2. Strafverfolgungshindernisse
	  3. Regelbeispiele

Aus dieser Definition („Bewusstsein") folgt, dass sich der Irrtum **immer im Wissensbereich** des Vorsatzes abspielt. Und da sich das Wissenselement immer auf irgendetwas im objektiven (extern) oder subjektiven (intern) Tatbestand bezieht, gibt es etliche Möglichkeiten, was passieren kann und wie es zu bewältigen ist.

Im Kopfzeilenschema und damit in einer Klausur prüft man Irrtümer deshalb beim Vorsatz (I. 2. a.) und/oder (je nach Irrtum) bei den sonstigen subjektiven Merkmalen (I. 2. b.). Und wenn ich den Irrtümern hier im Buch eine eigene Überschrift spendiere (I. 2. c.), dann nur aus Symmetriegründen.

Bevor wir uns die Einzelheiten ansehen, aber noch eine Bemerkung: Viel Irritation bei der Irrtumsbehandlung beruht auf einer Verwechslung. Gemeint ist die Verwechslung eines **Irrtums im alltäglichen Sinne** mit einem **Irrtum im rechtlich relevanten Sinne**.

Es kommt sehr oft vor, dass man sich - nichtjuristisch gesprochen - irrt, ohne dass dieser Irrtum gleich eine rechtliche Bedeutung erlangt. Wenn man nun in diesen Fällen versucht, festzustellen, dass *kein* Irrtum vorliegt, wird man - mindestens sprachlich - scheitern. Es liegt ja einer vor (Beispiele ein paar Zeilen weiter unten u.a. beim Subsumtionsirrtum).

Man kommt in diesen Konstellationen deshalb nur dann weiter, wenn man dem Sachverhalt gemäß zunächst einmal einen Irrtum feststellt, diesem dann aber die rechtliche Relevanz für den vorliegenden Fall abspricht.

Wir werden im Folgenden **die 5 klausurwichtigsten Irrtumskonstellationen** *des Tatbestandes* besprechen. Sie heißen so:

- Subsumtionsirrtum
- Irrtum über das Tatobjekt (error in persona vel objecto)
- Abirrung der Tat (aberratio ictus)
- Irrtum über strafschärfende /-mildernde Umstände
- Irrtum über den Kausalverlauf

44 || Das vollendete vorsätzliche Begehungsdelikt (Tun)

I. Tatbestandsmäßigkeit
1. Objektiver Tatbestand
   a. Das Tatsubjekt
   b. Die Tathandlung
   c. Das Tatobjekt
   d. Der Taterfolg und die Verbindung von Handlung und Erfolg
2. Subjektiver Tatbestand
   a. Vorsatz (= Wissen und Wollen)
   b. Sonstige subjektive Merkmale
3. Tatbestandsannexe
4. Fälle des § 28 II

II. Rechtswidrigkeit (indiziert)
   Ausnahme: Rechtfertigungsgründe
III. Schuld
1. Schuldfähigkeit
2. Spezielle Schuldmerkmale
3. Die persönliche Vorwerfbarkeit Unrechtsbewusstsein im weiten Sinne
   a. Schuldform: Vorsatz
   b. Unrechtsbewusstsein im engen Sinne
4. Entschuldigungsgründe
IV. Besonderheiten
1. Strafausschließungs- und aufhebungsgründe
2. Strafverfolgungshindernisse
3. Regelbeispiele

Später *in der Schuldprüfung* kommen wir dann auf die (nur) dort relevanten Irrtümer: die direkten Verbotsirrtümer und die indirekten Verbotsirrtümer (Erlaubnisirrtümer). Auf Seite 130 gibt es einen zusammenfassenden Überblick.

aa. Der Subsumtionsirrtum
Die Ausgangssituation: Der Täter kennt (= Wissen) den tatsächlichen Sachverhalt *richtig,* ordnet ihn aber im Hinblick auf ein Tatbestandsmerkmal falsch ein, er *subsumiert* ihn falsch.

a. T erschießt die Katze des O und glaubt, Tiere seien **keine Sachen.**
b. T erschießt die ihm und O gemeinsam gehörende Katze und glaubt, bei Miteigentum wäre die Katze **keine fremde** (Sache).

Lösung: In beiden Fällen liegt der objektive Tatbestand des § 303 Abs. 1 vor: Die Katze war objektiv eine Sache. Sie stand im (Mit-)Eigentum eines anderen, war also objektiv fremd.
Beim subjektiven Tatbestand kann es am Wissenselement des Vorsatzes fehlen. Es ist zu differenzieren:

- Bei a. handelt es sich um ein **beschreibendes (lat.: deskriptives) Merkmal**, das T unter Rechtsaspekten falsch zuordnet. In solchen Fällen genügt es, dass der Täter die **tatsächlichen** Voraussetzungen (Katze = körperlicher Gegenstand = Sache) kennt. Das reicht fürs Wissen. Deskriptiv ist dabei jedes Merkmal, dass man auf rein sinnlicher Ebene (Sehen, Hören, Riechen, Schmecken, Fühlen) ohne rechtlichen Schnickschnack erfassen kann.

Formulierungsvorschlag:
T wusste, dass eine Katze ein körperlicher Gegenstand ist. Ob er dies (rechtlich zutreffend) als „Sache" verstand, spielt keine Rolle. Das rechtlich notwendige Wissen war also da. Sein *tatsächlich vorliegender* Irrtum über die Sacheigenschaft ist mithin *rechtlich* irrelevant.

Deliktsform ①: Tatbestand || 45

I. Tatbestandsmäßigkeit
1. Objektiver Tatbestand
   a. Das Tatsubjekt
   b. Die Tathandlung
   c. Das Tatobjekt
   d. Der Taterfolg und die Verbindung von Handlung und Erfolg
2. Subjektiver Tatbestand
   a. Vorsatz (= Wissen und Wollen)
   b. Sonstige subjektive Merkmale
3. Tatbestandsannexe
4. Fälle des § 28 II

II. Rechtswidrigkeit (indiziert)
   Ausnahme: Rechtfertigungsgründe
III. Schuld
1. Schuldfähigkeit
2. Spezielle Schuldmerkmale
3. Die persönliche Vorwerfbarkeit Unrechtsbewusstsein im weiten Sinne
   a. Schuldform: Vorsatz
   b. Unrechtsbewusstsein im engen Sinne
4. Entschuldigungsgründe
IV. Besonderheiten
1. Strafausschließungs- und aufhebungsgründe
2. Strafverfolgungshindernisse
3. Regelbeispiele

- Bei b. handelt es sich um ein **wertendes (lat.: normatives) Tatbestandsmerkmal**. Dabei ist erforderlich aber auch genügend, dass der Täter den tatsächlichen Sachverhalt kennt *und* aufgrund „einer **Parallelwertung in der Laiensphäre**" den wesentlichen Bedeutungsgehalt erfasst (BGH v. 26.3.2018 - 4 StR 408/17, Rz. 34). Grund: Der normale Täter ist gar nicht in der Lage, **rechtlich** exakte Wertungen abzugeben (im vorliegenden Fall: die Eigentumsverhältnisse nach dem BGB auszuloten). Das StGB gilt aber auch normalen Bürgern gegenüber. Normativ ist jedes Merkmal, das *nur über eine rechtliche Wertung* erfasst werden kann.

Formulierungsvorschlag:
T wusste, dass es einen Unterschied macht, ob die Sache ihm alleine gehört oder noch jemandem anderen. Eine solche „laienhaft verschwommene Vorstellung" genügt. Das für die Verwirklichung des subjektiven Tatbestandes nötige Wissen war also da.
Es kommt jeweils hinzu (Fall a. und b.), dass T die Zerstörung wollte. Damit handelte T vorsätzlich. Der Tatbestand des § 303 I liegt vor.

Hinweis:
1. Die Abgrenzung zwischen deskriptiven und normativen Merkmalen ist gelegentlich gar nicht möglich (Ist „Beschädigen" i.S.d. § 303 deskriptiv oder normativ?).
2. Der *beachtliche* (also im Sinne eines Wissensausschlusses rechtlich relevante) Subsumtionsirrtum ist sehr selten. Im Zweifel daher über die „Parallelwertung" einen Irrtum verneinen.

bb. Der Irrtum über das Tatobjekt (error in persona vel objecto)
Die Ausgangssituation: Der Täter kennt den tatsächlichen Sachverhalt *nicht richtig*. Er hat ein Wissensdefizit im Hinblick auf das Objekt seiner Tat. Das Objekt kann eine Person oder ein sonstiges Objekt sein. Als Wissensdefizit liegt eine

46 || Das vollendete vorsätzliche Begehungsdelikt (Tun)

I. Tatbestandsmäßigkeit
1. Objektiver Tatbestand
   a. Das Tatsubjekt
   b. Die Tathandlung
   c. Das Tatobjekt
   d. Der Taterfolg und die Verbindung
      von Handlung und Erfolg
2. Subjektiver Tatbestand
   a. Vorsatz (= Wissen und Wollen)
   b. Sonstige subjektive Merkmale
3. Tatbestandsannexe
4. Fälle des § 28 II
	II. Rechtswidrigkeit (indiziert)
	   Ausnahme: Rechtfertigungsgründe
	III. Schuld
	1. Schuldfähigkeit
	2. Spezielle Schuldmerkmale
	3. Die persönliche Vorwerfbarkeit
	   Unrechtsbewusstsein im weiten Sinne
	   a. Schuldform: Vorsatz
	   b. Unrechtsbewusstsein im engen Sinne
	4. Entschuldigungsgründe
	IV. Besonderheiten
	1. Strafausschließungs- und aufhebungsgründe
	2. Strafverfolgungshindernisse
	3. Regelbeispiele

Verwechslung vor. Die Verwechslung kann sich auf die Identität eines Objektes beziehen oder auf die Objektqualität selbst.

a. T will X erschießen. Er lauert ihm im Wald auf. Es nähert sich eine Person. T schießt, weil er glaubt, es sei X. In Wirklichkeit war es O. **[Identitätsfehler]**
b. T will den Hund X des N erschießen. Das Kind O kauert vor der Hundehütte. T hält O für den Hund und erschießt O. **[Objektqualitätsfehler]**

Lösung: In beiden Fällen liegt der objektive Tatbestand des § 212 vor: O war ein Mensch, der getötet wurde. Dies jeweils aufgrund einer kausalen und zurechenbaren Handlung des T.

Beim subjektiven Tatbestand kann es am Wissenselement des Vorsatzes fehlen: T wusste nicht, dass (Fall a.) es O war, der sich näherte, dass (Fall b.) das Kind O vor der Hütte kauerte. Es ist zu differenzieren:

- Bei a. weiß T, dass er einen Menschen tötet, und will auch *genau diesen als Zielobjekt konkretisierten* Menschen töten. Er verwechselt (bloß) die Identität dieses Menschen (er individualisiert falsch). Dieser Irrtum schließt das (rechtlich relevante) Wissen um den Tatbestand des § 212 nicht aus.

  § 212 beschreibt das Tatobjekt *allgemein* als Mensch, die Tathandlung *allgemein* als Töten. Es ist für die Tatbestandserfüllung (objektiv und subjektiv) damit unbeachtlich, wie die *individuelle* Ausgestaltung von Tatobjekt (alt, jung, dick, dünn) und Tathandlung (Schuss, Stich, Schlag) aussieht. Wichtig ist nur, dass der Täter bei seiner Tat mitbekommt, dass das konkrete Objekt, das er mit seiner Handlung verletzen will, die Wesensmerkmale des Objektes aufweist, das durch § 212 geschützt werden soll (also die Qualität „Mensch") und dass die Handlung, die er an dem Objekt vornehmen will, die Merkmale aufweist, die durch § 212 verboten sind (also die Qualität „Töten"). Die Identität des Opfers ist *aus rechtlicher Sicht* dann nicht mehr von Bedeutung.

  Dem Wissenselement des § 212 ist damit nach herrschender Auffassung schon dann Genüge getan, wenn der Täter die Mensch-Eigenschaft (oder allgemeiner: die Objekteigenschaft) des angepeilten Opfers kennt.

I. Tatbestandsmäßigkeit	II. Rechtswidrigkeit (indiziert)
1. Objektiver Tatbestand	Ausnahme: Rechtfertigungsgründe
a. Das Tatsubjekt	III. Schuld
b. Die Tathandlung	1. Schuldfähigkeit
c. Das Tatobjekt	2. Spezielle Schuldmerkmale
d. Der Taterfolg und die Verbindung von Handlung und Erfolg	3. Die persönliche Vorwerfbarkeit Unrechtsbewusstsein im weiten Sinne
2. Subjektiver Tatbestand	a. Schuldform: Vorsatz
a. Vorsatz (= Wissen und Wollen)	b. Unrechtsbewusstsein im engen Sinne
b. Sonstige subjektive Merkmale	4. Entschuldigungsgründe
3. Tatbestandsannexe	IV. Besonderheiten
4. Fälle des § 28 II	1. Strafausschließungs- und aufhebungsgründe
	2. Strafverfolgungshindernisse
	3. Regelbeispiele

> **Merke: Sind die Objekte gleichwertig,**
> **ist der Irrtum unbeachtlich (Identitätsverwechslung).**
> **(X = Mensch/O = Mensch)**

- Bei b. weiß T nicht, dass er einen Menschen tötet. Er verwechselt einen Menschen mit einem Hund. Dieser Irrtum schließt das Wissen um den Tatbestand des § 212 aus. Ohne Wissen kann selbstverständlich auch kein Wollen vorliegen. Damit fehlt es am Vorsatz (vgl. erneut: § 16 I S. 1). Strafbarkeit allerdings wegen versuchter Sachbeschädigung und – eventuell – fahrlässiger Tötung.

> **Merke: Sind die Objekte nicht gleichwertig,**
> **ist der Irrtum beachtlich (Objektverwechslung).**
> **(X = Hund/O = Mensch)**

cc. **Die Abirrung (das Fehlgehen) der Tat (die aberratio ictus)**
Die Ausgangssituation: Der Täter trifft mit der Tat nicht das konkretisierte und angestrebte Objekt, sondern ein drittes (Zählung: Täter = 1, Ziel = 2, Treffer = 3). Dies aber nicht aufgrund einer Verwechslung des Tatobjektes, sondern weil der Täter daneben trifft.
- Wenn man jetzt auf das getroffene Tatobjekt abstellt, handelt sich gar nicht um einen Irrtum (Wissenselement!) im Hinblick auf das angepeilte Tatobjekt, sondern schwerpunktmäßig um einen **Mangel im Wollensbereich**.
- Man kann aber einen **Irrtum (Mangel im Wissensbereich)** draus basteln, wenn man sich klarmacht, dass der Täter eine von der Realität *abweichende Prognose* darüber hatte, wie seine Tathandlung sich den Weg bahnen, insbesondere welcher Taterfolg sich an seine Handlung knüpfen würde.

48 || Das vollendete vorsätzliche Begehungsdelikt (Tun)

I. Tatbestandsmäßigkeit
1. Objektiver Tatbestand
   a. Das Tatsubjekt
   b. Die Tathandlung
   c. Das Tatobjekt
   d. Der Taterfolg und die Verbindung von Handlung und Erfolg
2. Subjektiver Tatbestand
   a. Vorsatz (= Wissen und Wollen)
   b. Sonstige subjektive Merkmale
3. Tatbestandsannexe
4. Fälle des § 28 II

II. Rechtswidrigkeit (indiziert)
Ausnahme: Rechtfertigungsgründe

III. Schuld
1. Schuldfähigkeit
2. Spezielle Schuldmerkmale
3. Die persönliche Vorwerfbarkeit Unrechtsbewusstsein im weiten Sinne
   a. Schuldform: Vorsatz
   b. Unrechtsbewusstsein im engen Sinne
4. Entschuldigungsgründe

IV. Besonderheiten
1. Strafausschließungs- und aufhebungsgründe
2. Strafverfolgungshindernisse
3. Regelbeispiele

---

a. T will den Hund des N erschießen. Er zielt auf den Hund, der vor der Hundehütte döst. Er trifft aber das 2 Meter weiter spielende Kind O, das er gar nicht gesehen hat. O spielt nicht mehr weiter. O ist tot.

b. T will das Nachbarskind X erschießen, weil er sich vom Lärm des ganz laut spielenden Kindes gestört fühlt. Er zielt auf X, trifft aber den 2 Meter weiter ganz leise spielenden O. O wird noch leiser. O ist tot.

Lösung: In beiden Fällen liegt der objektive Tatbestand des § 212 I vor: Dies jeweils aufgrund einer kausalen und zurechenbaren Handlung des T. Problematisch wird es im subjektiven Tatbestand.

Möglichkeit 1 (Wollensmangel): Beim subjektiven Tatbestand kann es am *Wollens*element des Vorsatzes fehlen: T wollte nicht den O, sondern den Hund (Fall a.), nicht den O, sondern den X (Fall b.) treffen.
Alternativ (Wissensmangel): Beim subjektiven Tatbestand kann es am *Wissens*element des Vorsatzes fehlen. Bei Erfolgsdelikten besteht das Wissen des Täters immer in einer Prognose über den wahrscheinlichen Tatverlauf. Die Prognose des T ging dahin, nicht den O, sondern den Hund (Fall a.), nicht den O, sondern den X (Fall b.) zu treffen.

Es ist zu differenzieren:
- Bei a. fehlt es **bezüglich des Kindes O** am subjektiven Tatbestand: T hat nicht gewusst (im Sinne einer Prognose), dass seine Handlung *einen Menschen* töten würde und er wollte auch gar keinen Menschen töten, sondern *eine Sache* zerstören. Damit fehlt es am Vorsatz. (Strafbarkeit allenfalls noch wegen fahrlässiger Tötung, § 222.)
  Bezüglich des Hundes mangelt es schon am objektiven Tatbestand des § 303 I: Der Hund ist weder beschädigt noch zerstört. (Bleibt nur Versuch.)
- Bei b. fehlt es **bezüglich des Kindes O** am subjektiven Tatbestand: T hat nicht gewusst (im Sinne einer Prognose), dass seine Handlung O töten würde und er wollte auch gar nicht O, sondern X töten.

I. Tatbestandsmäßigkeit	II. Rechtswidrigkeit (indiziert)
1. Objektiver Tatbestand	Ausnahme: Rechtfertigungsgründe
a. Das Tatsubjekt	III. Schuld
b. Die Tathandlung	1. Schuldfähigkeit
c. Das Tatobjekt	2. Spezielle Schuldmerkmale
d. Der Taterfolg und die Verbindung von Handlung und Erfolg	3. Die persönliche Vorwerfbarkeit Unrechtsbewusstsein im weiten Sinne
2. Subjektiver Tatbestand	a. Schuldform: Vorsatz
a. Vorsatz (= Wissen und Wollen)	b. Unrechtsbewusstsein im engen Sinne
b. Sonstige subjektive Merkmale	4. Entschuldigungsgründe
3. Tatbestandsannexe	IV. Besonderheiten
4. Fälle des § 28 II	1. Strafausschließungs- und aufhebungsgründe
	2. Strafverfolgungshindernisse
	3. Regelbeispiele

Es ist dabei aber nicht so, dass er O irrtümlich für X hält und sich (nur) über dessen Identität irrt. Es ist vielmehr so, dass er das angezielte Objekt X sehr richtig erkennt, aber nicht trifft. O wiederum ist überhaupt nicht angezielt.

Dabei kann es dann dahinstehen, ob T das Kind O auch gesehen hat oder nicht [das wäre nur für die Frage interessant, ob bewusste oder unbewusste Fahrlässigkeit vorliegt].

Jedenfalls fehlt es am Willen im Hinblick *auf O*. (Strafbarkeit dann allenfalls noch wegen fahrlässiger Tötung, § 222.)

Bezüglich des Kindes X mangelt es am objektiven Tatbestand des § 212 I. X ist nicht tot. (Bleibt insoweit nur Versuch.)

Wichtig: Die aberratio ictus ist häufig vom error in persona (vel objecto) abzugrenzen. Entscheidend ist:

- Hat der Täter *das* (ausgewählte physische) Objekt getroffen, das er treffen wollte (und sich nur über dessen Identität geirrt)? Dann error in persona.
- Oder hat er *ein anderes* Objekt (daneben) getroffen? Dann nur aberratio ictus.

Es gibt allerdings auch eine Auffassung, die bei Gleichwertigkeit von angezieltem und getroffenem Objekt (unsere Fallgruppe b.) eine Unbeachtlichkeit der Abweichung annehmen will. Die Begründung hierfür lautet: Der Täter *wollte* einen Menschen treffen und er *hat* einen Menschen getroffen.

Dieser Lehre kann man (mit der h.M.) entgegenhalten, dass sie nicht hinreichend berücksichtigt, dass der Täter seinen Vorsatz nicht auf die Tötung *irgendeines* Menschen gerichtet, sondern ihn auf einen bestimmten Menschen (ungeachtet dessen Identität) **konkretisiert**, bzw. **manifestiert** hatte. [Und wir reden dabei nicht über den Sonderfall, dass ein Täter irgendwo eine Bombe platziert, um möglichst viele Menschen zu töten, und es ihm unklar und egal ist, wen es trifft.]

50 || Das vollendete vorsätzliche Begehungsdelikt (Tun)

I. Tatbestandsmäßigkeit
1. Objektiver Tatbestand
   a. Das Tatsubjekt
   b. Die Tathandlung
   c. Das Tatobjekt
   d. Der Taterfolg und die Verbindung von Handlung und Erfolg
2. Subjektiver Tatbestand
   a. Vorsatz (= Wissen und Wollen)
   b. Sonstige subjektive Merkmale
3. Tatbestandsannexe
4. Fälle des § 28 II
	II. Rechtswidrigkeit (indiziert)
	Ausnahme: Rechtfertigungsgründe
	III. Schuld
	1. Schuldfähigkeit
	2. Spezielle Schuldmerkmale
	3. Die persönliche Vorwerfbarkeit Unrechtsbewusstsein im weiten Sinne
	   a. Schuldform: Vorsatz
	   b. Unrechtsbewusstsein im engen Sinne
	4. Entschuldigungsgründe
	IV. Besonderheiten
	1. Strafausschließungs- und aufhebungsgründe
	2. Strafverfolgungshindernisse
	3. Regelbeispiele

Man kann das so **formulieren:**

Einstieg: (ab subjektiver TB im Hinblick auf das getroffene Objekt O): T muss weiterhin vorsätzlich gehandelt haben. Vorsatz bedeutet Wissen und Wollen der zum gesetzlichen Tatbestand gehörenden Umstände.
Problem: Fraglich ist, wie es sich auswirkt, dass T nicht O, sondern X treffen wollte. Es kann am Wollenselement des Vorsatzes fehlen. T hatte den Willen, X zu treffen. Dabei hatte er X als Zielobjekt konkretisiert. Getroffen wurde aber O. Das Auseinanderfallen von angezieltem und getroffenem Objekt lag dabei nicht darin, dass T sich über die Identität des Zielobjektes geirrt hätte (sog. error in persona vel objecto). Es war vielmehr darin begründet, dass ein weiteres, ein ganz anderes Objekt als das angezielte getroffen wurde. Einen solchen Fall nennt man Abirrung der Tat **(aberratio ictus).**
Streit: Die Behandlung der aberratio ictus ist nicht einheitlich. Während eine Auffassung davon ausgeht, dass dem Täter im Hinblick auf das getroffene Objekt kein Vorsatz zur Last gelegt werden könne, weil er eben dieses nicht habe treffen wollen, geht eine Gegenauffassung dahin, einen Vorsatz gleichwohl zu bejahen. Sie begründet dies damit, dass der Täter ein Objekt habe treffen wollen und ein Objekt getroffen habe. Wenn beide Objekte gleichwertig seien, sei davon auszugehen, dass das Wollen und damit der Vorsatz vorliegen.
Auflösung: Die zweite Auffassung überzeugt nicht. Sie berücksichtigt nicht hinreichend, dass der Vorsatz nicht auf *(irgend-) ein* Objekt gerichtet, sondern auf *ein bestimmtes* Objekt konkretisiert war. Und dieses bestimmte Objekt – hier X – ist nicht getroffen worden. Richtigerweise ist daher mit der erstgenannten Meinung davon auszugehen, dass das Wollenselement des Vorsatzes und daher der Vorsatz insgesamt fehlen.
Ausstieg: Eine Strafbarkeit wegen vorsätzlicher Begehung scheidet daher aus.

Zum Nachdenken: Wie wäre es, wenn T mit Tötungsvorsatz einen Schuss auf X abgibt, den er fälschlich für O hält, der Schuss aber fehlgeht und den neben X stehenden O trifft und tötet?

Deliktsform ①: Tatbestand || 51

I. Tatbestandsmäßigkeit	II. Rechtswidrigkeit (indiziert)
1. Objektiver Tatbestand	Ausnahme: Rechtfertigungsgründe
a. Das Tatsubjekt	III. Schuld
b. Die Tathandlung	1. Schuldfähigkeit
c. Das Tatobjekt	2. Spezielle Schuldmerkmale
d. Der Taterfolg und die Verbindung von Handlung und Erfolg	3. Die persönliche Vorwerfbarkeit Unrechtsbewusstsein im weiten Sinne
2. Subjektiver Tatbestand	a. Schuldform: Vorsatz
a. Vorsatz (= Wissen und Wollen)	b. Unrechtsbewusstsein im engen Sinne
b. Sonstige subjektive Merkmale	4. Entschuldigungsgründe
3. Tatbestandsannexe	IV. Besonderheiten
4. Fälle des § 28 II	1. Strafausschließungs- und aufhebungsgründe
	2. Strafverfolgungshindernisse
	3. Regelbeispiele

dd. Der Irrtum über strafschärfende bzw. strafmildernde Umstände

Die Ausgangssituation: Der Täter weiß um alle Umstände eines von ihm verwirklichten Grundtatbestandes. Im Hinblick auf eine Qualifikation bzw. Privilegierung unterliegt er einem Irrtum. Das kann zwei Gründe haben:

a. Der Täter verwirklicht neben dem Grund-TB, dessen Merkmale er in seinen Vorsatz aufgenommen hat, noch weitere Merkmale, welche die Tat qualifizieren, bzw. privilegieren würden. Der Täter weiß *nichts* davon. Das ist ein **Mangelfall**.

b. Der Täter verwirklicht nur den Grund-TB, geht aber (fälschlich) davon aus, auch qualifizierende, bzw. privilegierende Merkmale verwirklicht zu haben (Er „weiß" also um gar nicht vorliegende Merkmale). Das ist ein **Überschussfall**.

Mangelfall - Bsp. a.: T begeht einen Diebstahl. Er führt, ohne es zu wissen, eine geladene Schusswaffe (qualifizierend, vgl. § 244) mit sich, die ihm seine fürsorgliche Frau in die Tasche gesteckt hat.
T tötet seinen schwerkranken Vater, der ihn in vollem Bewusstsein seines Zustandes ausdrücklich und ernsthaft per Brief darum gebeten hatte (privilegierend, vgl. § 216), ohne diesen Brief gelesen zu haben.

Überschussfall - Bsp. b.: T begeht einen Diebstahl. Er glaubt, eine geladene Schusswaffe mit sich zu führen. Seine fürsorgliche Frau hatte diese jedoch vorher der Tasche entnommen.
T tötet seinen Vater in der Annahme, dieser sei schwerkrank und habe ihn ausdrücklich und ernsthaft per Brief darum gebeten. Tatsächlich war der Brief gar nicht von seinem Vater, sondern vom Vater des Nachbarn.

Lösung:
- Die **Mangelfälle** zu a. werden so aufgelöst, dass dem Täter die qualifizierenden, bzw. privilegierenden Umstände nicht angerechnet werden. Mangels Wissen um sie fehlt es nämlich am Vorsatz. Bestrafung dann nur aus dem Grundtatbestand. Klarer Fall von § 16 I 1.

Das vollendete vorsätzliche Begehungsdelikt (Tun)

I. Tatbestandsmäßigkeit	II. Rechtswidrigkeit (indiziert)
1. Objektiver Tatbestand	Ausnahme: Rechtfertigungsgründe
a. Das Tatsubjekt	III. Schuld
b. Die Tathandlung	1. Schuldfähigkeit
c. Das Tatobjekt	2. Spezielle Schuldmerkmale
d. Der Taterfolg und die Verbindung von Handlung und Erfolg	3. Die persönliche Vorwerfbarkeit Unrechtsbewusstsein im weiten Sinne
2. Subjektiver Tatbestand	a. Schuldform: Vorsatz
a. Vorsatz (= Wissen und Wollen)	b. Unrechtsbewusstsein im engen Sinne
b. Sonstige subjektive Merkmale	4. Entschuldigungsgründe
3. Tatbestandsannexe	IV. Besonderheiten
4. Fälle des § 28 II	1. Strafausschließungs- und aufhebungsgründe
	2. Strafverfolgungshindernisse
	3. Regelbeispiele

- Bei den **Überschussfällen** zu b. ist zu differenzieren:
    1. Bei Qualifizierungen wird wegen Vollendung des Grunddeliktes und Versuch (in der Ausprägung *untauglich*) der Qualifizierung bestraft. Man prüft dabei zunächst ein vollendetes (Grund-)Delikt, stellt Strafbarkeit fest, prüft dann im Hinblick auf qualifizierende Merkmale, stellt deren Nichtvorliegen fest, und beginnt endlich die neue Prüfung eines versuchten Deliktes (der versuchten Qualifikation). Details zur Versuchsprüfung kommen ab S. 134.
    2. Bei Privilegierungen gilt dagegen die Sonderregelung des **§ 16 II**: Strafbarkeit nur nach dem milderen Delikt.

Aufbautechnisch sieht die Prüfung eines § 16 II-Falles so aus, dass man zunächst das komplette Grunddelikt durchprüft (also z.B. § 212, mit Tatbestand, Rechtswidrigkeit und Schuld), dann auf die Privilegierung überschwenkt (also z.B. § 216), um in deren objektiven Tatbestand festzustellen, dass es an einer Voraussetzung fehlt. Normalerweise wäre dann hier Schluss und man müsste auf die Prüfung eines Versuches wechseln.

Bei Privilegierungen ist das anders. Hier prüft man – obwohl der objektive Tatbestand nicht vorliegt – weiter mit dem subjektiven Tatbestand und fragt, wie es sich auswirkt, dass der Täter aber *glaubt*, der objektive Tatbestand läge vor. Die Antwort gibt dann § 16 II.

Strafbarkeit der T gemäß §§ 212 I, 216 I
I. Tatbestand § 212 I
    1. Objektiv
    2. Subjektiv
II. Rechtswidrigkeit
III. Schuld
IV. Tatbestand § 216 I
    1. Objektiv: liegt nicht vor **[trotzdem weiterprüfen!]**
    2. Subjektiv: Täter glaubt es aber ⇨ § 16 II
V. Ergebnis: Strafbarkeit nach §§ 212 I, 216 I.

Deliktsform ①: Tatbestand || 53

I. Tatbestandsmäßigkeit
1. Objektiver Tatbestand
   a. Das Tatsubjekt
   b. Die Tathandlung
   c. Das Tatobjekt
   d. Der Taterfolg und die Verbindung von Handlung und Erfolg
2. Subjektiver Tatbestand
   a. Vorsatz (= Wissen und Wollen)
   b. Sonstige subjektive Merkmale
3. Tatbestandsannexe
4. Fälle des § 28 II

II. Rechtswidrigkeit (indiziert)
Ausnahme: Rechtfertigungsgründe

III. Schuld
1. Schuldfähigkeit
2. Spezielle Schuldmerkmale
3. Die persönliche Vorwerfbarkeit Unrechtsbewusstsein im weiten Sinne
   a. Schuldform: Vorsatz
   b. Unrechtsbewusstsein im engen Sinne
4. Entschuldigungsgründe

IV. Besonderheiten
1. Strafausschließungs- und aufhebungsgründe
2. Strafverfolgungshindernisse
3. Regelbeispiele

ee. Der Irrtum über den [Kausal] Verlauf

Die Ausgangssituation: Der Täter irrt sich über die Art und Weise der Verbindung von Handlung und Erfolg. Der Erfolg tritt zwar ein, der Täter hatte aber eigentlich damit gerechnet, dass der Erfolg auf einem anderen Weg eintritt.

Das klingt im Übrigen ganz ähnlich wie eben bei der aberratio ictus. Der Unterschied liegt darin, dass der (Kausal-)Verlauf bei der aberratio ictus so sehr vom vorgestellten abweicht, dass der Erfolg dort an einem ganz *anderen Objekt* eintritt. Hier aber tritt er schon an dem Objekt ein, an dem er eintreten soll. Nur auf einem *anderen Weg*.

Bsp.: T will O erschießen, verletzt ihn aber nur. Trotzdem stirbt O, weil er Bluter ist.
Bsp.: T will O vergiften. Er benutzt – unwissentlich – nur die Hälfte der tödlichen Dosis. Er glaubt, diese Dosis sei tödlich. O stirbt dennoch, weil X unabhängig von T die noch fehlende Hälfte der tödlichen Dosis verabreicht hat. Auch X glaubt, diese Dosis sei tödlich.
Bsp.: T will O töten, indem er ihm zwei Hände Sand in den Mund stopft. O wird daraufhin bewusstlos, T hält ihn aber bereits für tot. T wirft O anschließend in eine Jauchegrube, in der O aufgrund seiner Bewusstlosigkeit ertrinkt. [BGH v. 26.4.1960 - 5 StR 77/60, Rz. 6]

Vorüberlegung: Da der Erfolg bei Erfolgsdelikten ein in der Zukunft liegendes Ereignis ist, kann man sowieso nie „wissen", ob er eintritt. Man kann es nur – mit mehr oder weniger großer Wahrscheinlichkeit – prognostizieren, man kann es nur „meinen".

Damit liegt dann auf der Hand, dass *unwesentliche* Abweichungen des tatsächlichen Tat- und Kausalverlaufes vom vorgestellten Verlauf nicht etwa den Vorsatz ausschließen und einen Tatbestandsirrtum (§ 16 I S. 1!) begründen.

54 || Das vollendete vorsätzliche Begehungsdelikt (Tun)

I. Tatbestandsmäßigkeit
1. Objektiver Tatbestand
   a. Das Tatsubjekt
   b. Die Tathandlung
   c. Das Tatobjekt
   d. Der Taterfolg und die Verbindung
      von Handlung und Erfolg
2. Subjektiver Tatbestand
   a. Vorsatz (= Wissen und Wollen)
   b. Sonstige subjektive Merkmale
3. Tatbestandsannexe
4. Fälle des § 28 II
	II. Rechtswidrigkeit (indiziert)
	   Ausnahme: Rechtfertigungsgründe
	III. Schuld
	1. Schuldfähigkeit
	2. Spezielle Schuldmerkmale
	3. Die persönliche Vorwerfbarkeit
	   Unrechtsbewusstsein im weiten Sinne
	   a. Schuldform: Vorsatz
	   b. Unrechtsbewusstsein im engen Sinne
	4. Entschuldigungsgründe
	IV. Besonderheiten
	1. Strafausschließungs- und aufhebungsgründe
	2. Strafverfolgungshindernisse
	3. Regelbeispiele

Bsp.: T schießt auf O. Er will ihn ins Herz treffen und dadurch töten, trifft aber, weil er ein schlechter Schütze ist, in den Kopf. O ist tot.

Das Problem entsteht dann, wenn die Abweichung so wesentlich ist, dass man sich fragen muss, ob sie noch als unerheblich bezeichnet werden kann. Dieses Problem ist identisch mit dem bereits im Rahmen des objektiven Tatbestandes erörterten Problem bei der *Zurechnung*.

Dort wurde in den Fällen der **atypischen (kumulativen) Kausalität** darauf abgestellt, ob der Erfolg „nach dem gewöhnlichen Verlauf der Dinge und der *allgemeinen* Lebenserfahrung noch in Rechnung zu stellen" sei. Wurde dies bejaht, erfolgte die Zurechnung im objektiven Tatbestand.

Dann - und nur dann - stellt sich hier die Frage, ob **ein Kausalverlauf** zwar **objektiv zurechenbar** ist, **subjektiv aber** als so **wesentlich** vom vorgestellten Kausalverlauf **abweichend** angesehen werden muss, dass der Vorsatz des Täters ihn nicht mehr erfasst.

Dies könnte man mit der Begründung verneinen, die objektive Zurechnung erfolge ja gerade aufgrund des Umstandes, dass der tatsächliche Kausalverlauf nur unwesentlich vom vorgestellten abweiche. Dann müsse dies auch für den subjektiven Tatbestand, den Vorsatz gelten.

Das klingt erst mal stimmig.

Teilweise wird aber auch die Ansicht vertreten, man müsse im subjektiven Tatbestand erneut prüfen, ob eine wesentliche Abweichung vorliege. Immerhin könnte ein *konkreter* Täter aufgrund besonderer *subjektiver* Lebenserfahrung eine so andere Vorstellung vom Kausalverlauf haben, dass Abweichungen relevant würden.

Der BGH hat diese Probleme in seiner Rechtsprechung nicht. Er muss nämlich keine Klausuren schreiben. Und er ist kein Vertreter der Lehre von der objektiven Zurechnung, sondern nimmt die gute alte Kausalität. Naja, meistens jedenfalls. In der Sache argumentiert er nämlich [jedenfalls bei Fahrlässigkeitsdelikten] ge-

I. Tatbestandsmäßigkeit	II. Rechtswidrigkeit (indiziert)
1. Objektiver Tatbestand	Ausnahme: Rechtfertigungsgründe
a. Das Tatsubjekt	III. Schuld
b. Die Tathandlung	1. Schuldfähigkeit
c. Das Tatobjekt	2. Spezielle Schuldmerkmale
d. Der Tatfolg und die Verbindung von Handlung und Erfolg	3. Die persönliche Vorwerfbarkeit Unrechtsbewusstsein im weiten Sinne
2. Subjektiver Tatbestand	a. Schuldform: Vorsatz
a. Vorsatz (= Wissen und Wollen)	b. Unrechtsbewusstsein im engen Sinne
b. Sonstige subjektive Merkmale	4. Entschuldigungsgründe
3. Tatbestandsannexe	IV. Besonderheiten
4. Fälle des § 28 II	1. Strafausschließungs- und aufhebungsgründe
	2. Strafverfolgungshindernisse
	3. Regelbeispiele

legentlich auch mit „*rechtlichen* Ursachenzusammenhängen" (BGH v. 6.11.1984 - 4 StR 72/84) und damit mit Begründungsmodellen „*normativer* Kausalität" (Fischer, Vor § 13 Rz. 22 aE).

Die Probleme, in denen solche Überlegungen bei Vorsatzdelikten relevant werden, entstammen der Phantasie von Aufgabenstellern, die entweder originell sein wollen oder zu lange im Lehrstuhl eingesperrt waren. Im „wirklichen Leben" – sieht man von der Boulevardpresse ab – gibt es sie nicht. (T schießt in Tötungsabsicht auf O. Er trifft nicht. Ein Pferd, durch den Schuss zu Tode erschrocken, überrennt O tödlich. BILD: Killerpferd fand neues Opfer!)

Der BGH hat daher nur einmal zu prüfen, ob eine wesentliche Abweichung vorliegt. Da er dies im objektiven Tatbestand nicht macht, er hängt, wie gesagt, nicht der Lehre von der objektiven Zurechnung an, bleibt für ihn nur der Vorsatz (den der BGH übrigens in der Schuld prüft, dazu später ab S. 122). [BGH v. 3.12.2015 – 4 StR 223/15, Rz. 12; BGH v. 26.4.1960 – 5 StR 77/60]. Von daher hat diese Irrtumsform noch ihre Bedeutung.

Behandlung: Geht man mit der Lehre von der objektiven Zurechnung, ist der Irrtum über den Kausalverlauf in der Regel irrelevant. Entweder der Kausalverlauf weicht wesentlich ab: Dann liegt bereits der objektive Tatbestand nicht vor. Oder er weicht nur unwesentlich ab: Dann ist er im Normalfall auch im Vorsatz enthalten.

Für Klausuren sollte man sich an das Motto halten: Allen recht und keinem weh. Deshalb:
1. Im objektiven Tatbestand prüfen, ob Zurechenbarkeit vorliegt. Dazu feststellen, ob der Erfolg nach dem gewöhnlichen Verlauf der Dinge und der allgemeinen Lebenserfahrung noch zur Handlung gerechnet werden kann, ob also eine **unerhebliche** Abweichung vorliegt.
2. Ist die Abweichung unerheblich (sonst schon kein objektiver TB), im subjektiven Tatbestand feststellen, dass zwar eine Abweichung vom vorgestellten

56 || Das vollendete vorsätzliche Begehungsdelikt (Tun)

I. Tatbestandsmäßigkeit
1. Objektiver Tatbestand
   a. Das Tatsubjekt
   b. Die Tathandlung
   c. Das Tatobjekt
   d. Der Taterfolg und die Verbindung
      von Handlung und Erfolg
2. Subjektiver Tatbestand
   a. Vorsatz (= Wissen und Wollen)
   b. Sonstige subjektive Merkmale
3. Tatbestandsannexe
4. Fälle des § 28 II
	II. Rechtswidrigkeit (indiziert)
	Ausnahme: Rechtfertigungsgründe
	III. Schuld
	1. Schuldfähigkeit
	2. Spezielle Schuldmerkmale
	3. Die persönliche Vorwerfbarkeit
	   Unrechtsbewusstsein im weiten Sinne
	   a. Schuldform: Vorsatz
	   b. Unrechtsbewusstsein im engen Sinne
	4. Entschuldigungsgründe
	IV. Besonderheiten
	1. Strafausschließungs- und aufhebungsgründe
	2. Strafverfolgungshindernisse
	3. Regelbeispiele

Kausalverlauf vorliegt, diese aber **unwesentlich** und damit vom Vorsatz umfasst ist. In besonderen Fällen könnte man abweichende Lebenserfahrungen des Täters diskutieren.

Dann ist alles drin und jeder zufrieden. (Auch wenn es irgendwo ein bisschen schwachsinnig ist, dieselbe Sache zweimal zu prüfen.) Was allerdings sinnvoll sein kann, ist, den jeweiligen Übungsleiter zu fragen, wie er es gerne hätte. Nachdem dieser Tipp im Examen aber nicht zieht, schlage ich *grundsätzlich* den oben aufgezeigten (doppelten) Weg vor.

Zuletzt: Diese Fälle sind exotisch (Lehrbuchkriminalität). Sie treten im Wesentlichen nur bei den Fällen der kumulativen (atypischen) Kausalität auf.

3. Tatbestandsannexe (Anhängsel)

(Annex, lat. = Anhang) In seltenen Fällen finden sich Merkmale, die rein objektiv verwirklicht sein müssen, die aber keine subjektive Entsprechung haben. Solche Merkmale, die demnach **nicht vom Vorsatz umfasst** sein müssen, nennt man **objektive Bedingungen der Strafbarkeit**. Ihre Legitimation ist nicht unumstritten, denn der Täter kann für etwas (schärfer) bestraft werden, für das seine Eigenbeteiligung nur noch ganz von fern eine Rolle gespielt hat.

Ein Beispiel hierfür bietet § 231 I. Wenn der *Tod eines Menschen* unter den dort beschriebenen Tatumständen erfolgt ist, greift § 231 I ein, ohne dass der Täter in irgendeiner inneren Beziehung hierzu gestanden haben muss. Ein weiteres Beispiel ist die *rechtswidrige Tat* im § 323a (strittig).

Man prüft im Übrigen deshalb als Annex hinter der Vorsatzprüfung, weil damit die Gefahr ausgeschlossen ist, dass gleichsam aus Versehen für diese Bedingungen ein Vorsatz untersucht wird.

Deliktsform ①: Rechtswidrigkeit || 57

I. Tatbestandsmäßigkeit	II. Rechtswidrigkeit (indiziert)
1. Objektiver Tatbestand	Ausnahme: Rechtfertigungsgründe
a. Das Tatsubjekt	III. Schuld
b. Die Tathandlung	1. Schuldfähigkeit
c. Das Tatobjekt	2. Spezielle Schuldmerkmale
d. Der Taterfolg und die Verbindung von Handlung und Erfolg	3. Die persönliche Vorwerfbarkeit Unrechtsbewusstsein im weiten Sinne
2. Subjektiver Tatbestand	a. Schuldform: Vorsatz
a. Vorsatz (= Wissen und Wollen)	b. Unrechtsbewusstsein im engen Sinne
b. Sonstige subjektive Merkmale	4. Entschuldigungsgründe
3. Tatbestandsannexe	IV. Besonderheiten
4. Fälle des § 28 II	1. Strafausschließungs- und aufhebungsgründe
	2. Strafverfolgungshindernisse
	3. Regelbeispiele

4. Akzessorietätseinschränkende Umstände (Fälle des § 28 II)

In den Fällen, in denen **mehrere an einer Tat beteiligt** sind, bestimmt sich die Strafbarkeit einzelner Beteiligter zum Teil nach der Strafbarkeit anderer. Man nennt die damit geschaffene Verbindung **Akzessorietät** (accedere, lat. = hinzutreten, annähern).

Diese Verbindung wird durch § 28 II manchmal aufgehoben. Im Kopfzeilenschema steht deshalb nur diese Vorschrift. Der Verweis hier dient nur der Vollständigkeit. Die Details kann man erst verstehen, wenn man den Abschnitt über Täterschaft und Teilnahme (3. Teil) durchgearbeitet hat. Deshalb werde ich das dort darstellen (ab Seite 238, zur Akzessorietät ab Seite 262).

II. Rechtswidrigkeit

Alleine damit, dass der Täter einen Tatbestand verwirklicht hat, ist noch nicht gesagt, dass er sich auch strafbar gemacht hat. Strafbarkeit liegt nämlich nur dann vor, wenn der Täter tatbestandsmäßig, rechtswidrig (lies: § 11 Nr. 5.) und schuldhaft gehandelt hat. Daher jetzt zur nächsten Stufe, zur Rechtswidrigkeit.

Man kann die Rechtswidrigkeit so beschreiben:

Rechtswidrigkeit = Widerspruch gegen das Recht

Daraus folgt, dass *die gesamte* Rechtsordnung darüber entscheiden muss, ob ein Verhalten rechtswidrig ist oder nicht. Die Betrachtung darf sich nicht auf das StGB beschränken. *Entweder* ein Verhalten ist rechtswidrig *oder* rechtmäßig. Ein „bisschen Rechtswidrigkeit" im StGB und ansonsten Rechtmäßigkeit (etwa im BGB) gibt es ebenso wenig wie ein bisschen schwanger.

Stichwort: Einheit der Rechtsordnung

[Das sieht der BGH nur bei Notwehr gegen Hoheitsträger manchmal etwas anders (BGH v. 9.6.2015 – 1 StR 606/14).]

58 || Das vollendete vorsätzliche Begehungsdelikt (Tun)

I. **Tatbestandsmäßigkeit**
  1. Objektiver Tatbestand
     a. Das Tatsubjekt
     b. Die Tathandlung
     c. Das Tatobjekt
     d. Der Taterfolg und die Verbindung von Handlung und Erfolg
  2. Subjektiver Tatbestand
     a. Vorsatz (= Wissen und Wollen)
     b. Sonstige subjektive Merkmale
  3. Tatbestandsannexe
  4. Fälle des § 28 II

II. **Rechtswidrigkeit** (indiziert)
  Ausnahme: Rechtfertigungsgründe

III. **Schuld**
  1. Schuldfähigkeit
  2. Spezielle Schuldmerkmale
  3. Die persönliche Vorwerfbarkeit Unrechtsbewusstsein im weiten Sinne
     a. Schuldform: Vorsatz
     b. Unrechtsbewusstsein im engen Sinne
  4. Entschuldigungsgründe

IV. **Besonderheiten**
  1. Strafausschließungs- und aufhebungsgründe
  2. Strafverfolgungshindernisse
  3. Regelbeispiele

1. Grundgedanke: Rechtswidrigkeit ist Normalfall (und damit indiziert).

Straftatbestände beschreiben Umstände, die gesellschaftlich nicht gewollt sind, was dort steht, ist deshalb **typisches Unrecht**. Rechtswidrigkeit liegt also im Normalfall mit der Erfüllung des Tatbestandes ohne Weiteres vor (ist „indiziert" – lat. indicare = anzeigen). Und weil das so normal ist, ist die häufig anzutreffende **Formulierung**

„Die Tatbestandsmäßigkeit indiziert die Rechtswidrigkeit."

zwar inhaltlich richtig, aber eine überflüssige Leerformel. **Besser** schreibt man nach der Feststellung der Tatbestandserfüllung einfach nur:

„Die Tat war rechtswidrig."

Typisierung erfordert notwendig Abstraktheit. Und Abstraktheit stellt auf einen Regel- bzw. Normalfall ab. Die Typisierung wird daher Ausnahmesituationen nicht gerecht. Für solche **Ausnahmesituationen** muss es aber auch Regelungen geben; und so ist es – es gibt **Rechtfertigungsgründe**.

Obwohl diese Rechtfertigungsgründe Ausnahme*situationen* zum Inhalt haben, sind sie zu unterscheiden von den folgenden:

2. Ausnahmetatbestände (Rechtswidrigkeit ist nicht indiziert.)

Schon von der allgemeinen Regel (TB indiziert RW) gibt es nämlich Ausnahmen. Es handelt sich dabei um Tatbestände, bei denen die Tatbestandsmäßigkeit die Rechtswidrigkeit *nicht* indiziert, die so weit gefasst sind, dass quasi alles darunter fällt. Bei diesen sog. „offenen" Tatbeständen muss die Rechtswidrigkeit positiv festgestellt werden.
Es geht um die **§§ 240, 253** (Nötigung, Erpressung). Diese Ausnahmen sind übrigens nicht immer im StGB gewesen. Ursprünglich gab es keine offenen Tatbestände. Zu dieser Zeit lauteten §§ 240, 253 auch noch etwas anders. Statt der

Deliktsform ①: Rechtswidrigkeit || 59

I. Tatbestandsmäßigkeit
1. Objektiver Tatbestand
   a. Das Tatsubjekt
   b. Die Tathandlung
   c. Das Tatobjekt
   d. Der Taterfolg und die Verbindung von Handlung und Erfolg
2. Subjektiver Tatbestand
   a. Vorsatz (= Wissen und Wollen)
   b. Sonstige subjektive Merkmale
3. Tatbestandsannexe
4. Fälle des § 28 II

II. Rechtswidrigkeit (indiziert)
   Ausnahme: Rechtfertigungsgründe
III. Schuld
1. Schuldfähigkeit
2. Spezielle Schuldmerkmale
3. Die persönliche Vorwerfbarkeit Unrechtsbewusstsein im weiten Sinne
   a. Schuldform: Vorsatz
   b. Unrechtsbewusstsein im engen Sinne
4. Entschuldigungsgründe
IV. Besonderheiten
1. Strafausschließungs- und aufhebungsgründe
2. Strafverfolgungshindernisse
3. Regelbeispiele

uferlosen Formulierung „Drohung mit empfindlichen Übel" hieß es damals „Drohung mit Verbrechen oder Vergehen". Das engte den Kreis dann automatisch auf Drohungen mit Straftatbeständen ein.

Erst die Nazis haben 1943 ein Vielzweckinstrument daraus gemacht. Die im jeweiligen Abs. 2 von §§ 240, 253 zu prüfende **Zweck-Mittel-Relation,** die heute **verwerflich** sein muss, wurde damals mit einer anderen Formulierung eingeführt. Es hieß dort „dem gesunden Volksempfinden widersprechend". Nach der Einführung des Grundgesetzes und den Bereinigungen der 1950er Jahre hat man diese Formulierung nicht rückgängig gemacht, sondern nur verbalkosmetisch behandelt. Konsequenterweise sind diese Normen heute ausgesprochen schwierig zu behandeln. Das ist auch kein Wunder; es handelt sich schließlich um einen Systembruch. Zur Weite der Tatbestände ein

Bsp.: Hausmann T droht seiner Frau O, er werde sie nicht mehr mit ihrer Lieblingsspeise bekochen, wenn sie (sich) ihm nicht mehr zuwenden würde.
Der objektive und der subjektive Tatbestand des § 240 I sind erfüllt. Wenn die Kochkünste des T einigermaßen tauglich sind, handelt es sich um die Drohung mit einem empfindlichen Übel. Es fehlt jedoch an der in Abs. 2 geforderten Verwerflichkeit und damit an der Rechtswidrigkeit.

Treten solche Fälle auf (§§ 240, 253), ist
a. **zunächst** zu prüfen, ob ein **Rechtfertigungsgrund** eingreift. Falls ja, kommt es auf die Zweck-Mittel-Relation nicht mehr an. Falls nein, ist
b. **dann** festzustellen, ob eigentlich Rechtswidrigkeit vorliegt (mit Hilfe der **Zweck-Mittel-Relation** von §§ 240 II, 253 II).

Diese Vorgehensweise ist an sich nicht konsequent:
Eigentlich müsste erst anhand der Zweck-Mittel-Relation festgestellt werden, ob Rechtswidrigkeit vorliegt, und dann, ob ein Rechtfertigungsgrund diese Rechtswidrigkeit wieder entfallen lässt.

60 || Das vollendete vorsätzliche Begehungsdelikt (Tun)

I. Tatbestandsmäßigkeit
1. Objektiver Tatbestand
   a. Das Tatsubjekt
   b. Die Tathandlung
   c. Das Tatobjekt
   d. Der Taterfolg und die Verbindung von Handlung und Erfolg
2. Subjektiver Tatbestand
   a. Vorsatz (= Wissen und Wollen)
   b. Sonstige subjektive Merkmale
3. Tatbestandsannexe
4. Fälle des § 28 II

II. Rechtswidrigkeit (indiziert)
Ausnahme: Rechtfertigungsgründe

III. Schuld
1. Schuldfähigkeit
2. Spezielle Schuldmerkmale
3. Die persönliche Vorwerfbarkeit
   Unrechtsbewusstsein im weiten Sinne
   a. Schuldform: Vorsatz
   b. Unrechtsbewusstsein im engen Sinne
4. Entschuldigungsgründe

IV. Besonderheiten
1. Strafausschließungs- und aufhebungsgründe
2. Strafverfolgungshindernisse
3. Regelbeispiele

Ein solcher Aufbau würde aber bei Vorliegen eines Rechtfertigungsgrundes erheblichen, unnützen Aufwand bereiten, weshalb hier die umgekehrte Reihenfolge empfohlen wird. Zur Zweck-Mittel-Relation und deren Verwerflichkeit kann man fast alles vertreten. Der freien Wertung sind Tür und Tor geöffnet.

3. Ausnahmesituationen: Rechtfertigungsgründe (= Erlaubnistatbestände)

Vorüberlegung: Straftatbestände regeln, was verboten ist. Rechtfertigungsgründe regeln, was erlaubt ist. Man nennt sie daher auch **Erlaubnistatbestände**. Ebenso wie Straftatbestände werden sie unterteilt in einen objektiven und einen subjektiven Tatbestand.

a. Überblick

Die wichtigsten Rechtfertigungsgründe sind:

a. im Strafrecht: §§ 32, 34, 193, 218a II StGB und § 81a und § 127 StPO

b. im BGB: §§ 227, 228, 229, 904

c. ungeschriebene: Einwilligung, erlaubtes Risiko. Früher (und noch gar nicht lange verpönt): Züchtigungsrecht von Eltern, Lehrern und Pfarrern (Kinderpädagoge Prof. Prügelpeitsch: „Es hilft!")

Im Einzelnen werden nachfolgend behandelt:
- Notwehr, § 32 (ähnlich: § 15 OWiG / § 227 BGB)
- Rechtfertigender Notstand, §§ 228, 904 BGB; § 34 StGB
- Einwilligung (ungeschrieben)

b. Allgemeiner Aufbau

Ein Blick auf die nun folgenden Rechtfertigungsgründe zeigt, dass sich jedenfalls die Not-Gründe alle irgendwie ähneln. Alle haben nämlich folgende Merkmale:

1. Objektiv
   a. eine **Notsituation** (immer)
   - ein rechtlich schützenswertes Interesse ist in Gefahr.

Deliktsform ①: Rechtswidrigkeit || 61

I. Tatbestandsmäßigkeit	II. **Rechtswidrigkeit** (indiziert)
1. Objektiver Tatbestand	Ausnahme: Rechtfertigungsgründe
a. Das Tatsubjekt	III. Schuld
b. Die Tathandlung	1. Schuldfähigkeit
c. Das Tatobjekt	2. Spezielle Schuldmerkmale
d. Der Taterfolg und die Verbindung von Handlung und Erfolg	3. Die persönliche Vorwerfbarkeit Unrechtsbewusstsein im weiten Sinne
2. Subjektiver Tatbestand	a. Schuldform: Vorsatz
a. Vorsatz (= Wissen und Wollen)	b. Unrechtsbewusstsein im engen Sinne
b. Sonstige subjektive Merkmale	4. Entschuldigungsgründe
3. Tatbestandsannexe	IV. Besonderheiten
4. Fälle des § 28 II	1. Strafausschließungs- und aufhebungsgründe
	2. Strafverfolgungshindernisse
	3. Regelbeispiele

  b. eine **Nothandlung** (immer)
- ein weiteres Interesse wird beeinträchtigt, um das gefährdete zu schützen.

  c. eine **Abwägung** (manchmal)
- zwischen dem geschützten und dem beeinträchtigten Rechtsgut.

2. **Subjektiv**

(mindestens) Kenntnis der objektiven Umstände

Wenn man sich das einmal klar gemacht hat, ist der Aufbau dieser Rechtfertigungsgründe ein Klacks. Man muss dann nur noch schauen, was (wie) gefährdet und was (wie) beeinträchtigt wird, und wie das Gesetz die Gewichte setzt (zusammenfassende Übersicht auf S. 128).

4. **Notwehr, § 32: „Das Recht muss dem Unrecht nicht weichen."**

Man könnte dieses markige Wort auch als das **„John-Wayne-Prinzip"** des deutschen Strafrechts bezeichnen (Erst schießen, dann fragen). Allerdings empfehle ich niemandem, diesen Ausdruck in einer Klausur oder Hausarbeit zu gebrauchen. Ein kurzer Blick auf Wikipedia zeigt uns zwar, dass John Wayne ein Juraexamen mit 1,0 gemacht haben soll, aber manchem Leser zeigt dieser Blick auch erst, wer John Wayne überhaupt war.

Die Voraussetzungen der Notwehr:

1. **Objektiver Tatbestand**
   a. (**Notsituation** =) Notwehrlage („Kampflage"), die besteht aus:
      aa. Angriff,
      bb. gegenwärtiger,
      cc. rechtswidriger

62 || Das vollendete vorsätzliche Begehungsdelikt (Tun)

I. Tatbestandsmäßigkeit	II. Rechtswidrigkeit (indiziert)
1. Objektiver Tatbestand	Ausnahme: Rechtfertigungsgründe
a. Das Tatsubjekt	III. Schuld
b. Die Tathandlung	1. Schuldfähigkeit
c. Das Tatobjekt	2. Spezielle Schuldmerkmale
d. Der Taterfolg und die Verbindung von Handlung und Erfolg	3. Die persönliche Vorwerfbarkeit Unrechtsbewusstsein im weiten Sinne
2. Subjektiver Tatbestand	a. Schuldform: Vorsatz
a. Vorsatz (= Wissen und Wollen)	b. Unrechtsbewusstsein im engen Sinne
b. Sonstige subjektive Merkmale	4. Entschuldigungsgründe
3. Tatbestandsannexe	IV. Besonderheiten
4. Fälle des § 28 II	1. Strafausschließungs- und aufhebungsgründe
	2. Strafverfolgungshindernisse
	3. Regelbeispiele

    b. **Notwehrhandlung,** die besteht aus:
        aa. Verteidigung,
        bb. erforderliche (tatsächliches Element)
    c. **Abwägung**
       - Gebotenheit der Verteidigung (normatives Element)
2. **Subjektiver Tatbestand**
    a. Kenntnis des objektiven Notwehr-Tatbestandes
    b. Verteidigungswille

Die einzelnen Elemente werden im Folgenden in der Reihenfolge ihrer Prüfung kurz erläutert. Zunächst aber ein Definitionsüberblick.

Angriff	ist jedes willensgetragene, menschliche Verhalten, durch das Rechtsgüter gefährdet werden.
Gegenwärtig	ist ein Angriff, der unmittelbar bevorsteht oder bereits im Gange ist oder noch andauert.
Rechtswidrig	ist ein Angriff, wenn der Angreifer einen Straf- oder Ordnungswidrigkeitstatbestand erfüllt und ihm seinerseits keine Rechtfertigungsgründe zur Seite stehen.
Verteidigung	ist jedes Verhalten, das sich gegen die Rechtsgüter *des Angreifers* richtet und der Beendigung des Angriffes dient.
Erforderlich	ist eine Verteidigung immer dann, wenn es kein milderes, aber *genauso wirksames* Mittel gibt, den Angriff zu beenden.
Geboten	ist eine Verteidigung dann, wenn die Rechtsordnung ihrer zur Bewährung bedarf (also eigentlich immer).

a. Angriff

Geschützt werden die Rechtsgüter des Verteidigers (dann **Notwehr**) und die Rechtsgüter Dritter (dann **Nothilfe**). Für die Nothilfe merken wir vor, dass der

Deliktsform ①: Rechtswidrigkeit || 63

I. **Tatbestandsmäßigkeit**
  1. Objektiver Tatbestand
     a. Das Tatsubjekt
     b. Die Tathandlung
     c. Das Tatobjekt
     d. Der Taterfolg und die Verbindung von Handlung und Erfolg
  2. Subjektiver Tatbestand
     a. Vorsatz (= Wissen und Wollen)
     b. Sonstige subjektive Merkmale
  3. Tatbestandsannexe
  4. Fälle des § 28 II

II. **Rechtswidrigkeit** (indiziert)
   Ausnahme: Rechtfertigungsgründe
III. **Schuld**
  1. Schuldfähigkeit
  2. Spezielle Schuldmerkmale
  3. Die persönliche Vorwerfbarkeit Unrechtsbewusstsein im weiten Sinne
     a. Schuldform: Vorsatz
     b. Unrechtsbewusstsein im engen Sinne
  4. Entschuldigungsgründe
IV. **Besonderheiten**
  1. Strafausschließungs- und aufhebungsgründe
  2. Strafverfolgungshindernisse
  3. Regelbeispiele

Wunsch eines angegriffenen Dritten, keine Hilfe zu bekommen, grundsätzlich zu respektieren ist, wenn das angegriffene Rechtsgut disponibel ist (unten mehr).

Eine Gefährdung von Rechtsgütern und damit das Merkmal des Angriffes kann verneint werden bei **Bagatellfällen** (BGH v. 27.10.2015 – 3 StR 199/15, Rz. 11): z. B. Anleuchten mit einer Taschenlampe etc. (= kein Angriff wegen Geringfügigkeit der Beeinträchtigung, eher: Belästigung).

Häufig gemachter Fehler: Nur *Leib* und *Leben* werden als notwehrfähige Rechtsgüter angesehen. Das ist falsch. **Jedes Rechtsgut ist notwehrfähig**, also auch: *Ehre, Eigentum, Besitz* etc.

Weiter: Wenn **Tiere** im Spiel sind, dann hängt es davon ab,
- ob diese Tiere *als Werkzeug* eines Menschen anzusehen sind (gehetzter Hund), dann liegt ein menschlicher Angriff i.S.v. § 32 vor,
- oder ob sie *von sich* aus (tollwütiger Hund) gefährlich werden, dann liegt kein Angriff vor, es kommt aber § 228 BGB (Notstand) in Betracht.

b. Gegenwärtigkeit

Wenn die Rechtsgüter des Angegriffenen unmittelbar beeinträchtigt werden (die Faust des O trifft auf den Körper des T), dann ist Gegenwärtigkeit leicht zu bejahen.

So lange muss man aber nicht warten. **Kein** Angreifer hat das „**Recht des ersten Schlages**". Wenn ein Angriff bei ungehindertem und normalem Fortgang sicher (Prognose aus *objektiver* Sicht, nicht aus der des Angegriffenen) zu einer Beeinträchtigung führen würde (O holt zum Schlag aus), ist er schon gegenwärtig und darf bereits abgewehrt werden (BGH v. 1.2.2017 – 4 StR 635/16, Rz. 8).

Aber auch wenn die „eigentliche" Beeinträchtigung schon vorbei ist (O hat das Handy des T während einer Party aus dessen Jacke entwendet [= weggenommen i.S.v. § 242]), der Angreifer sein Vorhaben aber noch nicht final verwirklich hat

64 | Das vollendete vorsätzliche Begehungsdelikt (Tun)

I. Tatbestandsmäßigkeit	II. Rechtswidrigkeit (indiziert)
1. Objektiver Tatbestand	Ausnahme: Rechtfertigungsgründe
a. Das Tatsubjekt	III. Schuld
b. Die Tathandlung	1. Schuldfähigkeit
c. Das Tatobjekt	2. Spezielle Schuldmerkmale
d. Der Taterfolg und die Verbindung von Handlung und Erfolg	3. Die persönliche Vorwerfbarkeit Unrechtsbewusstsein im weiten Sinne
2. Subjektiver Tatbestand	a. Schuldform: Vorsatz
a. Vorsatz (= Wissen und Wollen)	b. Unrechtsbewusstsein im engen Sinne
b. Sonstige subjektive Merkmale	4. Entschuldigungsgründe
3. Tatbestandsannexe	IV. Besonderheiten
4. Fälle des § 28 II	1. Strafausschließungs- und aufhebungsgründe
	2. Strafverfolgungshindernisse
	3. Regelbeispiele

(O versucht, den Raum zu verlassen), ist der Angriff noch nicht beendet und „Abwehr" bleibt möglich. Angreifer haben nämlich auch **kein „Recht zur Flucht"**.

c. Rechtswidrigkeit

Dass der Angriff des Angreifers rechtswidrig sein muss, sollte uns zu der klausurtaktischen Überlegung führen, dass es schön wäre, diese Frage schon *vor der Prüfung der Strafbarkeit des Verteidigers* geprüft zu haben.

Soweit die Klausur das zulässt, könnte man mit der Prüfung der Strafbarkeit des Angreifers beginnen (der zu diesem Zeitpunkt dann als Täter geprüft wird). Hat man hier die Rechtswidrigkeit seines Verhaltens geklärt (z.B. durch Feststellung einer vollendeten oder versuchten Verletzungshandlung), kann man im Rahmen der Notwehr des Verteidigers darauf Bezug nehmen (der vormalige Angreifer ist dann das „Opfer" des Notwehr-Täters). Kniffelig wird es aber in folgenden Situationen:

Zivilcourage: F wird in einem Park mit hohen Hecken (tatsächlich) von einem Exhibitionisten E belästigt. Sie ruft laut um Hilfe. Dies hören die Kavaliere A und B unabhängig voneinander. Sie laufen nach Gehör zum Tatort. An einer Heckenkreuzung treffen sie aufeinander. Jeder hält den anderen für den (vermeintlichen) Exhibitionisten. Sie beginnen sofort aufeinander einzuschlagen. Beide erleiden einige blaue Flecken. Wie haben sich A und B strafbar gemacht? Notwehr gegen Nothilfe?

d. Verteidigung

Notwehr darf sich immer nur gegen Rechtsgüter *des Angreifers* richten. (Ausnahmen werden von der h.M. gemacht, wenn der Täter sich beim Angriff fremder Sachen bedient. Dann soll Notwehr auch gegen diese Sachen zulässig sein.)

Bsp.: T wird von O in einem Café angegriffen, indem O ihm eine caféeigene Vase auf den Kopf zuwirft. Wenn T jetzt die Vase zerstört, soll dies durch Notwehr, § 32, abgedeckt sein, obwohl die Vase kein Rechtsgut des O ist.

I. Tatbestandsmäßigkeit
1. Objektiver Tatbestand
   a. Das Tatsubjekt
   b. Die Tathandlung
   c. Das Tatobjekt
   d. Der Taterfolg und die Verbindung
      von Handlung und Erfolg
2. Subjektiver Tatbestand
   a. Vorsatz (= Wissen und Wollen)
   b. Sonstige subjektive Merkmale
3. Tatbestandsannexe
4. Fälle des § 28 II
	II. Rechtswidrigkeit (indiziert)
	Ausnahme: Rechtfertigungsgründe
	III. Schuld
	1. Schuldfähigkeit
	2. Spezielle Schuldmerkmale
	3. Die persönliche Vorwerfbarkeit
	   Unrechtsbewusstsein im weiten Sinne
	   a. Schuldform: Vorsatz
	   b. Unrechtsbewusstsein im engen Sinne
	4. Entschuldigungsgründe
	IV. Besonderheiten
	1. Strafausschließungs- und aufhebungsgründe
	2. Strafverfolgungshindernisse
	3. Regelbeispiele

(Nach meiner Auffassung ist dieser Fall über die Not*stands*vorschriften hinreichend abgedeckt, eine Anwendung der Notwehr systemwidrig.)

Dabei bleibt's aber. Also nicht bei Gelegenheit den übrigen Anwesenden auch noch eins verpassen und dann von Notwehr reden (dazu bei § 34, ab S. 73).

e. Erforderlichkeit

Die Verteidigung muss das **mildeste** *wirksame* **Mittel** sein, den Angriff **sofort und endgültig** abzuwehren (BGH v. 24.5.2017 – 2 StR 219/16, Rz. 17). Die Milde bestimmt sich nach der Intensität des Eingriffs in die Rechtsgüter des Angreifers.

Weglaufen, **Ausweichen** oder anderes Verhalten, das einen Angriff ganz oder begrenzt aushält, wird aber *grundsätzlich* nicht zu den milderen Mitteln gezählt (Recht muss dem Unrecht nicht (aus-)weichen!) – BGH v. 12.4.2016 – 2 StR 523/15, Rz. 12. Ansonsten gilt:

Wenn der weglaufende Dieb sicher und ohne Risiko mit einem Beinschuss aufgehalten werden kann, darf es kein Kopfschuss sein (BGH v. 13.9.2017 – 2 StR 188/17, Rz. 13).

f. Gebotenheit

Eigentlich liegen bis hierhin alle objektiven Merkmale einer Notwehr vor. Aus normativen Gründen werden aber (seltene) Ausnahmen gemacht, die in zwei Richtungen vorkommen.

- Da sind einmal die Fälle, in denen **abgewogen** werden muss.

Extremes/Krasses Missverhältnis: Ein Dieb hat – erkennbar – ein völlig normales 10-Cent-Stück gestohlen. Er kann nicht anders (sonst schon keine Erforderlichkeit!) als durch einen Kopfschuss aufgehalten werden.

Das vollendete vorsätzliche Begehungsdelikt (Tun)

I. Tatbestandsmäßigkeit	II. Rechtswidrigkeit (indiziert)
1. Objektiver Tatbestand	Ausnahme: Rechtfertigungsgründe
a. Das Tatsubjekt	III. Schuld
b. Die Tathandlung	1. Schuldfähigkeit
c. Das Tatobjekt	2. Spezielle Schuldmerkmale
d. Der Taterfolg und die Verbindung von Handlung und Erfolg	3. Die persönliche Vorwerfbarkeit Unrechtsbewusstsein im weiten Sinne
2. Subjektiver Tatbestand	a. Schuldform: Vorsatz
a. Vorsatz (= Wissen und Wollen)	b. Unrechtsbewusstsein im engen Sinne
b. Sonstige subjektive Merkmale	4. Entschuldigungsgründe
3. Tatbestandsannexe	IV. Besonderheiten
4. Fälle des § 28 II	1. Strafausschließungs- und aufhebungsgründe
	2. Strafverfolgungshindernisse
	3. Regelbeispiele

Hier stehen zwei Interessen (Vermögen, bzw. Eigentum und Besitz auf der einen Seite / Leben auf der anderen Seite) einander gegenüber, zwischen denen ein extremes Missverhältnis besteht.

Bitte beachten: Das Missverhältnis muss *so richtig extrem* sein, weil grundsätzlich keine Abwägung getroffen wird (BGH v. 12.4.2016 – 2 StR 523/15, Rz. 21). Wir erinnern uns: Recht muss dem Unrecht nicht weichen. (John Wayne: Erst schießen, dann fragen.)

- Zum anderen gibt es (sonstige) Fälle, in denen die **Rechtsordnung** der **Bewährung** nicht bedarf:

1. Angriffe durch Kinder / Volltrunkene: Ein Kind / ein Volltrunkener greift einen Verteidiger an. Der Verteidiger könnte ohne Probleme ausweichen. Aber er denkt: „Recht muss Unrecht nicht weichen" und schlägt das Kind / den Volltrunkenen bewusstlos.

Unterstellt man, dass es hier abgesehen vom Ausweichen kein anderes Mittel (sonst schon keine Erforderlichkeit) gab, den Angriff zu beenden, fehlt es gleichwohl an der Gebotenheit. Da dies aber normativ festzustellen ist („Bewährung der Rechtsordnung nicht nötig"), kann man auch anderer Ansicht sein. Wertungen sind eben höchst subjektiv.

2. Notwehrmissbrauch durch Provokation: Eine Person provoziert eine andere Person so lange, bis diese einen Angriff startet. Die Provokation geschah mit der Absicht (alternativ: mit normalem Vorsatz), eine Notwehrlage herbeizuführen (alternativ (nur) leichtfertig), um den Angreifer dann (schwer) verletzen zu können.

Hier ist es nicht nur so, dass die Rechtsordnung der Bewährung nicht bedarf, sondern sogar so, dass die Rechtsordnung (teilweise) missbraucht wird. Eigentlich ist ja der „Angegriffene" durch die Provokation der Angreifer. Klar ist also schon einmal, dass sich der Provokateur nicht in gleichem Umfang auf den Schutz des § 32 berufen kann, wie ein „normal" Angegriffener.

I. Tatbestandsmäßigkeit
  1. Objektiver Tatbestand
     a. Das Tatsubjekt
     b. Die Tathandlung
     c. Das Tatobjekt
     d. Der Taterfolg und die Verbindung von Handlung und Erfolg
  2. Subjektiver Tatbestand
     a. Vorsatz (= Wissen und Wollen)
     b. Sonstige subjektive Merkmale
  3. Tatbestandsannexe
  4. Fälle des § 28 II

II. Rechtswidrigkeit (indiziert)
  Ausnahme: Rechtfertigungsgründe

III. Schuld
  1. Schuldfähigkeit
  2. Spezielle Schuldmerkmale
  3. Die persönliche Vorwerfbarkeit
     Unrechtsbewusstsein im weiten Sinne
     a. Schuldform: Vorsatz
     b. Unrechtsbewusstsein im engen Sinne
  4. Entschuldigungsgründe

IV. Besonderheiten
  1. Strafausschließungs- und aufhebungsgründe
  2. Strafverfolgungshindernisse
  3. Regelbeispiele

Andererseits kann der Provokateur nicht gezwungen sein, sich töten zu lassen, wenn der provozierte Angriff z.B. unter Benutzung einer Schusswaffe erfolgt. *Dann* kann eine Verteidigung durchaus nach § 32 gerechtfertigt sein.

Richtig wird es so sein: Der Provokateur darf sich verteidigen, und die Verteidigung muss – wie immer – das mildeste Mittel sein; bei der Gebotenheit wird man aber eine Abwägung vornehmen müssen, die auch mal dazu führen kann, dass der Provokateur einem Angriff ausweichen oder etwa (geringfügige) eigene Verletzungen in Kauf nehmen muss. Je „böser" der Provokateur war (Abstufung: Absicht > Vorsatz > Leichtfertigkeit), desto mehr muss er hinnehmen. Also: **Hinnehmen -> Ausweichen -> Schutzwehr -> Trutzwehr** (BGH v. 17.1.2019 – 4 StR 456/18, Rz. 6).

Handelt er anders, dann war sein Verhalten eben nicht durch § 32 gerechtfertigt.

g. Subjektiver (Rechtfertigungs-)Tatbestand

Der Täter muss mindestens die notwehrbegründenden Umstände (den Angriff und dessen Rechtswidrigkeit) **kennen**.

Ob er daneben **mit einem „reinen" Verteidigungswillen** handeln muss, ist strittig. Anders als § 34 (Notstand) formuliert § 32 nicht, dass der Täter eine Tat *„begeht, um (...) abzuwenden"* [= motivationsbezogen]. § 32 redet nur von jemandem, der eine Tat *„begeht, die* durch Notwehr *geboten ist"*.

Relevant wird das, wenn der Täter zur Verteidigung nicht nur (passive) **Schutzwehr** betreibt, sondern auch **Trutzwehr**, also einen aktiven (Gegen-)Angriff, mit dem weiteren Angriffen zuvorgekommen wird. Wird ein solcher Gegenangriff *ausschließlich* aus verteidigungsfremden Motiven betrieben („dem wollte ich es immer schon mal zeigen"), fehlt es am Verteidigungswillen.

Eine Strafbarkeit wegen eines vollendeten Deliktes scheitert in solchen Fällen aber dennoch an der (in objektiver Hinsicht bestehenden) Rechtmäßigkeit des Täterverhaltens, denn es lag ja objektiv Notwehr vor. Die dazu nicht ganz pas-

Das vollendete vorsätzliche Begehungsdelikt (Tun)

I. Tatbestandsmäßigkeit
1. Objektiver Tatbestand
   a. Das Tatsubjekt
   b. Die Tathandlung
   c. Das Tatobjekt
   d. Der Taterfolg und die Verbindung von Handlung und Erfolg
2. Subjektiver Tatbestand
   a. Vorsatz (= Wissen und Wollen)
   b. Sonstige subjektive Merkmale
3. Tatbestandsannexe
4. Fälle des § 28 II

II. Rechtswidrigkeit (indiziert)
Ausnahme: Rechtfertigungsgründe

III. Schuld
1. Schuldfähigkeit
2. Spezielle Schuldmerkmale
3. Die persönliche Vorwerfbarkeit
   Unrechtsbewusstsein im weiten Sinne
   a. Schuldform: Vorsatz
   b. Unrechtsbewusstsein im engen Sinne
4. Entschuldigungsgründe

IV. Besonderheiten
1. Strafausschließungs- und aufhebungsgründe
2. Strafverfolgungshindernisse
3. Regelbeispiele

---

senden subjektiven Vorstellungen des Täters werden uns später beim Versuch noch beschäftigen (beim Wahndelikt).

h. (Aufgedrängte) Nothilfe gegen den Willen des Angegriffenen?

Will der angegriffene Dritte keine (Not-)Hilfe, darf der „Nothelfer" sie nach wohl herrschender Meinung auch nicht aufdrängen (BGH v. 1.7.1986 – 4 StR 306/86). Nothilfe erfordert den **Verteidigungswillen des Angegriffenen** jedenfalls dann, wenn dieser berechtigt und fähig ist, über die verletzten Rechtsgüter zu verfügen (BGH v. 2.10.1953 – 3 StR 151/53, BGHSt 5, 245-252; Verfügungsbefugnis str.).

Aufbautechnisch könnte man das Fehlen eines „nothilfefähigen Angriffs" prüfen (ein tatbestandsauschließendes Einverständnis des angegriffenen Dritten erwägen oder eine rechtfertigende Einwilligung). Man könnte auch prüfen, ob Nothilfe „geboten" ist, wenn der angegriffene Dritte das gar nicht will. – Das passt aber nicht immer.

Bsp.: Mutter D wird von ihrem Sohn O körperlich schwerst misshandelt. Die mit der Androhung von Schusswaffengebrauch gemachte Aufforderung des Polizisten T, von D abzulassen, ignoriert O. D fleht T an, sie lieber sterben zu lassen, als O zu erschießen.

Wir sollten das Problem einer aufgedrängten Nothilfe daher am besten an einer Stelle diskutieren, bis zu der wir schon alle anderen Notwehr-/Nothilfeaspekte erörtert haben: am Ende der 32er-Prüfung.

5. Der rechtfertigende Notstand

Vorbemerkung: Dieser Notstand wird deshalb ausdrücklich als *rechtfertigender* gekennzeichnet, weil es auch noch einen *entschuldigenden* gibt (vgl. unten in der Schuld, ab S. 115).

Der rechtfertigende Notstand ist in mehreren Gesetzen normiert, und das auch noch mehrfach. So taucht er z.B. im StGB in § 34 und § 218a II und III, im BGB in den §§ 228 und 904 auf.

Deliktsform ①: Rechtswidrigkeit || 69

I. **Tatbestandsmäßigkeit**
  1. Objektiver Tatbestand
     a. Das Tatsubjekt
     b. Die Tathandlung
     c. Das Tatobjekt
     d. Der Taterfolg und die Verbindung von Handlung und Erfolg
  2. Subjektiver Tatbestand
     a. Vorsatz (= Wissen und Wollen)
     b. Sonstige subjektive Merkmale
  3. Tatbestandsannexe
  4. Fälle des § 28 II

II. **Rechtswidrigkeit** (indiziert)
  Ausnahme: Rechtfertigungsgründe
III. **Schuld**
  1. Schuldfähigkeit
  2. Spezielle Schuldmerkmale
  3. Die persönliche Vorwerfbarkeit Unrechtsbewusstsein im weiten Sinne
     a. Schuldform: Vorsatz
     b. Unrechtsbewusstsein im engen Sinne
  4. Entschuldigungsgründe
IV. **Besonderheiten**
  1. Strafausschließungs- und aufhebungsgründe
  2. Strafverfolgungshindernisse
  3. Regelbeispiele

Es gilt die allgemeine juristische Regel: Die Spezialnorm verdrängt die allgemeinere. Das bedeutet für Klausuren und Hausarbeiten:

  a. Zunächst **Spezialnormen** prüfen. Das wären hier die §§ 218a StGB und 228, 904 BGB. Erst wenn diese nicht einschlägig sind,
  b. Dann auf die **Allgemeinnorm § 34 StGB** zurückgreifen.

a. § 228 BGB (Defensivnotstand)

Dieser Notstand heißt deshalb Defensivnotstand, weil man sich durch die Einwirkung auf eine Sache verteidigt, von der die Gefahr droht. Aus Sicht dieser Sache ist das defensiv.

Bsp.: Der Hund des O greift T an. T erschießt den Hund.

Spezieller ist § 228 BGB gegenüber § 34 deshalb, weil er **nur Gefahren** erfasst, die **von einer Sache** ausgehen (= Teilmenge). § 34 erfasst **alle Gefahren**.

1. **Objektiver Tatbestand:**
   a. **Notstandslage** (= Notsituation), die besteht aus:
      aa. Gefahr *durch eine fremde Sache,*
      bb. drohende
      cc. für ein Rechtsgut
   b. **Notstandshandlung**, die besteht aus:
      aa. Beeinträchtigung (Beschädigung/Zerstörung)
      bb. *der gefährdenden fremden Sache*
      cc. Erforderlichkeit der Beeinträchtigung
   c. **Abwägung:**
      aa. Das geschützte Rechtsgut
      bb. ist nicht wesentlich weniger wert (konkreter Wert der Rechtsgüter / konkrete Art der Beeinträchtigungen)

70 || Das vollendete vorsätzliche Begehungsdelikt (Tun)

I. Tatbestandsmäßigkeit	II. Rechtswidrigkeit (indiziert)
1. Objektiver Tatbestand	Ausnahme: Rechtfertigungsgründe
a. Das Tatsubjekt	III. Schuld
b. Die Tathandlung	1. Schuldfähigkeit
c. Das Tatobjekt	2. Spezielle Schuldmerkmale
d. Der Taterfolg und die Verbindung von Handlung und Erfolg	3. Die persönliche Vorwerfbarkeit Unrechtsbewusstsein im weiten Sinne
2. Subjektiver Tatbestand	a. Schuldform: Vorsatz
a. Vorsatz (= Wissen und Wollen)	b. Unrechtsbewusstsein im engen Sinne
b. Sonstige subjektive Merkmale	4. Entschuldigungsgründe
3. Tatbestandsannexe	IV. Besonderheiten
4. Fälle des § 28 II	1. Strafausschließungs- und aufhebungsgründe
	2. Strafverfolgungshindernisse
	3. Regelbeispiele

cc. als die beschädigte/zerstörte Sache (Formulierung des BGB: Der Schaden steht „nicht außer Verhältnis zu der Gefahr".)

2. Subjektiver Tatbestand

Kenntnis von Lage/Handlung/Abwägung & Gefahrabwendungswille

Neu ist hier nur der Begriff der Gefahr.

Gefahr ist ein durch eine beliebige Ursache eingetretener **ungewöhnlicher Zustand**, in welchem nach den konkreten Umständen der Eintritt eines **Schadens wahrscheinlich** ist.

Weil Sachen häufig nicht so viel wert sind wie die von ihnen bedrohten Rechtsgüter (Leben etc.), ist § 228 BGB auch großzügiger, was die Abwägung betrifft.

- Während **§ 34** fordert, dass das geschützte Rechtsgut **erheblich mehr** wert sein muss als das beeinträchtigte,
- lässt **§ 228 BGB** es schon genügen, dass „der Schaden nicht außer Verhältnis zu der Gefahr" steht, dass mit anderen Worten das geschützte Rechtsgut **nicht erheblich weniger** wert ist.

Aber aufpassen: Es geht immer (nur) um die konkreten Ausprägungen. Man kann sich nicht etwa generell auf eine Gleichung der Art verlassen: „Menschlicher Körper ist höherwertiger als Sachen."

Bsp.: T führt seinen Hund im Park spazieren. Es handelt sich um einen von ihm speziell gezüchteten Kampfhund, der von Passanten ob seiner Größe gerne mit einem Pony verwechselt wird. Zur gleichen Zeit geht O mit seinem Hund im Park spazieren. Er hat einen speziell gezüchteten zahnlosen Hund, der gerne mit einem besonders kleinen Meerschweinchen verwechselt wird. Beide Hunde haben einen Wert von 2.000,- Euro.
Der Anblick des Kampfhundes erweckt im Kleinsthund archaische Gefühle. Ohne zu zögern, greift der Kleinsthund den T an. Bevor er sich aber zu seiner vollen imposanten Körpergröße von 15 cm aufrichten kann, befiehlt T seinem Kampf-

Deliktsform ①: Rechtswidrigkeit

I. **Tatbestandsmäßigkeit**
1. Objektiver Tatbestand
   a. Das Tatsubjekt
   b. Die Tathandlung
   c. Das Tatobjekt
   d. Der Taterfolg und die Verbindung von Handlung und Erfolg
2. Subjektiver Tatbestand
   a. Vorsatz (= Wissen und Wollen)
   b. Sonstige subjektive Merkmale
3. Tatbestandsannexe
4. Fälle des § 28 II

II. **Rechtswidrigkeit** (indiziert)
   Ausnahme: Rechtfertigungsgründe
III. **Schuld**
1. Schuldfähigkeit
2. Spezielle Schuldmerkmale
3. Die persönliche Vorwerfbarkeit Unrechtsbewusstsein im weiten Sinne
   a. Schuldform: Vorsatz
   b. Unrechtsbewusstsein im engen Sinne
4. Entschuldigungsgründe
IV. **Besonderheiten**
1. Strafausschließungs- und aufhebungsgründe
2. Strafverfolgungshindernisse
3. Regelbeispiele

---

hund die Verteidigung. Sekunden später findet sich der Kleinsthund im Verdauungstrakt des Kampfhundes wieder.

Hier ist deutlich, dass die dem Körper des T drohende Gefahr (der Kleinsthund hätte sich durch die Stiefel des T durchlecken können) bei weitem nicht den Schaden des O (verdauter 2.000,- Euro-Hund) rechtfertigt.

b. § 904 BGB (Aggressivnotstand)

Dieser Notstand heißt deshalb Aggressivnotstand, weil man sich durch die Einwirkung auf eine Sache verteidigt, von der keine Gefahr droht. Aus Sicht dieser Sache ist das aggressiv.

Spezieller ist **§ 904 BGB** gegenüber § 34 deshalb, weil er nur Handlungen erfasst, die sich **gegen Sachen** richten. **§ 34** erfasst **alle Abwehrhandlungen**.

Bsp.: Bei einem Autounfall läuft X mit brennenden Kleidern auf der Straße herum. T nimmt von der Wäscheleine der benachbarten O eine Decke und wickelt sie um X, um die Flammen zu ersticken. Die Decke wird dabei erheblich beschädigt.

Zum Aufbau:

1. **Objektiver Tatbestand:**
   a. Notstandslage (= **Notsituation**), die besteht aus:
      aa. Gefahr,
      bb. gegenwärtige
      cc. für ein Rechtsgut
   b. **Notstandshandlung**, die besteht aus:
      aa. Beeinträchtigung
      bb. einer *nicht die Gefahr hervorrufenden fremden Sache*
      cc. Erforderlichkeit der Beeinträchtigung

Das vollendete vorsätzliche Begehungsdelikt (Tun)

I. **Tatbestandsmäßigkeit**
1. Objektiver Tatbestand
   a. Das Tatsubjekt
   b. Die Tathandlung
   c. Das Tatobjekt
   d. Der Taterfolg und die Verbindung von Handlung und Erfolg
2. Subjektiver Tatbestand
   a. Vorsatz (= Wissen und Wollen)
   b. Sonstige subjektive Merkmale
3. Tatbestandsannexe
4. Fälle des § 28 II

II. **Rechtswidrigkeit** (indiziert)
Ausnahme: Rechtfertigungsgründe

III. **Schuld**
1. Schuldfähigkeit
2. Spezielle Schuldmerkmale
3. Die persönliche Vorwerfbarkeit Unrechtsbewusstsein im weiten Sinne
   a. Schuldform: Vorsatz
   b. Unrechtsbewusstsein im engen Sinne
4. Entschuldigungsgründe

IV. **Besonderheiten**
1. Strafausschließungs- und aufhebungsgründe
2. Strafverfolgungshindernisse
3. Regelbeispiele

---

c. **Abwägung:**
  aa. Das geschützte Rechtsgut
  bb. überwiegt wesentlich (konkreter Wert der Rechtsgüter / konkrete Art der Beeinträchtigungen; Formulierung des BGB: Der drohende Schaden (ist) „gegenüber dem aus der Einwirkung dem Eigentümer entstehenden Schaden unverhältnismäßig groß".)
  cc. das beeinträchtigte Rechtsgut

2. **Subjektiver Tatbestand**
Kenntnis von Lage/Handlung/Abwägung & Gefahrabwendungswille

Obwohl Sachen häufig nicht so viel wert sind wie die von ihnen bedrohten Rechtsgüter, ist § 904 BGB, was die Abwägung betrifft, nicht so großzügig wie § 228 BGB, sondern genauso anspruchsvoll wie § 34.

Das hat seinen Grund darin, dass hier auf eine Sache zugegriffen wird, die mit der Gefährdung des geschützten Interesses eigentlich gar nichts zu tun hat.

Aber genau wie bei § 228 kommt es auch hier wieder auf die konkreten Ausprägungen an:

Bsp.: T hat sich auf einer Bergwanderung sehr erhitzt. Er schwitzt. Er beginnt sich um seine Gesundheit zu sorgen; es droht ein Schnupfen. Da kommt er zufällig an der noblen Berg-Villa des O vorbei. Er beschließt, vorübergehend Unterschlupf zu nehmen, und bricht dazu ein Fenster auf. Es entgeht ihm dabei, dass es sich um eine spezielle Künstler-Bleiverglasung handelt, deren Wert bei etwa 25.000,- Euro liegt.

Ein Schnupfen wird die Zerstörung eines 25.000-Euro-Fensters nicht rechtfertigen können. Eine Bronchitis wohl auch nicht. Drohende Lungenentzündungen oder Erfrierungen können das Gewicht dann zur Rechtfertigung hin verschieben.

Deliktsform ①: Rechtswidrigkeit || 73

I. Tatbestandsmäßigkeit
1. Objektiver Tatbestand
   a. Das Tatsubjekt
   b. Die Tathandlung
   c. Das Tatobjekt
   d. Der Taterfolg und die Verbindung von Handlung und Erfolg
2. Subjektiver Tatbestand
   a. Vorsatz (= Wissen und Wollen)
   b. Sonstige subjektive Merkmale
3. Tatbestandsannexe
4. Fälle des § 28 II

II. Rechtswidrigkeit (indiziert)
   Ausnahme: Rechtfertigungsgründe
III. Schuld
1. Schuldfähigkeit
2. Spezielle Schuldmerkmale
3. Die persönliche Vorwerfbarkeit Unrechtsbewusstsein im weiten Sinne
   a. Schuldform: Vorsatz
   b. Unrechtsbewusstsein im engen Sinne
4. Entschuldigungsgründe
IV. Besonderheiten
1. Strafausschließungs- und aufhebungsgründe
2. Strafverfolgungshindernisse
3. Regelbeispiele

c. § 34 („normaler" Notstand)

Viel zu erläutern ist für den „normalen" Notstand nicht mehr. Gefahren im Zusammenhang mit Sachen sind von §§ 228, 904 BGB abgedeckt, Beeinträchtigungen von Sachen ebenfalls. Für § 34 bleibt deshalb nur die Beeinträchtigung anderer Rechtsgüter als Sachen.

Bsp.: T wird von X mit einem Messer angegriffen. T kann sich nur dadurch wehren, dass er mit einem Stuhl nach X wirft, diesen trifft und verletzt. Dabei fällt der ebenfalls anwesende O durch ein Ausweichmanöver in den nahegelegenen eiskalten Bach und zieht sich eine Erkältung zu. Das hatte T als sichere Folge seines Handelns vorausgesehen.

Geprüft werden kann der Notstand hier nur im Verhältnis T/O.
Im Verhältnis T/X liegt bei einem §§ 223 I, 224 I Nr. 2 (Werkzeug) durch X eine *Notwehr* des T gemäß § 32 vor. So eine Notwehr gegen O scheidet aber aus: Notwehr darf sich immer nur gegen die Rechtsgüter des Angreifers richten. O war aber kein Angreifer, sondern am Angriff unbeteiligter Dritter.

Zum Aufbau:

1. **Objektiver Tatbestand:**
   a. Notstandslage (= **Notsituation**), die besteht aus:
      aa. Gefahr,
      bb. gegenwärtige
      cc. für ein Rechtsgut
   b. **Notstandshandlung**, die besteht aus:
      aa. Beeinträchtigung
      bb. eines anderen Rechtsgutes
      cc. Erforderlichkeit der Beeinträchtigung
   c. **Abwägung**:

74 | Das vollendete vorsätzliche Begehungsdelikt (Tun)

I. Tatbestandsmäßigkeit	II. Rechtswidrigkeit (indiziert)
1. Objektiver Tatbestand	Ausnahme: Rechtfertigungsgründe
a. Das Tatsubjekt	III. Schuld
b. Die Tathandlung	1. Schuldfähigkeit
c. Das Tatobjekt	2. Spezielle Schuldmerkmale
d. Der Taterfolg und die Verbindung von Handlung und Erfolg	3. Die persönliche Vorwerfbarkeit Unrechtsbewusstsein im weiten Sinne
2. Subjektiver Tatbestand	a. Schuldform: Vorsatz
a. Vorsatz (= Wissen und Wollen)	b. Unrechtsbewusstsein im engen Sinne
b. Sonstige subjektive Merkmale	4. Entschuldigungsgründe
3. Tatbestandsannexe	IV. Besonderheiten
4. Fälle des § 28 II	1. Strafausschließungs- und aufhebungsgründe
	2. Strafverfolgungshindernisse
	3. Regelbeispiele

    aa. Das geschützte Rechtsgut

    bb. überwiegt wesentlich (konkreter Wert der Rechtsgüter / konkrete Art der Beeinträchtigungen)

    cc. das beeinträchtigte Rechtsgut

2. Subjektiver Tatbestand

Kenntnis von Lage/Handlung/Abwägung & Gefahrabwendungswille

6. Die rechtfertigende Einwilligung

a. Abgrenzung zu den „Notgründen": statt 1 + 1 = 2 nur: 1 − 1 = 0

In den Fällen von Notwehr und Notstand ist *ein (1)* Interesse in Gefahr *und* die Gefahr wird auf Kosten *eines anderen* (+1) Interesses beseitigt. Das Charakteristikum besteht also im Vorliegen einer **Konfliktsituation** zwischen *zwei* (=2) Interessen.

Anders dagegen die Fälle der Einwilligung: Bei der Einwilligung geht es nur um *ein (1)* Interesse, das preisgegeben wird (−1). Durch diese **Preisgabe** besteht für die Rechtsordnung keine Veranlassung mehr (= 0), dieses Interesse zu schützen.

Das führt in der neueren Literatur zu der richtigen Auffassung, eigentlich sei die Einwilligung keine Frage von Rechtfertigung, sondern von Tatbestandsausschluss.

Für die Preisgabe des geschützten Interesses bei Tatbeständen, die ausdrücklich einen „Widerwillen" haben wollen (z.B. § 248b), ist der Prüfungsstandort Tatbestand auch völlig unstreitig (die Preisgabe läuft dann unter der Bezeichnung **Einverständnis** – dazu gleich mehr).

Anders soll es aber bei Tatbeständen sein, deren Tatbestandsformulierung keinen „Widerwillen" enthält: die Sachbeschädigung etwa, § 303. Dort soll die Preisgabe des Interesses erst die Rechtswidrigkeit ausschließen. Das ist in der Sache nicht überzeugend.

Nachdem eine falsche Meinung aber bekanntlich nicht deshalb ausstirbt, weil sie als falsch erkannt wird, sondern weil ihre Vertreter sterben, wollen wir nach-

Deliktsform ①: Rechtswidrigkeit || 75

I. **Tatbestandsmäßigkeit**
  1. Objektiver Tatbestand
     a. Das Tatsubjekt
     b. Die Tathandlung
     c. Das Tatobjekt
     d. Der Tatererfolg und die Verbindung von Handlung und Erfolg
  2. Subjektiver Tatbestand
     a. Vorsatz (= Wissen und Wollen)
     b. Sonstige subjektive Merkmale
  3. Tatbestandsannexe
  4. Fälle des § 28 II

II. **Rechtswidrigkeit** (indiziert)
   Ausnahme: Rechtfertigungsgründe
III. **Schuld**
  1. Schuldfähigkeit
  2. Spezielle Schuldmerkmale
  3. Die persönliche Vorwerfbarkeit Unrechtsbewusstsein im weiten Sinne
     a. Schuldform: Vorsatz
     b. Unrechtsbewusstsein im engen Sinne
  4. Entschuldigungsgründe
IV. **Besonderheiten**
  1. Strafausschließungs- und aufhebungsgründe
  2. Strafverfolgungshindernisse
  3. Regelbeispiele

---

folgend von der (noch) herrschenden Meinung ausgehen und einen Unterschied zwischen Einverständnis und Einwilligung annehmen.

Prüfungstechnisch muss die Alternativauffassung im Übrigen bereits im Tatbestand dargelegt werden, und zwar an der Stelle, an der man diskutiert, ob (z.B.) ein Erfolg im Sinne der Strafnorm vorliegt (wenn der Eigentümer einer Sache von einem Dritten die Vernichtung einer Sache einfordert, müsste man fragen, ob dies eine i.S. des § 303 tatbestandsmäßige *Zerstörung* ist).

b. Die (ausdrückliche) Einwilligung

Abzugrenzen ist die **Einwilligung** also vom **Einverständnis**.

Das Einverständnis schließt nicht erst die Rechtswidrigkeit aus, sondern lässt bereits den Tatbestand (obj.) entfallen.

Bsp.: „Wegnahme" bei § 242, „gegen den Willen" bei § 248b: Liegt hierbei jeweils Einverständnis vor, fehlt es zum einen an der Wegnahme, es wurde ja kein Gewahrsam *gebrochen* (bei § 242). Zum anderen ist eben nicht „gegen den Willen" gehandelt worden (bei § 248b).

Demgegenüber setzt die Einwilligung gerade voraus, dass der objektive Tatbestand vorliegt. Erst danach besteht ja die Notwendigkeit zu fragen, ob die **Regelwirkung** der Tatbestandserfüllung durch die **Ausnahmewirkung** einer Einwilligung neutralisiert wird.

Der Aufbau:

1. **Objektiver (Einwilligungs-)Tatbestand**
   a. Einwilligungs**fähigkeit** (fehlt bei 2-jährigen etc., dort ist aber grundsätzlich Stellvertretung z.B. durch die Eltern möglich).
   b. (Alleinige) **Verfügbarkeit** über das Einwilligungsgut. (Ich gebe den Auftrag, den Reichstag abzureißen).

76 | Das vollendete vorsätzliche Begehungsdelikt (Tun)

I. **Tatbestandsmäßigkeit**
1. Objektiver Tatbestand
   a. Das Tatsubjekt
   b. Die Tathandlung
   c. Das Tatobjekt
   d. Der Taterfolg und die Verbindung von Handlung und Erfolg
2. Subjektiver Tatbestand
   a. Vorsatz (= Wissen und Wollen)
   b. Sonstige subjektive Merkmale
3. Tatbestandsannexe
4. Fälle des § 28 II

II. **Rechtswidrigkeit** (indiziert)
   Ausnahme: Rechtfertigungsgründe
III. **Schuld**
1. Schuldfähigkeit
2. Spezielle Schuldmerkmale
3. Die persönliche Vorwerfbarkeit
   Unrechtsbewusstsein im weiten Sinne
   a. Schuldform: Vorsatz
   b. Unrechtsbewusstsein im engen Sinne
4. Entschuldigungsgründe
IV. **Besonderheiten**
1. Strafausschließungs- und aufhebungsgründe
2. Strafverfolgungshindernisse
3. Regelbeispiele

---

c. **Keine Sittenwidrigkeit** *der Tat,* in die eingewilligt werden soll. (Merke: Entscheidend ist nicht die Sittenwidrigkeit *der Einwilligung*, sondern die Sittenwidrigkeit der Tat!)

d. **Kundgabe** der Einwilligung (bloße innere Übereinstimmung genügt nicht, es genügt aber, dass sie *in irgendeiner Weise nach außen getreten* ist, Kenntnis des Täters ist nicht nötig).

e. Die Einwilligung muss **vor der Tat** erteilt worden sein.

f. Sie muss **frei** von Täuschung, Irrtum, Drohung & Zwang erteilt worden sein.

2. **Subjektiver (Einwilligungs-)Tatbestand**
   Kenntnis der Umstände des objektiven Einwilligungs-Tatbestandes

Typische Einwilligungsfälle gibt es bei den Sachbeschädigungsdelikten ...

Bsp. 1 (Sachbeschädigung): Eigentümer O willigt in die Zerstörung einer Sache durch einen anderen ein (Abbruch eines Hauses durch Abbruchunternehmer T).

Dies ist nach h.M. eine tb-mäßige (obj. & subj.) Sachbeschädigung, § 303. Da der Eigentümer (in den Grenzen der Sozialbindung des Eigentums, Art. 14 II GG) mit der Sache aber machen darf, was er will, darf er sie grundsätzlich auch zerstören (lassen).

... und bei den Körperverletzungsdelikten. Dort hat die Rechtsprechung umfangreich mit der Problematik des ärztlichen Heileingriffes zu tun gehabt.

Bsp. 2 (Heileingriff): Patient O willigt ein in die operative Entfernung seines Blinddarmes durch T (Arzt).

Dies ist nach h.M. eine (objektiv und subjektiv) tatbestandsmäßige gefährliche Körperverletzung, §§ 223 I, 224 I Nr. 2 (Skalpell als gefährliches Werkzeug). Da man mit seinem Körper aber *grundsätzlich* machen kann, was man will, kann man ihn auch operieren lassen.

I. Tatbestandsmäßigkeit
1. Objektiver Tatbestand
   a. Das Tatsubjekt
   b. Die Tathandlung
   c. Das Tatobjekt
   d. Der Taterfolg und die Verbindung von Handlung und Erfolg
2. Subjektiver Tatbestand
   a. Vorsatz (= Wissen und Wollen)
   b. Sonstige subjektive Merkmale
3. Tatbestandsannexe
4. Fälle des § 28 II
	II. Rechtswidrigkeit (indiziert)
	   Ausnahme: Rechtfertigungsgründe
	III. Schuld
	1. Schuldfähigkeit
	2. Spezielle Schuldmerkmale
	3. Die persönliche Vorwerfbarkeit Unrechtsbewusstsein im weiten Sinne
	   a. Schuldform: Vorsatz
	   b. Unrechtsbewusstsein im engen Sinne
	4. Entschuldigungsgründe
	IV. Besonderheiten
	1. Strafausschließungs- und aufhebungsgründe
	2. Strafverfolgungshindernisse
	3. Regelbeispiele

c. Die mutmaßliche Einwilligung

Die bis hierhin besprochene Einwilligung war die sog. ausdrückliche, also die, die man vom Inhaber des Rechtsgutes einholt. Das ist aber nicht immer möglich. Manchmal ist ein Opfer z.B. nach einem Unfall bewusstlos. Für diese Fälle kann man immer noch versuchen, über eine sog. **mutmaßliche Einwilligung** die Rechtsverletzung zu rechtfertigen. Notwendig hierfür ist lediglich, dass

1. Objektiv

a. der Einwilligungsfähige, bzw. sein Vertreter, **nicht in der Lage ist,** die Einwilligung abzugeben;

b. es sich um eine **einwilligungsfähige Tatbestandserfüllung** handelt (Verfügbarkeit des Rechtsgutes);

c. die Tat **nicht sittenwidrig** ist und

d. die Rechtsgutverletzung **dem mutmaßlichen Willen** des Rechtsgutträgers entspricht.

e. Entscheidender Zeitpunkt für all dies ist der **Zeitpunkt**, in dem die Rechtsgutverletzung vorgenommen wurde. Unerheblich ist, ob davor eine ausdrückliche Einwilligung hätte herbeigeführt werden können.

2. Subjektiv

muss der Handelnde im Bewusstsein dieser objektiven Merkmale handeln.

7. Fazit zur Rechtswidrigkeit

Damit haben wir die wesentlichen Merkmale der Rechtswidrigkeit besprochen. Liegt bis hier alles vor (sind alle Verbots-, aber keine Rechtfertigungsvoraussetzungen gegeben), ist vollendetes **Unrecht** begangen worden.

Wichtig ist dies vor allem für die verschiedenen Teilnahmeformen Anstiftung und Beihilfe. Dort wird jeder Beteiligte persönlich angesehen, so dass es für die Anstiftung bspw. genügt, dass eine tatbestandsmäßige, rechtswidrige Haupttat,

Das vollendete vorsätzliche Begehungsdelikt (Tun)

I. **Tatbestandsmäßigkeit**
1. Objektiver Tatbestand
   a. Das Tatsubjekt
   b. Die Tathandlung
   c. Das Tatobjekt
   d. Der Taterfolg und die Verbindung von Handlung und Erfolg
2. Subjektiver Tatbestand
   a. Vorsatz (= Wissen und Wollen)
   b. Sonstige subjektive Merkmale
3. Tatbestandsannexe
4. Fälle des § 28 II

II. **Rechtswidrigkeit** (indiziert)
Ausnahme: Rechtfertigungsgründe
III. **Schuld**
1. Schuldfähigkeit
2. Spezielle Schuldmerkmale
3. Die persönliche Vorwerfbarkeit Unrechtsbewusstsein im weiten Sinne
   a. Schuldform: Vorsatz
   b. Unrechtsbewusstsein im engen Sinne
4. Entschuldigungsgründe
IV. **Besonderheiten**
1. Strafausschließungs- und aufhebungsgründe
2. Strafverfolgungshindernisse
3. Regelbeispiele

---

dass also Unrecht vorliegt. Die *Schuld des Täters* ist für die Anstiftung/Beihilfe egal, dort zählt nur die *Schuld des Anstifters/Gehilfen*. Einzelheiten hierzu im 3. Teil dieses Skriptes (ab Seite 262).

III. Schuld
Wir erinnern uns: Wenn mit Tatbestand und Rechtswidrigkeit ein Urteil *über die Tat* gefällt wird (**man** darf so etwas nicht tun), dann geht es in der Schuld um das **Urteil über den Täter** (**Du,** Täter, darfst das nicht tun!).

Wir werden also im Folgenden sehr persönlich werden müssen. Das unterscheidet die Schuld des StGB im Übrigen in aller Regel von der des BGB. Dort geht es in der Schuld (z.B. bei § 823 I BGB) immer nur um die *im Verkehr erforderliche* (= objektive) Sorgfalt, § 276 BGB. Und es interessiert überhaupt keinen, ob man im konkreten Fall den letzten Depp oder den absoluten Überflieger vor sich hat. (Die Ausnahme, auf die § 277 BGB verweist, sei nur kurz benannt.)

1. Die Schuldfähigkeit
Vorbemerkung: Fehlt die Schuldfähigkeit, entsteht gar keine Schuld, sie ist ausgeschlossen. Gründe, die die Schuldfähigkeit entfallen lassen, heißen daher Schuld**ausschließung**sgründe.

a. Schuldausschließungsgründe
Die wichtigsten Gründe sind:
a. Alter, § 19
b. Störungen von Einsichts- und Steuerungsfähigkeit, § 20

Aufgepasst: § 21 ist kein Schuldausschließungsgrund!

Altersprobleme gibt es in Klausuren eigentlich nie. Entweder ist der Täter alt genug oder nicht. (In der Praxis ist das natürlich etwas anders. Insbesondere bei ausländischen Kindern, die nicht in unseren Personenregistern auftauchen, lässt sich das Alter oft schwer bestimmen.)

Deliktsform ①: Schuldfähigkeit || 79

I. **Tatbestandsmäßigkeit**
1. Objektiver Tatbestand
   a. Das Tatsubjekt
   b. Die Tathandlung
   c. Das Tatobjekt
   d. Der Taterfolg und die Verbindung von Handlung und Erfolg
2. Subjektiver Tatbestand
   a. Vorsatz (= Wissen und Wollen)
   b. Sonstige subjektive Merkmale
3. Tatbestandsannexe
4. Fälle des § 28 II

II. **Rechtswidrigkeit** (indiziert)
   Ausnahme: Rechtfertigungsgründe
III. **Schuld**
1. Schuldfähigkeit
2. Spezielle Schuldmerkmale
3. Die persönliche Vorwerfbarkeit
   Unrechtsbewusstsein im weiten Sinne
   a. Schuldform: Vorsatz
   b. Unrechtsbewusstsein im engen Sinne
4. Entschuldigungsgründe
IV. **Besonderheiten**
1. Strafausschließungs- und aufhebungsgründe
2. Strafverfolgungshindernisse
3. Regelbeispiele

Bei **Störungen der Einsichts- und Steuerungsfähigkeit** taucht dagegen immer wieder ein **Standardproblem** auf: Der Täter versetzt sich durch Alkohol oder sonstige Drogen in einen Zustand tiefgreifender Bewusstseinsstörung, vgl. § 20, ist also schuldunfähig. In diesem Zustand begeht er eine Straftat. Er kann jetzt deshalb nicht wegen dieser Straftat bestraft werden, weil er schuldunfähig ist.

Er kann aber anders bestraft werden: nach **§ 323a** nämlich. Diese Vorschrift muss automatisch fallen, wenn es um rauschbedingte Schuldunfähigkeit geht. Die Strafandrohung dort geht bis zu 5 Jahre Freiheitsstrafe.

Dem Täter vorgeworfen wird damit übrigens (nur) das **Herbeiführen der Lage**. Dass zusätzlich noch eine rechtswidrige Tat stattgefunden haben muss, ist dabei (str., aber herrschend: BGH v. 20.12.2016 – 3 StR 63/15, Rz. 40) – nur – eine objektive Bedingung der Strafbarkeit. Vgl. hierzu auch die Ausführungen zu den Tatbestandsannexen, oben auf S. 56. Das **Unrecht** liegt hier also **im Betrinken**.

Dieses Ergebnis ist aber dann unbefriedigend, wenn der Täter sich *gerade deshalb* (= vorsätzlich) betrunken hat, *weil* er in diesem Zustand eine Straftat begehen wollte (eher selten), oder wenn der Täter es zumindest *vermuten* (= fahrlässig) *konnte, dass* er in diesem Zustand eine Straftat begehen werde.

Unterstellt, der Täter beginge dann einen Mord, § 211, käme er mit § 323a erheblich besser weg: maximal 5 Jahre gegenüber lebenslänglich.

Diese missliche Situation hat dazu geführt, dass man schon seit langem mit einem Trick versucht, den Täter doch noch „angemessen" zu bestrafen. Zuerst der Trick, dann die **jüngere Rechtsprechung des BGH**, nach der das nur noch begrenzt möglich ist (ab S. 96).

|| Das vollendete vorsätzliche Begehungsdelikt (Tun)

I. **Tatbestandsmäßigkeit**
1. Objektiver Tatbestand
   a. Das Tatsubjekt
   b. Die Tathandlung
   c. Das Tatobjekt
   d. Der Taterfolg und die Verbindung von Handlung und Erfolg
2. Subjektiver Tatbestand
   a. Vorsatz (= Wissen und Wollen)
   b. Sonstige subjektive Merkmale
3. Tatbestandsannexe
4. Fälle des § 28 II

II. **Rechtswidrigkeit** (indiziert)
Ausnahme: Rechtfertigungsgründe
III. **Schuld**
1. Schuldfähigkeit
2. Spezielle Schuldmerkmale
3. Die persönliche Vorwerfbarkeit Unrechtsbewusstsein im weiten Sinne
   a. Schuldform: Vorsatz
   b. Unrechtsbewusstsein im engen Sinne
4. Entschuldigungsgründe
IV. **Besonderheiten**
1. Strafausschließungs- und aufhebungsgründe
2. Strafverfolgungshindernisse
3. Regelbeispiele

Man unterscheidet zwischen zwei Handlungen:
- dem **Betrinken**, auch Berauschung genannt (z.B. um 20:00 in der Kneipe) und
- der **Rauschtat** (z.B. Mord um 22:00 im Wald).

Wenn nun bereits das Berauschen unter dem Gesichtspunkt stattfindet, dass eine Straftat, z.B. ein Mord, geschehen soll oder kann, stellt man bei der Beurteilung der Strafbarkeit nicht mehr auf die Straftat als solche – um 22:00 – ab (bei ihr ist der Täter ja schuldunfähig), sondern erweitert oder verlagert die Betrachtung auf die Berauschung – um 20:00.
Die Berauschung ist dann die letzte Handlung, die der Täter schuldfähig vorgenommen hat, sie ist das Letzte, was der Täter frei vom Rausch getan hatte.
Aus diesem Grund nennt man die Berauschungshandlung auch „**actio libera in causa**" (actio = Handlung, libera = frei, in causa = als Ursache, zusammen: freie ursächliche Handlung). Abgekürzt heißt das Ganze „a.l.i.c."

Ist man aber soweit, dass man auf diese letzte freie Handlung vor der „eigentlichen" Tathandlung abstellt, sind alle Probleme vom Tisch. Bei der Vornahme *dieser* Handlung ist der Täter ja noch schuldfähig. Im oben angeführten Beispiel (Mord) ist der Täter dann ganz glatt nach § 211 zu bestrafen. Bestraft wird der Täter hier also *nicht nur* wegen der Herbeiführung der Rauschlage, sondern *auch* wegen der anschließenden Tat. Unrecht ist hier also beides (die Kombination).
Die actio libera in causa damit also dazu, die Schuldfähigkeit durch eine (zeitliche) Hintertür wieder hereinzuheben.

Mögliche Aufbaukonsequenz: Wenn das so ist, könnte man jetzt sagen, dann kann man die Prüfung des betrachteten Deliktes (z.B. Mord) doch an der Stelle fortsetzen, an der man sich gerade befindet: bei der Schuldfähigkeit nämlich. Also: In die Schuldfähigkeit rein, § 20 kurz antäuschen, grundsätzlich bejahen, dann mit der a.l.i.c. und ihren Grundsätzen triumphierend weitermachen, d.h. § 20 *ausnahmsweise* „doch nicht" bejahen oder das Verständnis der Tat so weit

Deliktsform ①: Schuldfähigkeit

I. **Tatbestandsmäßigkeit**
 1. Objektiver Tatbestand
    a. Das Tatsubjekt
    b. Die Tathandlung
    c. Das Tatobjekt
    d. Der Taterfolg und die Verbindung von Handlung und Erfolg
 2. Subjektiver Tatbestand
    a. Vorsatz (= Wissen und Wollen)
    b. Sonstige subjektive Merkmale
 3. Tatbestandsannexe
 4. Fälle des § 28 II

II. **Rechtswidrigkeit** (indiziert)
 Ausnahme: Rechtfertigungsgründe

III. **Schuld**
 1. **Schuldfähigkeit**
 2. Spezielle Schuldmerkmale
 3. Die persönliche Vorwerfbarkeit Unrechtsbewusstsein im weiten Sinne
    a. Schuldform: Vorsatz
    b. Unrechtsbewusstsein im engen Sinne
 4. Entschuldigungsgründe

IV. **Besonderheiten**
 1. Strafausschließungs- und aufhebungsgründe
 2. Strafverfolgungshindernisse
 3. Regelbeispiele

ausdehnen, dass damit auch ein Handlungsteil drin ist, bei dem Schuldfähigkeit bestand. Insgesamt bliebe es dann bei einer **(1) Prüfung** eines (1) Deliktes.

Man könnte technisch tatsächlich so vorgehen (machen auch einige: **Ausnahmelösung / Ausdehnungsmodell**). Ist aber nicht die herrschende Meinung. Der dogmatische Ansatz, wie man reinhebelt, ist nämlich umstritten, und wohl herrschend ist eine Lösung, die *am Tatbestand* ansetzt (**Tatbestandslösung**).

- Man betrachtet einfach die **Berauschung** als *eine* (weitere) mögliche und ursächliche **Handlung** (so wie sonst z.B. die Abgabe eines Schusses) **die für den** jeweiligen Unrecht**serfolg (Tatbestandsvorverlagerung).**
- Einige setzen noch eins drauf und verstehen den (nachher) betrunkenen und damit schuldunfähigen Täter gleichsam als das Werkzeug des (vorher) nüchternen und damit schuldfähigen Täters. Aus dieser Sicht liegt ein **Spezialfall der mittelbaren Täterschaft** vor.
- Indem der nüchterne Täter (als Hintermann) den betrunkenen Täter (*sich selbst* als Werkzeug) in Richtung auf die Tat abschickte, hat er (tatbestandlich) alles getan, was er für die Verwirklichung des Tatbestandes tun muss (zur mittelbaren Täterschaft im 3. Teil, ab Seite 245).

Aufbau nach herrschender Meinung: Diese Lösung geht also über **zwei Prüfungen**. Erst in die (spätere) *Rauschtat* rein, dort über § 20 wieder raus. Dann in die (frühere) *Berauschung* rein und bis zum Ende durch.

82 || Das vollendete vorsätzliche Begehungsdelikt (Tun)

I. Tatbestandsmäßigkeit
1. Objektiver Tatbestand
   a. Das Tatsubjekt
   b. Die Tathandlung
   c. Das Tatobjekt
   d. Der Taterfolg und die Verbindung von Handlung und Erfolg
2. Subjektiver Tatbestand
   a. Vorsatz (= Wissen und Wollen)
   b. Sonstige subjektive Merkmale
3. Tatbestandsannexe
4. Fälle des § 28 II

II. Rechtswidrigkeit (indiziert)
Ausnahme: Rechtfertigungsgründe

III. Schuld
1. Schuldfähigkeit
2. Spezielle Schuldmerkmale
3. Die persönliche Vorwerfbarkeit Unrechtsbewusstsein im weiten Sinne
   a. Schuldform: Vorsatz
   b. Unrechtsbewusstsein im engen Sinne
4. Entschuldigungsgründe

IV. Besonderheiten
1. Strafausschließungs- und aufhebungsgründe
2. Strafverfolgungshindernisse
3. Regelbeispiele

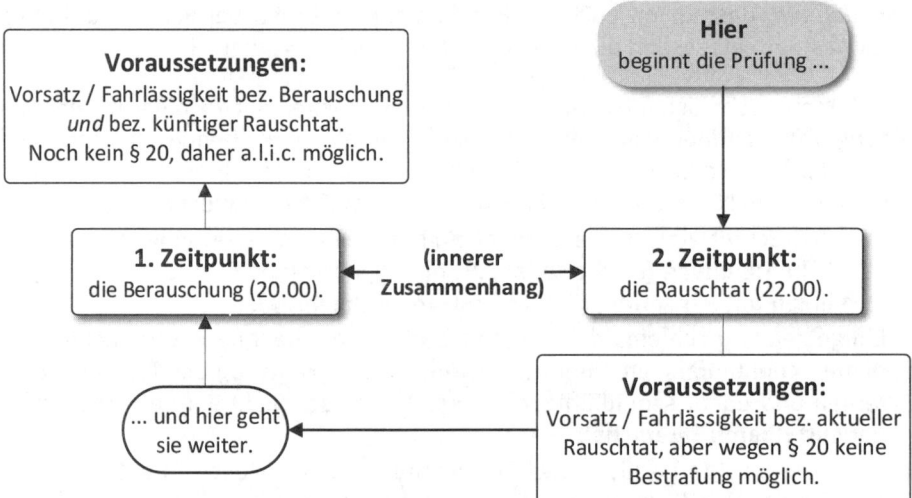

Die Unterscheidung zwischen Berauschung und Rauschtat ermöglicht eine differenzierte Betrachtungsweise. **Drei grundsätzliche Möglichkeiten** gibt es: Entweder liegt Vorsatz vor oder Fahrlässigkeit oder gar nichts von beiden. Diese drei grundsätzlichen Möglichkeiten können nun jeweils

a. bezüglich der Berauschung (um 20:00 Uhr in der Kneipe) und

b. bezüglich der Rauschtat (im Zeitpunkt der Berauschung, um 20:00 Uhr in der Kneipe) und

c. bezüglich der Rauschtat im Zeitpunkt der Rauschtat (um 22:00 im Wald) vorliegen. Da man bei der Prüfung der Rauschtat aber erst in der Schuld aussteigt, liegt hier *immer entweder Vorsatz oder mindestens Fahrlässigkeit* vor. Ist es weniger, kommt man gar nicht bis zur Schuldfähigkeit.

Deliktsform ①: Schuldfähigkeit || 83

I. **Tatbestandsmäßigkeit**
   1. Objektiver Tatbestand
      a. Das Tatsubjekt
      b. Die Tathandlung
      c. Das Tatobjekt
      d. Der Taterfolg und die Verbindung von Handlung und Erfolg
   2. Subjektiver Tatbestand
      a. Vorsatz (= Wissen und Wollen)
      b. Sonstige subjektive Merkmale
   3. Tatbestandsannexe
   4. Fälle des § 28 II

II. **Rechtswidrigkeit** (indiziert)
   Ausnahme: Rechtfertigungsgründe

III. **Schuld**
   1. **Schuldfähigkeit**
   2. Spezielle Schuldmerkmale
   3. Die persönliche Vorwerfbarkeit Unrechtsbewusstsein im weiten Sinne
      a. Schuldform: Vorsatz
      b. Unrechtsbewusstsein im engen Sinne
   4. Entschuldigungsgründe

IV. **Besonderheiten**
   1. Strafausschließungs- und aufhebungsgründe
   2. Strafverfolgungshindernisse
   3. Regelbeispiele

Um es noch einmal ganz deutlich zu sagen: Die Unterscheidung der verschiedenen Zeitpunkte ist sehr wichtig. Man kann als **ersten Zeitpunkt** die Berauschung sehen und als **zweiten Zeitpunkt** die eigentliche Rauschtat.

Wenn im Schema gleich von Vorsatz und Fahrlässigkeit die Rede ist, dann ist damit *immer der Zeitpunkt der Berauschung* (um 20:00 Uhr in der Kneipe) gemeint. Und das gilt auch für Vorsatz und Fahrlässigkeit bezüglich der Rauschtat. Es ist *nicht der Zeitpunkt der Rauschtat* (um 22:00 Uhr im Wald) gemeint.

   Das bedeutet, dass ich *in dem Augenblick*, in dem der Täter die Flasche an den Mund setzt, frage: Hat er **jetzt** den Vorsatz / handelt er **jetzt** fahrlässig hinsichtlich einer *späteren* Straftat?

   Wie er anschließend die **spätere** Rauschtat vollbringt (ob vorsätzlich oder fahrlässig), ist dann egal (soweit es das Delikt, die Rauschtat, überhaupt fahrlässig gibt).

Um das deutlich zu machen, habe ich bei den Beispielen jeweils beide Möglichkeiten für die Begehung der Rauschtat (22:00 Uhr im Wald) aufgenommen. Im Übrigen weiche ich dann bei den Beispielen von meiner Kneipen-Wald-Konstellation ab.

84 || Das vollendete vorsätzliche Begehungsdelikt (Tun)

I. **Tatbestandsmäßigkeit**
 1. Objektiver Tatbestand
    a. Das Tatsubjekt
    b. Die Tathandlung
    c. Das Tatobjekt
    d. Der Taterfolg und die Verbindung von Handlung und Erfolg
 2. Subjektiver Tatbestand
    a. Vorsatz (= Wissen und Wollen)
    b. Sonstige subjektive Merkmale
 3. Tatbestandsannexe
 4. Fälle des § 28 II

II. **Rechtswidrigkeit** (indiziert)
 Ausnahme: Rechtfertigungsgründe

III. **Schuld**
 1. Schuldfähigkeit
 2. Spezielle Schuldmerkmale
 3. Die persönliche Vorwerfbarkeit
    Unrechtsbewusstsein im weiten Sinne
    a. Schuldform: Vorsatz
    b. Unrechtsbewusstsein im engen Sinne
 4. Entschuldigungsgründe

IV. **Besonderheiten**
 1. Strafausschließungs- und aufhebungsgründe
 2. Strafverfolgungshindernisse
 3. Regelbeispiele

Es ergeben sich insgesamt 7 theoretisch denkbare, sinnvolle Konstellationen.

Möglichkeit:	1	2	3	4	5	6	7
Bezüglich Berauschung lag (um 20:00) vor:	V	V	F	F	V	F	x
Bezüglich Rauschtat lag (um 20:00) vor:	V	F	V	F	x	x	x
Bei der Rauschtat lag (um 22:00) vor:	V/F	V/F	V/F	V/F	V/F	V/F	V/F
Strafbarkeit:	Vors. a.l.i.c.	Fahrl. a.l.i.c.	Vors. § 323a	Fahrl. § 323a			x

In dieser Übersicht bedeuten: V = Vorsatz, F = Fahrlässigkeit, V/F = Vorsatz oder Fahrlässigkeit, a.l.i.c. = actio libera in causa, x = nix

Beispiele zur Tabelle

Möglichkeit 1:
T will O töten und trinkt sich um 20:00 für die Tat Mut an. Anschließend tötet T dann O um 22:00 vorsätzlich (fahrlässig würde auch genügen) durch einen Schuss. Um 22:00 befindet sich T im Zustand des § 20.

Möglichkeit 2:
T betrinkt sich um 20:00 vorsätzlich und handelt dabei fahrlässig hinsichtlich der späteren Möglichkeit, noch Auto fahren zu müssen, wodurch dann um 22:00 fahrlässig (oder vorsätzlich) der O getötet wird. Um 22:00 befindet sich T im Zustand des § 20.

Deliktsform ①: Schuldfähigkeit || 85

I. **Tatbestandsmäßigkeit**
1. Objektiver Tatbestand
   a. Das Tatsubjekt
   b. Die Tathandlung
   c. Das Tatobjekt
   d. Der Taterfolg und die Verbindung von Handlung und Erfolg
2. Subjektiver Tatbestand
   a. Vorsatz (= Wissen und Wollen)
   b. Sonstige subjektive Merkmale
3. Tatbestandsannexe
4. Fälle des § 28 II

II. **Rechtswidrigkeit** (indiziert)
    Ausnahme: Rechtfertigungsgründe
III. **Schuld**
1. Schuldfähigkeit
2. Spezielle Schuldmerkmale
3. Die persönliche Vorwerfbarkeit Unrechtsbewusstsein im weiten Sinne
   a. Schuldform: Vorsatz
   b. Unrechtsbewusstsein im engen Sinne
4. Entschuldigungsgründe
IV. **Besonderheiten**
1. Strafausschließungs- und aufhebungsgründe
2. Strafverfolgungshindernisse
3. Regelbeispiele

Möglichkeit 3:
T hat den Vorsatz, O zu töten, trinkt während der Wartezeit um 20:00 und gerät fahrlässig in den Zustand des § 20. Anschließend tötet T dann O um 22:00 vorsätzlich (fahrlässig würde auch genügen) durch einen Schuss. Um 22:00 befindet sich T im Zustand des § 20.

Möglichkeit 4:
T betrinkt sich um 20:00 fahrlässig und handelt dabei fahrlässig hinsichtlich der späteren Möglichkeit einer Trunkenheitsfahrt (die dann auch stattfindet), wodurch um 22:00 fahrlässig (oder vorsätzlich) der O getötet wird. Um 22:00 befindet sich T im Zustand des § 20.

Möglichkeit 5:
T betrinkt sich um 20:00 vorsätzlich, ohne dass dabei eine Vorsatz- oder Fahrlässigkeitsbeziehung zu der späteren Rauschtat besteht, bei der um 22:00 fahrlässig (oder vorsätzlich) ein Mensch getötet wird. Um 22:00 befindet sich T im Zustand des § 20.

Möglichkeit 6:
T betrinkt sich um 20:00 fahrlässig, ohne dass dabei eine Vorsatz- oder Fahrlässigkeitsbeziehung zu der späteren Rauschtat besteht, bei der um 22:00 fahrlässig (oder vorsätzlich) der O getötet wird. Um 22:00 befindet sich T im Zustand des § 20.

Möglichkeit 7:
Dem T wird, ohne dass er es merkt, um 20:00 ein Medikament beigebracht, welches den Zustand des § 20 herbeiführt. In diesem Zustand tötet T um 22:00 dann fahrlässig (oder vorsätzlich) O. Um 22:00 befindet sich T im Zustand des § 20.

86 || Das vollendete vorsätzliche Begehungsdelikt (Tun)

I. Tatbestandsmäßigkeit
  1. Objektiver Tatbestand
    a. Das Tatsubjekt
    b. Die Tathandlung
    c. Das Tatobjekt
    d. Der Taterfolg und die Verbindung von Handlung und Erfolg
  2. Subjektiver Tatbestand
    a. Vorsatz (= Wissen und Wollen)
    b. Sonstige subjektive Merkmale
  3. Tatbestandsannexe
  4. Fälle des § 28 II

II. **Rechtswidrigkeit** (indiziert)
  Ausnahme: Rechtfertigungsgründe
III. **Schuld**
  1. **Schuldfähigkeit**
  2. Spezielle Schuldmerkmale
  3. Die persönliche Vorwerfbarkeit Unrechtsbewusstsein im weiten Sinne
    a. Schuldform: Vorsatz
    b. Unrechtsbewusstsein im engen Sinne
  4. Entschuldigungsgründe
IV. **Besonderheiten**
  1. Strafausschließungs- und aufhebungsgründe
  2. Strafverfolgungshindernisse
  3. Regelbeispiele

Damit klar wird, wie sich das Vorliegen einer a.l.i.c. auf den Aufbau auswirkte, habe ich folgend das als Möglichkeit 1 bezeichnete Beispiel so durchgeprüft, wie man es in einer Klausur oder Hausarbeit machen konnte.

An dieser Stelle ein Hinweis, der später noch öfter auftauchen wird: Es gibt nicht *die richtige*, *die wahre* Lösung. Das ist einerseits schade, denn es würde die Arbeit meistens verkürzen und vereinfachen. Das ist aber andererseits auch gut, denn die Vereinfachung läge in Wirklichkeit nur in einer Schematisierung, Kategorisierung, also im **Schubladendenken**. Gerade das Strafrecht besteht aber nicht nur aus Schubladen, auch wenn man manches da reinpacken kann.

Jede „Lösung" ist deshalb eher (nur) ein „Lösungs*vorschlag*".

Der Aufbau bei Möglichkeit 1

A. Strafbarkeit gemäß § 212

I. Tatbestand
  1. Objektiv: Schuss – Kausalität/Zurechnung – Tod (+)
  2. Subjektiv: Vorsatz bezüglich Schuss – Kausalität/Zurechnung – Tod (+)

II. Rechtswidrigkeit

III. Schuld
  - Schuldfähigkeit (-) **Zeitpunkt des Schusses**, wg. § 20

B. Strafbarkeit gemäß § 212 in Verbindung mit den Grundsätzen der a.l.i.c.
- „Vorprüfung:" Gibt es die a.l.i.c. noch? (vgl. ab S. 96)

I. Tatbestand
  1. Objektiv: Betrinken – Kausalität/Zurechnung – Tod (+)
  2. Subjektiv: Vorsatz bezüglich Betrinken – Kausalität/Zurechnung – und (!) bezüglich Tod (+)

Deliktsform ①: Schuldfähigkeit || 87

I. Tatbestandsmäßigkeit 　1. Objektiver Tatbestand 　　a. Das Tatsubjekt 　　b. Die Tathandlung 　　c. Das Tatobjekt 　　d. Der Taterfolg und die Verbindung von Handlung und Erfolg 　2. Subjektiver Tatbestand 　　a. Vorsatz (= Wissen und Wollen) 　　b. Sonstige subjektive Merkmale 　3. Tatbestandsannexe 　4. Fälle des § 28 II	**II. Rechtswidrigkeit** (indiziert) 　Ausnahme: Rechtfertigungsgründe **III. Schuld** 　**1. Schuldfähigkeit** 　2. Spezielle Schuldmerkmale 　3. Die persönliche Vorwerfbarkeit Unrechtsbewusstsein im weiten Sinne 　　a. Schuldform: Vorsatz 　　b. Unrechtsbewusstsein im engen Sinne 　4. Entschuldigungsgründe **IV. Besonderheiten** 　1. Strafausschließungs- und aufhebungsgründe 　2. Strafverfolgungshindernisse 　3. Regelbeispiele

II. Rechtswidrigkeit

III. Schuld

　1. Schuldfähigkeit (+): Zeitpunkt des Betrinkens (!)

　2. Rest (+)

IV. Ergebnis: Strafbar nach § 212 i.V. mit den Grundsätzen der a.l.i.c.

Der **Aufbau dieses Lösungsvorschlages** orientiert sich streng an dem, was bis hierher schon erörtert worden ist. Von der *Aufbaureihenfolge* müsste dies also jeder lösen können, der dieses Skript einigermaßen sorgfältig durchgearbeitet hat. Grundsätzliche Formulierungstechniken kann man natürlich noch nicht erwarten.

Wer vorgreifen möchte, dem empfehle ich, die Hinweise zum Gutachtenstil im 5. Teil dieses Skriptes zu lesen (ab Seite 298). Im Übrigen erscheint mir das aber erst dann sinnvoll, wenn zumindest das vollendete vorsätzliche Begehungsdelikt komplett durchgearbeitet wurde.

Der jetzt folgende **Formulierungsvorschlag** ist daher eigentlich auch erst dann komplett nachvollziehbar, wenn man sich mit dem Gutachtenstil auseinandergesetzt hat. Bis das geschehen ist, sollte er nur zur Kenntnis genommen werden.

A. T kann sich dadurch, dass er den O um 22:00 erschossen hat, gemäß § 212 I strafbar gemacht haben.

I. Tatbestand
Der Schuss des T führte kausal zum Tod des O. Der objektive Tatbestand liegt also vor. Dies wusste T und wollte es auch, er handelte vorsätzlich. Auch der subjektive Tatbestand ist daher erfüllt.

II. Rechtswidrigkeit und III. Schuld
Die Tat war rechtswidrig. Nachdem T aber im Zeitpunkt des Schusses schuldunfähig i.S.d. § 20 war, handelte er insoweit nicht schuldhaft.

88 || Das vollendete vorsätzliche Begehungsdelikt (Tun)

I. Tatbestandsmäßigkeit
1. Objektiver Tatbestand
   a. Das Tatsubjekt
   b. Die Tathandlung
   c. Das Tatobjekt
   d. Der Taterfolg und die Verbindung von Handlung und Erfolg
2. Subjektiver Tatbestand
   a. Vorsatz (= Wissen und Wollen)
   b. Sonstige subjektive Merkmale
3. Tatbestandsannexe
4. Fälle des § 28 II

II. Rechtswidrigkeit (indiziert)
Ausnahme: Rechtfertigungsgründe
III. Schuld
1. Schuldfähigkeit
2. Spezielle Schuldmerkmale
3. Die persönliche Vorwerfbarkeit Unrechtsbewusstsein im weiten Sinne
   a. Schuldform: Vorsatz
   b. Unrechtsbewusstsein im engen Sinne
4. Entschuldigungsgründe
IV. Besonderheiten
1. Strafausschließungs- und aufhebungsgründe
2. Strafverfolgungshindernisse
3. Regelbeispiele

IV. Ergebnis
Eine Strafbarkeit gemäß § 212 I, die allein darauf beruht, dass T den O um 22:00 erschossen hat, scheidet damit aus.

B. T kann sich aber dadurch, dass er sich um 20:00 im Hinblick auf eine spätere Tötung des O Mut angetrunken und dann den O um 22:00 auch tatsächlich erschossen hat, gemäß § 212 I i.V.m. den Grundsätzen der a.l.i.c. strafbar gemacht haben.
Hinweis: Wenn man sich die Argumente der neueren Rechtsprechung des BGH zu Eigen macht, kommt hier die Prüfung hin, ob es die a.l.i.c. überhaupt noch gibt (vgl. ab Seite 96).

I. Tatbestand
Das Betrinken um 20:00 ist eine Handlung, die nicht hinweggedacht werden kann, ohne dass der Tod des O um 22:00 in seiner konkreten Form entfällt. Es ist zwar denkbar, dass T den O irgendwann und irgendwie auch sonst getötet hätte, für die Frage der Kausalität kommt es aber auf die konkrete Herbeiführung des Taterfolges an. Das Betrinken des T führte also kausal zum Tod des O. Der objektive Tatbestand liegt demnach vor.
T wusste um 20:00, dass er durch sein Betrinken einen Rauschzustand erreichen würde und wollte es auch, er wusste (im Sinne einer Prognose) um 20:00 ebenfalls, dass er in diesem Zustand eine Tötung begehen würde und wollte auch dies; er handelte damit insgesamt vorsätzlich. Auch der subjektive Tatbestand ist daher erfüllt.

II. Rechtswidrigkeit und III. Schuld
Die Tat war rechtswidrig. Im Zeitpunkt des Betrinkens um 20:00, auf den allein es hier ankommt, war T noch schuldfähig. An den Voraussetzungen der Schuld im Übrigen bestehen keine Zweifel, T handelte schuldhaft.

Deliktsform ①: Schuldfähigkeit || 89

I. Tatbestandsmäßigkeit
1. Objektiver Tatbestand
   a. Das Tatsubjekt
   b. Die Tathandlung
   c. Das Tatobjekt
   d. Der Taterfolg und die Verbindung von Handlung und Erfolg
2. Subjektiver Tatbestand
   a. Vorsatz (= Wissen und Wollen)
   b. Sonstige subjektive Merkmale
3. Tatbestandsannexe
4. Fälle des § 28 II
	II. Rechtswidrigkeit (indiziert)
	   Ausnahme: Rechtfertigungsgründe
	III. Schuld
	   1. Schuldfähigkeit
	   2. Spezielle Schuldmerkmale
	   3. Die persönliche Vorwerfbarkeit
	      Unrechtsbewusstsein im weiten Sinne
	      a. Schuldform: Vorsatz
	      b. Unrechtsbewusstsein im engen Sinne
	   4. Entschuldigungsgründe
	IV. Besonderheiten
	   1. Strafausschließungs- und aufhebungsgründe
	   2. Strafverfolgungshindernisse
	   3. Regelbeispiele

IV. Ergebnis
T hat sich damit gemäß § 212 I i.V.m. den Grundsätzen der a.l.i.c. strafbar gemacht.

Die folgenden Beispiele für den Aufbau der Möglichkeiten 2 und 3 sind nicht ohne Kenntnis des Fahrlässigkeitsaufbaus zu lösen. Ich bringe sie an dieser Stelle trotzdem, um den Zusammenhang zur a.l.i.c. nicht zu brechen. Für den ersten Durchgang rate ich allerdings, die folgenden Aufbaubeispiele einfach zu überspringen, bei Seite 96 weiterzulesen und erst nach dem Fahrlässigkeitsdelikt wieder hierher zurückzukehren. (Bei den Fahrlässigkeitsdelikten gibt es einen entsprechenden Hinweis.)

Der Aufbau bei Möglichkeit 2

A. Strafbarkeit gemäß § 222

I. Tatbestand

[1. Objektiv:]
   a. Obj. Sorgfaltspflichtverletzung: Autofahren (+)
   b. Tod (+)
   c. Verbindung Autofahren – Tod (+)
      aa. Kausalität (+)
      bb. Obj. Vorhersehbarkeit der Tötung (+)
      cc. Obj. Pflichtwidrigkeitszusammenhang (+)
      dd. Schutzzweck der Sorgfaltspflicht (+)
[2. Subjektiv:] **Tod** (nicht) gesehen = (un-)bewusste Fahrlässigkeit (+)

II. Rechtswidrigkeit

III. Schuld
   - Schuldfähigkeit (-): **Zeitpunkt der Fahrt**

Das vollendete vorsätzliche Begehungsdelikt (Tun)

I. **Tatbestandsmäßigkeit**
1. Objektiver Tatbestand
   a. Das Tatsubjekt
   b. Die Tathandlung
   c. Das Tatobjekt
   d. Der Taterfolg und die Verbindung von Handlung und Erfolg
2. Subjektiver Tatbestand
   a. Vorsatz (= Wissen und Wollen)
   b. Sonstige subjektive Merkmale
3. Tatbestandsannexe
4. Fälle des § 28 II

II. **Rechtswidrigkeit** (indiziert)
Ausnahme: Rechtfertigungsgründe

III. **Schuld**
1. Schuldfähigkeit
2. Spezielle Schuldmerkmale
3. Die persönliche Vorwerfbarkeit Unrechtsbewusstsein im weiten Sinne
   a. Schuldform: Vorsatz
   b. Unrechtsbewusstsein im engen Sinne
4. Entschuldigungsgründe

IV. **Besonderheiten**
1. Strafausschließungs- und aufhebungsgründe
2. Strafverfolgungshindernisse
3. Regelbeispiele

B. **Strafbarkeit gemäß § 222 in Verbindung mit den Grundsätzen der a.l.i.c.**
- „Vorprüfung:" Gibt es die a.l.i.c. noch? (vgl. ab S. 96)

I. Tatbestand
  1. Objektiv:
     a. Obj. Sorgfaltspflichtverletzung: Betrinken (+)
     b. spätere Autofahrt und Tod (+)
     c. Verbindung Betrinken – spätere Autofahrt und Tod (+)
        aa. Kausalität (+)
        bb. Obj. Vorhersehbarkeit der späteren Autofahrt und Tötung (+)
        cc. Obj. Pflichtwidrigkeitszusammenhang (+)
        dd. Schutzweck der Sorgfaltspflicht (+)
  2. Subjektiv: **Trunkenheit gewollt / spätere Autofahrt und Tod** (nicht) gesehen = (un-)bewusste Fahrlässigkeit (+)

II. Rechtswidrigkeit

III. Schuld
  1. Schuldfähigkeit (+): **Zeitpunkt des Betrinkens (!)**
  2. Unrechtsbewusstsein
     a. Subjektive Sorgfaltspflichtverletzung (+)
     b. Subjektive Vorhersehbarkeit (+)

IV. Ergebnis: Strafbar nach § 222 i.V. mit den Grundsätzen der a.l.i.c.

A. T kann sich dadurch, dass er den O um 22:00 bei seiner Autofahrt getötet hat, gemäß § 222 strafbar gemacht haben.

I. Tatbestand
Die Fahrt des T führte kausal zum Tod des O. Wer betrunken mit dem Auto fährt, verletzt die jedem Autofahrer obliegende objektive Sorgfaltspflicht, nur in fahrbereitem Zustand zu fahren. Es ist auch objektiv vorhersehbar, dass bei einer

Deliktsform ①: Schuldfähigkeit

I. Tatbestandsmäßigkeit	II. Rechtswidrigkeit (indiziert)
1. Objektiver Tatbestand	Ausnahme: Rechtfertigungsgründe
a. Das Tatsubjekt	**III. Schuld**
b. Die Tathandlung	1. Schuldfähigkeit
c. Das Tatobjekt	2. Spezielle Schuldmerkmale
d. Der Taterfolg und die Verbindung von Handlung und Erfolg	3. Die persönliche Vorwerfbarkeit Unrechtsbewusstsein im weiten Sinne
2. Subjektiver Tatbestand	a. Schuldform: Vorsatz
a. Vorsatz (= Wissen und Wollen)	b. Unrechtsbewusstsein im engen Sinne
b. Sonstige subjektive Merkmale	4. Entschuldigungsgründe
3. Tatbestandsannexe	**IV. Besonderheiten**
4. Fälle des § 28 II	1. Strafausschließungs- und aufhebungsgründe
	2. Strafverfolgungshindernisse
	3. Regelbeispiele

Trunkenheitsfahrt ein Mensch getötet werden kann. Der objektive Tatbestand liegt also vor.

Wenn T den Tod des O vorhergesehen hat, handelt er bewusst fahrlässig, ansonsten unbewusst fahrlässig. Auch der subjektive Tatbestand ist erfüllt.

II. Rechtswidrigkeit und III. Schuld

Die Tat war rechtswidrig. Nachdem T aber im Zeitpunkt der Autofahrt schuldunfähig i.S.d. § 20 war, handelte er insoweit nicht schuldhaft.

IV. Ergebnis

Eine Strafbarkeit gemäß § 222, die allein darauf beruht, dass T den O um 22:00 bei einer Autofahrt getötet hat, scheidet damit aus.

B. T kann sich aber dadurch, dass er sich um 20:00 betrunken und dann den O um 22:00 auch bei einer Autofahrt getötet hat, gemäß § 222 (i.V.m. den Grundsätzen der a.l.i.c.) strafbar gemacht haben.

Hinweis: Wenn man sich die Argumente der neueren Rechtsprechung des BGH zu eigen macht, kommt hier die Prüfung hin, ob es die a.l.i.c. überhaupt noch gibt. Gerade bei der fahrlässigen Tötung steht der BGH auf dem Standpunkt, dass auch ohne a.l.i.c. alle Ursachen gleichwertig seien und man deshalb *ohne Weiteres* (also auch ohne a.l.i.c.) das Betrinken zum Anknüpfungspunkt einer Tat nach § 222 machen könne.

I. Tatbestand

Das Betrinken um 20:00 ist eine Handlung, die nicht hinweggedacht werden kann, ohne dass der Tod des O um 22:00 in seiner konkreten Form entfällt. Es ist kaum denkbar, dass T den O auch bei einer nüchternen Fahrt genau so getötet hätte, für die Frage der Kausalität kommt es aber (nur) auf die konkrete Herbeiführung des Taterfolges an. Das Betrinken des T führte also kausal zum Tod des O. Der objektive Tatbestand liegt demnach vor.

92 || Das vollendete vorsätzliche Begehungsdelikt (Tun)

I. **Tatbestandsmäßigkeit**
  1. Objektiver Tatbestand
    a. Das Tatsubjekt
    b. Die Tathandlung
    c. Das Tatobjekt
    d. Der Taterfolg und die Verbindung von Handlung und Erfolg
  2. Subjektiver Tatbestand
    a. Vorsatz (= Wissen und Wollen)
    b. Sonstige subjektive Merkmale
  3. Tatbestandsannexe
  4. Fälle des § 28 II

II. **Rechtswidrigkeit** (indiziert)
  Ausnahme: Rechtfertigungsgründe

III. **Schuld**
  1. Schuldfähigkeit
  2. Spezielle Schuldmerkmale
  3. Die persönliche Vorwerfbarkeit Unrechtsbewusstsein im weiten Sinne
    a. Schuldform: Vorsatz
    b. Unrechtsbewusstsein im engen Sinne
  4. Entschuldigungsgründe

IV. **Besonderheiten**
  1. Strafausschließungs- und aufhebungsgründe
  2. Strafverfolgungshindernisse
  3. Regelbeispiele

Wer sich betrinkt, obwohl er vielleicht noch mit dem Auto fahren wird, verletzt die jedem Autofahrer obliegende objektive Sorgfaltspflicht, sich in fahrbereitem Zustand zu halten. Es ist auch objektiv vorhersehbar, dass durch die Herbeiführung von Trunkenheit eine anschließende Trunkenheitsfahrt vorgenommen und ein Mensch getötet werden kann. Der objektive Tatbestand liegt also vor.

Im Hinblick auf die Trunkenheit handelte T mindestens mit bedingtem Vorsatz (dolus eventualis).

Wenn T die Autofahrt und den Tod (irgendeines Verkehrsteilnehmers, hier:) des O vorhergesehen hat, handelt er bewusst fahrlässig, ansonsten unbewusst fahrlässig. [Den folgenden Satz im Zweifel weglassen:] Auch der subjektive Tatbestand ist erfüllt.

II. Rechtswidrigkeit und III. Schuld

Die Tat war rechtswidrig. Im Zeitpunkt des Betrinkens um 20:00, auf den allein es hier ankommt, war T noch schuldfähig. T war um 20:00 auch nach seinen persönlichen Verhältnissen in der Lage, die gebotene Sorgfalt zu beachten und nicht zu trinken, er hat dies dennoch getan und damit auch die ihm obliegende subjektive Sorgfaltspflicht verletzt. Er hätte subjektiv vorhersehen können, dass es trotz der Trunkenheit noch zu einer Autofahrt mit tödlichem Ausgang hätte kommen können. T handelte schuldhaft.

IV. Ergebnis

T hat sich damit gemäß § 222 (i.V.m. den Grundsätzen der a.l.i.c.) strafbar gemacht.

Der Aufbau bei Möglichkeit 3

A. **Strafbarkeit gemäß § 212**

I. **Tatbestand**
  1. Objektiv: Schuss – Kausalität/Zurechnung – Tod (+)
  2. Subjektiv: Vorsatz **bezüglich Schuss** – Kausalität / Zurechnung – Tod (+)

Deliktsform ①: Schuldfähigkeit

I. Tatbestandsmäßigkeit	**II. Rechtswidrigkeit** (indiziert)
1. Objektiver Tatbestand	Ausnahme: Rechtfertigungsgründe
a. Das Tatsubjekt	**III. Schuld**
b. Die Tathandlung	1. Schuldfähigkeit
c. Das Tatobjekt	2. Spezielle Schuldmerkmale
d. Der Taterfolg und die Verbindung von Handlung und Erfolg	3. Die persönliche Vorwerfbarkeit Unrechtsbewusstsein im weiten Sinne
2. Subjektiver Tatbestand	a. Schuldform: Vorsatz
a. Vorsatz (= Wissen und Wollen)	b. Unrechtsbewusstsein im engen Sinne
b. Sonstige subjektive Merkmale	4. Entschuldigungsgründe
3. Tatbestandsannexe	**IV. Besonderheiten**
4. Fälle des § 28 II	1. Strafausschließungs- und aufhebungsgründe
	2. Strafverfolgungshindernisse
	3. Regelbeispiele

II. Rechtswidrigkeit

III. Schuld
- Schuldfähigkeit (-) **Zeitpunkt des Schusses**, wg. § 20

B. Strafbarkeit gemäß § 222 in Verbindung mit den Grundsätzen der a.l.i.c.
- „Vorprüfung:" Gibt es die a.l.i.c. noch? (vgl. ab S. 96)

I. Tatbestand

[1. Objektiv]

  a. Obj. Sorgfaltspflichtverletzung: Betrinken (+)

  b. Tod (+)

  c. Verbindung Betrinken – Tod (+)

    aa. Kausalität (+)

    bb. Obj. Vorhersehbarkeit der Tötung (+)

    cc. Obj. Pflichtwidrigkeitszusammenhang (+)

    dd. Schutzzweck der Sorgfaltspflicht (+)

[2. Subjektiv:] **Trunkenheit nicht gewollt / späteren Tod gewollt** = bewusste Fahrlässigkeit (+)

II. Rechtswidrigkeit

III. Schuld

  1. Schuldfähigkeit (+): **Zeitpunkt des Betrinkens (!)**

  2. Unrechtsbewusstsein

    a. Subjektive Sorgfaltspflichtverletzung (+)

    b. Subjektive Vorhersehbarkeit (+)

IV. Ergebnis: Strafbar nach § 222 i.V. mit den Grundsätzen der a.l.i.c.

I. Tatbestandsmäßigkeit
1. Objektiver Tatbestand
   a. Das Tatsubjekt
   b. Die Tathandlung
   c. Das Tatobjekt
   d. Der Taterfolg und die Verbindung von Handlung und Erfolg
2. Subjektiver Tatbestand
   a. Vorsatz (= Wissen und Wollen)
   b. Sonstige subjektive Merkmale
3. Tatbestandsannexe
4. Fälle des § 28 II

II. Rechtswidrigkeit (indiziert)
Ausnahme: Rechtfertigungsgründe
III. Schuld
1. Schuldfähigkeit
2. Spezielle Schuldmerkmale
3. Die persönliche Vorwerfbarkeit Unrechtsbewusstsein im weiten Sinne
   a. Schuldform: Vorsatz
   b. Unrechtsbewusstsein im engen Sinne
4. Entschuldigungsgründe
IV. Besonderheiten
1. Strafausschließungs- und aufhebungsgründe
2. Strafverfolgungshindernisse
3. Regelbeispiele

A. T kann sich dadurch, dass er den O um 22:00 erschossen hat, gemäß § 212 I strafbar gemacht haben.

I. Tatbestand
Der Schuss des T führte kausal zum Tod des O. Der objektive Tatbestand liegt also vor. Dies wusste T und wollte es auch, er handelte vorsätzlich. Auch der subjektive Tatbestand ist daher erfüllt.

II. Rechtswidrigkeit und III. Schuld
Die Tat war rechtswidrig. Nachdem T aber im Zeitpunkt des Schusses schuldunfähig i.S.d. § 20 war, handelte er insoweit nicht schuldhaft.

IV. Ergebnis
Eine Strafbarkeit gemäß § 212 I, die allein darauf beruht, dass T den O um 22:00 erschossen hat, scheidet damit aus.

B. T kann sich aber dadurch, dass er sich um 20:00 betrunken und dann den O um 22:00 durch einen Schuss getötet hat, gemäß § 222 i.V.m. den Grundsätzen der a.l.i.c. strafbar gemacht haben.
Hinweis: Wenn man sich die Argumente der neueren Rechtsprechung des BGH zu eigen macht, kommt hier die Prüfung hin, ob es die a.l.i.c. überhaupt noch gibt.

I. Tatbestand
Das Betrinken um 20:00 ist eine Handlung, die nicht hinweggedacht werden kann, ohne dass der Tod des O um 22:00 in seiner konkreten Form entfällt. Es ist kaum denkbar, dass T den O auch in nüchternem Zustand genau so getötet hätte, für die Frage der Kausalität kommt es aber (nur) auf die *konkrete* Herbeiführung des Taterfolges an. Das Betrinken des T führte also kausal zum Tod des O. Der objektive Tatbestand liegt demnach vor.
Wer sich betrinkt, verletzt die jedem Bürger obliegende objektive Sorgfaltspflicht, sich in einem Zustand zu halten, in dem er verantwortungsbewusst han-

Deliktsform ①: Schuldfähigkeit

I. Tatbestandsmäßigkeit
 1. Objektiver Tatbestand
   a. Das Tatsubjekt
   b. Die Tathandlung
   c. Das Tatobjekt
   d. Der Taterfolg und die Verbindung von Handlung und Erfolg
 2. Subjektiver Tatbestand
   a. Vorsatz (= Wissen und Wollen)
   b. Sonstige subjektive Merkmale
 3. Tatbestandsannexe
 4. Fälle des § 28 II

II. Rechtswidrigkeit (indiziert)
 Ausnahme: Rechtfertigungsgründe
III. Schuld
 1. Schuldfähigkeit
 2. Spezielle Schuldmerkmale
 3. Die persönliche Vorwerfbarkeit
  Unrechtsbewusstsein im weiten Sinne
  a. Schuldform: Vorsatz
  b. Unrechtsbewusstsein im engen Sinne
 4. Entschuldigungsgründe
IV. Besonderheiten
 1. Strafausschließungs- und aufhebungsgründe
 2. Strafverfolgungshindernisse
 3. Regelbeispiele

---

deln kann.[2] Es war für T auch objektiv vorhersehbar, dass durch die Herbeiführung der Trunkenheit eine anschließende Tötungshandlung vorgenommen werden kann. Der objektive Tatbestand liegt also vor.
Im Hinblick auf die Tötung handelte T um 20:00 mindestens mit bedingtem Vorsatz (dolus eventualis).
Wenn T die Trunkenheit um 20:00 vorhergesehen hat, handelt er bewusst fahrlässig, ansonsten unbewusst fahrlässig. Auch der subjektive Tatbestand ist erfüllt.

II. Rechtswidrigkeit und III. Schuld
Die Tat war rechtswidrig. Im Zeitpunkt des Betrinkens um 20:00, auf den allein es hier ankommt, war T noch schuldfähig. T war um 20:00 auch nach seinen persönlichen Verhältnissen noch in der Lage, die gebotene Sorgfalt zu beachten und nicht zu trinken, er hat dies dennoch getan und damit auch die ihm obliegende subjektive Sorgfaltspflicht verletzt.
Er hätte weiter auch subjektiv vorhersehen können, dass es zur Trunkenheit und dem dadurch bedingten Tod des O kommen konnte. Schließlich hatte er auch das nötige Unrechtsbewusstsein. T handelte schuldhaft.

IV. Ergebnis
T hat sich damit gemäß § 222 i.V.m. den Grundsätzen der a.l.i.c. strafbar gemacht.

Insgesamt klingt das reichlich gekünstelt. Die ganzen Formulierungen, die sich scheinbar objektiv bemühen, eine Verbindung zwischen dem Betrinken und dem

---

[2] Die Verletzung dieser Pflicht ist für sich genommen natürlich nicht strafbar, ansonsten könnte die Alkoholindustrie sofort dicht machen. Eine Strafbarkeit entsteht dadurch, dass aufgrund dieser Pflichtverletzung rechtlich missbilligte Erfolge eintreten (Tod, Verletzung von Menschen, Gefährdung des Straßenverkehrs etc.).

96 || Das vollendete vorsätzliche Begehungsdelikt (Tun)

I. Tatbestandsmäßigkeit	II. Rechtswidrigkeit (indiziert)
1. Objektiver Tatbestand	Ausnahme: Rechtfertigungsgründe
a. Das Tatsubjekt	**III. Schuld**
b. Die Tathandlung	**1. Schuldfähigkeit**
c. Das Tatobjekt	2. Spezielle Schuldmerkmale
d. Der Taterfolg und die Verbindung von Handlung und Erfolg	3. Die persönliche Vorwerfbarkeit Unrechtsbewusstsein im weiten Sinne
2. Subjektiver Tatbestand	a. Schuldform: Vorsatz
a. Vorsatz (= Wissen und Wollen)	b. Unrechtsbewusstsein im engen Sinne
b. Sonstige subjektive Merkmale	4. Entschuldigungsgründe
3. Tatbestandsannexe	**IV. Besonderheiten**
4. Fälle des § 28 II	1. Strafausschließungs- und aufhebungsgründe
	2. Strafverfolgungshindernisse
	3. Regelbeispiele

späteren Tod herzustellen, haben einen anstrengenden Kampf mit dem Sprachgefühl auszufechten.

Das ist natürlich aus gutem Grund so. Wir müssen dabei immer bedenken, dass die ganze a.l.i.c. ja nur ein Trick ist, eine normalerweise nicht gegebene Strafbarkeit doch wieder annehmen zu können. Und das ist eben mühsam.

Die Rechtsprechung zur a.l.ic. ist ziemlich alt und schien lange gefestigt. Der bis hierhin gezeigte Aufbau basiert darauf. Grundlegend waren u.a. Entscheidungen aus 1962 und 1951 (und davor schon solche des Reichsgerichts aus 1936).

b. Die jüngere Rechtsprechung zur a.l.i.c.

Der 4. Strafsenat des BGH hat dann aber in 1996 die a.l.ic. jedenfalls für den Bereich der Straßenverkehrsgefährdung erledigt (BGH v. 22.8.1996 – 4 StR 217/96). Er unterscheidet zunächst zwischen den Delikten,

- bei denen ein (beliebiges) **Verhalten in Kombination** mit einem Erfolg strafbar ist (z.B. Tötungsdelikte), und denen,
- bei denen **(nur) das (spezifische) Verhalten** selbst strafbar ist (das „Führen eines Fahrzeuges" bei den Verkehrsstraftaten nach den § 315c StGB, § 21 StVG).

Wir erinnern uns der ganz am Anfang dieses Skriptes vorgenommenen Unterscheidung zwischen Tätigkeits- und Erfolgsdelikten?

Führen eines Fahrzeugs sei dabei nicht gleichbedeutend mit *Verursachen der Bewegung*. Das Führen beginne erst mit dem Bewegungsvorgang des Anfahrens selbst.

- Im Sichberauschen in Fahrbereitschaft liege dementsprechend noch nicht der Beginn einer Trunkenheitsfahrt.
- Mit derselben Begründung verwirft der Senat bei diesen Delikten auch eine potenzielle mittelbare Täterschaft (mit dieser Konstruktion beschäftigen wir uns im Teil *Täterschaft und Teilnahme* ab Seite 245).

Deliktsform ①: Schuldfähigkeit

I. Tatbestandsmäßigkeit	II. Rechtswidrigkeit (indiziert)
1. Objektiver Tatbestand	Ausnahme: Rechtfertigungsgründe
a. Das Tatsubjekt	**III. Schuld**
b. Die Tathandlung	**1. Schuldfähigkeit**
c. Das Tatobjekt	2. Spezielle Schuldmerkmale
d. Der Taterfolg und die Verbindung von Handlung und Erfolg	3. Die persönliche Vorwerfbarkeit Unrechtsbewusstsein im weiten Sinne
2. Subjektiver Tatbestand	a. Schuldform: Vorsatz
a. Vorsatz (= Wissen und Wollen)	b. Unrechtsbewusstsein im engen Sinne
b. Sonstige subjektive Merkmale	4. Entschuldigungsgründe
3. Tatbestandsannexe	**IV. Besonderheiten**
4. Fälle des § 28 II	1. Strafausschließungs- und aufhebungsgründe
	2. Strafverfolgungshindernisse
	3. Regelbeispiele

Danach räumt der 4. Strafsenat mit weiteren Erklärungsmodellen auf, die ebenfalls auf das Berauschen abstellen:

- Das sog. **Ausdehnungsmodell** (Ausdehnung des Begriffs der „Begehung der Tat" i. S. des § 20 StGB in der Weise, dass das „vortatbestandliche, auf die Tatbestandsverwirklichung bezogene Vorverhalten", auch soweit es sich nicht als Versuchshandlung, sondern als bloße Vorbereitung darstellt, im Schuldtatbestand erfasst wird) sei mit dem Begriffsverständnis des StGB nicht vereinbar.
- Das gelte auch für das sog. **Ausnahmemodell,** nach dem – im Präventionsinteresse und aus Gerechtigkeitserwägungen – in Ausnahme von dem § 20 StGB zugrundeliegenden Koinzidenzprinzip (Koinzidenz = Zusammenfallen [von Tatbegehung und Schuld]) der Schuldvorwurf vorverlagert und dem Täter das schuldhafte Vorverhalten des Sichberauschens als schuldhafte Tatbegehung angelastet wird. Mit dem Begriffsverständnis des StGB nicht vereinbar: Schuldfähigkeit müsse „bei Begehung der Tat" vorliegen.

Aus diesem Grunde könne die actio libera in causa nicht
- als **richterrechtliche Ausnahme vom Koinzidenzprinzip**
- oder als **Gewohnheitsrecht** anerkannt werden.
- Beide Erklärungsversuche seien mit Art. 103 II GG, der strafbarkeitsbegründendes Gewohnheitsrecht verbietet, nicht vereinbar. **Art. 103 II GG gelte nicht nur dann, wenn es um die Auslegung einzelner Straftatbestände (des Besonderen Teils) gehe, sondern in gleicher Weise bei der Auslegung von Bestimmungen des Allgemeinen Teils des Strafgesetzbuches.**

Mit diesen Gründen lehnt der 4. Strafsenat des BGH 1996 die Anwendung der a.l.i.c. auf Delikte, die nicht zwischen einer Handlung und einem Erfolg trennen (sondern in einem reinen, vom Gesetz umschriebenen tatbestandlichen Tun [„Führen"] bestehen) ab. Bei einem Tötungsdelikt hatte er 1999 aber scheinbar keine durchgreifenden Bedenken (BGH v. 15.4.1999 – 4 StR 93/99).

98 || Das vollendete vorsätzliche Begehungsdelikt (Tun)

I. **Tatbestandsmäßigkeit**
1. Objektiver Tatbestand
   a. Das Tatsubjekt
   b. Die Tathandlung
   c. Das Tatobjekt
   d. Der Taterfolg und die Verbindung von Handlung und Erfolg
2. Subjektiver Tatbestand
   a. Vorsatz (= Wissen und Wollen)
   b. Sonstige subjektive Merkmale
3. Tatbestandsannexe
4. Fälle des § 28 II

II. **Rechtswidrigkeit** (indiziert)
   Ausnahme: Rechtfertigungsgründe
III. **Schuld**
1. Schuldfähigkeit
2. Spezielle Schuldmerkmale
3. Die persönliche Vorwerfbarkeit Unrechtsbewusstsein im weiten Sinne
   a. Schuldform: Vorsatz
   b. Unrechtsbewusstsein im engen Sinne
4. Entschuldigungsgründe
IV. **Besonderheiten**
1. Strafausschließungs- und aufhebungsgründe
2. Strafverfolgungshindernisse
3. Regelbeispiele

Der 3. Strafsenat wiederum hat schon in 1997 ausdrücklich entschieden, dass er an den Grundsätzen der a.l.i.c. festhalte (BGH v. 19.2.1997 – 3 StR 632/96), dies allerdings in einem nicht-straßenverkehrsgefährdendem Zusammenhang.

Der **2. Strafsenat** schließlich lässt uns Folgendes wissen (BGH v. 7.6.2000 – 2 StR 135/00): Die Entscheidung des 4. Strafsenats des BGH betrifft nur Vergehen der Straßenverkehrsgefährdung und des Fahrens ohne Fahrerlaubnis. Jedenfalls eine weitergehende Einschränkung des Anwendungsbereichs der Grundsätze der actio libera in causa ist nicht anzuerkennen.

Im Ergebnis führt diese Rechtsprechung also dazu, dass die a.l.i.c. in einem kleinen Teilbereich (reine Tätigkeitsdelikte) nicht mehr anwendbar ist. **In einer Klausur** muss diese Frage genau dort behandelt werden, wo ich es im Rahmen der Lösungsvorschläge gerade skizziert habe (als eine Art „Vorprüfung").

2. Spezielle Schuldmerkmale

Hier ergeben sich keine besonderen Prüfungsprobleme. Es ist nur dem Sachverhalt zu entnehmen, ob ein solches Merkmal vorliegt oder nicht.
Es ist allerdings strittig, welche Merkmale hier einzuordnen sind.

- Einige ordnen hier z.B. die Merkmale des § 211 ein, die die Gesinnung kennzeichnen: Mordlust, Verdeckungsabsicht. Das ist aber eine Mindermeinung.
- Die herrschende Meinung versteht „Mordlust" und „Verdeckungsabsicht" als (subjektive) Tatbestandsmerkmale.
- Als Beispiel immer wieder genannt wird auch die „Böswilligkeit" in § 225 I.

Da das aber ein Problem der einzelnen Tatbestände ist, gehört dieser Streit zum Besonderen Teil des StGB.
Im Zweifel (also bei striktem Befolgen der h.M.) können wir diesen Punkt getrost direkt wieder vergessen. Denn alles, was sich als spezielles Schuldmerkmal etikettieren lässt, kann man auch irgendwo im Tatbestand unterbringen.

I. Tatbestandsmäßigkeit
1. Objektiver Tatbestand
   a. Das Tatsubjekt
   b. Die Tathandlung
   c. Das Tatobjekt
   d. Der Taterfolg und die Verbindung von Handlung und Erfolg
2. Subjektiver Tatbestand
   a. Vorsatz (= Wissen und Wollen)
   b. Sonstige subjektive Merkmale
3. Tatbestandsannexe
4. Fälle des § 28 II
	II. Rechtswidrigkeit (indiziert)
	Ausnahme: Rechtfertigungsgründe
	III. Schuld
	1. Schuldfähigkeit
	2. Spezielle Schuldmerkmale
	3. Die persönliche Vorwerfbarkeit Unrechtsbewusstsein im weiten Sinne
	   a. Schuldform: Vorsatz
	   b. Unrechtsbewusstsein im engen Sinne
	4. Entschuldigungsgründe
	IV. Besonderheiten
	1. Strafausschließungs- und aufhebungsgründe
	2. Strafverfolgungshindernisse
	3. Regelbeispiele

3. Die persönliche Vorwerfbarkeit – das Unrechtsbewusstsein im weiten Sinne

Mit der Verwirklichung des Tatbestandes und ohne das Vorliegen von Rechtfertigungsgründen hat der Täter „Unrecht" getan. Unrechtsbewusstsein heißt, dass dem Täter bewusst ist, dass er weiß, **Unrecht** getan zu haben. Der Täter muss dabei **nicht** die **Strafvorschrift kennen**, gegen die er verstoßen hat. Das wird er im Regelfall gar nicht können. Es genügt die Einsicht, dass das, was er getan hat, *irgendwie* rechtlich verboten ist. (Klingt wie Parallelwertung, vgl. S. 45.)

- In der Regel wird dem Täter das Unrecht einer vorsätzlichen Tat klar vor Augen stehen. Eine solche Klarheit wird mit dem Begriff **„aktuelles Unrechtsbewusstsein"** bezeichnet.
- Es genügt aber, dass er bei ihm zumutbarem Einsatz seiner Erkenntniskräfte und Wertvorstellungen die Einsicht in das Unrecht der Tat gewinnen konnte. Dies nennt man **„potentielles Unrechtsbewusstsein** (BGH v. 23.12.2015 – 2 StR 525/13, Rz. 53; BVerfG v. 16.3.2006 – 2 BvR 954/02, Rz. 25).
- Und auch wenn der Täter es nur für möglich hält, Unrecht zu tun, hat er das Unrechtsbewusstsein, wenn er diese Möglichkeit in derselben Weise wie beim bedingten Vorsatz in seinen Willen aufnimmt – **„bedingtes Unrechtsbewusstsein"** (BGH v. 13.12.1995 – 3 StR 514/95, Rz. 12; BGH v. 7.4.2016 – 5 StR 332/15, Rz. 24).

Solange eine dieser Voraussetzungen gegeben ist (entweder Klarheit, potentielles U., bedingtes U.) gibt's keine Probleme. Also nicht besonders spannend.

Die Probleme fangen aber an, wenn der Täter irrtümlich glaubt, er handle gar nicht im Widerspruch zur Rechtsordnung, wenn ihm also (jede) Einsicht fehlt, Unrecht zu tun, wenn er, kurz gesagt, nichts über das Verbotensein seines Tuns weiß.

Einen solchen Irrtum nennt man sinnigerweise **Verbotsirrtum**.

Das vollendete vorsätzliche Begehungsdelikt (Tun)

I. Tatbestandsmäßigkeit
 1. Objektiver Tatbestand
    a. Das Tatsubjekt
    b. Die Tathandlung
    c. Das Tatobjekt
    d. Der Taterfolg und die Verbindung von Handlung und Erfolg
 2. Subjektiver Tatbestand
    a. Vorsatz (= Wissen und Wollen)
    b. Sonstige subjektive Merkmale
 3. Tatbestandsannexe
 4. Fälle des § 28 II

II. Rechtswidrigkeit (indiziert)
 Ausnahme: Rechtfertigungsgründe
III. Schuld
 1. Schuldfähigkeit
 2. Spezielle Schuldmerkmale
 3. Die persönliche Vorwerfbarkeit Unrechtsbewusstsein im weiten Sinne
    a. Schuldform: Vorsatz
    b. Unrechtsbewusstsein im engen Sinne
 4. Entschuldigungsgründe
IV. Besonderheiten
 1. Strafausschließungs- und aufhebungsgründe
 2. Strafverfolgungshindernisse
 3. Regelbeispiele

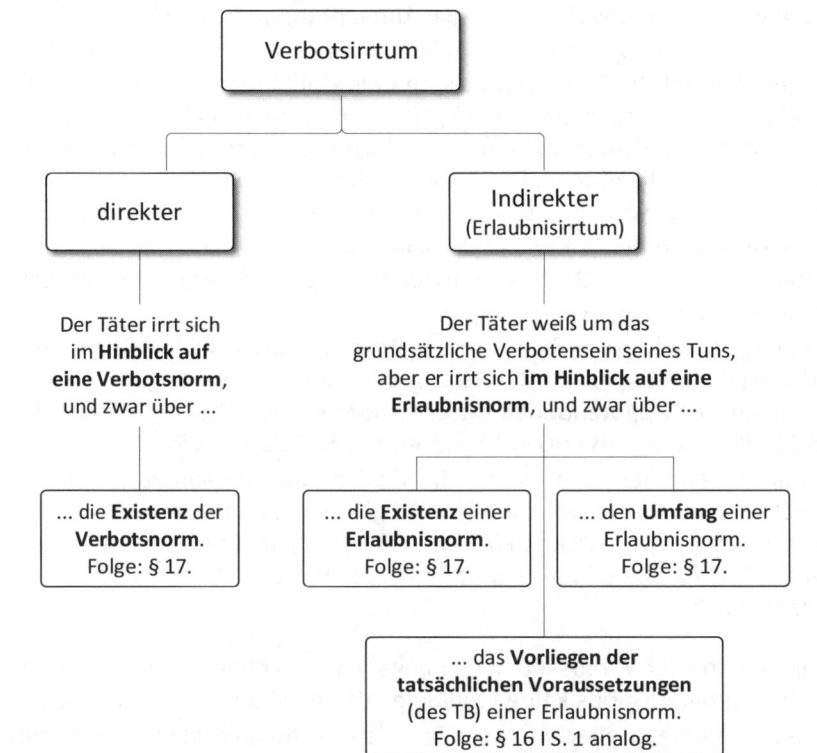

Der Gesetzgeber hat diesen Irrtum lange Zeit nicht, dann aber irgendwann mal doch normiert, in **§ 17**. (Lesen!) Das hat ihn (den Gesetzgeber) einige Freunde gekostet, denn es gab vorher ganz viele tolle Theorien, wie man in solchen Fällen wohl verfahren müsste. Diese Theorien sind dann zum größten Teil Makulatur geworden, auch wenn sich einige noch heftig dagegen wehren.

Deliktsform ①: Unrechtsbewusstsein

I. **Tatbestandsmäßigkeit**
1. Objektiver Tatbestand
   a. Das Tatsubjekt
   b. Die Tathandlung
   c. Das Tatobjekt
   d. Der Taterfolg und die Verbindung von Handlung und Erfolg
2. Subjektiver Tatbestand
   a. Vorsatz (= Wissen und Wollen)
   b. Sonstige subjektive Merkmale
3. Tatbestandsannexe
4. Fälle des § 28 II

II. **Rechtswidrigkeit** (indiziert)
Ausnahme: Rechtfertigungsgründe

III. **Schuld**
1. Schuldfähigkeit
2. Spezielle Schuldmerkmale
3. Die persönliche Vorwerfbarkeit Unrechtsbewusstsein im weiten Sinne
   a. Schuldform: Vorsatz
   b. Unrechtsbewusstsein im engen Sinne
4. Entschuldigungsgründe

IV. **Besonderheiten**
1. Strafausschließungs- und aufhebungsgründe
2. Strafverfolgungshindernisse
3. Regelbeispiele

Den Verbotsirrtum gibt es in mehreren Spielarten, je nachdem, worauf sich der Irrtum des Täters bezieht. Die Übersicht soll zunächst einmal die Strukturen verdeutlichen.

Die folgenden Erläuterungen lassen sich von einem ganz wesentlichen Unterschied leiten, der diese 4 Irrtümer in zwei Gruppen einteilt. Der Täter kann sich nämlich **in zweierlei Hinsicht im Irrtum** befinden:

- Einmal, indem er **tatsächlich**, besser: **nicht-rechtlich**, noch besser: **deskriptiv** etwas falsch mitbekommt. (T sieht, wie O in die Tasche greift und glaubt, O wolle eine Pistole ziehen. Tatsächlich will O nur ein paar Zigaretten herausholen. Eine derartige Fehlbewertung des Täters hat ersichtlich nur mit Tatsachen, nicht mit Rechtsfragen zu tun).
- Ein andermal aber, indem er eine **rechtliche** Wertung fehlerhaft vollzieht. (Der Täter glaubt – aus rechtlichen Gründen fehlerhaft – an das *Gar-nicht-erst-Verbotensein* oder an das *Zwar-grundsätzlich-Verboten-aber-hier-Erlaubtsein* seines Tuns. Hierzu muss der Täter **normative** Merkmale falsch subsumieren).

Eine vergleichbare Zweiteilung haben wir übrigens schon im subjektiven Tatbestand gehabt. Dort hatten wir differenziert zwischen Irrtümern über deskriptive (= beschreibende) Merkmale und Irrtümern über normative (= wertende) Merkmale (auf S. 44). Ganz ähnlich liegt der Fall hier.

Nur die Gruppe der Irrtümer, die mit rechtlichen Fehlern zusammenhängen (direkter Verbotsirrtum, Erlaubnisexistenz- und Erlaubnisumfangsirrtum), passt sinnvoll unter die Regelung des § 17. Für den Erlaubnistatbestandsirrtum werden herrschend andere Wege beschritten.

Diese Zweiteilung führt dann auch zu einer **Zweiteilung der Prüfung des Unrechtsbewusstseins**[3].

---

[3] Dazu nachher (ab S. 142) noch einige Hinweise aus der Geschichte.

102 || Das vollendete vorsätzliche Begehungsdelikt (Tun)

I. **Tatbestandsmäßigkeit**
  1. Objektiver Tatbestand
     a. Das Tatsubjekt
     b. Die Tathandlung
     c. Das Tatobjekt
     d. Der Taterfolg und die Verbindung von Handlung und Erfolg
  2. Subjektiver Tatbestand
     a. Vorsatz (= Wissen und Wollen)
     b. Sonstige subjektive Merkmale
  3. Tatbestandsannexe
  4. Fälle des § 28 II

II. **Rechtswidrigkeit** (indiziert)
  Ausnahme: Rechtfertigungsgründe

III. **Schuld**
  1. Schuldfähigkeit
  2. Spezielle Schuldmerkmale
  3. Die persönliche Vorwerfbarkeit Unrechtsbewusstsein im weiten Sinne
     a. Schuldform: Vorsatz
     b. Unrechtsbewusstsein im engen Sinne
  4. Entschuldigungsgründe

IV. **Besonderheiten**
  1. Strafausschließungs- und aufhebungsgründe
  2. Strafverfolgungshindernisse
  3. Regelbeispiele

- In einem ersten Teil kümmert man sich um die Fehlbewertungen des Täters, die keine rechtliche Ursache haben, und fragt nach Umständen, die geeignet wären, einen Erlaubnis*tatbestands*irrtum anzunehmen.

  Es handelt sich dabei um einen Sonderfall, der aus diesem Grund auch einen eigenen Namen bekommt: Man nennt diesen Teil des Unrechtsbewusstseins **Schuld-Vorsatz**.

- Im dann anschließenden zweiten Teil kümmert man sich um den Rest, um *das eigentliche Unrechtsbewusstsein*, oder – in Abgrenzung zum Schuld-Vorsatz – um das Unrechtsbewusstsein *im engeren Sinne*.

a. Der Schuld-Vorsatz

Beim hier besprochenen vollendeten vorsätzlichen Begehungsdelikt muss also zunächst ein Schuld-Vorsatz vorliegen.

Das klingt jetzt vielleicht etwas seltsam, schließlich wurde das Vorliegen des Vorsatzes bereits oben im subjektiven Tatbestand erörtert. Es gibt jedoch (auf dem Hintergrund der eben dargestellten Zweiteilung der Verbotsirrtümer) Gründe für eine doppelte Prüfung. **Der Vorsatz hat eine Doppelfunktion.**

- **Im Tatbestand** kennzeichnet er **die psychische Beziehung** des Täters zum äußeren Tatgeschehen. (Hat der Täter von der Tatbestandsseite des Unrechts her intellektuell überhaupt kapiert, was passiert – oder ist er zu **blöd**? Etwas vornehmer: Wird der Täter von der Appellfunktion des Tatbestandes erreicht?)

- **Im Schuldbereich** dagegen kennzeichnet er **die Gesinnung** des Täters. Gefragt wird dann, ob der Täter eine vorsätzlich-fehlerhafte Einstellung zu den Verhaltensanforderungen der Rechtsordnung zeigt.

  Charakteristisch ist dabei, dass der Täter den Verhaltensnormen des Rechts feindlich oder auch nur gleichgültig gegenübersteht. (Hat der Täter von der Rechtswidrigkeitsseite des Unrechts her überhaupt kapiert, was passiert: Ist er also **böse** und will er es sein?)

I. Tatbestandsmäßigkeit
  1. Objektiver Tatbestand
    a. Das Tatsubjekt
    b. Die Tathandlung
    c. Das Tatobjekt
    d. Der Taterfolg und die Verbindung von Handlung und Erfolg
  2. Subjektiver Tatbestand
    a. Vorsatz (= Wissen und Wollen)
    b. Sonstige subjektive Merkmale
  3. Tatbestandsannexe
  4. Fälle des § 28 II
	II. **Rechtswidrigkeit** (indiziert)
	  Ausnahme: Rechtfertigungsgründe
	III. **Schuld**
	  1. Schuldfähigkeit
	  2. Spezielle Schuldmerkmale
	  3. Die persönliche Vorwerfbarkeit
	  Unrechtsbewusstsein im weiten Sinne
	    a. Schuldform: Vorsatz
	    b. Unrechtsbewusstsein im engen Sinne
	  4. Entschuldigungsgründe
	IV. **Besonderheiten**
	  1. Strafausschließungs- und aufhebungsgründe
	  2. Strafverfolgungshindernisse
	  3. Regelbeispiele

Prüfungstechnisch ist der argumentative Aufwand mit dem Schuldvorsatz nur in dem einem, eben genannten Fall relevant: Der Täter glaubt irrig, die Voraussetzungen eines (anerkannten) Rechtfertigungsgrundes lägen vor (BGH v. 27.10.2015 – 3 StR 199/15, Rz. 12).

Klassisches Beispiel hierfür ist **die Putativnotwehr**: O tritt im Dunkeln auf T zu, um ihn um Feuer zu bitten. Er zieht dabei eine Packung Zigaretten aus der Manteltasche. T sieht, wie O in die Manteltasche greift und glaubt, O wolle eine Waffe ziehen, ihn überfallen und berauben. T schlägt O nieder.

Auflösung:
I. Es liegt objektiv und subjektiv der Tatbestand einer Körperverletzung vor.
II. Es liegt kein Rechtfertigungsgrund vor. Insbesondere ist keine Notwehr gegeben, da kein Angriff stattfand.
III. T ist schuldfähig. T zeigt aber keine fehlerhafte Einstellung zur Rechtsordnung i.S. einer vorsätzlichen Tat: T wollte sich ja rechtstreu verhalten. Er schätzte dabei allerdings die tatsächliche Situation falsch ein. Aus diesem Grund entfällt der Schuldvorwurf der vorsätzlichen Tat. § 16 I S. 1 wird hierfür analog angewandt. (str.)

Dieser Fall nennt sich, wie wir inzwischen wissen, wegen seiner Ähnlichkeit zum („normalen") Tatbestandsirrtum **Erlaubnistatbestandsirrtum**: Der Täter irrt sich über die tatsächlichen Voraussetzungen eines Rechtfertigungsgrundes.

Die hier dargestellte Lösung entspricht der herrschenden Meinung. Diese herrschende Meinung ist der Ansicht, für Verbotsirrtümer von der Art des Erlaubnistatbestandsirrtumes passe § 17 nicht. Sie schränkt den Anwendungsbereich des § 17 daher so ein, dass dieser Irrtum nicht unter § 17, sondern unter die Rechtsfolgen des § 16 subsumiert wird. Sie heißt deshalb **„rechtsfolgenverweisende eingeschränkte Schuldtheorie"**.

104 || Das vollendete vorsätzliche Begehungsdelikt (Tun)

I. Tatbestandsmäßigkeit
1. Objektiver Tatbestand
   a. Das Tatsubjekt
   b. Die Tathandlung
   c. Das Tatobjekt
   d. Der Taterfolg und die Verbindung von Handlung und Erfolg
2. Subjektiver Tatbestand
   a. Vorsatz (= Wissen und Wollen)
   b. Sonstige subjektive Merkmale
3. Tatbestandsannexe
4. Fälle des § 28 II

II. **Rechtswidrigkeit** (indiziert)
Ausnahme: Rechtfertigungsgründe
III. **Schuld**
1. Schuldfähigkeit
2. Spezielle Schuldmerkmale
3. Die persönliche Vorwerfbarkeit
   Unrechtsbewusstsein im weiten Sinne
   a. Schuldform: Vorsatz
   b. Unrechtsbewusstsein im engen Sinne
4. Entschuldigungsgründe
IV. **Besonderheiten**
1. Strafausschließungs- und aufhebungsgründe
2. Strafverfolgungshindernisse
3. Regelbeispiele

Es gibt aber auch eine andere Meinung. Die vertritt den Standpunkt, Verbotsirrtum sei Verbotsirrtum, und § 17 sei auf jeden Verbotsirrtum anzuwenden, also auch auf diesen. Sie ist da ganz streng: keine Ausnahmen. Und deshalb heißt sie auch **„strenge Schuldtheorie"**.

Folgen wir der herrschenden Meinung, müssen wir aber noch dies feststellen:

IV. Es bleibt natürlich unbenommen, T wegen fahrlässiger Körperverletzung zu bestrafen, § 16 I S. 2 analog.

Allerdings gibt es hier einen kleinen Pfiff. Die Körperverletzung selbst war ja vorsätzlich: T hat mit Wissen und Wollen den Körper des O verletzt. Wenn also Fahrlässigkeit vorliegt, dann nur im Hinblick auf den Irrtum. Folge: Nur wenn *der Irrtum* fahrlässig erfolgte, ist wegen fahrlässiger Körperverletzung zu bestrafen.

> **Für Prüfungen in Klausuren und Hausarbeiten:**
> Solange kein Irrtum der gerade besprochenen Art vorliegt, also **normalerweise**, ist **kein Wort** über diesen Prüfungspunkt zu verlieren. Der Schuld-Vorsatz liegt dann immer vor.

Für die Fälle, in denen eine Auseinandersetzung mit Theorien verlangt wird, gebe ich nachfolgend einen Formulierungsvorschlag, der die wesentlichen (allerdings auch nicht alle) Theorien berücksichtigt. Zu beachten ist dabei für den Ernstfall noch, dass die erwähnten Schuldtheorien in ihrer Terminologie und damit in ihrer Bedeutung nicht einheitlich behandelt werden (vgl. insoweit WESSELS / BEULKE / SATZGER, Strafrecht AT, Rn. 702-711 und 1217-1221).

> **A. Strafbarkeit des T gemäß § 223 I StGB**
> T kann sich dadurch, dass er O niederschlug, einer Körperverletzung gemäß § 223 I strafbar gemacht haben.

Deliktsform ①: Unrechtsbewusstsein || 105

I. **Tatbestandsmäßigkeit**
  1. Objektiver Tatbestand
     a. Das Tatsubjekt
     b. Die Tathandlung
     c. Das Tatobjekt
     d. Der Taterfolg und die Verbindung von Handlung und Erfolg
  2. Subjektiver Tatbestand
     a. Vorsatz (= Wissen und Wollen)
     b. Sonstige subjektive Merkmale
  3. Tatbestandsannexe
  4. Fälle des § 28 II

II. **Rechtswidrigkeit** (indiziert)
  Ausnahme: Rechtfertigungsgründe
III. **Schuld**
  1. Schuldfähigkeit
  2. Spezielle Schuldmerkmale
  3. Die persönliche Vorwerfbarkeit
     Unrechtsbewusstsein im weiten Sinne
     a. Schuldform: Vorsatz
     b. Unrechtsbewusstsein im engen Sinne
  4. Entschuldigungsgründe
IV. **Besonderheiten**
  1. Strafausschließungs- und aufhebungsgründe
  2. Strafverfolgungshindernisse
  3. Regelbeispiele

I. Tatbestand – 1. Objektiver Tatbestand

T hat durch den Schlag bei O einen pathologischen Zustand, eine Gehirnerschütterung, hervorgerufen. Er hat damit einen anderen an der Gesundheit beschädigt. Daneben hat er O auch übel und unangemessen behandelt und ihn damit körperlich misshandelt. T hat den objektiven Tatbestand des § 223 I erfüllt.

2. Subjektiver Tatbestand

T hätte vorsätzlich, d.h. mit Wissen und Wollen im Hinblick auf den objektiven Tatbestand gehandelt haben müssen. T wusste, dass er O an der Gesundheit beschädigte und ihn körperlich misshandelte. Genau das wollte er auch.

Fraglich ist nun, wie es sich auswirkt, dass T glaubt, er werde angegriffen und dass er sich folglich nur verteidigen will. Tatsächlich wird T nicht angegriffen. Die Voraussetzungen der Notwehr oder eines sonstigen Rechtfertigungsgrundes liegen damit nicht vor. T glaubt aber, diese lägen vor. Er irrt sich damit über das Vorliegen der tatsächlichen Voraussetzungen eines Rechtfertigungsgrundes.

Die früher vertretene sog. **Vorsatztheorie** ging davon aus, dass jeder Irrtum – gleich, ob er sich auf die Tatbestandsmäßigkeit oder Rechtswidrigkeit eines Verhaltens bezog – den Vorsatz insgesamt entfallen lasse. Damit könnte T hier nicht mehr wegen vorsätzlicher Begehung bestraft werden.[4]

Diese Theorie ist aber nach Einführung des § 17 nicht mehr haltbar: Der Gesetzgeber zeigt, dass er zwischen einem Irrtum im Bereich des Tatbestandes und einem solchen im Bereich der Rechtswidrigkeit eines Verhaltens sehr wohl unterscheidet. Eine Theorie, die dies nicht berücksichtigt, steht mit dem materiellen Recht in Widerspruch.

---

[4] Wieso die das in den Vorsatz packen, obwohl er doch „eigentlich" vorliegt, und warum man hier im subjektiven Tatbestand etwas zur Rechtswidrigkeit sagt, habe ich am Ende der Prüfung des vollendeten vorsätzlichen Begehungsdeliktes erläutert, vgl. Seite 148.

Das vollendete vorsätzliche Begehungsdelikt (Tun)

I. Tatbestandsmäßigkeit
1. Objektiver Tatbestand
   a. Das Tatsubjekt
   b. Die Tathandlung
   c. Das Tatobjekt
   d. Der Taterfolg und die Verbindung von Handlung und Erfolg
2. Subjektiver Tatbestand
   a. Vorsatz (= Wissen und Wollen)
   b. Sonstige subjektive Merkmale
3. Tatbestandsannexe
4. Fälle des § 28 II

II. Rechtswidrigkeit (indiziert)
Ausnahme: Rechtfertigungsgründe

III. Schuld
1. Schuldfähigkeit
2. Spezielle Schuldmerkmale
3. Die persönliche Vorwerfbarkeit
   Unrechtsbewusstsein im weiten Sinne
   a. Schuldform: Vorsatz
   b. Unrechtsbewusstsein im engen Sinne
4. Entschuldigungsgründe

IV. Besonderheiten
1. Strafausschließungs- und aufhebungsgründe
2. Strafverfolgungshindernisse
3. Regelbeispiele

Zu demselben Ergebnis wie die Vorsatztheorie käme in den Fällen des Erlaubnistatbestandsirrtums auch die sog. **Lehre von den negativen Tatbestandsmerkmalen**. Diese geht mit einem **zweistufigen Deliktsaufbau** davon aus, dass sich der Unrechts-Tatbestand einer Verbotsnorm aus Merkmalen zusammensetzt, deren Vorliegen (positiv) festgestellt werden müsse – entsprechend dem Tatbestand beim dreistufigen Aufbau – und aus Merkmalen, deren Fehlen (negativ) festgestellt werden müsse – entsprechend der Rechtswidrigkeit beim dreistufigen Aufbau. Ein Fehler im positiven oder ein Überschuss im negativen Bereich führt danach stets dazu, dass der gesamte Unrechts-Tatbestand nicht vorliegt. Wenn daher der Täter (irrtümlich) glaubt, er handle gerechtfertigt, ist ein Überschuss im negativen Bereich gegeben. Der Täter kennt damit einen Umstand des objektiven Unrechtstatbestandes nicht und kann nach § 16 I S. 1 nicht wegen vorsätzlicher Begehung bestraft werden.

Diese Lehre leidet allerdings an einem schwerwiegenden Mangel. Sie unterscheidet nicht zwischen der Funktion des Tatbestandes (Typisierung von Unrecht) und der von Rechtfertigungsgründen (Wegfall der Rechtswidrigkeit in Ausnahmesituationen), dies entgegen dem Gesetz, das diese Unterscheidung vornimmt. Die Lehre von den negativen Tatbestandsmerkmalen ist daher ebenfalls abzulehnen.

Es ergibt sich, dass **der Tatbestandsvorsatz** des T trotz des Irrtums vorliegt. Der subjektive Tatbestand ist damit erfüllt.

II. Rechtswidrigkeit

Rechtfertigungsgründe liegen – wie oben geprüft – nicht vor.

Von einem Teil der Lehre wird ein Irrtum über das Vorliegen der tatbestandlichen Voraussetzungen eines anerkannten Rechtfertigungsgrundes allerdings zum Anlass genommen, im Wege der analogen Anwendung des § 16 I 1 das **Vorsatz-Unrecht** bzw. den **Handlungs-Unwert** einer vorsätzlichen Tat zu verneinen.[5]

---

[5] Ziemlich unerfindlich, warum diese Lehre (von einigen) auch als (eingeschränkte) **Schuld**theorie bezeichnet wird. Sie kümmert sich ja gar nicht um die Schuld.

Deliktsform ①: Unrechtsbewusstsein

I. **Tatbestandsmäßigkeit**
  1. Objektiver Tatbestand
    a. Das Tatsubjekt
    b. Die Tathandlung
    c. Das Tatobjekt
    d. Der Taterfolg und die Verbindung von Handlung und Erfolg
  2. Subjektiver Tatbestand
    a. Vorsatz (= Wissen und Wollen)
    b. Sonstige subjektive Merkmale
  3. Tatbestandsannexe
  4. Fälle des § 28 II

II. **Rechtswidrigkeit** (indiziert)
  Ausnahme: Rechtfertigungsgründe

III. **Schuld**
  1. Schuldfähigkeit
  2. Spezielle Schuldmerkmale
  3. Die persönliche Vorwerfbarkeit
    Unrechtsbewusstsein im weiten Sinne
    a. Schuldform: Vorsatz
    b. Unrechtsbewusstsein im engen Sinne
  4. Entschuldigungsgründe

IV. **Besonderheiten**
  1. Strafausschließungs- und aufhebungsgründe
  2. Strafverfolgungshindernisse
  3. Regelbeispiele

Diese Auffassung ist abzulehnen, da sie von der (*unrechts*ausschließenden) Wirkung her keine Unterschiede mehr zwischen wirklicher und nur vermeintlicher Rechtfertigung macht.

III. Schuld
An der Schuldfähigkeit des T besteht kein Zweifel.
Fraglich ist allerdings, ob sich der Irrtum des T hier auswirkt. T ist der Ansicht, mit seiner Handlung kein Unrecht zu begehen. Man kann daher sagen, dass ihm das Unrechtsbewusstsein fehlt. Die Fälle des fehlenden Unrechtsbewusstseins werden typischerweise über § 17 gelöst.

Eine derartige Lösung wird für den Fall eines Erlaubnistatbestandsirrtums von der sog. **strengen Schuldtheorie** vertreten. Diese Lehre stellt aber nur auf das Ergebnis – das fehlende Unrechtsbewusstsein – ab; sie fragt nicht, wie es dazu kam.

Demgegenüber trägt die sog. **(rechtsfolgenverweisende) eingeschränkte Schuldtheorie** richtigerweise dem Umstand Rechnung, dass der Täter „an sich rechtstreu" ist. Während sich der Täter beim normalen Erlaubnisirrtum allein bei der rechtlichen Bewertung seines Verhaltens irrt, liegt der Fehler beim Erlaubnistatbestandsirrtum schwerpunktmäßig auf einem vorgelagerten Irrtum über tatsächliche Umstände. Für Letzteren enthält aber § 16 eine Regelung, die von der des § 17 abweicht. Die eingeschränkte Schuldtheorie verkennt nicht, dass der Täter mit Tatbestandsvorsatz handelt und (nur) der Schuld-Vorsatz entfällt. Sie wendet daher nur die Rechtsfolge des § 16 I S. 1 (analog) an.

Zu demselben Ergebnis gelangt auch die **Lehre von der Doppelfunktion des Vorsatzes**, so dass es insoweit hinsichtlich der unterschiedlichen Begründungen keiner Auseinandersetzung bedarf.

Vorliegend ist festzuhalten, dass sich T in einem Erlaubnistatbestandsirrtum, also in einem Irrtum über das Vorliegen der tatsächlichen Voraussetzungen eines

108 || Das vollendete vorsätzliche Begehungsdelikt (Tun)

I. Tatbestandsmäßigkeit
1. Objektiver Tatbestand
   a. Das Tatsubjekt
   b. Die Tathandlung
   c. Das Tatobjekt
   d. Der Taterfolg und die Verbindung von Handlung und Erfolg
2. Subjektiver Tatbestand
   a. Vorsatz (= Wissen und Wollen)
   b. Sonstige subjektive Merkmale
3. Tatbestandsannexe
4. Fälle des § 28 II

II. Rechtswidrigkeit (indiziert)
Ausnahme: Rechtfertigungsgründe
III. Schuld
1. Schuldfähigkeit
2. Spezielle Schuldmerkmale
3. Die persönliche Vorwerfbarkeit Unrechtsbewusstsein im weiten Sinne
   a. Schuldform: Vorsatz
   b. Unrechtsbewusstsein im engen Sinne
4. Entschuldigungsgründe
IV. Besonderheiten
1. Strafausschließungs- und aufhebungsgründe
2. Strafverfolgungshindernisse
3. Regelbeispiele

Rechtfertigungsgrundes befand. Dieser ist – wie gerade aufgezeigt – nach § 16 I S. 1 analog zu behandeln. Eine Bestrafung wegen vorsätzlicher Begehung scheidet daher aus.

IV. Ergebnis
T hat sich nicht nach § 223 I strafbar gemacht.

Die jetzt folgende Darstellung des Fahrlässigkeitsteiles kann sinnvoll nur verstanden werden, wenn der Fahrlässigkeitsaufbau klar ist. Jedenfalls für den ersten Durchgang sollte sie daher übersprungen werden. Aber nicht vergessen!

B. Strafbarkeit des T gemäß § 229
T kann sich aber einer fahrlässigen Körperverletzung gemäß § 229 strafbar gemacht haben. Gemäß § 16 I S.2 analog lässt ein Irrtum die Strafbarkeit wegen fahrlässiger Begehung unberührt.

I. Tatbestand [- 1. Objektiver Tatbestand]
T hat O eine Körperverletzung zugefügt (s.o.). Zu prüfen ist daher nun, ob diese fahrlässig geschah. Dabei muss berücksichtigt werden, dass T an sich im Hinblick auf den Tatbestand vorsätzlich gehandelt hat. Die Fahrlässigkeitsprüfung folgt allein aus einer analogen Anwendung des § 16. Bezugspunkt der Fahrlässigkeit kann daher nicht wie bei der „normalen" Fahrlässigkeitsprüfung die Körperverletzung selbst sein, zu betrachten ist vielmehr der Irrtum des T, der zum Vorsatzausschluss führte.

T muss im Hinblick auf den Irrtum **objektiv sorgfaltswidrig** gehandelt haben. Objektiv sorgfaltswidrig handelt der, der die Sorgfalt außer Acht lässt, zu der er nach den Umständen verpflichtet ist. In einer Konstellation wie der vorliegenden war T verpflichtet, das weitere Verhalten des O abzuwarten, bevor er von einem Angriff ausgehen durfte. Allein ein Griff in eine Tasche lässt den Schluss auf einen Raubüberfall oder dergleichen nicht zu. T hat nicht abgewartet, er handelte daher objektiv sorgfaltswidrig.

Deliktsform ①: Unrechtsbewusstsein || 109

I. Tatbestandsmäßigkeit
  1. Objektiver Tatbestand
     a. Das Tatsubjekt
     b. Die Tathandlung
     c. Das Tatobjekt
     d. Der Taterfolg und die Verbindung von Handlung und Erfolg
  2. Subjektiver Tatbestand
     a. Vorsatz (= Wissen und Wollen)
     b. Sonstige subjektive Merkmale
  3. Tatbestandsannexe
  4. Fälle des § 28 II

II. Rechtswidrigkeit (indiziert)
  Ausnahme: Rechtfertigungsgründe
III. Schuld
  1. Schuldfähigkeit
  2. Spezielle Schuldmerkmale
  3. Die persönliche Vorwerfbarkeit
     Unrechtsbewusstsein im weiten Sinne
     a. Schuldform: Vorsatz
     b. Unrechtsbewusstsein im engen Sinne
  4. Entschuldigungsgründe
IV. Besonderheiten
  1. Strafausschließungs- und aufhebungsgründe
  2. Strafverfolgungshindernisse
  3. Regelbeispiele

Der Irrtum des T hätte weiterhin **objektiv vorhersehbar** sein müssen. Maßgeblich ist insoweit die Beurteilung ex ante aufgrund der dem Täter in der Tatsituation bekannten und erkennbaren Umstände. T hätte bei sachgerechter Beurteilung der Lage erkennen können, dass mit einem Griff in eine Tasche nicht notwendig ein Überfall verbunden sein musste. Sein Irrtum war daher objektiv vorhersehbar.

Da bei sorgfaltsgemäßem Verhalten des T der Irrtum vermieden wäre, liegt auch der **objektive Pflichtwidrigkeitszusammenhang** vor.
Der [objektive] Tatbestand des § 229 ist damit gegeben.

[2. Subjektiver Tatbestand]
Es bestehen keine Anhaltspunkte dafür, dass T seinen Irrtum vorhergesehen hatte; es handelt sich daher um einen Fall unbewusster Fahrlässigkeit.

II. Rechtswidrigkeit
Die Tat geschah rechtswidrig.

III. Schuld
T handelte auch **subjektiv sorgfaltswidrig**, da er auch nach seinen persönlichen Verhältnissen die objektiv gebotene Sorgfalt hätte beachten können. Darüber hinaus war der Irrtum für T auch **subjektiv vorhersehbar**. Die Tat geschah damit auch schuldhaft. T hat sich folglich gemäß § 229 strafbar gemacht.

Abschließende Bemerkung hierzu: Im Normalfall der Erlaubnistatbestandsirrtumsprüfung reichen zwei Theorien in der Schuld: strenge und eingeschränkte Schuldtheorie. Der restliche Kram ist nur interessant, wenn ein Dozent in der Uni drauf rumreitet. Im Zweifel (hier, wie auch sonst): Den Übungsleiter fragen, ob er's in einer Klausur / Hausarbeit haben will oder nicht.

110 || Das vollendete vorsätzliche Begehungsdelikt (Tun)

I. Tatbestandsmäßigkeit
1. Objektiver Tatbestand
   a. Das Tatsubjekt
   b. Die Tathandlung
   c. Das Tatobjekt
   d. Der Taterfolg und die Verbindung von Handlung und Erfolg
2. Subjektiver Tatbestand
   a. Vorsatz (= Wissen und Wollen)
   b. Sonstige subjektive Merkmale
3. Tatbestandsannexe
4. Fälle des § 28 II

II. Rechtswidrigkeit (indiziert)
   Ausnahme: Rechtfertigungsgründe
III. Schuld
1. Schuldfähigkeit
2. Spezielle Schuldmerkmale
3. Die persönliche Vorwerfbarkeit Unrechtsbewusstsein im weiten Sinne
   a. Schuldform: Vorsatz
   b. Unrechtsbewusstsein im engen Sinne
4. Entschuldigungsgründe
IV. Besonderheiten
1. Strafausschließungs- und aufhebungsgründe
2. Strafverfolgungshindernisse
3. Regelbeispiele

b. Das Unrechtsbewusstsein im engeren Sinne

Für den Fall des Unrechtsbewusstseins im engeren Sinne bleiben jetzt noch die drei Fälle, die wir oben in der Übersicht (auf S. 100) hatten.

aa. Direkter Verbotsirrtum

Der Täter glaubt,

- es gäbe **gar keine Verbotsnorm** dieses Inhaltes,

Bsp.: T ist Vater mehrerer Kinder, die er eigentlich gar nicht leiden mag. Er beschließt deshalb, diesen Kindern auch keinen Unterhalt zu zahlen. Der Lebensbedarf der Kinder gerät dabei in Gefahr. Dem T (wie im Übrigen auch vielen Juristen) ist es völlig unbekannt, dass es dafür einen Straftatbestand gibt, der dies unter Strafe stellt (vgl. § 170).

- oder es gäbe zwar eine, diese sei aber **ungültig**,

Bsp.: T beleidigt in einem YouTube-Video das Staatsoberhaupt des O-Staates als irgendwie zickig und glaubt, dass der dies unter Strafe stellende (zum 1.1.2018 aufgehobene) § 103 aufgrund einer verfassungswidrigen Strafschärfung ungültig sei.

- oder es gäbe zwar eine, die auch gültig sei, deren **Anwendungsbereich** sein Handeln aber nicht erfasse.

Bsp.: Der Deutsche T gerät während eines Urlaubes auf Mallorca mit O in Streit und verletzt ihn dabei absichtlich derart, dass O die Fortpflanzungsfähigkeit verliert (§ 226 I Nr. 1). Er setzt sich sofort nach Deutschland ab, weil er – in Unkenntnis von § 5 Nr. 9a a) – glaubt, dass er dort nicht wegen dieses Deliktes bestraft werden könnte.

Deliktsform ①: Unrechtsbewusstsein || 111

I. **Tatbestandsmäßigkeit**
  1. Objektiver Tatbestand
     a. Das Tatsubjekt
     b. Die Tathandlung
     c. Das Tatobjekt
     d. Der Taterfolg und die Verbindung von Handlung und Erfolg
  2. Subjektiver Tatbestand
     a. Vorsatz (= Wissen und Wollen)
     b. Sonstige subjektive Merkmale
  3. Tatbestandsannexe
  4. Fälle des § 28 II

II. **Rechtswidrigkeit** (indiziert)
  Ausnahme: Rechtfertigungsgründe

III. **Schuld**
  1. Schuldfähigkeit
  2. Spezielle Schuldmerkmale
  3. Die persönliche Vorwerfbarkeit Unrechtsbewusstsein im weiten Sinne
     a. Schuldform: Vorsatz
     b. Unrechtsbewusstsein im engen Sinne
  4. Entschuldigungsgründe

IV. **Besonderheiten**
  1. Strafausschließungs- und aufhebungsgründe
  2. Strafverfolgungshindernisse
  3. Regelbeispiele

bb. Indirekter Verbotsirrtum

Der Täter weiß, dass er den Tatbestand einer Verbotsnorm verwirklicht. Er glaubt sein Verhalten aber gerechtfertigt,

- weil er irrig **die Existenz** eines Rechtfertigungsgrundes (Erlaubnissatzes) annimmt, den es gar nicht gibt – sog. Erlaubnisexistenzirrtum, oder

Bsp.: Der volljährige T weiß zwar, dass (sein) Geschlechtsverkehr mit seiner 14-jährigen Tochter O strafbar ist (vgl. § 174 I Nr. 3), glaubt aber, die Einwilligung seiner Frau (!) rechtfertige die Tat.

- weil er sich über **den Umfang** eines tatsächlich existierenden Rechtfertigungsgrundes (Erlaubnissatzes) irrt – sog. Erlaubnisumfangsirrtum, oder

Bsp.: O stiehlt T ein Buch und läuft weg. T könnte O ohne Schwierigkeiten durch einen Beinschuss aufhalten, sieht das auch, schießt aber in den Kopf. T glaubt, dass man in Notwehr immer jeden erschießen dürfe.

- weil er irrig **die Tatbestands-Voraussetzungen** eines tatsächlich existierenden Rechtfertigungsgrundes (Erlaubnissatzes) annimmt – sog. Erlaubnistatbestandsirrtum.

Bsp.: O tritt im Dunkeln auf T zu, um ihn um Feuer zu bitten. Er zieht dabei eine Packung Zigaretten aus der Manteltasche. T bemerkt, wie O in die Manteltasche greift und glaubt, O wolle ihn überfallen und berauben. T schlägt O nieder.

Dieser Fall wurde bereits oben beim Schuld-Vorsatz behandelt.

Behandlung der Verbotsirrtümer:
Bis auf den Erlaubnistatbestandsirrtum (§ 16 I S. 1 analog, vgl. oben) werden alle Fälle gleich behandelt, nach § 17 nämlich. Das bedeutet:

112 || Das vollendete vorsätzliche Begehungsdelikt (Tun)

I. Tatbestandsmäßigkeit
  1. Objektiver Tatbestand
    a. Das Tatsubjekt
    b. Die Tathandlung
    c. Das Tatobjekt
    d. Der Taterfolg und die Verbindung von Handlung und Erfolg
  2. Subjektiver Tatbestand
    a. Vorsatz (= Wissen und Wollen)
    b. Sonstige subjektive Merkmale
  3. Tatbestandsannexe
  4. Fälle des § 28 II
	II. Rechtswidrigkeit (indiziert)
	  Ausnahme: Rechtfertigungsgründe
	III. Schuld
	  1. Schuldfähigkeit
	  2. Spezielle Schuldmerkmale
	  3. Die persönliche Vorwerfbarkeit
	    Unrechtsbewusstsein im weiten Sinne
	    a. Schuldform: Vorsatz
	    b. Unrechtsbewusstsein im engen Sinne
	  4. Entschuldigungsgründe
	IV. Besonderheiten
	  1. Strafausschließungs- und aufhebungsgründe
	  2. Strafverfolgungshindernisse
	  3. Regelbeispiele

1. Feststellung, dass ein Verbotsirrtum vorliegt.
2. Prüfung, ob dieser Irrtum vermeidbar war.
   Je nach Vermeidbarkeit entfällt die Schuld oder die Strafe kann gemildert werden (Staffelung nach § 49).

Zu prüfen ist letztlich die Frage, wann ein Irrtum vermeidbar ist. Man benutzt hierzu eine Gummiformel, die als Elemente „soziale Stellung", „individuelle Fähigkeiten" (Bildungsstand, Erfahrung, berufliche Stellung), „rechtlich-sittliche Wertvorstellungen", „Einsatz von geistigen Erkenntniskräften" und „Beseitigung aufkommender Zweifel" einzeln oder alle zusammen enthalten sollte (vgl. BGH v. 21.12.2016 – 1 StR 253/16, BGH v. 23.7.2019 – 1 StR 433/18).

Vermeidbar wäre ein Irrtum demnach dann, „wenn der Täter unter Berücksichtigung seiner sozialen Stellung und seiner individuellen Fähigkeiten, bei ihm zumutbarem Einsatz seiner geistigen Erkenntniskräfte und unter Beseitigung aufkommender Zweifel durch Nachdenken oder Rechtsrat das Verbotensein seines Verhaltens hätte erkennen können." Amen.

Und ja, das klingt schon wieder wie die Parallelwertung in der Laiensphäre (vgl. S. 45). Es hat wohl auch viel damit zu tun. Denn hier wie dort wird ja eine normative Wertung verlangt, für die man konkrete Gesetzeskenntnisse des Täters nicht verlangen kann.

Der BGH (16.5.2017 – VI ZR 266/16, Rz. 30 / 22.2.2017 – 2 StR 573/15, Rz. 24) hat dann noch geklärt, dass das **Vertrauen auf eingeholten rechtsanwaltlichen Rat** nicht in jedem Fall einen unvermeidbaren Verbotsirrtum des Täters zu begründen vermag.

Wende sich der Täter an einen auf dem betreffenden Rechtsgebiet versierten Anwalt, so habe er damit zwar vielfach das zunächst Gebotene getan. Jedoch sei weiter erforderlich, dass der Täter auf die Richtigkeit der Auskunft nach den für ihn erkennbaren Umständen vertrauen dürfe.

I. Tatbestandsmäßigkeit	**II. Rechtswidrigkeit** (indiziert)
1. Objektiver Tatbestand	Ausnahme: Rechtfertigungsgründe
a. Das Tatsubjekt	**III. Schuld**
b. Die Tathandlung	1. Schuldfähigkeit
c. Das Tatobjekt	2. Spezielle Schuldmerkmale
d. Der Taterfolg und die Verbindung von Handlung und Erfolg	3. Die persönliche Vorwerfbarkeit Unrechtsbewusstsein im weiten Sinne
2. Subjektiver Tatbestand	a. Schuldform: Vorsatz
a. Vorsatz (= Wissen und Wollen)	b. Unrechtsbewusstsein im engen Sinne
b. Sonstige subjektive Merkmale	4. Entschuldigungsgründe
3. Tatbestandsannexe	**IV. Besonderheiten**
4. Fälle des § 28 II	1. Strafausschließungs- und aufhebungsgründe
	2. Strafverfolgungshindernisse
	3. Regelbeispiele

Dies sei nicht der Fall, wenn die Unerlaubtheit des Tuns für ihn bei auch nur mäßiger **Anspannung von Verstand und Gewissen** leicht erkennbar sei oder er nicht mehr als eine **Hoffnung** haben könne, das ihm bekannte Strafgesetz greife hier noch nicht ein. Daher dürfe der Täter sich auf die Auffassung eines Rechtsanwalts etwa nicht allein deswegen verlassen, weil sie seinem Vorhaben günstig sei. Eher zur Absicherung als zur Klärung bestellte „**Gefälligkeitsgutachten**" schieden als Grundlage unvermeidbarer Verbotsirrtümer aus.

Auskünfte, die erkennbar vordergründig und mangelhaft seien oder nach dem Willen des Anfragenden lediglich eine „**Feigenblattfunktion**" erfüllen sollten, könnten den Täter ebenfalls nicht entlasten. Insbesondere bei komplexen Sachverhalten und erkennbar schwierigen Rechtsfragen sei regelmäßig ein detailliertes, schriftliches Gutachten erforderlich, um einen unvermeidbaren Verbotsirrtum zu begründen. Dagegen sei die Aussagekraft einer Auskunft beschränkt, wenn sie nur einzelne rechtliche Aspekte umfasse.

c. Noch mal: die Schuldtheorien

Gehört nicht ins Aufbauschema, aber: Wir sollten abschließend noch bedenken, dass die strenge und die eingeschränkte Schuldtheorie in den Fällen der „normalen" Verbotsirrtümer immer zu demselben Ergebnis gelangen, da sie ja beide § 17 anwenden.

Beim Erlaubnistatbestandsirrtum dagegen unterscheiden sie sich etwas im Weg. Die **strenge Schuldtheorie** prüft immer nur das Vorsatzdelikt durch.

- Ist der Irrtum vermeidbar, wird der Täter aus dem Vorsatzdelikt (z.B. § 223) bestraft, eventuell gemindert.
- Ist der Irrtum unvermeidbar, wird der Täter gar nicht bestraft.

Die **eingeschränkte Schuldtheorie** dagegen beendet die Prüfung des Vorsatzdeliktes mit der Feststellung eines Erlaubnistatbestandsirrtumes.

114 || Das vollendete vorsätzliche Begehungsdelikt (Tun)

I. **Tatbestandsmäßigkeit**
1. Objektiver Tatbestand
   a. Das Tatsubjekt
   b. Die Tathandlung
   c. Das Tatobjekt
   d. Der Taterfolg und die Verbindung von Handlung und Erfolg
2. Subjektiver Tatbestand
   a. Vorsatz (= Wissen und Wollen)
   b. Sonstige subjektive Merkmale
3. Tatbestandsannexe
4. Fälle des § 28 II

II. **Rechtswidrigkeit** (indiziert)
Ausnahme: Rechtfertigungsgründe

III. **Schuld**
1. Schuldfähigkeit
2. Spezielle Schuldmerkmale
3. Die persönliche Vorwerfbarkeit Unrechtsbewusstsein im weiten Sinne
   a. Schuldform: Vorsatz
   b. Unrechtsbewusstsein im engen Sinne
4. Entschuldigungsgründe

IV. **Besonderheiten**
1. Strafausschließungs- und aufhebungsgründe
2. Strafverfolgungshindernisse
3. Regelbeispiele

Sie beginnt dann – wie oben vorgeführt – mit der Prüfung des entsprechenden Fahrlässigkeitsdeliktes. Das geht natürlich nur, wenn es überhaupt ein solches Fahrlässigkeitsdelikt gibt. Wenn nicht, steht der Täter hier schon mal ziemlich gut da (z.B. bei der Sachbeschädigung).

- Ist der Irrtum objektiv und subjektiv vermeidbar, wird der Täter aus dem Fahrlässigkeitsdelikt (z.B. § 229) bestraft. Das ist jedenfalls milder als aus dem Vorsatzdelikt (vgl. Strafandrohung).
- Ist der Irrtum objektiv oder subjektiv unvermeidbar, wird der Täter gar nicht bestraft. Das liegt daran, dass es dann entweder an der objektiven oder an der subjektiven Sorgfaltspflichtverletzung fehlt, die für eine Fahrlässigkeitstat vonnöten sind. (Details hierzu ab Seite 171)

Unterm Strich können wir also festhalten, dass die beiden Schuldtheorien auch in einem weiteren Fall zum selben Ergebnis kommen: Bei Unvermeidbarkeit des Irrtums. Einmal fliegt es über § 17 raus, ein andermal über die fehlende (objektive oder subjektive) Sorgfaltspflichtverletzung beim Fahrlässigkeitsdelikt.

Es bleibt damit nur ein **minimaler Unterschiedsspielraum: bei vermeidbaren Verbotsirrtümern**. Gibt es kein Fahrlässigkeitsdelikt, ist man bei der eingeschränkten Schuldtheorie fein raus. Gibt es eins, kommt man billiger weg.

4. Entschuldigungsgründe

Vorbemerkung: Das Fehlen der Schuldfähigkeit und das Fehlen des Unrechtsbewusstseins schließen die Entstehung von Schuld aus. Es handelt sich also um **Schuldausschließungsgründe**. In diese Gruppe gehören all die bisher genannten (also z.B. §§ 19 und 20, § 17, § 16 I S. 1 analog).

Entschuldigungsgründe dagegen, auch **Schuldaufhebungsgründe** genannt, lassen bei entstandener Schuld den Schuldvorwurf wieder entfallen, so dass Straflosigkeit eintritt.

Grundgedanke: Entstandenes Unrecht und entstandene Schuld werden infolge außergewöhnlicher Umstände unter die Strafwürdigkeitsschwelle herunterge-

Deliktsform ①: Entschuldigungsgründe || 115

I. Tatbestandsmäßigkeit
1. Objektiver Tatbestand
   a. Das Tatsubjekt
   b. Die Tathandlung
   c. Das Tatobjekt
   d. Der Taterfolg und die Verbindung von Handlung und Erfolg
2. Subjektiver Tatbestand
   a. Vorsatz (= Wissen und Wollen)
   b. Sonstige subjektive Merkmale
3. Tatbestandsannexe
4. Fälle des § 28 II

II. Rechtswidrigkeit (indiziert)
   Ausnahme: Rechtfertigungsgründe
III. Schuld
1. Schuldfähigkeit
2. Spezielle Schuldmerkmale
3. Die persönliche Vorwerfbarkeit
   Unrechtsbewusstsein im weiten Sinne
   a. Schuldform: Vorsatz
   b. Unrechtsbewusstsein im engen Sinne
4. Entschuldigungsgründe
IV. Besonderheiten
1. Strafausschließungs- und aufhebungsgründe
2. Strafverfolgungshindernisse
3. Regelbeispiele

drückt. Man könnte auch sagen, dass es in diesen Fällen letztlich nicht **der Täter** war, an dem die Tat gelegen hat, sondern **die Situation** (Stichwort: Sachzwang).

Bsp.: Zwei Schiffbrüchige erreichen schwimmend eine Planke, die nur einen tragen kann. Der stärkere T stößt den schwächeren O ins Meer, wo dieser ertrinkt.

a. Die wichtigsten Entschuldigungsgründe
aa. Der entschuldigende Notstand, § 35.
bb. Der Notwehrexzess, § 33.

b. Der entschuldigende Notstand, § 35

Der entschuldigende Notstand hat eine starke Aufbauähnlichkeit zu den rechtfertigenden Notständen. Um die Parallelität noch stärker hervorzuheben, habe ich weiter unten (auf Seite 128) eine Übersicht über alle (wesentlichen), gesetzlich normierten Not-Gründe eingefügt.

Der Unterschied zum rechtfertigenden Notstand liegt darin, dass keine Abwägung mehr getroffen wird. Der entschuldigende wird damit *nach hinten* hin enorm weit. Und um mögliche Unstimmigkeiten gar nicht erst aufkommen zu lassen, hat man ihn *vorne* sehr eng gemacht. Jetzt sind nämlich nur noch die in § 35 genannten Rechtsgüter notstandsfähig.

1. Objektiver Entschuldigungstatbestand
a. Notstandslage (**Notsituation**)
  - Gefahr,
  - gegenwärtige
  - für Leben, Leib, Freiheit
  - des Täters, eines Angehörigen, einer sonstigen nahestehenden Person

116 || Das vollendete vorsätzliche Begehungsdelikt (Tun)

I. Tatbestandsmäßigkeit	II. Rechtswidrigkeit (indiziert)
1. Objektiver Tatbestand	Ausnahme: Rechtfertigungsgründe
a. Das Tatsubjekt	**III. Schuld**
b. Die Tathandlung	1. Schuldfähigkeit
c. Das Tatobjekt	2. Spezielle Schuldmerkmale
d. Der Taterfolg und die Verbindung von Handlung und Erfolg	3. Die persönliche Vorwerfbarkeit Unrechtsbewusstsein im weiten Sinne
2. Subjektiver Tatbestand	a. Schuldform: Vorsatz
a. Vorsatz (= Wissen und Wollen)	b. Unrechtsbewusstsein im engen Sinne
b. Sonstige subjektive Merkmale	**4. Entschuldigungsgründe**
3. Tatbestandsannexe	IV. Besonderheiten
4. Fälle des § 28 II	1. Strafausschließungs- und aufhebungsgründe
	2. Strafverfolgungshindernisse
	3. Regelbeispiele

  b. **Notstandshandlung**
  - Beeinträchtigung
  - eines anderen Rechtsgutes
  - ist das mildeste Mittel,
  - für das es keine zumutbaren Alternativen gibt
  c. **Abwägung** findet nicht statt.
2. **Subjektiver Entschuldigungstatbestand**
  Kenntnis von Lage/Handlung (keine Abwägung!) & Gefahrabwendungswille

  c. **Irrtum über Entschuldigungsgründe**
  Wir nehmen in diesem Zusammenhang auch noch die Regelung des § 35 II zur Kenntnis, die den Fall behandelt, dass ein Täter irrtümlich vom Vorliegen der Notstandsvoraussetzungen ausgeht. Diese Vorschrift ist systematisch verwandt mit der des § 17. Hier wie dort ist deshalb auch zu untersuchen, inwieweit Vermeidbarkeit vorliegt.
  Es gelten dieselben Kriterien, die oben zu § 17 aufgezeigt wurden (auf S. 112).

  d. **Der Notwehrexzess, § 33**

  aa. **Die Konstellationen**
  Der Täter überschreitet die Grenzen einer tatsächlich gegebenen Notwehr. Je nachdem, ob die Notwehrlage *in diesem Augenblick* noch besteht oder nicht (mehr), unterscheidet man zwischen einem **intensiven** (Notwehrlage besteht noch) und einem **extensiven** (Notwehrlage besteht nicht mehr) **Notwehrexzess**. Man kann dann anschließend noch differenzieren, ob der Täter aus Furcht, Verwirrung, Schrecken (= uncool) oder ruhig und überlegt (= cool) gehandelt hat.

Deliktsform ①: Entschuldigungsgründe

I. **Tatbestandsmäßigkeit**
1. Objektiver Tatbestand
   a. Das Tatsubjekt
   b. Die Tathandlung
   c. Das Tatobjekt
   d. Der Taterfolg und die Verbindung von Handlung und Erfolg
2. Subjektiver Tatbestand
   a. Vorsatz (= Wissen und Wollen)
   b. Sonstige subjektive Merkmale
3. Tatbestandsannexe
4. Fälle des § 28 II

II. **Rechtswidrigkeit** (indiziert)
Ausnahme: Rechtfertigungsgründe

III. **Schuld**
1. Schuldfähigkeit
2. Spezielle Schuldmerkmale
3. Die persönliche Vorwerfbarkeit Unrechtsbewusstsein im weiten Sinne
   a. Schuldform: Vorsatz
   b. Unrechtsbewusstsein im engen Sinne
4. Entschuldigungsgründe

IV. **Besonderheiten**
1. Strafausschließungs- und aufhebungsgründe
2. Strafverfolgungshindernisse
3. Regelbeispiele

Im Ganzen gibt es daher die folgenden **4 Möglichkeiten**:

Möglichkeit	1	2	3	4
Notwehrlage bestand im Zeitpunkt der Tat:	ja	ja	nein	nein
Täter handelte:	uncool	cool	uncool	cool
Täter kann geltend machen:	§ 33	nix / § 17	nix (str.)	nix

bb. Beispiele zu den Konstellationen

Möglichkeit 1:
T wird von O überfallen. Er ist so erschrocken, dass er, statt eines an sich ausreichenden Beinschusses, einen Kopfschuss landet.

Möglichkeit 2:
T wird von O überfallen. Er ist nicht erschrocken, meint aber, dass er, statt eines an sich ausreichenden Beinschusses, auch einen Kopfschuss landen könne. Und so geschieht es. Hier ist vor § 33 noch ein Erlaubnisumfangsirrtum (§ 17) zu prüfen (dazu oben ab S. 110).

Möglichkeit 3:
Pfarrer T wird im Park wegen seines Gewandes versehentlich für eine Frau gehalten und von Triebtäter O überfallen. T ist so erschrocken, dass er nach erfolgreicher Abwehr noch minutenlang mit dem Gebetbuch auf O einschlägt und im Schlagrhythmus das 9. Gebot zitiert. Dieser Fall ist nur nach einer Mindermeinung (**Überschreitung der zeitlichen Grenzen** der Notwehr) noch von § 33 abgedeckt. Die h.M. zählt ihn nicht hierzu.

Möglichkeit 4:
Feministin T wird im Park von Triebtäter O überfallen. T wehrt den Angriff ohne große Mühe ab. Da sie nicht nur Parolen auf Hörsaalgebäude sprüht („Kastration

118 || Das vollendete vorsätzliche Begehungsdelikt (Tun)

I. Tatbestandsmäßigkeit
1. Objektiver Tatbestand
   a. Das Tatsubjekt
   b. Die Tathandlung
   c. Das Tatobjekt
   d. Der Taterfolg und die Verbindung von Handlung und Erfolg
2. Subjektiver Tatbestand
   a. Vorsatz (= Wissen und Wollen)
   b. Sonstige subjektive Merkmale
3. Tatbestandsannexe
4. Fälle des § 28 II

II. Rechtswidrigkeit (indiziert)
   Ausnahme: Rechtfertigungsgründe
III. Schuld
1. Schuldfähigkeit
2. Spezielle Schuldmerkmale
3. Die persönliche Vorwerfbarkeit Unrechtsbewusstsein im weiten Sinne
   a. Schuldform: Vorsatz
   b. Unrechtsbewusstsein im engen Sinne
4. Entschuldigungsgründe
IV. Besonderheiten
1. Strafausschließungs- und aufhebungsgründe
2. Strafverfolgungshindernisse
3. Regelbeispiele

---

ist erst der Anfang"), sondern auch Handlungsbedarf verspürt, erteilt sie O anschließend mit ihrer Nagelfeile noch eine Zusatzlektion.

cc. Die Prüfungsvoraussetzungen im Einzelnen
1. Bestehen einer Notwehrlage im Zeitpunkt der Tathandlung.
2. Die Tat(„Notwehr")handlung[6] ist überzogen (nicht erforderlich/geboten).
3. Aus Furcht, Verwirrung oder Schrecken.

Was über § 33 aber nicht geht, ist ein **Putativ-Notwehr-Exzess**.

Der läge dann vor, wenn der Täter die Notwehrlage irrig nur annimmt (putativ = geglaubt -> Erlaubnistatbestandsirrtum) und sich dann aus Furcht, Verwirrung oder Schrecken noch über die Maßen einer bei gegebener Notwehr zulässigen Handlung hinausbewegt.

§ 33 erfasst nach h.M. nur die Fälle, in denen (irgendwann) mal wirklich eine Notwehrlage gegeben war (BGH v. 27.10.2015 – 3 StR 199/15, Rz. 19).

---

[6] „Notwehr" steht hier in Anführungszeichen, weil die Handlung eben nicht mehr von Notwehr gedeckt ist. Es handelt sich eigentlich nur um eine „Handlung anlässlich einer Notwehrlage".

Deliktsform ①: Entschuldigungsgründe || 119

I. **Tatbestandsmäßigkeit**
1. Objektiver Tatbestand
   a. Das Tatsubjekt
   b. Die Tathandlung
   c. Das Tatobjekt
   d. Der Taterfolg und die Verbindung von Handlung und Erfolg
2. Subjektiver Tatbestand
   a. Vorsatz (= Wissen und Wollen)
   b. Sonstige subjektive Merkmale
3. Tatbestandsannexe
4. Fälle des § 28 II

II. **Rechtswidrigkeit** (indiziert)
   Ausnahme: Rechtfertigungsgründe

III. **Schuld**
1. Schuldfähigkeit
2. Spezielle Schuldmerkmale
3. Die persönliche Vorwerfbarkeit Unrechtsbewusstsein im weiten Sinne
   a. Schuldform: Vorsatz
   b. Unrechtsbewusstsein im engen Sinne
4. Entschuldigungsgründe

IV. **Besonderheiten**
1. Strafausschließungs- und aufhebungsgründe
2. Strafverfolgungshindernisse
3. Regelbeispiele

IV. Besonderheiten

Die praktische Relevanz der drei folgenden Punkte ist in Klausuren sehr gering, weil sich hier nicht mehr viel tun kann. Egal, wie man entscheidet: Aus prüfungstechnischer Sicht ist hier jede Strafbarkeitsprüfung zu Ende.

1. Strafausschließungs-/Strafaufhebungsgründe

Wichtig sind hier z.B. **§ 258 VI und § 306e**. Da dies keine besondere Schwierigkeit des Allgemeinen Teils aufweist, wird hier nicht weiter darauf eingegangen.

2. Strafverfolgungshindernisse

Gewisse Delikte werden nur auf **Antrag** verfolgt. Praktische Relevanz haben vor allen Dingen die §§ 123 II, 247, 248a, 248b III, 303c. Man formuliert je nach Sachverhalt entweder:

- „Der zur Strafverfolgung erforderliche Antrag nach § xy ist gestellt."; oder:
- „Zur Strafverfolgung muss noch ein Antrag nach § xy gestellt werden."

3. Strafzumessungsnormen (z.B. Regelbeispiele)

An diese Stelle der Klausur gehören als Strafzumessungsnormen die Regelbeispiele. § 243 z.B. muss hier geprüft werden. Das verringert zugleich das Risiko, ein Regelbeispiel mit dem (falschen) Etikett „Tatbestand" zu versehen. Man kann eine Strafzumessungsnorm im Übrigen sinnvollerweise erst dann prüfen, wenn man die grundsätzliche Strafbarkeit festgestellt hat, denn ohne dies gibt es nichts zuzumessen. Wie eine solche Prüfung (= Besonderer Teil des StGB) im Einzelnen auszusehen hat, kann man dem Beispiel der 2. Übungsklausur im Anhang entnehmen (auf S. 313).
Außerdem gehört an diese Stelle – wenn er denn mal auftaucht – § 28 I.

V. Sonstiges

1. Aufbau von Grundtatbestand & Qualifikation

Dieser Punkt ist kein Prüfungspunkt, der in einer Klausur gebracht werden könnte. Ich stelle ihn nur in diese Reihe, weil hier ein guter Standort ist, den Aufbau von Grundtatbestand und Qualifikation zu behandeln, wie ich es eingangs angekündigt habe (auf Seite 18).

Es gibt **drei Möglichkeiten**.

- Entweder man prüft zunächst das Grunddelikt voll durch (TB / RW / S) und hängt die Qualifikation (TB / RW / S) hintendran.
- Oder man prüft zunächst den Tatbestand (objektiv und subjektiv) des Grunddeliktes und dann den Tatbestand (objektiv und subjektiv) der Qualifikation und dann RW und S in einem.
- Oder man prüft den objektiven Tatbestand des Grunddeliktes, den objektiven Tatbestand der Qualifikation, den subjektiven Tatbestand des Grunddeliktes, den subjektiven Tatbestand der Qualifikation und dann RW und S in einem.

Das sähe bei einer gefährlichen Körperverletzung so aus (§§ 223 I, 224 I Nr. 2):

Möglichkeit 1:

Strafbarkeit gemäß §§ 223 I, 224 I Nr. 2
   I. Tatbestand, § 223 I
      1. Objektiv
      2. Subjektiv
   II. Rechtswidrigkeit
   III. Schuld
   IV. Tatbestand § 224 I Nr. 2
      1. Objektiv
      2. Subjektiv
   V. Rechtswidrigkeit
   VI. Schuld

Möglichkeit 2:

Strafbarkeit gemäß §§ 223 I, 224 I Nr. 2
   I. Tatbestand
      1. Objektiv, § 223 I
      2. Subjektiv, § 223 I
      3. Objektiv, § 224 I Nr. 2
      4. Subjektiv, § 224 I Nr. 2
   II. Rechtswidrigkeit
   III. Schuld

Möglichkeit 3:
Strafbarkeit gemäß §§ 223 I, 224 I Nr. 2
   I. Tatbestand
      1. Objektiv, § 223 I
      2. Objektiv, § 224 I Nr. 2
      3. Subjektiv, § 223 I
      4. Subjektiv, § 224 I Nr. 2
   II. Rechtswidrigkeit
   III. Schuld

Als zulässige Möglichkeiten sind üblicherweise die Möglichkeiten 1 und 2 anerkannt. **Möglichkeit 3 gilt als unzulässig.**

Die Begründung hierfür liegt – wie immer bei Aufbaufragen – in Zweckmäßigkeitserwägungen. Die Vermischung von zwei objektiven Tatbeständen und von zwei subjektiven Tatbeständen bringt unnötige Schwierigkeiten. Man denke nur an einen Irrtum im Hinblick auf den Grundtatbestand. Wenn man nach Möglichkeit 3 prüfte, hätte man, bis man zum Irrtum gekommen wäre, schon etliches Überflüssiges erörtert (die objektiven Voraussetzungen der Qualifikation). Und **überflüssig ist falsch.**

Ganz überzeugend ist das aber nicht.
- Denn wenn z.B. Grundtatbestand und Qualifikation problemlos (oder meinetwegen auch mit Problemen, aber letztlich doch erfolgreich) durchgehen, ziehen keine Zweckmäßigkeitserwägungen mehr. Für diesen Fall kommen ja alle zum gleichen Ergebnis.
- Und mehr noch: In den Fällen einer versuchten Qualifikation (Grundtatbestand erfüllt, Qualifikation versucht) oder auch eines qualifizierten Versuches (Grundtatbestand versucht, Qualifikation erfüllt) gibt es überhaupt keinen Zweifel daran, dass der Vorsatz zu Grundtatbestand und Qualifikation gemeinsam in einem (1!) subjektiven Tatbestand geprüft wird (vgl. Seite 165). Und auch der objektive Tatbestand (besteht dort allerdings nur im unmittelbaren Ansatz zur Tat = Grundtatbestand + Qualifikation) wird nur einmal geprüft.

Wir sollten daher die Beschränkung auf die beiden ersten Möglichkeiten **mehr** als **traditionell**, denn **als sinnvoll** ansehen. Am besten ist es auch hier, wenn man den jeweiligen Übungsleiter in der Uni fragt, wie er es denn gern hätte. Bis dahin halten wir uns an die Tradition.

Welche der beiden ersten Möglichkeiten man wählt, hängt von der Fallkonstellation ab. In Fällen, in denen ein Rechtfertigungsgrund eingreift, wählt man cleverer Weise Möglichkeit 1. Dann muss man zur Qualifikation nichts mehr sagen. In Fällen, in denen die Schuld nicht vorliegt, es aber auch um die Strafbarkeit eines Teilnehmers geht, wird man versuchen, die Qualifikation vor der Schuld abzuhandeln (also vor der Rechtswidrigkeit), damit der Teilnehmer die Qualifikation auch noch reingewürgt bekommt. (Die Details folgen im 3. Teil. Hier nur so viel, dass die Strafbarkeit des Teilnehmers nicht von der Schuld des Täters, wohl aber von dessen tatbestandsmäßiger, vorsätzlicher, rechtswidriger Tat abhängt, vgl. §§ 26, 27.)

Zuletzt bringt es – wie gerade erwähnt – der Versuch eines qualifizierten Deliktes mit sich, dass wir an unseren Qualifikationsaufbauregeln doch noch ein bisschen basteln müssen. Aber dazu erst auf Seite 165.

2. Einiges über Handlungslehren und Klausuraufbau

Mehrfach wurde schon auf diesen Teil verwiesen. Bei der Handlung im objektiven Tatbestand ebenso wie bei der Schuld. Wir machen jetzt zuerst einen kurzen Schlenker durch die Geschichte und sehen uns dann die Konsequenzen für den Prüfungsaufbau an.

Am Anfang (19. Jahrhundert) stand die **sog. kausale Handlungslehre**. Diese definierte die Handlung schlicht als ein menschliches Verhalten, bestehend aus einer gewillkürten (= willentlichen) Körperbewegung, das irgendeine **Veränderung der Außenwelt** zur Folge hat. Handlung war damit alles, was irgendwie zur Ursache (zur causa) einer Veränderung erklärt werden konnte.

(Nur am Rande: Das war nicht die Erfindung von Juristen, sondern damaliger philosophischer Mainstream.)

Nicht in diesem Handlungsbegriff enthalten war aber der Aspekt, dass menschliches Verhalten ja nicht „einfach so" erfolgte, sondern (meistens) der Verfolgung irgendwelcher (bewusster oder unbewusster) **Ziele** diente. Diesen Aspekt machte sich später eine Lehre (erste Hälfte 20. Jahrhundert) zunutze, die sich in Anlehnung an das lateinische Wort für Ziel (wir merken uns ganz olympisch das große Finale) **finale Handlungslehre** nannte. Hier war Handlung nur das Tätigwerden auf ein bestimmtes Ziel zu. Für die Vorsatzdelikte war das gegenüber der kausalen Lehre eine schöne Differenzierung, mit der sich besser arbeiten ließ.

Beide Handlungslehren hatten ihre **Schwierigkeiten** mit den Unterlassungsdelikten, bei denen man gerade **nicht** (körperbewegungsmäßig) **tätig** wird. Die finale Handlungslehre speziell hat auch noch an der (unbewussten) Fahrlässigkeit zu knacken, die schließlich voraussetzt, dass man etwas *nicht will*, ja nicht einmal (bei der unbewussten F.) als Ziel *gesehen* hat (der Erfolg ist nicht das Ziel, auf das hin man handelt). Hier war die kausale Lehre klar besser geeignet: Wer wenig fordert, hat auch wenig Probleme.

Die auch in diesem Skript vertretene **soziale Handlungslehre** (zweite Hälfte 20. Jahrhundert) ist demgegenüber gleichsam ein Kombi-Pack.
- Mit der *Willentlichkeit* des Verhaltens schließt sie zunächst alle Fälle aus, die auch die kausale Handlungslehre ausschließt (Reflexe etc.).
- Mit der *Sozial*-**Erheblichkeit** erfasst sie aber darüber hinaus zunächst auch den Aspekt der *Zielgerichtetheit* menschlichen Verhaltens einerseits und weiter, dass mit derartigen sozialerheblichen Verhaltensweisen auch Folgen verbunden sein können, die man nicht gewollt, ja noch nicht einmal gesehen hat. Sie erfasst damit auch die *Fahrlässigkeitsfälle*.
- Indem sie zuletzt nur von einem *Verhalten* (und nicht von einer – aktiven – *Körperbewegung*) spricht, erfasst sie nicht nur die Fälle des Tuns, sondern auch die des Unterlassens.

Das könnte uns jetzt alles ziemlich einerlei sein, und wir könnten zu Recht meinen, dass das sowieso nur Geschichte ist, wenn diese Geschichte nicht erhebliche Auswirkungen auf den Aufbau gehabt hätte und immer noch hat.

Die Kausalisten, zu denen auch heute noch die Rechtsprechung (nicht ganz unwichtig) gehört, hatten – wie oben gesehen – einen sehr reduzierten Handlungsbegriff. Was so im Innern des Täters abging, interessierte sie tatbestandsmäßig erst dann, wenn der Täter, statt gewillkürt zu handeln, irgendwelche Reflexe zeigte, oder wenn das Gesetz explizit subjektive Tatbestandselemente forderte (z.B. beim Diebstahl die Absicht rechtswidriger Zueignung). Die Kausalisten kamen daher *im Tatbestand* regelmäßig ohne jeden Rückgriff auf die inneren Werte des Täters aus.

Ein Kausalist baute den Totschlag daher nicht etwa so auf:

I. TB
 1. Objektiv
 2. Subjektiv = Vorsatz
II. RW
III. Schuld

sondern so:

I. TB
 (- Objektiv)
II. RW
III. Schuld

Das „- Objektiv" ist hier in Klammern gesetzt, weil der Kausalist kein *Objektiv* braucht. Und als Überschrift macht so was nur Sinn, wenn irgendwo auch noch ein *Subjektiv* folgt.

Nun war aber auch der Kausalist nicht so unverständig zu meinen, dass man nichts Subjektives brauche. Er stufte dieses Subjektive nur nicht im Tatbestand ein (denn dort geht's um die Tat), sondern in die Schuld (da geht's um den Täter, also auch um dessen Innereien). Der Kausalist prüfte die innere Einstellung des Täters in einem auf das Unrecht (= Tatbestand und Rechtswidrigkeit) bezogenen Prüfungspunkt. Er nannte dies, ähnlich dem, wie wir es die ganze Zeit schon im subjektiven Tatbestand gemacht haben, ganz allgemein **Vorsatz**.

Dieser Vorsatz hatte zwei unselbständige Bestandteile, die beide vorliegen mussten, damit der Vorsatz zu bejahen war.

Da waren einmal der **Tatbestandsvorsatz** und einmal der **Rechtswidrigkeitsvorsatz**, genannt Unrechtsbewusstsein. Schematisch sah das so aus:

I. TB
   (- Objektiv)
II. RW
III. Schuld
   1. Schuldfähigkeit
   2. Vorsatz (= Vorsatz bezogen auf Unrecht)
      a. Tatbestandsvorsatz und
      b. Rechtswidrigkeitsvorsatz = Unrechtsbewusstsein
   3. Entschuldigungsgründe

Eigentlich alles nicht so wild, denn ob man den Vorsatz nun in einem subjektiven Tatbestand oder in der Schuld prüft, hat sich für's Ergebnis ziemlich gleich.

Interessant wurde es aber bei Irrtümern. Man dachte nämlich am Anfang, dass jeder Irrtum – egal, ob er sich auf die Ebene des Tatbestandes oder auf die Ebene der Rechtswidrigkeit bezog – den Vorsatz insgesamt beseitige. Immerhin ging es ja insgesamt immer um Unrecht.

> Von hier aus (und nur von hier aus) machte z.B. die Vorsatztheorie einen Sinn, die uns bekanntlich sagte, dass bei einem *Irrtum über das Vorliegen eines Rechtfertigungsgrundes* der Vorsatz entfällt. Klar entfällt der Vorsatz, wenn man ihn einheitlich, als ein Ganzes versteht.

Und man konnte das auch durchaus so sehen, denn es gab in dieser Zeit die heutigen §§ 16 und 17, die ja deutlich differenzieren, noch nicht. Es gab damals nur eine (1) Vorschrift, die den Tatbestandsirrtum regelte (§ 59 StGB a.F.).

Grundlegend wurde für die Kausalisten dann eine Entscheidung des Großen Senats des BGH aus dem Jahre 1952 (BGH v. 18.3.1952 – GSSt 2/51). Dort (Rz. 32) stellte der BGH erstmals ganz offiziell fest, was schon seit Jahren durch die Literatur lief: **Das Unrechtsbewusstsein ist ein eigenständiger Teilaspekt der Schuld.**

Es gibt demnach einen Vorsatzteil in der Schuld, der sich auf den Tatbestand bezieht (den Tatbestandsvorsatz) und einen davon verschiedenen, anderen Teil, der sich auf die Rechtswidrigkeit bezieht (den Rechtswidrigkeitsvorsatz, das Unrechtsbewusstsein).

Der BGH verwarf damit die Vorsatztheorie (Hinweis: Die Paragraphenangaben [§§ 16, 17] im folgenden Schema beziehen sich auf die heutigen Vorschriften, 1952 war das noch an anderer Stelle, s.o.).

Das Schema des Kausalisten sieht seitdem so aus:

I. TB
(- Objektiv)

II. RW

III. Schuld
1. Schuldfähigkeit
2. Vorsatz bezogen auf Tatbestand – bei Irrtum: § 16.
3. Unrechtsbewusstsein = RW-Vorsatz – bei Irrtum: § 17.
4. Entschuldigungsgründe

Schön zu sehen, dass ein Verbotsirrtum jetzt nur noch *nach* einem eventuellen Tatbestandsirrtum kommt und einen bestehenden Tatbestandsvorsatz selbst völlig unberührt lässt.

Beim Unrechtsbewusstsein selbst schließlich wurde kurz darauf noch einmal differenziert. So, wie es im vorstehenden Schema steht, entspricht es nämlich nur der **strengen Schuldtheorie**, die ja für jeden Verbotsirrtum § 17 anwenden will. Wir wissen aber schon, dass für die Fälle des Erlaubnistatbestandsirrtums eine andere Behandlung herrschend ist: die über § 16 I S. 1 analog.

Letztes Schema damit (nach der **eingeschränkten Schuldtheorie**):

I. TB
(- Objektiv)

II. RW

III. Schuld
1. Schuldfähigkeit
2. Vorsatz bezogen auf Tatbestand – bei Irrtum: § 16.
3. Unrechtsbewusstsein = RW-Vorsatz bezüglich
   a. tatsächl. Voraussetzungen Erlaubnissatz – bei Irrtum: § 16 I S. 1.

    b. rechtlicher Voraussetzungen (Existenz/ Umfang) Erlaubnissatz – bei Irrtum: § 17.
4. Entschuldigungsgründe

Wir haben damit den aktuellen Stand der Diskussion für die kausale Handlungslehre erreicht. Jetzt sollten wir uns ansehen, wie sich die finale Handlungslehre davon unterscheidet.

Wir müssen es dabei nicht so lang machen wie gerade. Denn den **wesentlichen Aufbauunterschied bei der finalen Handlungslehre** (und an die lehnt sich die soziale Handlungslehre an) haben wir das ganze Skript über schon gesehen.
Wer davon ausgeht, dass eine Handlung über bestimmte innere Pläne, Vorstellungen, Wünsche – kurz: Ziele definiert wird, der muss all dies natürlich nicht erst dort bringen, wo es um den Vorwurf an einen Täter geht, sondern schon da, wo es um eben die Frage nach dem Vorliegen einer Handlung geht.
Und hier gibt es keinen Zweifel: Die Frage nach dem Vorliegen einer Handlung stellt sich **im Tatbestand** eines Deliktes. Es bleibt den Finalisten daher gar nichts anderes übrig, als in Konsequenz ihrer Definition der Handlung einen inneren Tatbestand zu prüfen. Sie nannten das **subjektiver Tatbestand**.
Und all die Motivationen etc. sind zuletzt nichts anderes als **Bestandteile des Vorsatzes**. Es sind die Bewusstseins- und Wollenselemente, die ihn ausmachen. Damit war klar, dass der Vorsatz für die Finalisten ab sofort in den subjektiven Tatbestand gehörte.

Und dort ist er dann bis heute geblieben. Der Aufbau der finalen (und technisch gesehen damit auch der sozialen) Handlungslehre sieht damit bei der **eingeschränkten Schuldtheorie** so aus:

I. TB
   1. Objektiv
   2. Subjektiv = TB-Vorsatz – bei Irrtum: § 16.
II. RW
III. Schuld
   1. Schuldfähigkeit
   2. Unrechtsbewusstsein = RW-Vorsatz bezüglich
       a. tatsächl. Voraussetzungen Erlaubnissatz – bei Irrtum: § 16 I S. 1.
       b. rechtl. Voraussetzungen Erlaubnissatz – bei Irrtum: § 17.
   3. Entschuldigungsgründe

Bei der strengen Schuldtheorie ist es fast dasselbe, bis auf den Umstand, dass die Punkte, die hier unter III. 2. a. und b. getrennt behandelt werden, jeweils als Fälle des § 17 auftauchen würden.

I. **TB**
   1. Objektiv
   2. Subjektiv = TB-Vorsatz – bei Irrtum: § 16.
II. **RW**
III. **Schuld**
   1. Schuldfähigkeit
   2. Unrechtsbewusstsein = RW-Vorsatz – bei Irrtum: § 17.
   3. Entschuldigungsgründe

Und wenn wir so weit sind, wie wir jetzt sind, lassen sich auch einige vermeintliche „Aufbauungereimtheiten" besser verstehen.

- So insbesondere die, als wir die Vorsatztheorie im Rahmen des Erlaubnistatbestandsirrtums durchgeprüft haben (auf Seite 105). Dort hatten wir mit dem schwierigen Problem zu kämpfen, dass wir schon im subjektiven Tatbestand, also noch *vor der Rechtswidrigkeit*, die Auswirkungen einer vermeintlichen gegebenen Rechtfertigung geprüft haben. Wir hatten also vorgreifen müssen.
- Diese Aufbauschwierigkeit gibt es bei Leuten, die kausal aufbauen, überhaupt nicht. Denn die prüfen den Vorsatz ja erst in der Schuld. Und bis man dahin kommt, sind ja alle Rechtswidrigkeits- bzw. Rechtfertigungsfragen schon abgehakt. Die müssen also auch nicht vorgreifen, sondern können sich bequem auf schon Geprüftes zurücklehnen.
- Wir könnten uns aber auch fragen, ob es jetzt für die Rauschtat bei der a.l.i.c. wirklich noch darauf ankommt, ob sie vorsätzlich oder fahrlässig begangen wurde (s. S. 82). Denn wenn wir kausal prüften, wären wir (am Bsp. § 212) schon bei der Schuldfähigkeit, bevor wir etwas zum Vorsatz gesagt haben.

All diese Feinheiten müssen uns aber nicht interessieren, wenn wir so aufbauen, wie es in diesem Skript (und auch in der Literatur herrschend) gemacht wird – sozial/final nämlich.

Hinweis: Hier ist das vollendete vorsätzliche Begehungsdelikt abgeschlossen. Ich empfehle, jetzt die Ausführungen zum Gutachtenstil zu lesen (ab Seite 298) und die 1. Übungsklausur zu bearbeiten (ab Seite 306).

Übersicht über Notgründe (Rechtfertigung und Entschuldigung)

Notgrund	§ 32	§ 34	§ 228 BGB	§ 904 BGB	§ 35
Prüf-Punkt	Rechtswidrigkeit	Rechtswidrigkeit	Rechtswidrigkeit	Rechtswidrigkeit	Schuld
Not-Lage	Angriff, gegenwärtiger, rechtswidriger auf beliebiges Rechtsgut	Gefahr, gegenwärtige, für beliebiges Rechtsgut	Gefahr, gegenwärtige, durch eine Sache für beliebiges Rechtsgut	Gefahr, gegenwärtige, für beliebiges Rechtsgut	Gefahr, gegenwärtige, für Leben, Leib Freiheit
Not-Handlung	Verteidigung, gegen beliebiges Rechtsgut*, erforderliche,	Beeinträchtigung, eines beliebigen Rechtsgutes nicht anders abwendbar	Beschädigung Zerstörung der Sache, erforderliche	Beschädigung Zerstörung einer Sache, erforderliche	Beeinträchtigung, eines beliebigen Rechtsgutes nicht anders abwendbare
Abwägung	gebotene	geschütztes I. überwiegt wesentlich beeinträchtigtes I.	geschütztes I. nicht wesentlich weniger wert als beeinträchtigtes I.	geschütztes I. überwiegt wesentlich beeinträchtigtes I.	keine
subj. Element	Wille/Kenntnis	Wille/Kenntnis	Wille/Kenntnis	Wille/Kenntnis	Wille/Kenntnis

* Anmerkung:
Die Verteidigungshandlung darf sich nach h.M. nur gegen Rechtsgüter des Angreifers richten. Eine (überflüssige) Ausnahme hiervon macht die h.M., wenn der Angreifer sich fremder Sachen bedient. Dann soll Notwehr auch hiergegen zulässig sein.

Vorgehensweise:
1. Frage: Welches Rechtsgut ist vom Täter verletzt worden? Wenn es sich um eine Sache handelt, kommen zunächst die §§ 32, 228 und 904 in Betracht.
2. Frage: Ist die Sache nicht von einem Menschen benutzt worden? Wenn ja, scheidet § 32 aus. Dasselbe gilt, wenn ein Mensch eine nicht ihm gehörende Sache benutzt (a.A. aber die wohl h.M.).
3. Frage: Geht die Gefahr von der Sache aus? Wenn ja, ist § 228 einschlägig, wenn nein § 904.
4. Ergibt die Abwägung bei §§ 34, 228, 904, dass das erforderliche Verhältnis zwischen beeinträchtigtem und geschützten Interesse nicht gewahrt ist, war das Verhalten des Täters rechtswidrig, es ist aber an § 35 zu denken.

Deliktsform ①: Handlungslehren und Klausuraufbau

Vergleichende Übersicht: Irrtümer im Tatbestand und in der Schuld

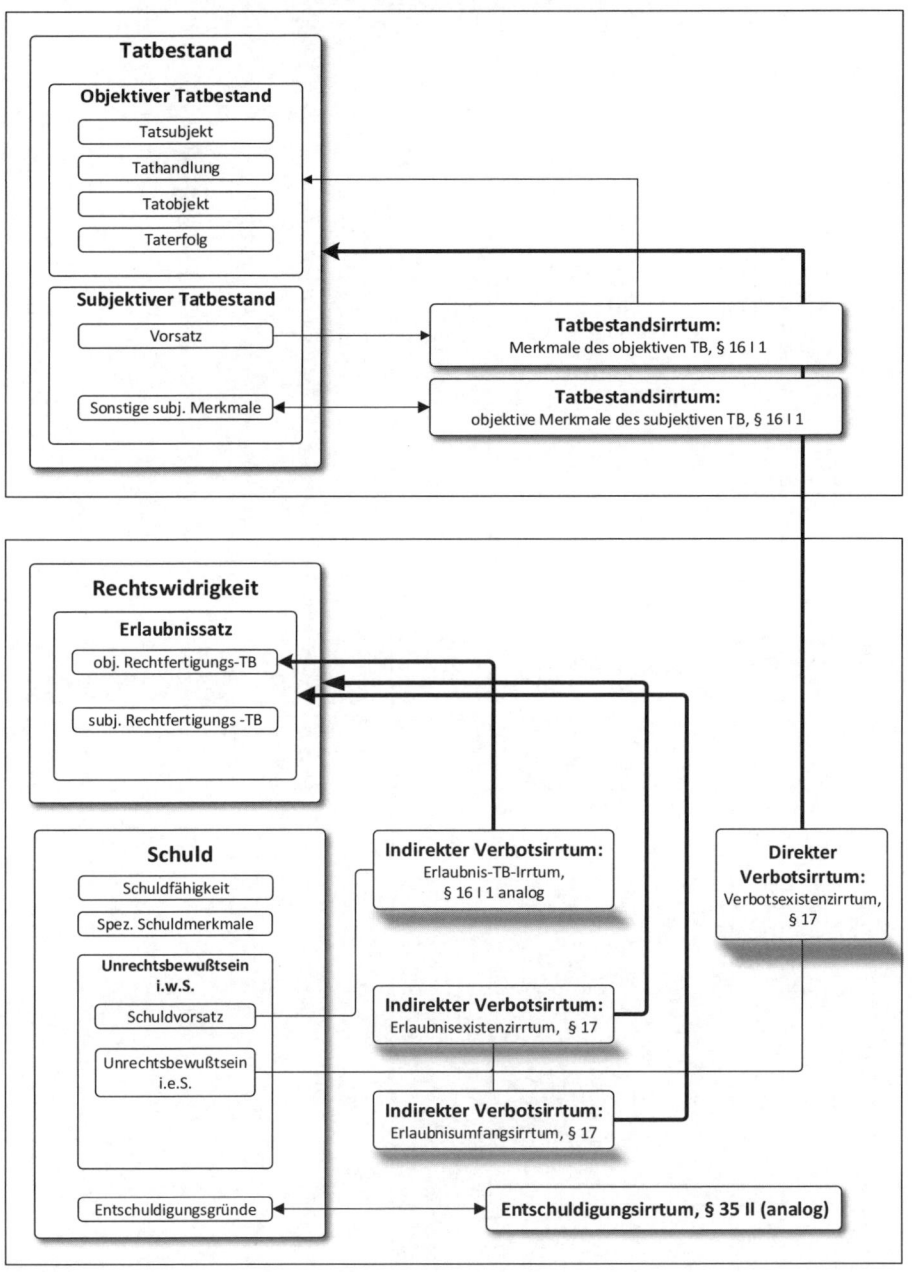

1. Teil - Das System ✓
2. **Teil - Die einzelnen Deliktsformen**
    ① Das vollendete vorsätzliche Begehungsdelikt (Tun) ✓
☞   ② Das versuchte vorsätzliche Begehungsdelikt
3. Teil - Täterschaft und Teilnahme
4. Teil - Konkurrenzen
5. Teil - Gutachtenstil und Übungsklausuren
6. Teil - Hausarbeiten

132 || Das versuchte vorsätzliche Begehungsdelikt

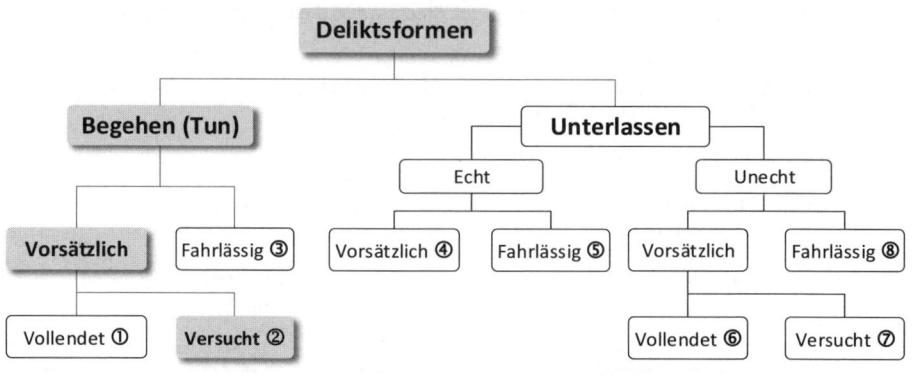

② **Das versuchte vorsätzliche Begehungsdelikt** [Lesezeit: ca. 30 Min.]

[- „Vorprüfung"]
1. Fehlen der Vollendung (Feststellung, dass und aus welchem Grunde der objektive Tatbestand nicht vollständig erfüllt ist.)
2. Prüfung, ob der Versuch überhaupt mit Strafe bedroht ist, §§ 23 I, 22 I.

I. **Tatbestandsmäßigkeit**
1. **Subjektiver Tatbestand**
    - Anders als beim vollendeten Delikt wird hier der subj. TB zuerst geprüft!
    - Erforderlich ist ein **Tatentschluss** (i.S.d. § 22). Dieser besteht aus:
        a. Tatbestands-Vorsatz. Systematischer Standort zur Abgrenzung von der straflosen Tatgeneigtheit. Weiterhin Standort zur Abgrenzung zwischen untauglichem Versuch (strafbar) und Wahndelikt (straflos). Umfasst Grunddelikt und ggf. Qualifikation.
        b. Sonstigen subjektiven Tatbestandsmerkmalen.
2. **Objektiver Tatbestand**
    a. Unmittelbarer Ansatz zur Verwirklichung des objektiven Tatbestandes. Abgrenzung zur straflosen Vorbereitungshandlung.
    b. Besondere täterschaftliche Merkmale des Handelnden (z.B. Beamter)
3. **Tatbestandsannexe**

II. **Rechtswidrigkeit: keine Besonderheiten gegenüber vollendetem Delikt**

III. **Schuld: keine Besonderheiten gegenüber vollendetem Delikt**

IV. **Besonderheiten**
1. Strafaufhebungsgründe, hier insbesondere: Rücktritt gemäß § 24
2. Strafverfolgungshindernisse (Antrag): keine Besonderheiten.

Deliktsform ②: Das versuchte vorsätzliche Begehungsdelikt || 133

[- „Vorprüfung"]
1. Fehlen der Vollendung
2. Strafbarkeit des Versuchs

I. **Tatbestandsmäßigkeit**
1. Subjektiver Tatbestand (Tatentschluss)
   a. Vorsatz (= Wissen & Wollen aller Merkmale des gesetzlichen TBs)
   b. Sonstige subjektive Merkmale
2. Objektiver Tatbestand
   a. Der unmittelbare Ansatz
   b. Bes. täterschaftliche Merkmale
3. Tatbestandsannexe
4. Fälle des § 28 II

II. **Rechtswidrigkeit** (indiziert)
Ausnahme: Rechtfertigungsgründe

III. **Schuld**
1. Schuldfähigkeit
2. Spezielle Schuldmerkmale
3. Die persönliche Vorwerfbarkeit Unrechtsbewusstsein im weiten Sinne
   a. Schuldform: Vorsatz
   b. Unrechtsbewusstsein im engen Sinne
4. Entschuldigungsgründe

IV. **Besonderheiten**
1. Strafaufhebungsgründe, insb.: Rücktritt
2. Strafverfolgungshindernisse
3. Regelbeispiele

Definition: Eine Straftat versucht, wer nach seiner **Vorstellung von der Tat** (= subjektives Element) zur Verwirklichung des Tatbestandes **unmittelbar ansetzt** (= objektives Element), vgl. § 22.

Grundgedanke: Jede vorsätzliche Straftat durchläuft mehrere Stadien bis zu ihrer Beendigung.

Die einzelnen Stadien:
Entschluss. Am Anfang steht der Entschluss, eine Straftat zu begehen.
Vorbereitung. Dem Entschluss folgen Vorbereitungshandlungen.
Versuch. An die Vorbereitung schließt sich der Versuch an.
Vollendung. Vollendet ist die Tat, wenn alle Tatbestandsmerkmale erfüllt sind.
Beendung. Beendet ist die Tat, wenn sie darüber hinaus tatsächlich zu Ende kommt.

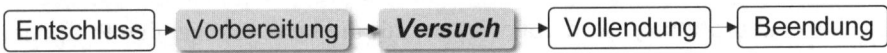

Beispiele:
Entschluss. T entschließt sich, einen Tresor im O-Supermarkt zu knacken.
Vorbereitung. Er nimmt einen Aushilfsjob an, um sich das Spezialwerkzeug kaufen zu können, er kundschaftet die Öffnungszeiten aus, er macht Waldläufe und beginnt ein Verhältnis mit einer Kassiererin, um im entscheidenden Augenblick fit zu sein etc.
Versuch. T lässt das Schweißgerät warmlaufen und beginnt, den Tresor zu erhitzen.
Vollendung. T hat den Tresor geknackt und das Geld in eine Tasche gepackt.
Beendung. T sitzt daheim im Lehnstuhl und zählt das Geld. Die Kassiererin kocht derweil einen Tee.

134 || Das versuchte vorsätzliche Begehungsdelikt

[- „Vorprüfung"]
1. Fehlen der Vollendung
2. Strafbarkeit des Versuchs
I. Tatbestandsmäßigkeit
   1. Subjektiver Tatbestand (Tatentschluss)
      a. Vorsatz (= Wissen & Wollen aller Merkmale des gesetzlichen TBs)
      b. Sonstige subjektive Merkmale
   2. Objektiver Tatbestand
      a. Der unmittelbare Ansatz
      b. Bes. täterschaftliche Merkmale
   3. Tatbestandsannexe
   4. Fälle des § 28 II

II. Rechtswidrigkeit (indiziert)
    Ausnahme: Rechtfertigungsgründe
III. Schuld
    1. Schuldfähigkeit
    2. Spezielle Schuldmerkmale
    3. Die persönliche Vorwerfbarkeit
       Unrechtsbewusstsein im weiten Sinne
       a. Schuldform: Vorsatz
       b. Unrechtsbewusstsein im engen Sinne
    4. Entschuldigungsgründe
IV. Besonderheiten
    1. Strafaufhebungsgründe, insb.: Rücktritt
    2. Strafverfolgungshindernisse
    3. Regelbeispiele

Strafbarkeit in den einzelnen Phasen:
Entschluss. Keine Strafbarkeit, weil ansonsten Gesinnungsschnüffelei die Folge wäre. Noch haben wir Gedankenfreiheit.
Vorbereitung. Grundsätzlich straflos, weil die Ausführung der Tat noch von vielen Unwägbarkeiten abhängt: T kann die Lust am Jobben, am Sparen, an der Kassiererin, am Waldlauf verlieren. Was sollte man dann bestrafen?
Ausnahmen hiervon: §§ 83, 87, 149, 234a, 316c IV und – besonders wichtig – § 30.
Versuch. Strafbarkeit nach § 23.
Vollendung. Strafbarkeit wegen Vollendung
Beendung. Strafbarkeit wegen Vollendung – Beginn der Verjährung.

[- „Vorprüfung"]

Der Begriff „Vorprüfung" wird überwiegend für die beiden folgenden Prüfpunkte verwandt. Er ist geläufig, aber unglücklich gewählt, denn wenn man das Folgende prüft, ist man **mitten in** der Prüfung und **nicht davor**. An manchen Unis wird der Begriff „Vorprüfung" deshalb inzwischen auch nicht mehr gerne gesehen. Ich benutze ihn hier in Anführungszeichen, um darauf aufmerksam zu machen. Man kann ihn in einer Klausur schlicht weglassen und das Fehlen der Vollendung und die Strafbarkeit des Versuches einfach prüfen.

1. Fehlen der Vollendung

In jeder vollendeten Tat steckt auch ein geglückter Versuch. Auf den Versuch ist daher grundsätzlich nur dann einzugehen, wenn keine Vollendung vorliegt. Ansonsten würde stets eine Doppelprüfung stattfinden.

- **Bei unproblematischen Fällen** (das sind die, bei denen man ohne Sorge vor irgendeinem Widerspruch im Urteilstil feststellen kann, was ist und was nicht) beginnt man sofort mit der Versuchsprüfung und stellt lediglich fest, *dass* kein

[- „Vorprüfung"]
  1. Fehlen der Vollendung
  2. Strafbarkeit des Versuchs
I. Tatbestandsmäßigkeit
  1. Subjektiver Tatbestand (Tatentschluss)
     a. Vorsatz (= Wissen & Wollen aller Merkmale des gesetzlichen TBs)
     b. Sonstige subjektive Merkmale
  2. Objektiver Tatbestand
     a. Der unmittelbare Ansatz
     b. Bes. täterschaftliche Merkmale
  3. Tatbestandsannexe
  4. Fälle des § 28 II

II. Rechtswidrigkeit (indiziert)
   Ausnahme: Rechtfertigungsgründe
III. Schuld
  1. Schuldfähigkeit
  2. Spezielle Schuldmerkmale
  3. Die persönliche Vorwerfbarkeit
     Unrechtsbewusstsein im weiten Sinne
     a. Schuldform: Vorsatz
     b. Unrechtsbewusstsein im engen Sinne
  4. Entschuldigungsgründe
IV. Besonderheiten
  1. Strafaufhebungsgründe, insb.: Rücktritt
  2. Strafverfolgungshindernisse
  3. Regelbeispiele

vollendetes Delikt vorliegt und *warum nicht:* durch Verweis auf das nicht vorliegende TB-Merkmal.

Bsp.: T will O erschießen. Er schießt daneben.
Formulierung: Die Tat [Totschlag] ist nicht vollendet: O ist nicht tot.

- **Bei problematischen Fällen** (und das sind all die, die im Gutachtenstil abgehandelt werden müssten) beginnt man mit der Prüfung des vollendeten Delikts, stellt dann fest, dass der Tatbestand nicht voll erfüllt ist, und schwenkt danach auf die Versuchsprüfung über.

Bsp.: T will dem O ein Buch stehlen. O beobachtet T, ohne dass dieser es merkt. O ist damit einverstanden, dass T das Buch mitnimmt. Damit entfällt das Merkmal der „Wegnahme" des § 242 I: Es fehlt am Gewahrsamsbruch.

2. Strafbarkeit des Versuchs, § 23 I

Grundsätzliches: Nicht jeder Versuch ist strafbar, § 23 I. Es wäre höchstgradig peinlich, auf langen Seiten einen versuchten Hausfriedensbruch [= Vergehen] durchzuprüfen, nur um am Ende festzustellen, dass es auf die gerade vorangegangene Prüfung nicht ankommt, da der Versuch nicht strafbar ist.

Zitierweise: Hier spart man sich viel Zeit und Worte, wenn man das Delikt, das man prüft, im Obersatz **exakt** angibt. Aus dem AT brauchen wir dazu § 22 (Versuchsbegriff), § 23 I (Abhängigkeit von Deliktsform), § 12 I/II (Verbrechens-/Vergehensbegriff) und ggf. die ausdrückliche Strafbarkeitsbestimmung im BT.
- Bei versuchtem Betrug etwa schreibt man: §§ 263 I, II; 22; 23 I; 12 II;
- versuchter Diebstahl wäre: §§ 242 I, II; 22; 23 I; 12 II;
- versuchter Totschlag: §§ 212 I; 22; 23 I; 12 I usw.

136 || Das versuchte vorsätzliche Begehungsdelikt

[- „Vorprüfung"]
1. Fehlen der Vollendung
2. Strafbarkeit des Versuchs
I. Tatbestandsmäßigkeit
  1. Subjektiver Tatbestand (Tatentschluss)
     a. Vorsatz (= Wissen & Wollen aller Merkmale des gesetzlichen TBs)
     b. Sonstige subjektive Merkmale
  2. Objektiver Tatbestand
     a. Der unmittelbare Ansatz
     b. Bes. täterschaftliche Merkmale
  3. Tatbestandsannexe
  4. Fälle des § 28 II

II. Rechtswidrigkeit (indiziert)
   Ausnahme: Rechtfertigungsgründe
III. Schuld
  1. Schuldfähigkeit
  2. Spezielle Schuldmerkmale
  3. Die persönliche Vorwerfbarkeit Unrechtsbewusstsein im weiten Sinne
     a. Schuldform: Vorsatz
     b. Unrechtsbewusstsein im engen Sinne
  4. Entschuldigungsgründe
IV. Besonderheiten
  1. Strafaufhebungsgründe, insb.: Rücktritt
  2. Strafverfolgungshindernisse
  3. Regelbeispiele

I. Tatbestandsmäßigkeit

Vorbemerkung: Im Rahmen des Tatbestandes findet sich der einzige wesentliche **Unterschied zum** vorsätzlichen **vollendeten Delikt.** Der subjektive Tatbestand wird nämlich *vor* dem objektiven Tatbestand geprüft. Der Grund hierfür liegt in folgenden zwei Überlegungen:

- Die strafrechtliche Einordnung eines *vollendeten* Delikts ist relativ einfach, man sieht ja, was passiert ist.

  Beim versuchten Delikt ist das anders. Hier ist der objektive, d.h. der nach außen hin sichtbare Tatbestand nur in Teilstücken erfüllt, möglicherweise sogar gar nicht. Ein vielleicht äußerlich (also objektiv) neutrales Geschehen kann erst dann richtig verstanden werden, wenn man den Vorsatz des Täters kennt.

Bsp.: T schlägt O von hinten auf den Rücken. Das kann je nach Vorsatz des T versuchter Totschlag, versuchte Körperverletzung (nicht strafbar) oder eine tatbestandslose, kameradschaftliche Geste sein.

- Hinzu kommt ein zweites: Gemäß § 22 besteht der objektive Tatbestand des Versuches darin, dass der Täter *nach* seiner Vorstellung von der Tat zur Verwirklichung derselben ansetzt. (Wir können dieses „nach" ruhig wörtlich, also zeitlich nehmen. Dann bekommen wir in einer Klausur nie Aufbauprobleme.)

  Ohne dass ich die Vorstellung des Täters von der Tat kenne, kann ich also gar nicht beurteilen, ob er zur Tat angesetzt hat. Und die Vorstellung ist eben subjektiv.

  Von daher ist zunächst abzuklären, mit welchem Tat-Vorsatz der Täter gehandelt hat, um dann zu prüfen, ob er *zu dieser* Tat auch angesetzt hat.

Im Übrigen: Auch diejenigen, die den Vorsatz „normalerweise" erst in der Schuld prüfen (bei *kausaler* Vorgehensweise, dazu oben auf Seite 122), müssen ihn beim Versuch aus den gerade genannten Gründen schon im Tatbestand prüfen. Sie tun das dann auch.

Deliktsform B: Tatbestand || 137

[- „Vorprüfung"]
1. Fehlen der Vollendung
2. Strafbarkeit des Versuchs
I. Tatbestandsmäßigkeit
1. Subjektiver Tatbestand (Tatentschluss)
   a. Vorsatz (= Wissen & Wollen aller Merkmale des gesetzlichen TBs)
   b. Sonstige subjektive Merkmale
2. Objektiver Tatbestand
   a. Der unmittelbare Ansatz
   b. Bes. täterschaftliche Merkmale
3. Tatbestandsannexe
4. Fälle des § 28 II

II. Rechtswidrigkeit (indiziert)
Ausnahme: Rechtfertigungsgründe
III. Schuld
1. Schuldfähigkeit
2. Spezielle Schuldmerkmale
3. Die persönliche Vorwerfbarkeit Unrechtsbewusstsein im weiten Sinne
   a. Schuldform: Vorsatz
   b. Unrechtsbewusstsein im engen Sinne
4. Entschuldigungsgründe
IV. Besonderheiten
1. Strafaufhebungsgründe, insb.: Rücktritt
2. Strafverfolgungshindernisse
3. Regelbeispiele

Wenn dem aber so ist, stellt sich doch die Frage, warum der Vorsatz nur deshalb, weil ein Delikt aus dem Versuchs- ins Vollendungsstadium gelangt ist, auf einmal in der Schuld geprüft werden soll. Das ist – dezent formuliert – inkonsequent. Ist für uns aber egal, denn wir prüfen in diesem Skript ja nicht kausal.

1. Der subjektive Tatbestand

Den Tatentschluss hat der Täter, wenn er vorsätzlich handelt und wenn daneben etwaige zusätzliche subjektive TB-Merkmale erfüllt sind.

Für einen versuchten Diebstahl ist also der Vorsatz bezüglich der objektiven Merkmale (fremde bewegliche Sache / Wegnahme) und die Absicht bezüglich einer rechtswidrigen Zueignung erforderlich.

Anders als beim vollendeten Delikt, bei dem der objektive Tatbestand zuerst kommt, heißt das, dass alle Definitionen von Tatbestandsmerkmalen *im Rahmen des subjektiven Tatbestandes* geprüft werden müssen. Im objektiven Tatbestand kommen dann **keine Tatbestandsdefinitionen** mehr, sondern nur solche, die sich mit dem unmittelbaren Ansetzen beschäftigen (Details unten, auf S. 149).

Während es also beim vollendeten Diebstahl so aussieht: ...

I. Tatbestand – 1. Objektiv
T muss eine fremde (...) Sache weggenommen haben. Fremd ist eine Sache immer dann, wenn sie im (Mit-)Eigentum eines anderen steht. Die Juwelen standen im Eigentum des J, sie waren für T also fremde Sachen. (...)

2. Subjektiv
T wusste, dass die Juwelen fremde (...) Sachen waren und wollte sie wegnehmen. Er handelte weiter in der Absicht rechtswidriger Zueignung. (...)

... sieht es beim versuchten Diebstahl so aus:

Das versuchte vorsätzliche Begehungsdelikt

[- „Vorprüfung"]
1. Fehlen der Vollendung
2. Strafbarkeit des Versuchs

I. Tatbestandsmäßigkeit
1. Subjektiver Tatbestand (Tatentschluss)
   a. Vorsatz (= Wissen & Wollen aller Merkmale des gesetzlichen TBs)
   b. Sonstige subjektive Merkmale
2. Objektiver Tatbestand
   a. Der unmittelbare Ansatz
   b. Bes. täterschaftliche Merkmale
3. Tatbestandsannexe
4. Fälle des § 28 II

II. Rechtswidrigkeit (indiziert)
Ausnahme: Rechtfertigungsgründe

III. Schuld
1. Schuldfähigkeit
2. Spezielle Schuldmerkmale
3. Die persönliche Vorwerfbarkeit
   Unrechtsbewusstsein im weiten Sinne
   a. Schuldform: Vorsatz
   b. Unrechtsbewusstsein im engen Sinne
4. Entschuldigungsgründe

IV. Besonderheiten
1. Strafaufhebungsgründe, insb.: Rücktritt
2. Strafverfolgungshindernisse
3. Regelbeispiele

I. Tatbestand – 1. Subjektiv
T muss zunächst den Tatentschluss gehabt haben, eine fremde (...) Sache wegzunehmen. Fremd ist eine Sache immer dann, wenn sie im (Mit-)Eigentum eines anderen steht. Die Juwelen standen im Eigentum des J, sie waren für T also fremde Sachen. (...) Dies wusste T und er wollte sie dennoch wegnehmen, er hatte also den insoweit nötigen Tatentschluss.
Weiter hätte er die Absicht rechtswidriger Zueignung haben müssen. (...)

2. Objektiv
Dadurch, dass T die Juwelen in seine Tasche steckte, hat er unmittelbar zu Tat angesetzt.

Ein **beliebter Fehler** in diesem Zusammenhang ist es, den Einstieg in die Prüfung zwar richtig zu wählen ...

T muss den Tatentschluss gehabt haben, eine fremde (...) Sache wegzunehmen. Fremd ist eine Sache immer dann, wenn ...

... auch die Subsumtion[7] für das Tatbestandsmerkmal selbst korrekt durchzuführen ...

Die Juwelen standen im Eigentum des J, sie waren für T also fremde Sachen. (...)

... dann aber zu vergessen, dass man ja *im subjektiven* Tatbestand ist und noch eine Subsumtion im Hinblick auf das *subjektive* Element, den Tatentschluss, den Vorsatz, durchzuführen hat.
Dieser Fehler resultiert daraus, dass man es vom vollendeten Delikt gewöhnt ist, Definitionen nur im objektiven Tatbestand zu bringen. *Dort* fehlt dann (naturgemäß) der letzte Schritt, den wir *hier* gehen müssen:

---

[7] Zur „Subsumtion" vgl. die Ausführungen zum Gutachtenstil, ab S. 298.

[- „Vorprüfung"]
1. Fehlen der Vollendung
2. Strafbarkeit des Versuchs
I. **Tatbestandsmäßigkeit**
1. Subjektiver Tatbestand (Tatentschluss)
   a. Vorsatz (= Wissen & Wollen aller Merkmale des gesetzlichen TBs)
   b. Sonstige subjektive Merkmale
2. Objektiver Tatbestand
   a. Der unmittelbare Ansatz
   b. Bes. täterschaftliche Merkmale
3. Tatbestandsannexe
4. Fälle des § 28 II

II. **Rechtswidrigkeit** (indiziert)
Ausnahme: Rechtfertigungsgründe
III. **Schuld**
1. Schuldfähigkeit
2. Spezielle Schuldmerkmale
3. Die persönliche Vorwerfbarkeit Unrechtsbewusstsein im weiten Sinne
   a. Schuldform: Vorsatz
   b. Unrechtsbewusstsein im engen Sinne
4. Entschuldigungsgründe
IV. **Besonderheiten**
1. Strafaufhebungsgründe, insb.: Rücktritt
2. Strafverfolgungshindernisse
3. Regelbeispiele

Dies wusste T und er wollte sie dennoch wegnehmen, er hatte also den insoweit nötigen Tatentschluss. (...)

a. Abgrenzung Tatentschluss – Tatgeneigtheit

(Noch) kein Tatentschluss liegt vor, wenn der Täter die endgültige Fassung seines Tatentschlusses noch von einer Bedingung abhängig gemacht hat. Er ist dann lediglich **tatgeneigt**.

Bsp.: T steht vor einer Bank und sagt sich: Wenn ich dieses Jahr Urlaub bekomme, könnte ich hier einbrechen und mir das Urlaubsgeld stehlen.

- Man erkennt diese Geneigtheit daran, dass der Täter sich sagt: **Ich weiß noch nicht, ob ich es will.**
- Beim Tatentschluss dagegen sagt sich der Täter: **Ich weiß, dass ich es will.**

Ist aber pure Theorie. Mag sein, dass man Geneigtheit und Tatentschluss daran unterscheiden kann, was der Täter sich sagt. Nur: Wie erkenne ich im wirklichen Leben, was der Täter sich sagt? [Man könnte z. B. das Tagebuch des T finden ...]

b. Umfang des Tatentschlusses

Ein Tatentschluss liegt nur dann vor, wenn der Täter *die Vollendung* der Tat will. Es genügt nicht, dass er nur den Versuch will. Grundsätzlich gilt: **Nicht der Täter, sondern die Tat muss im Versuch stecken bleiben.**

Bsp.: T bricht in das Haus des O ein. Vorher hat er die Polizei alarmiert. Die Polizei erscheint und nimmt T fest, genau wie dieser sich das gedacht hatte. Der Einbruchdiebstahl ist nicht gelungen. T hatte das Ganze inszeniert, um den Winter im warmen Gefängnis verbringen zu können.

140 || Das versuchte vorsätzliche Begehungsdelikt

[- „Vorprüfung"]
1. Fehlen der Vollendung
2. Strafbarkeit des Versuchs
I. **Tatbestandsmäßigkeit**
  1. **Subjektiver Tatbestand (Tatentschluss)**
     a. **Vorsatz (= Wissen & Wollen aller Merkmale des gesetzlichen TBs)**
     b. **Sonstige subjektive Merkmale**
  2. Objektiver Tatbestand
     a. Der unmittelbare Ansatz
     b. Bes. täterschaftliche Merkmale
  3. Tatbestandsannexe
  4. Fälle des § 28 II

II. **Rechtswidrigkeit** (indiziert)
   Ausnahme: Rechtfertigungsgründe
III. **Schuld**
  1. Schuldfähigkeit
  2. Spezielle Schuldmerkmale
  3. Die persönliche Vorwerfbarkeit
     Unrechtsbewusstsein im weiten Sinne
     a. Schuldform: Vorsatz
     b. Unrechtsbewusstsein im engen Sinne
  4. Entschuldigungsgründe
IV. **Besonderheiten**
  1. Strafaufhebungsgründe, insb.: Rücktritt
  2. Strafverfolgungshindernisse
  3. Regelbeispiele

Hier fehlt es am Tatentschluss bezüglich eines versuchten Einbruchdiebstahls, §§ 242 I, II, 243 I S. 2 Ziffer 1, 22, 23 I, 12 II: T wollte die Vollendung nicht.

c. Irrtümer: untauglicher Versuch (umgekehrter Tatbestandsirrtum)

Vorbemerkung: Der Tatentschluss besteht im Wesentlichen aus dem Vorsatz. Vorsatz = Wissen und Wollen der zum objektiven Tatbestand gehörenden Umstände. Das ist nichts Neues und stimmt mit dem überein, was bereits oben beim vollendeten Begehungsdelikt erörtert wurde.

Ebenso wie oben gibt es aber auch bei diesem (hier jetzt vor den objektiven Tatbestand gezogenen) Vorsatz Fehler im Wissensbereich, Irrtümer also.

- Diese Irrtümer sind zum Teil **unbeachtlich**, das heißt, sie berühren die Strafbarkeit nicht, wie etwa der jetzt folgende Fall des untauglichen Versuchs,
- zum Teil aber auch **beachtlich**, wie etwa der anschließende Fall des Wahndelikts.

aa. Die Problematik [tatsächliche, außer-rechtliche Defizite]

Es sind Fälle denkbar, in denen der Täter irrtümlich davon ausgeht, einen tatsächlich existierenden Straftatbestand verwirklichen (= vollenden) zu können. Dann aber kann dieser Tatbestand nicht verwirklicht werden, weil **tatsächliche** Gründe dem entgegenstehen.

Das wird im Übrigen im Regelfall des Versuches so sein. Jeder Täter, der eine vollendete Tat will, geht ja in dem Bewusstsein (= mit der Prognose) zu Werke, dass das, was er macht, schon klappen werde. Wie wir als Bearbeiter aber sehen, hat er sich da geirrt, denn sonst hätten wir jetzt keinen Versuch, sondern die Vollendung zu prüfen. Das, was der Täter unternommen hat, um seine Tat in die Vollendung zu bringen, war also (für uns jetzt offenkundig) untauglich. Wäre es nämlich tauglich gewesen, läge eine vollendete Tat vor.

bb. Die 3 Fallgruppen

Es bieten sich 3 Fallgruppen an:

Deliktsform B: Tatbestand || 141

[- „Vorprüfung"]
1. Fehlen der Vollendung
2. Strafbarkeit des Versuchs

I. Tatbestandsmäßigkeit
1. Subjektiver Tatbestand (Tatentschluss)
   a. Vorsatz (= Wissen & Wollen aller Merkmale des gesetzlichen TBs)
   b. Sonstige subjektive Merkmale
2. Objektiver Tatbestand
   a. Der unmittelbare Ansatz
   b. Bes. täterschaftliche Merkmale
3. Tatbestandsannexe
4. Fälle des § 28 II

II. Rechtswidrigkeit (indiziert)
Ausnahme: Rechtfertigungsgründe

III. Schuld
1. Schuldfähigkeit
2. Spezielle Schuldmerkmale
3. Die persönliche Vorwerfbarkeit Unrechtsbewusstsein im weiten Sinne
   a. Schuldform: Vorsatz
   b. Unrechtsbewusstsein im engen Sinne
4. Entschuldigungsgründe

IV. Besonderheiten
1. Strafaufhebungsgründe, insb.: Rücktritt
2. Strafverfolgungshindernisse
3. Regelbeispiele

---

1. Der Täter benutzt ein **untaugliches Tatmittel**.

Bsp.: T nimmt mit Pfefferminzbonbons eine „Abtreibung" vor.

2. Der Täter geht gegen ein **untaugliches Tatobjekt** vor.

Bsp.: T hat gehört, man werde nach dem 3. Kuss schwanger. Als sie auf diese Weise „geschwängert" wird, nimmt sie eine „Abtreibung" vor. Untauglich mangels Masse.

3. Der Täter ist selbst ein **untaugliches Tatsubjekt** (strittig, vgl. auch S. 146).

Bsp.: T hält sich für einen Beamten. Seine Ernennung war jedoch *aus tatsächlichen Gründen* nichtig: Er ist gar kein Beamter. T hält sich aber für einen Amtsträger und quält den O, um eine Aussage zu erhalten (vgl. § 343). Untauglich mangels Klasse.

Ein relevanter Tatentschluss liegt in all diesen Fällen vor. Der Täter weiß und will (= Vorsatz) ja eine vollendete Tat. Dass im Wissenselement ein Fehler steckt, eine falsche Prognose über die Tauglichkeit von Mittel, Objekt oder Subjekt, ist unerheblich. Es handelt sich um einen **umgekehrten Tatbestandsirrtum**. Genauer gesagt: um einen **umgekehrten Irrtum über ein deskriptives Merkmal**, zu dessen richtiger Einordnung es ja keiner rechtlichen, sondern allein einer tatsächlichen, einer außer-rechtlichen Bewertung bedarf.

„Umgekehrt" ist dieser Irrtum deshalb, weil normalerweise der objektive Tatbestand vorliegt und der subjektive fehlt, hier aber genau umgekehrt der subjektive Tatbestand vorliegt, während der objektive (teilweise) fehlt.

Der untaugliche Versuch wird bestraft wie jeder andere Versuch auch. Auch diese Folge ist eine umgekehrte: Beim normalen Tatbestandsirrtum entfällt die

Das versuchte vorsätzliche Begehungsdelikt

[- „Vorprüfung"]
1. Fehlen der Vollendung
2. Strafbarkeit des Versuchs

I. Tatbestandsmäßigkeit
1. Subjektiver Tatbestand (Tatentschluss)
   a. Vorsatz (= Wissen & Wollen aller Merkmale des gesetzlichen TBs)
   b. Sonstige subjektive Merkmale
2. Objektiver Tatbestand
   a. Der unmittelbare Ansatz
   b. Bes. täterschaftliche Merkmale
3. Tatbestandsannexe
4. Fälle des § 28 II

II. Rechtswidrigkeit (indiziert)
   Ausnahme: Rechtfertigungsgründe

III. Schuld
1. Schuldfähigkeit
2. Spezielle Schuldmerkmale
3. Die persönliche Vorwerfbarkeit
   Unrechtsbewusstsein im weiten Sinne
   a. Schuldform: Vorsatz
   b. Unrechtsbewusstsein im engen Sinne
4. Entschuldigungsgründe

IV. Besonderheiten
1. Strafaufhebungsgründe, insb.: Rücktritt
2. Strafverfolgungshindernisse
3. Regelbeispiele

Strafbarkeit wegen eines Wissensmangels im subjektiven Tatbestand. Beim umgekehrten Tatbestandsirrtum dagegen kommt es erst zu einer Strafbarkeit wegen eines „Wissensüberschusses" im subjektiven Tatbestand.

Das Wort „*Wissensüberschuss*" ist im Übrigen mit einer Einschränkung zu genießen. Ein Überschuss liegt nur insoweit vor, als der subjektive Tatbestand etwas enthält (z.B. das „Wissen" über die Tauglichkeit eines Mittels), was der objektive Tatbestand gar nicht aufweisen kann.

Rein technisch gesehen liegt natürlich kein „Überschuss" vor, sondern nur der ganz normale, vollständige subjektive Tatbestand [eines Versuches].

Lediglich für Fälle, in denen der Täter aus grobem Unverstand verkannt hat, dass es nicht klappen konnte, kann das Gericht von der Strafe absehen, bzw. die Strafe mildern, § 23 III, sog. **Trottelprivileg**.

Bsp.1: T schießt mit Pfeil und Bogen auf ein Düsenflugzeug, das sich in 10.000 Meter Höhe befindet, um es zur Landung zu zwingen.
Bsp.2: Schwangerschaftsabbruch mit Pfefferminzbonbons

cc. Zusammenfassung zum untauglichen Versuch

Beim untauglichen Versuch hält der Täter ein in Wirklichkeit nicht vorliegendes Merkmal des objektiven Tatbestandes für gegeben. Er stellt sich eine **tatsächliche Sachlage** vor, bei deren wirklichem Vorliegen sein Handeln den gesetzlichen Tatbestand erfüllen würde (= umgekehrter Tatbestandsirrtum).

Der **Fehler** des Täters liegt also schwerpunktmäßig **im tatsächlichen, außerrechtlichen („deskriptiven") Bereich**, selbst wenn er darauf aufbauend zusätzlich noch falsche rechtliche Schlüsse zieht.

Aufbautechnisch gibt es keine Schwierigkeiten. Da der untaugliche Versuch genauso bestraft wird, wie jeder andere Versuch auch, da weiter im Grunde jeder Versuch eigentlich ein untauglicher ist (s. meine brillante Argumentation

Deliktsform B: Tatbestand || 143

[- „Vorprüfung"]
1. Fehlen der Vollendung
2. Strafbarkeit des Versuchs
I. Tatbestandsmäßigkeit
  1. Subjektiver Tatbestand (Tatentschluss)
     a. Vorsatz (= Wissen & Wollen aller Merkmale des gesetzlichen TBs)
     b. Sonstige subjektive Merkmale
  2. Objektiver Tatbestand
     a. Der unmittelbare Ansatz
     b. Bes. täterschaftliche Merkmale
  3. Tatbestandsannexe
  4. Fälle des § 28 II

II. Rechtswidrigkeit (indiziert)
   Ausnahme: Rechtfertigungsgründe
III. Schuld
  1. Schuldfähigkeit
  2. Spezielle Schuldmerkmale
  3. Die persönliche Vorwerfbarkeit
     Unrechtsbewusstsein im weiten Sinne
     a. Schuldform: Vorsatz
     b. Unrechtsbewusstsein im engen Sinne
  4. Entschuldigungsgründe
IV. Besonderheiten
  1. Strafaufhebungsgründe, insb.: Rücktritt
  2. Strafverfolgungshindernisse
  3. Regelbeispiele

oben), wird der untaugliche Versuch **nicht** wirklich **problematisiert**, sondern **nur genannt**. Es handelt sich hier um **ein Etikett**, um sonst nichts.

Wir sehen uns den normalen und den umgekehrten Tatbestandsirrtum in der folgenden kleinen Gegenüberstellung an und widmen uns dann dem Wahndelikt.

Vergleich der Tatbestandsirrtümer im außerrechtlichen Bereich	
Normaler TB-Irrtum (bei Vollendung)	**Umgekehrter TB-Irrtum** (bei Versuch)
Objektiver TB liegt voll vor. (Täter macht alles.)	*Subjektiver TB* liegt voll vor. (Täter „weiß" / will alles.)
Subjektiver TB enthält Fehler. (Täter weiß / will nicht alles.)	*Objektiver TB* enthält Fehler. (Täter macht nicht alles.)
Rechtsfolge: Strafbarkeit entfällt, § 16 I.	*Rechtsfolge:* Strafbarkeit bleibt, (Umkehrschluss aus § 23 III).

d. Irrtümer: Wahndelikt (umgekehrte Verbots-/Subsumtionsirrtümer)

aa. Die Problematik [rechtliches Defizit]

Es sind weitere Fälle denkbar, in denen der Täter irrtümlich davon ausgeht, einen Straftatbestand zu verwirklichen. In Wirklichkeit aber ist **aus rechtlichen Gründen** gar kein Straftatbestand verwirklicht worden.
Ein solcher Fall heißt Wahndelikt. Bei einem Wahndelikt fehlt es an einem *strafrechtlich relevanten* Tatentschluss. Ein strafrechtlich relevanter Tatentschluss liegt nämlich nur dann vor, wenn das, was der Täter sich vorstellt und will, bei

Das versuchte vorsätzliche Begehungsdelikt

[- „Vorprüfung"]
1. Fehlen der Vollendung
2. Strafbarkeit des Versuchs
I. **Tatbestandsmäßigkeit**
   1. **Subjektiver Tatbestand (Tatentschluss)**
      a. **Vorsatz (= Wissen & Wollen aller Merkmale des gesetzlichen TBs)**
      b. **Sonstige subjektive Merkmale**
   2. Objektiver Tatbestand
      a. Der unmittelbare Ansatz
      b. Bes. täterschaftliche Merkmale
   3. Tatbestandsannexe
   4. Fälle des § 28 II

II. **Rechtswidrigkeit** (indiziert)
   Ausnahme: Rechtfertigungsgründe
III. **Schuld**
   1. Schuldfähigkeit
   2. Spezielle Schuldmerkmale
   3. Die persönliche Vorwerfbarkeit Unrechtsbewusstsein im weiten Sinne
      a. Schuldform: Vorsatz
      b. Unrechtsbewusstsein im engen Sinne
   4. Entschuldigungsgründe
IV. **Besonderheiten**
   1. Strafaufhebungsgründe, insb.: Rücktritt
   2. Strafverfolgungshindernisse
   3. Regelbeispiele

---

einer eventuellen und vollständigen Durchführung ein vollendetes Delikt ergäbe. Das passt nicht, wenn der Täter ein an sich erlaubtes Verhalten irrig für verboten hält.

Wenn aber kein relevanter Tatentschluss vorliegt, fehlt damit zugleich das wesentliche Element des subjektiven Tatbestandes und die Strafbarkeit entfällt.

Um das noch einmal deutlich herauszustellen: Der Täter *hat* einen Tatentschluss. Dieser Entschluss ist *aber* strafrechtlich *nicht relevant*.

bb. Die 3 Gründe

Dafür sind 3 grundsätzliche Gründe denkbar (die sich natürlich auch munter miteinander kombinieren lassen):

1. Der vom Täter angenommene Straftatbestand existiert gar nicht.

Bsp.: Der volljährige T hat Sex mit seinem volljährigen Freund F und glaubt, Sex unter Gleichgeschlechtlichen sei strafbar. Es gibt aber (heute) gar keinen Straftatbestand (mehr), der dies unter Strafe stellt.

Diesen Fall bezeichnet man als **„umgekehrten direkten Verbotsirrtum"**.

Umgekehrt ist dieser Verbotsirrtum, weil der Täter glaubt, ein an sich erlaubtes Verhalten sei durch **eine Norm** verboten. Beim normalen direkten Verbotsirrtum dagegen glaubt der Täter, ein an sich verbotenes Verhalten sei erlaubt, weil es **keine Norm** gäbe, die es verbietet.

Deliktsform B: Tatbestand || 145

[- „Vorprüfung"]
1. Fehlen der Vollendung
2. Strafbarkeit des Versuchs
I. **Tatbestandsmäßigkeit**
 1. Subjektiver Tatbestand (Tatentschluss)
  a. Vorsatz (= Wissen & Wollen aller Merkmale des gesetzlichen TBs)
  b. Sonstige subjektive Merkmale
 2. Objektiver Tatbestand
  a. Der unmittelbare Ansatz
  b. Bes. täterschaftliche Merkmale
 3. Tatbestandsannexe
 4. Fälle des § 28 II

II. **Rechtswidrigkeit** (indiziert)
 Ausnahme: Rechtfertigungsgründe
III. **Schuld**
 1. Schuldfähigkeit
 2. Spezielle Schuldmerkmale
 3. Die persönliche Vorwerfbarkeit Unrechtsbewusstsein im weiten Sinne
  a. Schuldform: Vorsatz
  b. Unrechtsbewusstsein im engen Sinne
 4. Entschuldigungsgründe
IV. **Besonderheiten**
 1. Strafaufhebungsgründe, insb.: Rücktritt
 2. Strafverfolgungshindernisse
 3. Regelbeispiele

Vergleich der direkten Verbotsirrtümer

Normaler Verbots-Irrtum (bei Vollendung)	Umgekehrter Verbots-Irrtum (bei „Versuch")
TB und **RW** liegen voll vor. (Täter macht Verbotenes.)	„**Schuld**" liegt voll vor. (Täter glaubt, er mache Verbotenes.)
Schuld enthält Fehler. (Täter glaubt, es sei nicht verboten.)	**TB** und damit **RW** gibt es nicht (Tat ist nicht verboten.)
Rechtsfolge: Strafbarkeit gemäß § 17.	**Rechtsfolge:** Strafbarkeit entfällt: **Wahndelikt**.

2. Der vom Täter angenommene Straftatbestand existiert, ist aber objektiv nicht (voll) erfüllt. Der Täter glaubt dies aber. Dieser Glaube stammt aus einer **falschen rechtlichen Wertung** des Täters. Der Täter legt ein *normatives* Merkmal des Tatbestandes zu seinen Ungunsten zu weit aus. (Das ist der entscheidende Unterschied zum oben besprochenen umgekehrten Tatbestandsirrtum, bei dem ein *deskriptives* Merkmal falsch angenommen wurde.)

Bsp.: T verkauft dem O ein ihm (dem T) gehörendes Buch. Dazu nimmt er das Buch aus dem Zimmer der F, der er es geliehen hatte. T glaubt, weil er der F versprochen hatte, ihr das Buch irgendwann einmal als Weihnachtsgeschenk zu schenken, handle es sich um eine „fremde" Sache.

Diesen Fall nennt man **„umgekehrten Subsumtionsirrtum"**.

146 || Das versuchte vorsätzliche Begehungsdelikt

[- „Vorprüfung"]
1. Fehlen der Vollendung
2. Strafbarkeit des Versuchs
I. Tatbestandsmäßigkeit
   1. Subjektiver Tatbestand (Tatentschluss)
      a. Vorsatz (= Wissen & Wollen aller Merkmale des gesetzlichen TBs)
      b. Sonstige subjektive Merkmale
   2. Objektiver Tatbestand
      a. Der unmittelbare Ansatz
      b. Bes. täterschaftliche Merkmale
   3. Tatbestandsannexe
   4. Fälle des § 28 II

II. Rechtswidrigkeit (indiziert)
    Ausnahme: Rechtfertigungsgründe
III. Schuld
    1. Schuldfähigkeit
    2. Spezielle Schuldmerkmale
    3. Die persönliche Vorwerfbarkeit
       Unrechtsbewusstsein im weiten Sinne
       a. Schuldform: Vorsatz
       b. Unrechtsbewusstsein im engen Sinne
    4. Entschuldigungsgründe
IV. Besonderheiten
    1. Strafaufhebungsgründe, insb.: Rücktritt
    2. Strafverfolgungshindernisse
    3. Regelbeispiele

Umgekehrt ist dieser Irrtum, weil der Täter ein Merkmal der Norm auf etwas **ausdehnt**, das es gar nicht erfasst. Beim normalen Subsumtionsirrtum dagegen **engt** der Täter ein Merkmal über Gebühr **ein**, obwohl es eigentlich vorliegt.

Vergleich der Subsumtionsirrtümer über normatives TB-Merkmal	
Normaler Subsumtions-Irrtum (bei Vollendung)	**Umgekehrter Subsumtions-Irrtum** (bei „Versuch")
Objektiver TB liegt voll vor. (Täter macht alles.)	**Subjektiver TB** enthält „Überschuss". (Täter überdehnt normatives Merkmal.)
Subjektiver TB enthält Fehler. (Täter verengt normatives Merkmal.) Parallelwertung i.d. Laiensphäre	**Objektiver TB** und damit **RW** liegen nicht vor. („Tat" liegt außerhalb des TB.)
Rechtsfolge (bei entsprechender Parallelwertung): **Strafbarkeit bleibt.**	**Rechtsfolge:** Strafbarkeit entfällt: **Wahndelikt.**

(Diese Irrtumsform ist es im Übrigen auch, die daran zweifeln lässt, ob der Irrtum über das Tatsubjekt – die vermeintliche Beamtenernennung (s. S. 141) – ein fehlgeschlagener Versuch ist. Denn man könnte auch annehmen, dass der Täter einen Vorgang **rechtlich fehlerhaft** als Ernennung ansieht, der **aus Rechtsgründen** gar keine Ernennung ist. Dann handelt es sich aber um ein Wahndelikt.)

3. Der Täter hat zwar einen Straftatbestand erfüllt, ist aber objektiv **gerechtfertigt**. Der Täter glaubt sich nun **nicht gerechtfertigt**, weil er sich zu seinen Ungunsten über den Umfang dieses Rechtfertigungsgrundes irrt.

Deliktsform B: Tatbestand || 147

[- „Vorprüfung"]
1. Fehlen der Vollendung
2. Strafbarkeit des Versuchs

I. Tatbestandsmäßigkeit
1. Subjektiver Tatbestand (Tatentschluss)
   a. Vorsatz (= Wissen & Wollen aller Merkmale des gesetzlichen TBs)
   b. Sonstige subjektive Merkmale
2. Objektiver Tatbestand
   a. Der unmittelbare Ansatz
   b. Bes. täterschaftliche Merkmale
3. Tatbestandsannexe
4. Fälle des § 28 II

II. Rechtswidrigkeit (indiziert)
Ausnahme: Rechtfertigungsgründe

III. Schuld
1. Schuldfähigkeit
2. Spezielle Schuldmerkmale
3. Die persönliche Vorwerfbarkeit Unrechtsbewusstsein im weiten Sinne
   a. Schuldform: Vorsatz
   b. Unrechtsbewusstsein im engen Sinne
4. Entschuldigungsgründe

IV. Besonderheiten
1. Strafaufhebungsgründe, insb.: Rücktritt
2. Strafverfolgungshindernisse
3. Regelbeispiele

Bsp.: Der im klassischen Rollenmodell erzogene männliche T wird von Räuberin O angegriffen. Sie will sein aktuell Bestes: sein Geld. T versetzt O eine Ohrfeige, worauf O ihren Angriff aufgibt. T meint, dass man weibliche Angreifer nur verbal, aber nicht durch körperliche Attacken abwehren darf. Er ist daher der (rechtlich unzutreffenden) Ansicht, diese Ohrfeige sei nicht durch Notwehr gedeckt.

Vergleich der Erlaubnis-Irrtümer (TB/Inhalt/Umfang)	
Normaler Erlaubnis-Irrtum (bei vollem Unrecht)	**Umgekehrter Erlaubnis-Irrtum** (bei gerechtfertigter Tat)
TB und **RW** liegen voll vor. (TB-Erfüllung ist nicht erlaubt.)	**RW** liegt nicht vor. („Tat" liegt außerhalb des Unrechts.)
Schuld enthält Fehler. (Täter erweitert Erlaubnissatz.) Erl.-TB- / Inhalts- / Umfangsirrtum.	**Schuld** enthält „Überschuss". (Täter verengt Erlaubnissatz.)
Rechtsfolge: Strafbarkeit gemäß § 17 oder § 16 analog.	**Rechtsfolge:** Strafbarkeit entfällt: **Wahndelikt**.

Dieser Fall ist ein **„umgekehrter indirekter Verbotsirrtum"**, auch umgekehrter Erlaubnisirrtum genannt.

Umgekehrt ist der Irrtum, weil der Täter glaubt, ein an sich durch Vorliegen eines Rechtfertigungsgrundes gerechtfertigtes Verhalten sei **rechtswidrig**. Beim normalen indirekten Verbotsirrtum dagegen glaubt der Täter, ein an sich nicht gerechtfertigtes Verhalten sei durch das Eingreifen eines Rechtfertigungsgrundes **gerechtfertigt**.

Das versuchte vorsätzliche Begehungsdelikt

[- „Vorprüfung"]
1. Fehlen der Vollendung
2. Strafbarkeit des Versuchs

I. **Tatbestandsmäßigkeit**
1. **Subjektiver Tatbestand (Tatentschluss)**
   a. **Vorsatz** (= Wissen & Wollen aller Merkmale des gesetzlichen TBs)
   b. **Sonstige subjektive Merkmale**
2. Objektiver Tatbestand
   a. Der unmittelbare Ansatz
   b. Bes. täterschaftliche Merkmale
3. Tatbestandsannexe
4. Fälle des § 28 II

II. **Rechtswidrigkeit** (indiziert)
   Ausnahme: Rechtfertigungsgründe
III. **Schuld**
1. Schuldfähigkeit
2. Spezielle Schuldmerkmale
3. Die persönliche Vorwerfbarkeit
   Unrechtsbewusstsein im weiten Sinne
   a. Schuldform: Vorsatz
   b. Unrechtsbewusstsein im engen Sinne
4. Entschuldigungsgründe
IV. **Besonderheiten**
1. Strafaufhebungsgründe, insb.: Rücktritt
2. Strafverfolgungshindernisse
3. Regelbeispiele

Dieser Irrtum gewinnt allerdings nur dann praktische Relevanz, wenn man einer anderen Aufbaulehre als der hier vertretenen folgt.

Gemeint ist die **Lehre von den negativen Tatbestandsmerkmalen**.

Im hier benutzten **3-Stufen-Aufbau** (TB/ RW/Schuld) **kommt dieser Irrtum nie zum Tragen.** Das folgt daraus, dass der Täter ja objektiv gerechtfertigt ist und subjektiv auch zur Rechtfertigung handelt. Dass er dabei Grenzen zu überschreiten glaubt (und deshalb ein schlechtes Gewissen hat), ist für das volle Vorliegen eines Rechtfertigungsgrundes egal. Würde man das Ohrfeigen-Beispiel durchprüfen, müsste man zu dem Ergebnis kommen, dass der Täter zwar tatbestandsmäßig eine Körperverletzung begangen hat, diese aber wegen § 32 gerechtfertigt ist. Ende der Prüfung.

Nach dem 3-Stufen-Aufbau ist **bei vollem Vorliegen des Tatbestandes** (wie hier) im Übrigen ohnehin **nur ein vollendetes Delikt** denkbar.

Anders die **Lehre von den negativen Tatbestandsmerkmalen**. Da diese von einem Unrechtstatbestand ausgeht, der das Fehlen von Rechtfertigungselementen für die Vollendung fordert, kann nach dieser Lehre auch ein Versuch vorliegen, wenn der „normale" Tatbestand vorliegt. Nachdem diese Lehre sich aber nicht hat durchsetzen können, wird hier nicht weiter darauf eingegangen (vgl. aber oben die Formulierungen zur Putativnotwehr, S. 106).

cc. Zusammenfassung zum Wahndelikt: Klausuraufbaukonsequenzen

Beim Wahndelikt nimmt der Täter (rechts)irrig an, sein in tatsächlicher Hinsicht richtig erkanntes Verhalten falle unter eine Verbotsnorm, die nur in seiner Einbildung existiert oder die er infolge falscher Auslegung zu seinen Ungunsten überdehnt, oder sein Verhalten sei rechtswidrig, obwohl es gerechtfertigt war (= umgekehrter Verbotsirrtum).

Aufbautechnisch ergeben sich **keine Probleme, wenn** der Täter eine **Norm falsch auslegt**. Dann kann man im Rahmen des subjektiven Tatbestandes fest-

[- „Vorprüfung"]
  1. Fehlen der Vollendung
  2. Strafbarkeit des Versuchs
I. Tatbestandsmäßigkeit
  1. Subjektiver Tatbestand (Tatentschluss)
     a. Vorsatz (= Wissen & Wollen aller Merkmale des gesetzlichen TBs)
     b. Sonstige subjektive Merkmale
  2. Objektiver Tatbestand
     a. Der unmittelbare Ansatz
     b. Bes. täterschaftliche Merkmale
  3. Tatbestandsannexe
  4. Fälle des § 28 II

II. Rechtswidrigkeit (indiziert)
    Ausnahme: Rechtfertigungsgründe
III. Schuld
  1. Schuldfähigkeit
  2. Spezielle Schuldmerkmale
  3. Die persönliche Vorwerfbarkeit
     Unrechtsbewusstsein im weiten Sinne
     a. Schuldform: Vorsatz
     b. Unrechtsbewusstsein im engen Sinne
  4. Entschuldigungsgründe
IV. Besonderheiten
  1. Strafaufhebungsgründe, insb.: Rücktritt
  2. Strafverfolgungshindernisse
  3. Regelbeispiele

stellen, dass diese Norm so nicht ausgelegt werden kann, dass also der **Vorsatz** des Täters insoweit auch **irrelevant** ist.

Interessant wird es aber, wenn der Täter an die Erfüllung einer **Verbotsnorm** glaubt, **die nur in** seiner **Einbildung existiert**. Dann beginnen die **Probleme** bereits mit der Überschrift. Da die Norm nicht existiert, kann man eigentlich auch überhaupt keine Strafbarkeitsprüfung vornehmen, denn es lässt sich nicht einmal ein Obersatz formulieren.

Will man dennoch nicht stillschweigend auf diese Konstellation verzichten, muss man einen **Trick** wählen: Man beginnt mit der Prüfung einer Norm, die so ähnlich ist, stellt fest, dass diese objektiv nicht greift. Dann prüft man, ob der Täter eine Straftat nach dieser Norm versuchen wollte, und stellt fest, dass er insoweit keinen relevanten Vorsatz hatte und dass der Vorsatz, der da war, keinen weiteren Tatbestand betrifft.

2. Objektiver Tatbestand – unmittelbarer Ansatz zur Tat

Vorbemerkung: Sobald der Täter die Entschlussphase, in der er stille vor sich hin denkt, verlassen hat, betritt er die Vorbereitungsphase. Direkt an diese Phase schließt sich der Versuch an.

Am **Übergang von Vorbereitung zum Versuch** treten Abgrenzungsschwierigkeiten auf: Ist das jeweils betrachtete Verhalten des Täters noch (straflose) Vorbereitung oder schon (strafbarer) Versuch?

- Unproblematisch ist die Abgrenzung dann, wenn der Täter bereits mit der tatbestandlichen Ausführungshandlung selbst begonnen hat, wie etwa bei § 242 mit dem „Wegnehmen" oder bei § 263 (Betrug) mit der „Täuschungshandlung" (zur **mehraktigen** Täuschung: BGH v. 9.5.2017 – 1 StR 265/16, Rz. 95).
- Schwieriger wird es, wenn die TB-Ausführungshandlung noch bevorsteht.

Das Gesetz (§ 22) stellt auf einen **unmittelbaren Ansatz zur Tat** ab.

150 || Das versuchte vorsätzliche Begehungsdelikt

[- „Vorprüfung"]	II. **Rechtswidrigkeit** (indiziert)
1. Fehlen der Vollendung	Ausnahme: Rechtfertigungsgründe
2. Strafbarkeit des Versuchs	III. **Schuld**
I. Tatbestandsmäßigkeit	1. Schuldfähigkeit
1. Subjektiver Tatbestand (Tatentschluss)	2. Spezielle Schuldmerkmale
a. Vorsatz (= Wissen & Wollen aller Merkmale des gesetzlichen TBs)	3. Die persönliche Vorwerfbarkeit Unrechtsbewusstsein im weiten Sinne
b. Sonstige subjektive Merkmale	a. Schuldform: Vorsatz
2. Objektiver Tatbestand	b. Unrechtsbewusstsein im engen Sinne
a. Der unmittelbare Ansatz	4. Entschuldigungsgründe
b. Bes. täterschaftliche Merkmale	IV. **Besonderheiten**
3. Tatbestandsannexe	1. Strafaufhebungsgründe, insb.: Rücktritt
4. Fälle des § 28 II	2. Strafverfolgungshindernisse
	3. Regelbeispiele

Wann dieser unmittelbare Ansatz vorliegt, richtet sich dabei nicht nach objektiven Kriterien, etwa aus der Sicht eines außenstehenden Betrachters, sondern allein **nach der subjektiven Vorstellung des Täters**. Ein unmittelbarer Ansatz liegt deshalb immer dann vor, (BGH v. 21.12.1982 – 1 StR 662/82)

*wenn das Verhalten des Täters nach seinem Gesamtplan so eng mit der tatbestandlichen Ausführungshandlung verknüpft ist, dass es bei ungestörtem Fortgang ohne längere Unterbrechung im Geschehensablauf **unmittelbar** zur Verwirklichung des gesamten Tatbestandes führen soll. Der Ansatz muss also nicht unbedingt in der Verwirklichung eines Tatbestandsmerkmales liegen.*

Kürzer: Unmittelbar ist der Ansatz immer dann, wenn der Täter sich denkt: „**Jetzt geht's los,** ..." (BGH v. 10.8.2016 – 2 StR 493/15, Rz. 29) „.... wenn nichts dazwischen kommt, hab ich's gleich geschafft." – und dann dem Gedanken entsprechend handelt.

Beispielsfall: T will den Geldboten O einer B-Bank berauben. Nachdem er die äußeren Umstände ausgekundschaftet hat, wartet er an einer Hausecke, an welcher der Weg des O jeden Dienstag um 10.00 Uhr vorbeiführt. Im Mantel verborgen hält er einen Knüppel. Damit will er O niederschlagen, um ihm dann die Geldtasche zu entreißen. T wartet vergeblich, weil O an diesem Tag schon um 9.00 Uhr vorbeigekommen ist.
Hat sich T strafbar gemacht?

Lösungsmöglichkeit:
T kann sich nach §§ 249 I, 250 I Nr. 1. a), 22, 23 I, 12 I strafbar gemacht haben.
- Die Tat ist nicht vollendet: Es liegt keine Wegnahme vor. Die Strafbarkeit des Versuchs folgt aus dem Verbrechenscharakter des Raubes, § 12 I.

I. Tatbestandsmäßigkeit 1. Subjektiver Tatbestand
T muss den Entschluss zur Tat gehabt haben. Tatentschluss bedeutet Vorsatz, also Wissen und Wollen der objektiven Tatbestandsmerkmale.

Deliktsform ②: unmittelbarer Ansatz zur Tat

[- „Vorprüfung"]
1. Fehlen der Vollendung
2. Strafbarkeit des Versuchs
I. Tatbestandsmäßigkeit
1. Subjektiver Tatbestand (Tatentschluss)
   a. Vorsatz (= Wissen & Wollen aller Merkmale des gesetzlichen TBs)
   b. Sonstige subjektive Merkmale
2. Objektiver Tatbestand
   a. Der unmittelbare Ansatz
   b. Bes. täterschaftliche Merkmale
3. Tatbestandsannexe
4. Fälle des § 28 II

II. Rechtswidrigkeit (indiziert)
Ausnahme: Rechtfertigungsgründe
III. Schuld
1. Schuldfähigkeit
2. Spezielle Schuldmerkmale
3. Die persönliche Vorwerfbarkeit Unrechtsbewusstsein im weiten Sinne
   a. Schuldform: Vorsatz
   b. Unrechtsbewusstsein im engen Sinne
4. Entschuldigungsgründe
IV. Besonderheiten
1. Strafaufhebungsgründe, insb.: Rücktritt
2. Strafverfolgungshindernisse
3. Regelbeispiele

T wusste, dass er O die fremde bewegliche Sache, die Geldtasche, mit Gewalt wegnehmen muss. Er wollte dies auch.
Er hatte daneben die Absicht, sich diese Sachen zuzueignen. Dies, obwohl er keinen Anspruch darauf hatte, die erstrebte Zueignung also rechtswidrig war.
T wollte dies weiterhin auch mittels einer Waffe i.S.d. § 250 I Nr. 1.a) tun.
Er hatte also insgesamt den erforderlichen Tatentschluss.

2. Objektiver Tatbestand
Nach seiner Vorstellung von der Tat muss T unmittelbar zur Verwirklichung der Tat angesetzt haben.
Ein unmittelbarer Ansatz liegt dann vor, wenn nach der Vorstellung des Täters keine längere Unterbrechung im Geschehensablauf mehr ansteht, wenn keine wesentlichen Zwischenschritte mehr vorzunehmen sind, um die Tat zu verwirklichen.
Auch nach der Vorstellung des T ist mindestens erforderlich, dass das potentielle Opfer den Gefahrenbereich überhaupt betreten hat. Vorher kann T den O ja gar nicht berauben. Es fehlt mithin an einem Zwischenschritt. Das Auflauern des T kann den oben dargestellten Anforderungen daher nicht genügen.
Ein unmittelbarer Ansatz liegt also noch nicht vor.

II. Ergebnis: T hat sich nicht nach §§ 249 I, 250 I Nr. 1.a), 22, 23 I, 12 I strafbar gemacht.

2.b. Bes. täterschaftliche Merkmale / 3. Tatbestandsannexe / 4. Fälle des § 28 II
Soweit besondere täterschaftliche Merkmale („Beamter"), Tatbestandsannexe oder Fälle des § 28 II eine Rolle spielen sollten, sind diese wie beim vollendeten Delikt zu prüfen. Da diese Themen erst nach dem (hier objektiv nicht ganz, subjektiv aber voll vorliegendem) Tatbestand zu problematisieren sind, nehmen sie an den Besonderheiten des Versuchs nicht teil.

II. Rechtswidrigkeit & III. Schuld

In Rechtswidrigkeit und Schuld gibt es keine Besonderheiten gegenüber dem vollendeten Delikt. Soweit keine Anhaltspunkte für Rechtfertigungs-, Schuldausschließungs-, Schuldaufhebungsgründe bestehen, schreibt man schlicht:

Die versuchte Tatbestandsverwirklichung war rechtswidrig und schuldhaft.

IV. Besonderheiten: Strafaufhebungsgründe

Was jetzt noch kommt, kommt ganz zum Schluss der Prüfung. Dafür brauchen wir keine Kopfzeile mehr. Zur Orientierung aber vielleicht noch mal ein kurzer Blick auf die Kopfzeile der vorangegangenen Seite.

1. Der Rücktritt gem. § 24 [8]

a. Die Wirkung: Prämie für den rechten Weg

Hat der Täter seinen Tatentschluss bereits in ein Geschehen umgesetzt, das auf die Vollendung der Straftat zulaufen kann, und verlässt er dann den Weg des Unrechts und kehrt freiwillig auf den Weg des Rechts zurück, muss grundsätzlich die „Prämie" der Straflosigkeit gewährt werden. Dies resultiert aus der Überlegung, dass Strafe für Unrecht und (i.S.v. „plus") Schuld verhängt wird.

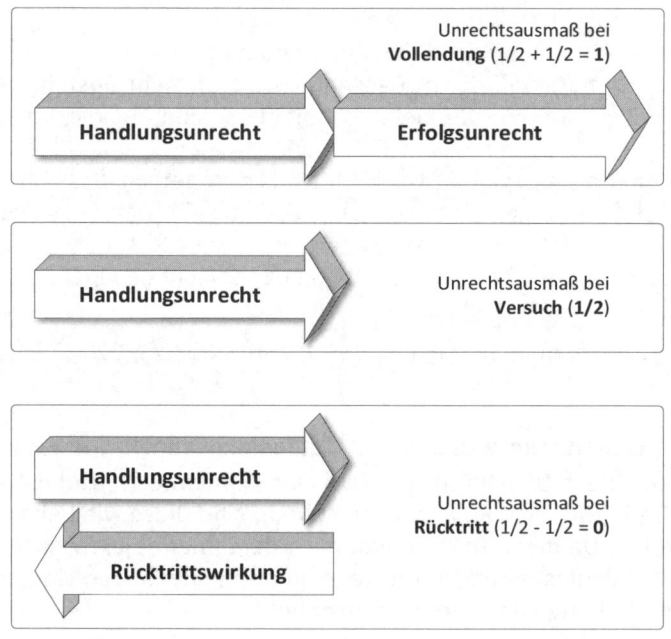

---

[8] Zum Rücktritt nach § 31 in den Fällen der versuchten Beteiligung nach § 30 vgl. ab S. 324.

Im Rahmen des Unrechtes kann man unterteilen nach dem Unrecht der Handlung (**Handlungsunrecht**) und dem Unrecht des Erfolges (**Erfolgsunrecht**).

Wenn wir nun eine Versuchssituation haben, dann ist ein Stück des Unrechtes noch gar nicht da: das **Erfolgsunrecht**. Denn der Gag beim Versuch besteht ja gerade darin, dass **kein** *dem Täter zuzurechnender* (BGH v. 29.6.2016 – 2 StR 588/15, Rz. 16) **Erfolg** eingetreten ist *("Die Tat ist nicht vollendet.")*.

Schafft es der Täter jetzt noch, sein **Handlungsunrecht** dadurch zu neutralisieren, dass er gegen seine *böse Handlung* mit einem Rücktritt eine *gute* setzt, dann besteht kein Grund mehr, eine Strafe zu verhängen, weder aus der Sicht einer Bewährung der Rechtsordnung, noch unter dem Gesichtspunkt einer Prävention. Dann bekommt der Täter seine „Prämie" (= die Straflosigkeit).

Die Zahlen in den Abbildungen (½) sind nicht wörtlich zu nehmen. Denn auch der Versuch kann ja genauso bestraft werden wie das vollendete Delikt, § 23 II. Die Zahlen sollen also nur verschiedene Unrechtsanhäufungen symbolisieren.

b. Beendeter / unbeendeter Versuch: Schon alles für den Erfolg getan?

Bei dem Bemühen um diese Prämie muss aber nach dem Stadium der Ausführungshandlung unterschieden werden, ob nämlich
- der Täter *nach seiner Vorstellung* schon **alles** Erforderliche **getan** hat, um den Erfolg herbeizuführen (sog. **beendeter Versuch**) …

Bsp. 1: T1, der O vergiften will, hat ihm in den Morgentee eine Menge Gift geschüttet, die *nach seiner Ansicht* bis spätestens 14:00 Uhr tödlich wirken muss.

- … oder ob er *nach seiner Vorstellung* **noch nicht alles** Erforderliche **getan** hat, um den Erfolg herbeizuführen (sog. **unbeendeter Versuch**).

Bsp. 2: T2, der den O erschießen will, lauert ihm auf, lässt aber dann doch die Waffe sinken und schießt nicht.

Es wäre ungerechtfertigt, beide Täter allein für ein bloßes Aufhören mit Straflosigkeit zu prämieren. Der, der mehr getan hat, muss auch aktiver werden. Wenn nämlich der, der mehr (Böses) getan hat, aufhört, stirbt das Opfer im Beispielfall 1 trotzdem (wenn nicht externe Umstände das verhindern), bei dem anderen (Bsp. 2) überlebt es.

Demgemäß verlangt der Gesetzgeber für einen strafbefreienden Rücktritt
- vom beendeten Versuch, dass der Täter **freiwillig aktiv einschreitet** (die Vollendung verhindert),

im **Bsp. 1:** Arzt anrufen, um den Magen auszupumpen;

- während er es beim unbeendeten Versuch für ausreichend ansieht, wenn der Täter **freiwillig** ein **bloßes Absehen von der Tat** an den Tag legt (die weitere Ausführung der Tat aufgibt).

im **Bsp. 2**: Nicht schießen.

Die Frage, ob ein beendeter und unbeendete Versuch vorliegt, richtet sich *inhaltlich* **allein nach dem, was der Täter glaubt** (§ 22: „nach seiner Vorstellung"). Macht der Täter sich (gar) keine Vorstellung über die Folgen seines Tuns oder ist ihm der Erfolg gleichgültig, liegt ein beendeter Versuch vor (BGH v. 27.8.2019 – 4 StR 330/19).

Noch nicht geklärt worden ist damit aber, welcher Zeitpunkt für den Glauben des Täters der entscheidende ist. Es handelt sich dabei um die Frage, *welcher* zeitliche *(Betrachtungs-) Horizont* entscheidend ist. [Ich werde diese Frage auf der nächsten Seite bei der Figur des fehlgeschlagenen Versuches beantworten.]

Witzig im Übrigen noch, was passiert, wenn der Täter, auf dessen Vorstellung allein es ja ankommt, sich vertut. Ist ja nicht so, dass wir noch nicht genug Irrtümer kennen gelernt haben.
- Wenn der Täter also glaubt, es läge ein beendeter Versuch vor (er hätte also alles getan), obwohl in Wirklichkeit nur ein unbeendeter Versuch vorliegt (er hat objektiv gesehen noch gar nicht alles getan).

Bsp.: T hat O eine Dosis Gift verabreicht, von der er glaubt, sie reiche, um O zum Tode zu befördern. In Wirklichkeit war die Dosis dafür zu gering.

- Oder wenn der Täter glaubt, es läge ein unbeendeter Versuch vor, obwohl in Wirklichkeit ein beendeter Versuch vorliegt.

Bsp.: T hat O eine Dosis Gift verabreicht, von der er glaubt, sie reiche noch nicht, um O zum Tode zu befördern. In Wirklichkeit war die Dosis völlig ausreichend.

Die Auflösung beider Fälle ist denkbar einfach.
- Im ersten Fall reicht es nicht aus, wenn der Täter einfach aufhört, sondern er muss aktiv gegensteuern. Damit macht er zwar objektiv mehr als eigentlich nötig wäre, aber es kommt eben (nur) auf seine Vorstellung an. Hat er aber mehr gegengesteuert, ist es in Ordnung, wenn er als Prämie die Straffreiheit für das versuchte Tötungsdelikt (§§ 212 I, 22) bekommt. (Aus § 224 I Nr. 1 kann ihn dagegen nichts mehr rausholen, denn der wäre ja vollendet.)
- Und im zweiten Fall kann der Täter ja mal ausprobieren, was passiert, wenn er seiner Vorstellung folgt und einfach aufhört. Da die Dosis ausreichend war, wird das Opfer daran sterben. Und dann ist die Tat vollendet und ein Rücktritt

nicht mehr möglich. Wir hätten das als Rücktrittsproblem in einer Klausur aber auch nie ernsthaft, denn wir würden in solchen Fällen ja auch keinen Versuch prüfen. Kein § 212 mangels Vorsatz, aber § 222 und 224 I Nr. 1.

(Nur noch als Klausurkriminalität kann man dagegen den Fall bezeichnen, in dem der Täter einfach aufhört, durch sonstige Umstände aber der Tod des O verhindert wird (spontaner Brechdurchfall). Hier reicht das Aufhören aus, wenn die jetzt noch folgend erörterten Voraussetzungen gleichfalls vorliegen.)

c. Der fehlgeschlagene Versuch

Neben den beiden Möglichkeiten beendeter und unbeendeter Versuch – und auch neben dem Gesetz – glaubt der BGH (unterstützt von einem Teil der Literatur) noch eine dritte, eigenständige Gruppe ausgemacht zu haben: den **fehlgeschlagenen Versuch**.

Dieser Versuch ist dadurch gekennzeichnet, dass man von ihm deshalb nicht zurücktreten kann, weil er mit den eingesetzten oder sonst verfügbaren Mitteln sowieso **nicht mehr zum Erfolg** führen kann, **ohne** dass man eine **neue Handlungs- und Kausalkette** in Gang setzt (vgl. BGH v. 22.8.2017 – 3 StR 299/17, Rz. 7). Kann der Versuch aber nicht mehr zum Erfolg führen, dann ist die Nichtherbeiführung des Erfolges auch nicht mehr zu prämieren. Wir beachten wieder, dass es auch hier *nur auf die Vorstellung des Täters* ankommt. Wie es wirklich (objektiv) ist, ist egal (BGH v. 23.2.2016 – 3 StR 5/16, Rz. 18).

Gedacht ist an solche Fälle:

Bsp.: T will O durch einen Schuss töten. Er hat ein Präzisionsgewehr, aber nur eine Kugel. Er schießt aus 400 Meter Entfernung auf O, verfehlt ihn aber und hat auch keine andere Möglichkeit, sein Vorhaben weiterzuführen. [Es wäre genauso, wenn T – ohne es zu wissen! – eine weitere Kugel in der Tasche hätte.]

Dabei kann es noch etwas kniffelig werden, wenn man folgende Abwandlung untersucht:

Bsp.: T will O durch einen Schuss töten. Er hat eine Pistole, aber nur eine Kugel. Er schießt aus 2 Metern Entfernung auf O, verfehlt ihn aber. Weil er dem O körperlich weit überlegen ist, hätte er die Möglichkeit, sein Vorhaben dadurch weiterzuführen, dass er O erschlägt. Er sieht dies auch, lässt es aber.

Für diese Abwandlung kann man sich (es geht um die Prämie der Straffreiheit) auf **zwei verschiedene zeitliche Standpunkte** stellen.
- Der eine ist der zu Beginn der Tat, im Augenblick der Abgabe des Schusses also. Von hier aus gesehen ist die Tat fehlgeschlagen, weil der Tatplan (so) nicht mehr zum Erfolg führen kann. Man nennt diese Perspektive den **Planungshorizont**.

- Der andere Standpunkt ist der, nachdem die Kugel verfehlt hat. Von hier aus gesehen ist die Tat noch nicht (ganz) fehlgeschlagen, weil dem Täter ja noch die Möglichkeit bleibt, den Erfolg (mit etwas anderen Mitteln) herbeizuführen. Man nennt diese Perspektive den **Rücktrittshorizont**.

Stellt man auf den Planungshorizont ab, ist der Versuch fehlgeschlagen, ein Rücktritt nicht mehr möglich, stellt man auf den Rücktrittshorizont ab, ist ein Rücktritt noch möglich. Die zweite Möglichkeit ist damit erkennbar rücktrittsfreundlicher.

Der BGH hatte früher in ständiger Rechtsprechung (zuerst zum Thema *beendeter Versuch*, später dann zum Thema *fehlgeschlagener Versuch*) die erste Möglichkeit (Planungshorizont) angenommen, es sich inzwischen aber längst anders überlegt. Er **löst alle Fragen nunmehr über den Rücktrittshorizont** (BGH v. 26.2.2019 – 4 StR 464/18, Rz. 8). Die Begründung hierfür ist ebenso einfach wie überzeugend.

Da es beim gesamten Versuch – und damit auch beim Rücktritt – auf die Vorstellung des Täters von der Tat ankommt, stellt sich die Frage nach dem Rücktritt das erste Mal dann, wenn sich der Täter *nach* einer Handlung (sonst schon kein Versuch) überlegt, ob er weitermachen soll. In dem Augenblick, in dem er die erste Handlung vornimmt (im Beispiel: Abgabe des Schusses) will der Täter ja noch die Vollendung (sonst schon kein Vorsatz).

Das bedeutet, dass erst *nach* der Abgabe des Schusses die Frage nach einem Rücktritt sinnvoll gestellt werden kann. Und das ist dann der Rücktrittshorizont.

Dies gilt im Übrigen dann **in gleicher Weise für die Abgrenzung des unbeendeten zum beendeten Versuch** (die Vorstellung des Täters (noch nicht) alles getan zu haben, ist vom Rücktrittshorizont aus zu ermitteln) **wie für die Feststellung eines fehlgeschlagenen Versuches** (die Vorstellung des Täters, ob die versuchte Tat noch zum Erfolg gebracht werden kann, ist vom Rücktrittshorizont aus zu ermitteln). Zur „Korrektur" dieses Horizontes bei neuen Erkenntnissen nach der Tathandlung: BGH v. 23.11.2016 – 4 StR 471/16, Rz. 7.

Vermischt – und deshalb oft schwer verständlich – wird die Frage, ob ein Versuch fehlgeschlagen ist oder nicht, häufig mit der Frage nach der Freiwilligkeit eines Rücktritts.

d. Die Freiwilligkeit: autonom (will nicht) statt heteronom (kann nicht)

Für einen Rücktritt ist nämlich in jedem Fall erforderlich, dass der Täter freiwillig handelt. **Freiwilligkeit** liegt salopp gesagt dann vor, wenn der Täter sich sagt:

„Ich will nicht, obwohl ich kann."

Unfreiwilligkeit läge demgegenüber dann vor, wenn sich der Täter sagt:

„Ich kann nicht, obwohl ich will."

Diese beiden Faust-Formulierungen werden (nach dem entsprechenden Autor) als FRANK'sche Formel bezeichnet. Sachlich geht es letztlich darum, dass es allein darauf ankommt, ob der Täter **aus autonomen Gründen** (BGH v. 28.9.2017 – 4 StR 282/17, Rz. 10) zurücktritt.

Autonom sind nur Motive, die **nicht** durch einen Zwang in der Außenwelt begründet sind (dann: **heteronom**). Die moralische Wertigkeit der autonomen Gründe („Was werden wohl die Nachbarn sagen, wenn es auffliegt?"), spielt allerdings keine Rolle.

Dass der **Anstoß zum Umdenken von außen** kommt oder die Abstandnahme von der Tat erst **nach dem Einwirken eines Dritten oder einem Verhalten des Geschädigten** erfolgt, stellt für sich genommen die Autonomie der Entscheidung des Täters nicht in Frage (BGH v. 10.4.2019 – 1 StR 646/18, Rz. 8). Und es spielt auch keine Rolle, wenn mit einer gewollten Rücktrittshandlung zugleich **Verschleierungsbemühungen** einhergehen (BGH v. 26.2.2019 – 4 StR 514/18, Rz. 16).

Bezieht man nun das auf die oben dargestellte Figur des fehlgeschlagenen Versuches, so kann man mit Fug und Recht sagen, dass es sich dabei eigentlich nur um eine Spezialvariante des *Versuches, von dem man nicht mehr freiwillig zurücktreten kann, weil die Tat sowieso nicht mehr vollendbar ist,* handelt.

Entsprechend lautet auch die dem BGH häufig entgegengesetzte Kritik: Die Figur des fehlgeschlagenen Versuches ist überflüssig. Man bekommt denselben Effekt auch über die (Verneinung der) Freiwilligkeit.

Wir merken hier aber schon einmal vor, dass die Figur des fehlgeschlagenen Versuches einen Riesenvorteil hat, den wir auch aufbau-, also klausurtechnisch nicht unterschätzen sollten: Es entfällt jede Differenzierung zwischen § 24 I und § 24 II. Dazu gleich mehr. Wir dürfen dabei vermuten, dass es u.a. auch dieser Vorteil war, der den BGH dazu gebracht hat, den fehlgeschlagenen Versuch zu basteln.

Fassen wir das bis jetzt Gesagte zusammen, ergibt sich folgendes Bild:
1. **Es gibt fehlgeschlagene Versuche (BGH). Kein Rücktritt möglich.**
2. **Es gibt unbeendete Versuche.**
    a. Freiwilliges (autonomes) Aufhören (Rücktritt möglich).
    b. Unfreiwilliges (heteronomes) Aufhören (Kein Rücktritt möglich).
3. **Es gibt beendete Versuche.**
    a. Freiwilliges (autonomes) Gegensteuern (Rücktritt möglich).
    b. Unfreiwilliges (heteronomes) Gegensteuern (Kein Rücktritt möglich).

e. Die Ernsthaftigkeit -> endgültiges Aufhören

Neben der Freiwilligkeit gibt es noch das Erfordernis der Ernsthaftigkeit. Es genügt nicht allein, dass der Täter aus autonomen Gründen (= freiwillig) aufhört. Er muss dies auch **endgültig** tun. Und das Erfordernis der Endgültigkeit, das es ausschließt, nach dem Motto „Gleich geht's weiter." zu verfahren, nennt man **Ernsthaftigkeit**.

Für einen Teil der Rücktrittsmöglichkeiten steht die Ernsthaftigkeit ausdrücklich im Gesetz (vgl. § 24 I und II, jeweils die zweiten Sätze), es folgt aber ohnehin aus dem Merkmal des „Aufgebens" der Tat.

Diese Ernsthaftigkeit betrifft dabei allerdings nur die geplante Tatausführung in dieser oder in einer vergleichbaren, jedenfalls auch zeitnahen Weise. Dass der Täter möglicherweise vorhat, sein (potentielles) Opfer *irgendwann* doch noch mal umzubringen, schließt die Ernsthaftigkeit nicht aus.

Für den Fall des (aktiven und kausalen) „Verhinderns der Vollendung" (§ 24 Abs. 1 S. 1 Var. 2) soll „ernsthaftes Bemühen" nach dem BGH (BGH v. 26.2.2019 – 4 StR 514/18, Rz. 14) gar nicht nötig sein. Hier genügt es sogar, wenn diese Verhinderung nur „nebenbei" passiert

> **Bsp.:** Täter ruft (nur) für sich die Feuerwehr zu Hilfe, diese rettet auch Opfer.

f. Mehrere Tatbeteiligte

Und es kommt noch ein Weiteres hinzu. Wird nämlich nicht nur *ein* Täter aktiv, sondern gleich *mehrere*, nutzt es wenig, wenn ein Täter einfach sagt: „Ich will nicht mehr". Es kann dann ja durchaus sein, dass die anderen mit Hilfe des bereits geleisteten Tatbeitrages die Tat alleine ausführen.

> **Bsp.:** T1, T2, T3 und T4 planen, eine Bank auszurauben. T1 soll am Überfall teilnehmen und vorher noch die Waffen beschaffen. Nachdem er die Waffen beschafft hat, überkommen ihn Gewissensbisse und er setzt sich ab. Die übrigen Täter überfallen die Bank mit Hilfe der von T1 verschafften Waffen.

Es liegt auf der Hand, dass T1 hier nicht straffrei ausgehen kann. Er hat immerhin wesentlichen Anteil am Gelingen des Überfalls. Ohne Waffen glückt ein Bankraub selten. Es verhält sich hier ähnlich, wie mit dem Giftfall von vorhin (ausreichende Dosis): An den Rücktritt sind besondere Anforderungen zu stellen.

Das Gesetz differenziert daher auch noch nach der Zahl der Beteiligten. Ist nur einer am Werk, gilt § 24 I. Sind es mehrere, greift § 24 II. Es ist dabei egal, wie viele Personen zurücktreten, entscheidend ist nur, wie viele beteiligt sind.

> **Achtung:** Das ist ausgesprochen wichtig. Es wird aber trotzdem immer wieder falsch gemacht. **Grundregel: Zuerst die Anzahl der Beteiligten ermitteln.**

- Ist es nur einer: § 24 I. Sind es mehrere: § 24 II.

- **(Erst) Danach** dann nach beendetem oder unbeendetem Versuch fragen. (Zu einer manchmal gemachten Ausnahme vgl. unten auf S. 160)

(Wir denken hier noch einmal an den Riesenvorteil der Figur des fehlgeschlagenen Versuches: Es entfällt jede Differenzierung zwischen § 24 I und § 24 II, zwischen beendetem und unbeendetem Versuch!)

Klausurtechnisch gesehen sind wir an dieser Stelle aber oft in einer blöden **Klemme.** Denn normalerweise haben wir bis hierhin irgendeinen Täter T geprüft und wissen noch gar nicht, ob irgendwelche Teilnehmer oder Mittäter mitspielen. Wir können also bei Licht besehen noch gar nicht sagen, ob es um einen oder um mehrere Beteiligte geht.

Andererseits stimmt das so nun auch wieder nicht. Wenn wir – wie dies im Teil übers Klausurenschreiben immer wieder betont wird – vor der Niederschrift der Klausur eine Gliederung gemacht haben, dann wissen wir natürlich genau, ob noch einer kommt oder nicht. Wir haben's dann nur noch nicht geschrieben. Daraus folgt, dass es **zwei Möglichkeiten** gibt, aus der Klemme wieder rauszukommen:

1. Der **Verweis nach unten.** Ist normalerweise nicht zulässig, weil das Verständnis eines Textes allein aufgrund der bis dahin geschriebenen Informationen erfolgen soll, kann hier aber ausnahmsweise mal gemacht werden.

Bsp.: Möglicherweise kann T gemäß § 24 zurücktreten. Wie später noch gezeigt wird, hat T die Tat unter Beteiligung des B ausgeführt (siehe unten S. ...). Die Voraussetzungen seines Rücktritts bestimmen sich daher nach § 24 II.

2. Der **Zwischenstopp.** Ist aufbautechnisch die elegantere Lösung. Das bis dahin gefundene Ergebnis wird als Zwischenergebnis festgehalten, verbunden mit dem Hinweis, dass die Frage eines eventuellen Rücktritts erst nach der Erörterung der Strafbarkeit eventueller Beteiligter erfolgen könne. Dann erörtert man die potentiellen Beteiligten. Zuletzt geht's wieder auf den Täter zurück und der Rücktritt kommt dran (aber nicht vergessen!).

Bsp.: Als Zwischenergebnis bleibt daher festzuhalten, dass sich T *an sich* gemäß §§ ..., 22 strafbar gemacht hat. Ob er von diesem Versuch strafbefreiend zurückgetreten ist, lässt sich im Hinblick auf die Differenzierung nach der Anzahl der Beteiligten in § 24 I und II erst dann feststellen, wenn die Frage der Beteiligtenzahl geklärt ist. Dies wird daher im Folgenden zunächst untersucht. Die Rücktrittsprüfung erfolgt unten auf S. ...

Bisweilen kann man übrigens auch lesen, dass **bei mehreren Mitwirkenden nicht grundsätzlich für jeden § 24 II** angewendet werden soll, sondern eine Differenzierung stattfinden müsse.

Dahinter steckt der Gedanke, dass in § 24 II die erhöhte Gefährlichkeit mehrerer, sich gegenseitig antreibender Beteiligter berücksichtigt wird. Handelt daher einer am Tatort **ganz alleine (wie ein Einzeltäter),** während andere eher im Hintergrund und im Vorbereitungsstadium mitwirken (Haupttäter – Anstifter), soll es möglich sein, den Haupttäter nach § 24 I und den Anstifter nach § 24 II zurücktreten zu lassen.

Das ist mit dem **Wortlaut des § 24 II** („Sind an der Tat mehrere beteiligt, ...") aber **nicht wirklich im Einklang**.

Erstaunlicherweise scheint es nun, als habe der Gesetzgeber die Möglichkeit eines **unbeendeten Versuches bei mehreren Beteiligten** überhaupt nicht gesehen. § 24 II enthält jedenfalls keine dem § 24 I S. 1, 1. Var. vergleichbare Formulierung. Es besteht aber Einigkeit, dass dies nur redaktionell bedingt ist. Natürlich ist auch dann, wenn mehrere beteiligt sind, ein unbeendeter Versuch denkbar, von dem man zurücktreten kann (BGH v. 23.2.2016 – 3 StR 5/16, Rz. 7).

Bsp.: T1 und T2 beschließen, eine Bank zu überfallen. Sie betreten mit gezogenen Waffen die Schalterhalle, rufen „Überfall, Geld raus!" Bevor sie das Geld aber entgegennehmen, beschließen sie einverständlich, es doch noch einmal ehrlich zu versuchen, und fliehen ohne Beute, freiwillig und ernsthaft.

Man löst derartige Konstellation über eine Verbindung von *§ 24 II S. 1 i.V.m. dem Rechtsgedanken aus § 24 I S. 1, 1. Var.*

g. § 24 II S. 2 letzte Var. – Rücktritt auch bei Vollendung?

Witzig ist schließlich noch **§ 24 II S. 2 letzte Var.** Dort steht, dass die Tat auch „unabhängig von seinem (des Zurücktretenden) früheren Tatbeitrag" begangen wurde.

Das bedeutet zunächst, dass der Zurücktretende es schaffen muss, seinen eigenen Tatbeitrag völlig zu neutralisieren. Da ist die Rechtsprechung ganz streng.

Die Schwierigkeiten dieser Konstellation sind aber auch andere: Wie kann es sein, dass ein Rücktritt in Betracht kommt, obwohl doch nach dem Gesetzeswortlaut die Tat „begangen", also offenkundig vollendet wurde? Oder auf den Punkt gebracht: Gibt es einen **Rücktritt auch bei Vollendung?**

Es gibt ihn. Wir müssen uns dabei aber folgende Einzelschritte überlegen.

Bsp.1: T1 und T2 beschließen, gemeinsam einen Einbruch zu machen. T1 soll einsteigen, T2 soll Schmiere stehen. Während des Tatablaufes kommen beiden Bedenken und sie nehmen von der Tat Abstand.

In diesem Beispiel haben sich zunächst beide eines versuchten Einbruchsdiebstahls (schuldig und nach § 242 Abs. 1, 2; 22) strafbar gemacht. Sie sind aber beide davon zurückgetreten.

Bsp.2: T1 und T2 beschließen, gemeinsam einen Einbruch zu machen. T1 soll einsteigen, T2 soll Schmiere stehen. Während des Tatablaufes kommen T2 Bedenken und er nimmt von der Tat Abstand. Ohne seine Hilfe kann T1 den Bruch nicht weiterführen, er hört ebenfalls auf.

Hier haben sich zunächst wieder beide eines versuchten Einbruchsdiebstahls strafbar gemacht. Zurückgetreten ist aber allein T2, denn T1 hat nicht freiwillig aufgehört.

Sowohl Beispiel 1 als auch Beispiel 2 gingen davon aus, dass beide Täter im Versuchsstadium die weitere Ausführung aufgeben. Jetzt stellt sich die Frage, wie es sich auswirkt, wenn nur einer aufhört, aber der andere weitermacht.

Bsp.3: T1 und T2 beschließen, gemeinsam einen Einbruch zu machen. T1 soll einsteigen, T2 soll Schmiere stehen. Während des Tatablaufes kommen T2 Bedenken und er nimmt von der Tat Abstand. T1 kann den Bruch allein nicht weiterführen, er schafft es aber mittels eines Telefonates, T3 spontan für die weitere Mitarbeit zu gewinnen. Zusammen mit T3 führt er die Tat dann durch.

In diesem Beispiel hat T2 die Tat im Versuchsstadium verlassen, während T1 sie (mit T3) in das Vollendungsstadium hinübergeführt hat. Und genau das ist es, was der Gesetzgeber mit der Formulierung des § 24 II S. 2, letzte Var. gemeint hat. Die Antwort auf die Frage (Rücktritt trotz Vollendung?) setzt also die Differenzierung voraus, dass sich von mehreren einer im *Versuchsstadium* aus der Tat entfernt hat (deshalb ist noch ein Rücktritt möglich), während andere die Tat *vollendet* („begangen") haben.

Es reicht nun aber nicht aus, dass T2 einfach aufgehört hat, denn der Einstiegshalbsatz des § 24 II S. 2 lautet: *„Jedoch genügt zu seiner Straflosigkeit sein freiwilliges und ernsthaftes Bemühen, die Vollendung der Tat zu verhindern (...)"*.

Wollten wir das Beispiel daher in diesem Sinne ergänzen, müsste es so aussehen:

Bsp.4: T1 und T2 beschließen, gemeinsam einen Einbruch zu machen. T1 soll einsteigen, T2 soll Schmiere stehen. Während des Tatablaufes kommen T2 Bedenken und er nimmt von der Tat Abstand. T1 kann den Bruch allein nicht weiterführen, er schafft es aber, T3 für die weitere Mitarbeit zu gewinnen. Zusammen mit T3 führt er die Tat dann durch. *T2 hatte sich vergeblich bemüht, T1 davon abzubringen. Als dies nicht fruchtete, alarmierte er die Polizei, die jedoch zu spät kam.*

Klausurtechnisch müsste man zunächst
1. den vollendeten Diebstahl von T1 und T3 durchprüfen und deren Strafbarkeit bejahen. Danach schwenkt man auf T2 über.
2. Man beginnt dann, eine Strafbarkeit wegen vollendeter Beteiligung (als Täter oder Teilnehmer) zu prüfen. Die Vollendung muss man verneinen, denn der Tatbeitrag des T2 reicht nur in das Versuchsstadium hinein und wirkt sich für die Vollendung (durch T1 und T3) nicht mehr aus – **keine Kausalität**.
3. Deshalb ist der Tatbeitrag des T2 als versuchte Beteiligung (als Täter oder Teilnehmer) zu untersuchen. Diese ist zu bejahen, wobei den Abschluss die Prüfung des Rücktritts nach § 24 II S. 2, letzte Var. macht.

2. Strafverfolgungshindernisse / 3. Regelbeispiele
Hier gibt es keine Besonderheiten im Verhältnis zum vollendeten Begehungsdelikt.

Das folgende Schaubild zum Rücktritt ist selbstverständlich nicht lernbar. Es soll nur die Abläufe deutlich machen. Im Zeitalter von legal techs könnte man darauf auch einen Algorithmus aufbauen.

Deliktsform ②: Der Rücktritt

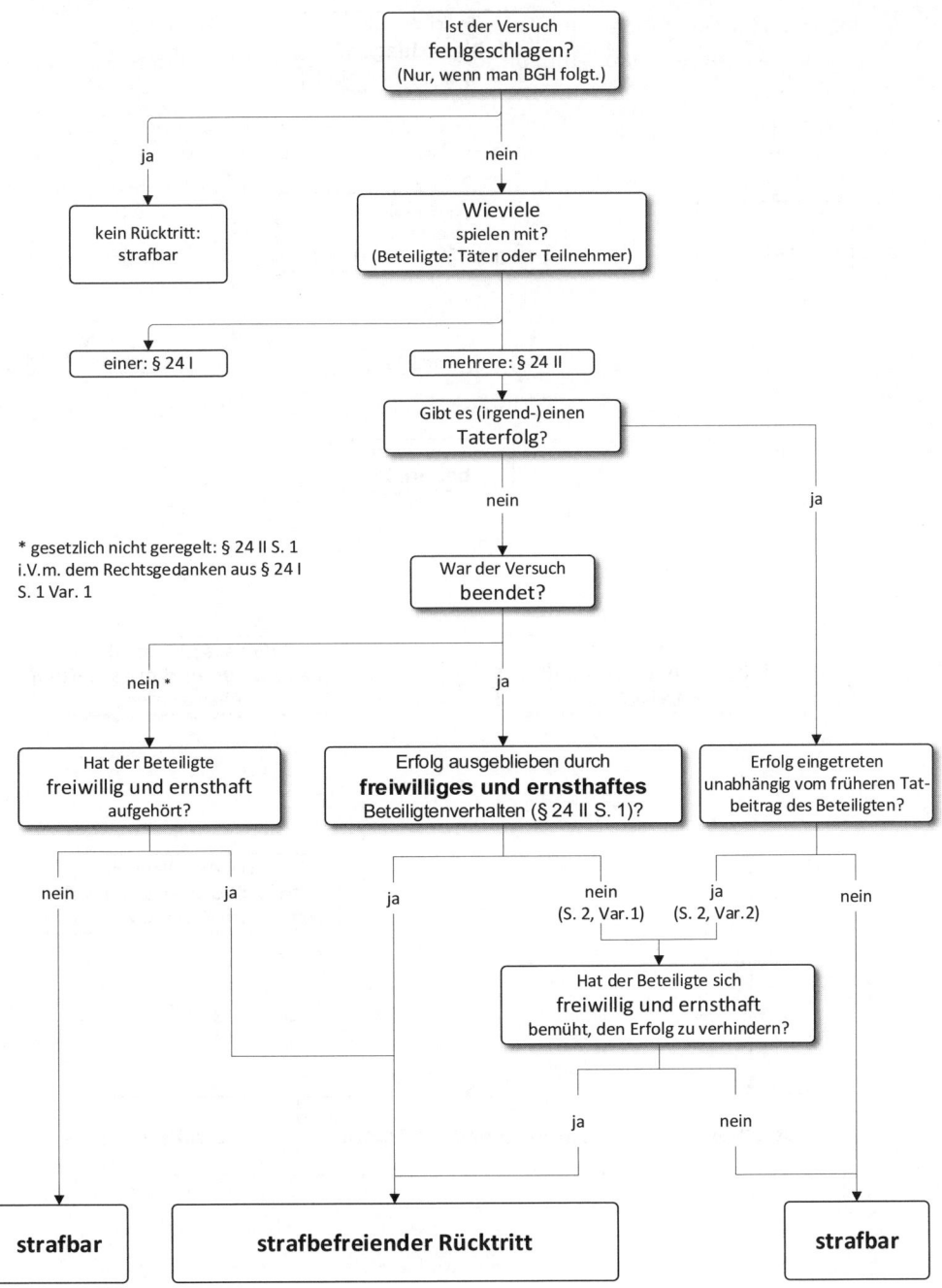

164 || Das versuchte vorsätzliche Begehungsdelikt

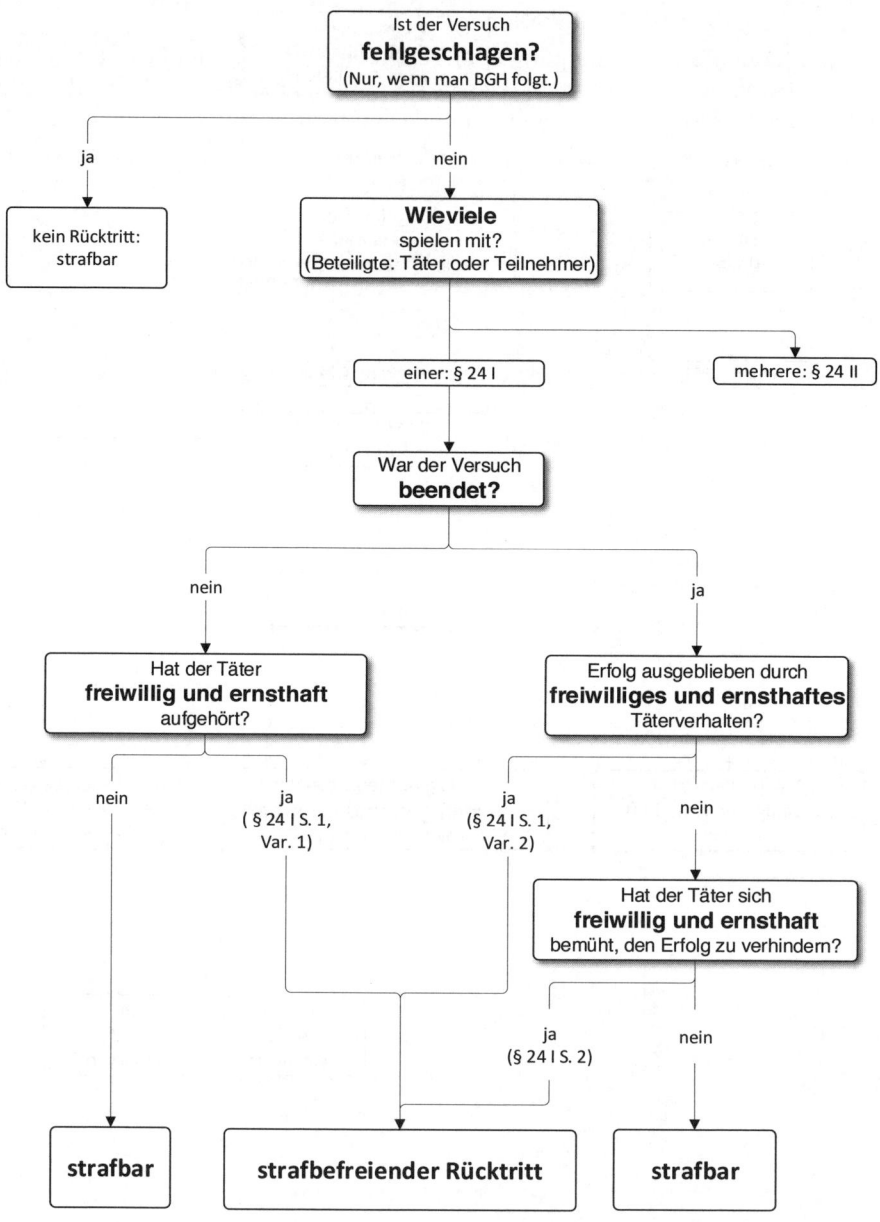

V. Versuchsaufbau bei Qualifikationen

Abschließende Aufbaubemerkung zum Versuch. Wir hatten am Ende des vollendeten Deliktes (S. 120) gesehen, dass es drei grundsätzliche Möglichkeiten gibt, die Kombination aus Grundtatbestand und Qualifikation durchzuprüfen.

Als zulässig wurden dabei zwei dieser Möglichkeiten angesehen. Beim Versuch nun, bleibt häufig nichts, als die dritte Möglichkeit zu wählen.

Wir können daneben aber auch noch bemerken, dass sich im Versuchsstadium Grundtatbestand und Qualifikation häufig nur noch durch den subjektiven Teil unterscheiden, der objektive hingegen – der unmittelbare Ansatz – bei beiden gleich ist.

Bsp.: T will einen Raub begehen. Er hat alle subjektiven Merkmale und packt gerade einen 10-jährigen im Park schmerzhaft ans Ohr, um dessen Schokoriegel zu ergreifen und in die eigene Tasche zu stecken, als er vom Polizisten P ertappt wird.

In diesem Beispiel hat sich T eines versuchten Raubes (Gewalt liegt vor, Wegnahme noch nicht) schuldig gemacht. Jetzt erweitern wir diesen Fall so:

Wie gerade, aber: T hat noch eine Schusswaffe dabei und weiß dies auch.

Nun ist aus dem versuchten Raub schon ein solcher mit Waffen geworden. Dies, ohne dass sich etwas am objektiven Tatbestand – dem unmittelbaren Ansatz – geändert hat. Nach der Rechtsprechung ist bei Vorliegen von Qualifikationstatbeständen (ebenso wie bei Regelbeispielen) immer auf das **unmittelbare Ansetzen zum Grundtatbestand** abzustellen (BGH v. 20.9.2016 – 2 StR 43/16, Rz. 3).

Und jetzt noch das:

Wie im Ausgangsfall, aber: T glaubt nur, er habe eine Schusswaffe dabei.

Und auch hier wieder ein versuchter Raub mit Waffen. Wie wir nach all dem, was wir oben gelesen und hoffentlich auch behalten haben, wissen, ein untauglicher Versuch (im Hinblick auf die Qualifikation), denn in Wirklichkeit hatte T ja gar keine Schusswaffe mit. Aber wie wir ja auch noch wissen, ist dies für die Strafbarkeit egal.

Es zeigt sich im Ganzen, dass sich manche Qualifikations-Versuche nur im subjektiven Tatbestand unterscheiden. Wir müssen (z.B. bei der Körperverletzung) also wohl oder übel Grundtatbestand und Qualifikation schon im Tatbestand mischen.

Wir würden bei einem Versuch dann wie folgt aufbauen:

[- Vorprüfung]
I. Tatbestand
   1. **Subjektiver Tatbestand** – Tatentschluss bez.
      a. Grunddelikt (§ 223 I)
      b. Qualifikation (§ 224 I Nr. 2)
   2. **Objektiver Tatbestand** – Unmittelbarer Ansatz
II. Rechtswidrigkeit
III. Schuld
IV. Kein Rücktritt

Wenn man bedenkt, dass dieser Aufbau beim vollendeten vorsätzlichen Begehungsdelikt als unzulässig gilt, ist das eigentlich inkonsequent. Aber wie auf S. 120 schon gesagt: Der Aufbau orientiert sich (auch) an Zweckmäßigkeit – und hier geht es nicht anders.

1. Teil - Das System ✓
2. **Teil - Die einzelnen Deliktsformen**
    ① Das vollendete vorsätzliche Begehungsdelikt (Tun) ✓
    ② Das versuchte vorsätzliche Begehungsdelikt ✓
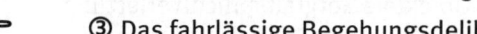   ③ Das fahrlässige Begehungsdelikt
3. Teil - Täterschaft und Teilnahme
4. Teil - Konkurrenzen
5. Teil - Gutachtenstil und Übungsklausuren
6. Teil - Hausarbeiten

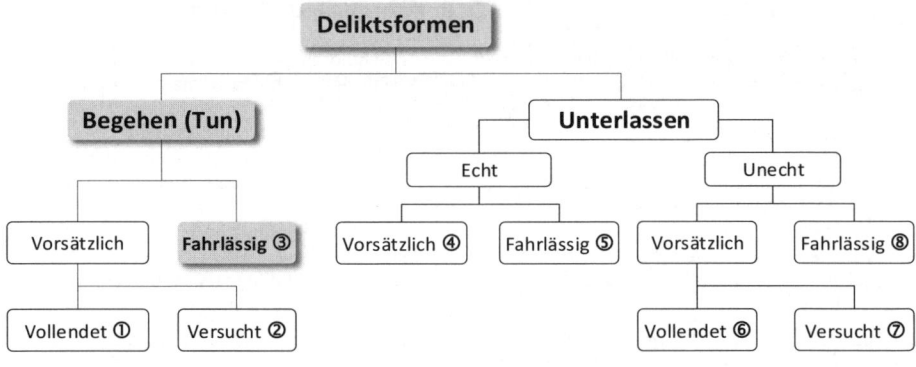

③ Das fahrlässige Begehungsdelikt [Lesezeit: ca. 25 Min.]
  I. **Tatbestandsmäßigkeit**
   1. [Objektiver Tatbestand]
      a. Tathandlung: Objektive Sorgfaltspflichtverletzung
      b. Taterfolg
      c. Verbindung zwischen pflichtwidriger Handlung und Erfolg
         aa. Kausalität
         bb. Objektive Vorhersehbarkeit
         cc. Objektiver Pflichtwidrigkeitszusammenhang
         dd. Schutzzweck der Sorgfaltspflicht (Norm)
   [2. Subjektiver Tatbestand
      a. Das Wissenselement
         aa. Wissen um den objektiven Tatbestand (bewusste Fahrlässigkeit: luxuria) oder
         bb. Nicht-Wissen um den obj. Tatbestand (unbewusste Fahrlässigkeit: neglentia)
      b. Das Wollenselement
         aa. Kann nur bei Wissen vorliegen (2.a.aa.)
         bb. Inhaltlich: Auf die Nicht-Verwirklichung vertrauen, also: Nicht-Wollen.]
  II. **Rechtswidrigkeit**
  III. **Schuld**
   1. Schuldfähigkeit
   2. Spezielle Schuldmerkmale
   3. Unrechtsbewusstsein i.w.S.
      a. Schuldform: Fahrlässigkeit
         aa. Subjektive Sorgfaltspflichtverletzung
         bb. Subjektive Vorhersehbarkeit
      b. Unrechtsbewusstsein i.e.S.
   4. Entschuldigungsgründe

Deliktsform ③: Allgemeines

I. Tatbestandsmäßigkeit
1. *[Objektiver Tatbestand]*
  a. Die Tathandlung: Pflichtverletzung
  b. Der Tatererfolg
  c. Die Verbindung von Handlung + Erfolg
    aa. Kausalität
    bb. Obj. Vorhersehbarkeit
    cc. Obj. Pflichtwidrigkeitszusammenhang
    dd. Schutzzweck der Sorgfaltspflicht
2. *[Subjektiver Tatbestand*
bewusste / unbewusste Fahrlässigkeit]
3. Tatbestandsannexe
4. Fälle des § 28 II
	II. Rechtswidrigkeit (indiziert)
	III. Schuld
	1. Schuldfähigkeit
	2. Spezielle Schuldmerkmale
	3. Die persönliche Vorwerfbarkeit
	  a. Schuldform: Fahrlässigkeit
	    aa. Subj. Sorgfaltspflichtverletzung
	    bb. Subj. Vorhersehbarkeit
	  b. Unrechtsbewusstsein i.e.S.
	4. Entschuldigungsgründe
	IV. Besonderheiten
	1. Strafausschließungs- / -aufhebungsgründe
	2. Strafverfolgungshindernisse

Allgemeines: Aufgrund ihrer Eigenart (der Erfolg ist nie gewollt) gibt es bei Fahrlässigkeitsdelikten weder Versuch noch Teilnahme (Beihilfe / Anstiftung / Mittäterschaft), allenfalls **Nebentäterschaft** (dazu unten auf S. 261).

Dies folgt aus dem Gesetz, das für Versuch und Teilnahme Plan- bzw. Wollenselemente, also: Vorsatz fordert (§ 22: nach seiner Vorstellung von der Tat, §§ 26, 27: vorsätzliche Tat, § 25 II: gemeinschaftlich).

Fahrlässigkeit ist nur dann mit Strafe bedroht, wenn dies im Gesetz ausdrücklich bestimmt ist, § 15. Fahrlässigkeitsdelikte gibt es ebenso wie Vorsatzdelikte als Erfolgs- (vgl. § 222) und als Tätigkeitsdelikte (vgl. § 163).

Wie man das fahrlässige Erfolgsdelikt **aufbaut, ist umstritten.** Das betrifft nicht den grundsätzlichen Aufbau „Tatbestandsmäßigkeit, Rechtswidrigkeit, Schuld", sondern die Zuordnung der einzelnen Fahrlässigkeitsmerkmale zu diesen Stufen und die Benennung der Merkmale. (In der Darstellung folge ich dem **dreistufigen Fahrlässigkeitsprüfungsaufbau**, bei dem an drei Stellen im Aufbau Fahrlässigkeitselemente geprüft werden.) Wir sollten mal kurz einen Blick nach links auf das Schema werfen, um uns die Parallelität zum Aufbau des Vorsatzdeliktes deutlich zu machen.

Die Fahrlässigkeit ist ein besonderer Typus des strafbaren Verhaltens, der Unrechts- und Schuldelemente in sich vereinigt. Es finden daher sowohl auf der Unrechtsebene (= Tatbestand / Rechtswidrigkeit) als auch auf der Schuldebene Fahrlässigkeitsprüfungen statt. Nach der hier vertretenen Auffassung je einmal im objektiven, einmal im subjektiven Tatbestand (ergibt mit der Rechtswidrigkeit zusammen das Unrecht) und ein weiteres Mal in der Schuld, insgesamt damit dreimal.

Wichtiger Aufbauhinweis: An vielen Unis wird die Auffassung vertreten, es gebe nur einen (einheitlichen) Fahrlässigkeitstatbestand, aber **nicht die Unterteilung** in einen objektiven und **subjektiven** Fahrlässigkeitstatbestand (vgl. hierzu unten im subjektiven TB). Teilt man dies, hat man nur eine **zweistufige Fahrlässigkeitsprüfung**.

Das fahrlässige Begehungsdelikt

I. Tatbestandsmäßigkeit
 1. *[Objektiver Tatbestand]*
   a. Die Tathandlung: Pflichtverletzung
   b. Der Tatenfolg
   c. Die Verbindung von Handlung + Erfolg
     aa. Kausalität
     bb. Obj. Vorhersehbarkeit
     cc. Obj. Pflichtwidrigkeitszusammenhang
     dd. Schutzzweck der Sorgfaltspflicht
 2. *[Subjektiver Tatbestand
 bewusste / unbewusste Fahrlässigkeit]*
 3. Tatbestandsannexe
 4. Fälle des § 28 II

II. Rechtswidrigkeit (indiziert)
III. Schuld
 1. Schuldfähigkeit
 2. Spezielle Schuldmerkmale
 3. Die persönliche Vorwerfbarkeit
   a. Schuldform: Fahrlässigkeit
     aa. Subj. Sorgfaltspflichtverletzung
     bb. Subj. Vorhersehbarkeit
   b. Unrechtsbewusstsein i.e.S.
 4. Entschuldigungsgründe
IV. Besonderheiten
 1. Strafausschließungs- / -aufhebungsgründe
 2. Strafverfolgungshindernisse

Egal, welchem Aufbau man folgt, gilt die **Grundregel: Der Aufbau wird nicht begründet.** Der Korrektor merkt bei der Lektüre, welchen Aufbau man vertritt.

Weil jede Zuordnungsmöglichkeit vertreten wird, kann man da nichts falsch machen. Entscheidend ist, dass man zu den Problemen des Falles gelangt. **Vorsorglich** aber beim Übungsleiter **nachfragen**, ob er was gegen subjektive Fahrlässigkeitstatbestände hat. Falls ja: Weglassen! Was das konkret bedeutet, habe ich unten beim subjektiven Tatbestand erläutert (S. 181).

Die Erläuterung des Aufbaus erfolgt nun anhand der folgenden Fälle.

Ausgangsfall: Autofahrer T durchquert eine geschlossene Ortschaft mit einer Geschwindigkeit von etwa 30 km/h. Plötzlich springt ihm der neunjährige Junge O, der sich beim Spiel hinter einem parkenden Mähdrescher versteckt hatte und zur anderen Straßenseite laufen will, direkt vor das Auto. Der aufmerksam fahrende T bremst sofort, kann aber nicht mehr verhindern, dass O angefahren und getötet wird.
Abwandlung 1: Wie läge es, wenn T die zulässige Höchstgeschwindigkeit von 50 km/h überschritten hätte und im Moment des Unfalls mit 60 km/h gefahren wäre? Hierbei ist zu unterstellen, dass O auch dann getötet worden wäre, wenn T seine Geschwindigkeit den geltenden Vorschriften und der gegebenen Verkehrssituation angepasst hätte.
Abwandlung 2: Wie wäre das Verhalten des T zu beurteilen, wenn O weithin sichtbar zu einer an beiden Straßenseiten spielenden Kindergruppe gehört hätte?
Einstiegssatz: T kann sich durch die Tötung des O gemäß § 222 strafbar gemacht haben.

I. Tatbestandsmäßigkeit

1. [Objektiver] Tatbestand

Der objektive Tatbestand eines Fahrlässigkeitsdeliktes unterscheidet sich grundsätzlich nicht von dem eines Vorsatzdeliktes. Diese Erkenntnis wird wohl

I. Tatbestandsmäßigkeit	**II. Rechtswidrigkeit** (indiziert)
1. *[Objektiver Tatbestand]*	**III. Schuld**
a. Die Tathandlung: Pflichtverletzung	1. Schuldfähigkeit
b. Der Taterfolg	2. Spezielle Schuldmerkmale
c. Die Verbindung von Handlung + Erfolg	3. Die persönliche Vorwerfbarkeit
aa. Kausalität	a. Schuldform: Fahrlässigkeit
bb. Obj. Vorhersehbarkeit	aa. Subj. Sorgfaltspflichtverletzung
cc. Obj. Pflichtwidrigkeitszusammenhang	bb. Subj. Vorhersehbarkeit
dd. Schutzzweck der Sorgfaltspflicht	b. Unrechtsbewusstsein i.e.S.
2. *[Subjektiver Tatbestand*	4. Entschuldigungsgründe
bewusste / unbewusste Fahrlässigkeit]	**IV. Besonderheiten**
3. Tatbestandsannexe	1. Strafausschließungs- / -aufhebungsgründe
4. Fälle des § 28 II	2. Strafverfolgungshindernisse

kaum sonderlich überraschen, denn immerhin muss auch bei einem Fahrlässigkeitsdelikt irgendwas passieren, was in der Außenwelt (= objektiv) Spuren hinterlässt.

Dieses „irgendwas" muss sich einem Täter zuordnen lassen. Und das, was ein Täter „macht", nennen wir **Handlung**. Bei Erfolgsdelikten muss es zusätzlich zu einem **Erfolg** kommen. Auch das stellt keine Besonderheit dar. Und schließlich müssen Handlung und Erfolg miteinander verbunden sein. Das Minimum der **Verbindung** ist eine Kausalität i.S.d. *conditio sine qua non*. Das alles hatten wir ebenfalls schon beim Vorsatzdelikt. Wir könnten also für alle Beispielfälle von oben formulieren:

Die Handlung des T hat den Tod eines Menschen, des O, verursacht.

Die Unterschiede liegen dann nicht im Grundsätzlichen, sondern im Detail. So finden wir nämlich beim Fahrlässigkeitsdelikt die **entscheidende Besonderheit**, dass nicht *irgendeine* Handlung zur Tatbestandserfüllung ausreicht, sondern nur eine solche, die man als „Sorgfaltspflichtverletzung" bezeichnen kann.

a. Tathandlung: Objektive Sorgfaltspflichtverletzung

Mit seiner Handlung muss der Täter eine objektive Sorgfaltspflicht verletzt haben.

T muss damit eine objektive Sorgfaltspflicht verletzt haben.

Definition: Objektiv sorgfaltspflichtwidrig handelt, wer die Sorgfalt außer Acht lässt, zu der er *nach den Umständen* verpflichtet ist.

Eine dieser tollen Definitionen, die uns im Grunde überhaupt nicht weiterhelfen. Nehmen wir sie nämlich auseinander, dann steht auf beiden Seiten etwas von *Sorgfalt*, es steht auf beiden Seiten etwas von *Pflicht*, wir finden auf beiden Sei-

172 || Das fahrlässige Begehungsdelikt

I. **Tatbestandsmäßigkeit**	II. **Rechtswidrigkeit** (indiziert)
1. *[Objektiver Tatbestand]*	III. **Schuld**
a. Die Tathandlung: Pflichtverletzung	1. Schuldfähigkeit
b. Der Taterfolg	2. Spezielle Schuldmerkmale
c. Die Verbindung von Handlung + Erfolg	3. Die persönliche Vorwerfbarkeit
aa. Kausalität	a. Schuldform: Fahrlässigkeit
bb. Obj. Vorhersehbarkeit	aa. Subj. Sorgfaltspflichtverletzung
cc. Obj. Pflichtwidrigkeitszusammenhang	bb. Subj. Vorhersehbarkeit
dd. Schutzzweck der Sorgfaltspflicht	b. Unrechtsbewusstsein i.e.S.
2. *[Subjektiver Tatbestand*	4. Entschuldigungsgründe
bewusste / unbewusste Fahrlässigkeit]	IV. **Besonderheiten**
3. Tatbestandsannexe	1. Strafausschließungs- / -aufhebungsgründe
4. Fälle des § 28 II	2. Strafverfolgungshindernisse

ten die *Widrigkeit* (einmal als Verletzung, einmal als Außerachtlassung). Das einzig wirklich Neue, Zusätzliche, ist die Formulierung *„nach den Umständen"*.

Für uns stellt sich also trotz der Definition (oder besser: gerade wegen) immer noch das Problem, wie wir an die objektive Sorgfaltspflicht drankommen.

aa. Inhalt der Sorgfaltspflicht

Allgemein gilt der Grundsatz, dass eine Handlung auf ihre Gefährlichkeit hin abgeklopft werden muss (= Untersuchungspflicht) und dass sie nur unter Berücksichtigung dieser Gefährlichkeit vorgenommen werden darf (= Berücksichtigungspflicht). Es gibt also 2 Elemente:

a. die **Herbeiführung einer Erkenntnis** (vgl. dazu auch den unten folgenden Prüfungspunkt: Vorhersehbarkeit) **von Gefährlichkeit** und

b. ein entsprechend **angepasstes Verhalten**.

Sorgfältig handelt folglich der, der diesen Voraussetzungen entspricht. Weil die Überprüfung dieser Voraussetzungen objektiv geboten ist, also für jeden, der Handlungen vornehmen will (die sich nach Prüfung ggf. als gefährlich erweisen), und nicht nur für einen bestimmten Täter, spricht man von einer objektiven Sorgfaltspflicht.

Damit ist aber erst **der allgemeine Inhalt** einer Sorgfaltspflicht bestimmt.

bb. Art und Umfang der Sorgfaltspflicht

Um genau zu wissen, ob ein Täter eine Sorgfaltspflicht nicht beachtet hat, muss man zusätzlich auch **genau** wissen, **welche konkrete** Sorgfaltspflicht besteht.

- Man muss Klarheit darüber gewinnen, in welchem **Umfang** der Täter **überprüfen** muss, welche Gefahren einer Handlung innewohnen.
- Und man muss sich weiter darüber im Klaren sein, welche **Anforderungen an die Angepasstheit** der Handlung zu stellen sind.

Mit einem Wort: **Es geht um den Maßstab.** Die herrschende Meinung verwendet hier folgende Formel:

Deliktsform ③: Objektive Sorgfaltspflichtverletzung || 173

I. **Tatbestandsmäßigkeit**
 1. *[Objektiver Tatbestand]*
  a. Die Tathandlung: Pflichtverletzung
  b. Der Taterfolg
  c. Die Verbindung von Handlung + Erfolg
   aa. Kausalität
   bb. Obj. Vorhersehbarkeit
   cc. Obj. Pflichtwidrigkeitszusammenhang
   dd. Schutzzweck der Sorgfaltspflicht
 2. *[Subjektiver Tatbestand bewusste / unbewusste Fahrlässigkeit]*
 3. Tatbestandsannexe
 4. Fälle des § 28 II

II. **Rechtswidrigkeit** (indiziert)
III. **Schuld**
 1. Schuldfähigkeit
 2. Spezielle Schuldmerkmale
 3. Die persönliche Vorwerfbarkeit
  a. Schuldform: Fahrlässigkeit
   aa. Subj. Sorgfaltspflichtverletzung
   bb. Subj. Vorhersehbarkeit
  b. Unrechtsbewusstsein i.e.S.
 4. Entschuldigungsgründe
IV. **Besonderheiten**
 1. Strafausschließungs- / -aufhebungsgründe
 2. Strafverfolgungshindernisse

Art und Maß der anzuwendenden Sorgfalt ergeben sich aus den Anforderungen, die bei einer Betrachtung der Gefahrenlage „ex ante" (lat.: von vorne) an einen besonnenen und gewissenhaften Menschen in der konkreten Lage und der sozialen Rolle des Handelnden zu stellen sind.

Das (zeitlich gemeinte) „ex ante" hat einen sehr simplen Grund: Hinterher („ex post") ist man immer schlauer. Das darf einem Täter nicht angelastet werden.

Das soll heißen:
- Wenn ein **Bauarbeiter** (als Bauarbeiter) einen Fehler macht, dann ist bei der Überprüfung der Sorgfaltspflicht darauf abzustellen, wie ein besonnener und gewissenhafter **Bauarbeiter** gehandelt hätte.
- Wenn ein **Arzt** (als Arzt) einen Fehler macht, dann ist bei der Überprüfung der Sorgfaltspflicht darauf abzustellen, wie ein besonnener und gewissenhafter **Arzt** gehandelt hätte.
- Wenn ein **Autofahrer** (als Autofahrer) einen Fehler macht, dann ist bei der Überprüfung der Sorgfaltspflicht darauf abzustellen, wie ein besonnener und gewissenhafter **Autofahrer** gehandelt hätte.

(Wir wollen lieber nicht überlegen, wie ein autofahrender Arzt als Bauarbeiter zu behandeln wäre.)

Für die Beispielfälle: Es ist bei der Überprüfung der Frage, ob T eine objektive Sorgfaltspflicht verletzt hat, darauf abzustellen, wie ein besonnener und gewissenhafter Autofahrer an seiner Stelle gehandelt hätte.

Und nun fragt man weiter: Wie hätte sich denn ein besonnener und gewissenhafter Mensch in der konkreten Lage und der sozialen Rolle des Handelnden unter den gegebenen Umständen verhalten?
- Zunächst: Jeder besonnene und gewissenhafte Mensch hält sich an die **allgemeinen Rechtsvorschriften**. Damit sind bspw. die Straßenverkehrsordnung,

174 || Das fahrlässige Begehungsdelikt

I. Tatbestandsmäßigkeit
1. *[Objektiver Tatbestand]*
   a. Die Tathandlung: Pflichtverletzung
   b. Der Tatererfolg
   c. Die Verbindung von Handlung + Erfolg
      aa. Kausalität
      bb. Obj. Vorhersehbarkeit
      cc. Obj. Pflichtwidrigkeitszusammenhang
      dd. Schutzzweck der Sorgfaltspflicht
2. *[Subjektiver Tatbestand bewusste / unbewusste Fahrlässigkeit]*
3. Tatbestandsannexe
4. Fälle des § 28 II

II. Rechtswidrigkeit (indiziert)
III. Schuld
1. Schuldfähigkeit
2. Spezielle Schuldmerkmale
3. Die persönliche Vorwerfbarkeit
   a. Schuldform: Fahrlässigkeit
      aa. Subj. Sorgfaltspflichtverletzung
      bb. Subj. Vorhersehbarkeit
   b. Unrechtsbewusstsein i.e.S.
4. Entschuldigungsgründe
IV. Besonderheiten
1. Strafausschließungs- / -aufhebungsgründe
2. Strafverfolgungshindernisse

die Unfallverhütungsvorschriften, ordnungsbehördliche Vorschriften etc. gemeint. Deshalb handelt bspw. objektiv pflichtwidrig, wer die Vorfahrt missachtet (§ 8 I 1 StVO).

- Weiterhin: Jeder besonnene und gewissenhafte Mensch hält sich an die **allgemeinen Regeln der Verkehrssitte**. Damit sind Sportregeln, Jagdregeln, die Regeln der ärztlichen Kunst etc. gemeint. Deshalb handelt bspw. objektiv pflichtwidrig, wer *als Arzt* eine nichtdesinfizierte Spritze benutzt.
- Zuletzt: Jeder besonnene und gewissenhafte Mensch hält sich an die **allgemeinen Regeln der Sorgfalt**. Damit sind solche Regeln gemeint, die nur in einer konkreten Situation gelten. Deshalb handelt bspw. objektiv pflichtwidrig, wer kochendes Fonduefett in einen Plastiktopf schüttet.

Ausgangsfall: T fuhr innerhalb einer geschlossenen Ortschaft. Dort ist eine Höchstgeschwindigkeit von 50 km/h erlaubt.
Abwandlung 1: Genauso
Abwandlung 2: Hinzu kommt aber noch, dass für T sichtbar Kindergruppen auf beiden Seiten der Straße spielten. Da es nun durchaus normal ist, dass Kinder willkürlich und ohne aufzupassen die Straßenseite wechseln, wenn sie im Spiel vertieft sind, war T verpflichtet, sich darauf einzurichten und so zu fahren, dass er einem solchen „Kindwechsel" notfalls durch Anhalten ausweichen konnte.

Hat man auf diese Weise festgestellt, *dass* den Täter eine Sorgfaltspflicht traf und *wie* diese Pflicht beschaffen war, muss man anschließend feststellen, *ob* der Täter sich dieser Pflicht gemäß verhalten hat. Ist dies nicht der Fall, handelte der Täter objektiv sorgfaltswidrig.

Ausgangsfall: Mit den von ihm gefahrenen 30 km/h ist T erheblich unter dieser Grenze geblieben. Die konkrete Situation gab ihm keinen Anlass, noch langsamer zu fahren. T hat daher die ihm objektiv obliegende Sorgfaltspflicht beachtet. Der Tatbestand des § 222 ist nicht erfüllt. (Ende der Prüfung des Ausgangsfalls.) Das Geschehen ist damit zwar zweifellos tragisch, aber nicht strafwürdig.

I. Tatbestandsmäßigkeit
1. *[Objektiver Tatbestand]*
   a. Die Tathandlung: Pflichtverletzung
   b. Der Taterfolg
   c. Die Verbindung von Handlung + Erfolg
     aa. Kausalität
       bb. Obj. Vorhersehbarkeit
       cc. Obj. Pflichtwidrigkeitszusammenhang
       dd. Schutzzweck der Sorgfaltspflicht
2. *[Subjektiver Tatbestand*
bewusste / unbewusste Fahrlässigkeit]
3. Tatbestandsannexe
4. Fälle des § 28 II
	II. Rechtswidrigkeit (indiziert)
	III. Schuld
	1. Schuldfähigkeit
	2. Spezielle Schuldmerkmale
	3. Die persönliche Vorwerfbarkeit
	   a. Schuldform: Fahrlässigkeit
	     aa. Subj. Sorgfaltspflichtverletzung
	     bb. Subj. Vorhersehbarkeit
	   b. Unrechtsbewusstsein i.e.S.
	4. Entschuldigungsgründe
	IV. Besonderheiten
	1. Strafausschließungs- / -aufhebungsgründe
	2. Strafverfolgungshindernisse

Abwandlung 1: Mit den von ihm gefahrenen 60 km/h ist T über diese Grenze hinausgegangen. Damit handelte er objektiv sorgfaltswidrig.
Abwandlung 2: Dadurch, dass T seine Geschwindigkeit nicht dem zu erwartenden „Kindwechsel" angepasst hat, hat er gegen diese objektive Sorgfaltspflicht verstoßen. Er handelte folglich objektiv sorgfaltswidrig.

b. Taterfolg

Im Hinblick auf den Taterfolg gibt es beim Vorsatzdelikt keine Besonderheiten – er muss vorliegen (z.B. der Tod in § 222).

c. Verbindung von pflichtwidriger Handlung & Erfolg

aa. Kausalität (c.s.q.n.)

Anders als beim Vorsatzdelikt aber ist die Kausalität, die Verursachung also, bei der Fahrlässigkeit manchmal ein **geschriebenes Merkmal**. So heißt es z.B. in § 222 und in § 229 jeweils: „Wer durch Fahrlässigkeit (...) *verursacht* (...)". Bei den Vorsatzdelikten dagegen hatten wir die Verbindung von Handlung und Erfolg als ein (meist) ungeschriebenes Merkmal des objektiven Tatbestandes bezeichnet (auf S. 22).

Mit der Kausalität ist wie beim Vorsatzdelikt gemeint, dass man die Handlung als solche nicht hinwegdenken darf, ohne dass der Erfolg in seiner konkreten Gestalt mit an Sicherheit grenzender Wahrscheinlichkeit entfällt.

Hinweis: Die bis hierhin dargestellten Prüfungspunkte müssen in *jeder* Fahrlässigkeitsklausur, die nicht offensichtlich mit einem Satz abgehandelt werden kann, erörtert werden. Für die folgenden Aspekte ist das etwas anders. Alles, was jetzt noch kommt, wird nur dann erörtert, wenn der Sachverhalt einen Anlass dafür gibt. Es handelt sich um **Korrektive** für Ergebnisse, die zwar „an sich" passen, die man aber „insgesamt gesehen" für unpassend hält.

176 || Das fahrlässige Begehungsdelikt

I. Tatbestandsmäßigkeit	II. Rechtswidrigkeit (indiziert)
1. *[Objektiver Tatbestand]*	III. Schuld
a. Die Tathandlung: Pflichtverletzung	1. Schuldfähigkeit
b. Der Tatererfolg	2. Spezielle Schuldmerkmale
c. Die Verbindung von Handlung + Erfolg	3. Die persönliche Vorwerfbarkeit
aa. Kausalität	a. Schuldform: Fahrlässigkeit
bb. Obj. Vorhersehbarkeit	aa. Subj. Sorgfaltspflichtverletzung
cc. Obj. Pflichtwidrigkeitszusammenhang	bb. Subj. Vorhersehbarkeit
dd. Schutzzweck der Sorgfaltspflicht	b. Unrechtsbewusstsein i.e.S.
2. *[Subjektiver Tatbestand bewusste / unbewusste Fahrlässigkeit]*	4. Entschuldigungsgründe
3. Tatbestandsannexe	IV. Besonderheiten
4. Fälle des § 28 II	1. Strafausschließungs- / -aufhebungsgründe
	2. Strafverfolgungshindernisse

Gibt der Sachverhalt keinen Anhaltspunkt wird **nichts** dazu gesagt, **nicht mal ein (1) Satz**. (Man gliedert dann auch nicht mehr „b. Verbindung von pflichtwidriger Handlung und Erfolg", „aa. Kausalität", sondern baut das zu *einem* Prüfungspunkt zusammen).

Im Übrigen kann man die folgenden drei Punkte durchaus als Parallelpunkte zu dem beim Vorsatzdelikt geprüften Punkt der *Objektiven Zurechnung* verstehen. Um das zu verdeutlichen, habe ich die Begrifflichkeit „Obj. Zurechnung" bei den folgenden Überschriften jeweils in Klammern davor gesetzt.

In der Klausur lässt man diese Klammern nebst Inhalt weg!

bb. (Obj. Zurechnung I) – Objektive Vorhersehbarkeit

Für diesen Prüfungspunkt bedarf es in der Regel nur einer kurzen Feststellung, dass seine Voraussetzungen gegeben sind (vgl. unten).

Der **Erfolg** in seiner konkreten Gestalt **und** der **Kausalverlauf** in seinen wesentlichen Grundzügen müssen objektiv voraussehbar gewesen sein. Maßgeblich ist auch insoweit die Beurteilung ex ante aufgrund der dem Täter in der Tatsituation bekannten und erkennbaren Umstände; nachträglich gewonnene Erkenntnisse sind ohne Bedeutung.

Der Grund für die Existenz dieser Anforderung liegt darin: Wenn (objektiv) niemand den Erfolg vorhersehen kann, kann es auch nicht ein konkreter Täter. Dann ist die Tat aber stets unvermeidbar. Und was stets unvermeidbar ist, kann man nicht bestrafen. Eine Regel, die niemand einhalten kann, ist rechtlich sinnlos.

Dieser Prüfungspunkt ist regelmäßig nur in den Fällen des **atypischen Kausalverlaufs** problematisch.

Bsp.: Beim Reinigen der Fenster im 2. Obergeschoss wirft T versehentlich einen Blumentopf von der Fensterbank, der auf den Kopf des Fußgängers O fällt. O wird ins Krankenhaus gefahren und stirbt an einer Infektion, weil er von Schwester S,

I. Tatbestandsmäßigkeit	II. Rechtswidrigkeit (indiziert)
1. *[Objektiver Tatbestand]*	III. Schuld
a. Die Tathandlung: Pflichtverletzung	1. Schuldfähigkeit
b. Der Taterfolg	2. Spezielle Schuldmerkmale
c. Die Verbindung von Handlung + Erfolg	3. Die persönliche Vorwerfbarkeit
aa. Kausalität	a. Schuldform: Fahrlässigkeit
bb. Obj. Vorhersehbarkeit	aa. Subj. Sorgfaltspflichtverletzung
cc. Obj. Pflichtwidrigkeitszusammenhang	bb. Subj. Vorhersehbarkeit
dd. Schutzzweck der Sorgfaltspflicht	b. Unrechtsbewusstsein i.e.S.
2. *[Subjektiver Tatbestand bewusste / unbewusste Fahrlässigkeit]*	4. Entschuldigungsgründe
3. Tatbestandsannexe	IV. Besonderheiten
4. Fälle des § 28 II	1. Strafausschließungs- / -aufhebungsgründe
	2. Strafverfolgungshindernisse

mit der er schon bei der Aufnahme ein Verhältnis begonnen hat, bei näherem Kontakt einen Erreger einfängt. (Vielleicht ein bisschen platt?)

Er entspricht insoweit (teilweise) dem beim vorsätzlichen Delikt geprüften Merkmal der „objektiven Zurechnung". Wir hatten ja schon eingangs gesagt, dass es bei der Fahrlässigkeit etwas andere Terminologien gibt.

(Zur Erinnerung: Die objektive Zurechnung fragt danach, ob durch die – kausale: c.s.q.n. – Handlung des Täters eine rechtlich missbilligte Gefahr geschaffen wurde, die sich im Erfolgseintritt realisiert hat. Nur wenn diese Frage bejaht werden kann, ist der eingetretene Erfolg dem Täter als sein Werk zuzurechnen.)

Abwandlungen 1 & 2: Dass eine überhöhte Geschwindigkeit den Tod anderer Verkehrsteilnehmer zur Folge haben kann, ist allgemein bekannt und objektiv voraussehbar.

cc.(Obj. Zurechnung II) – Objektiver Pflichtwidrigkeitszusammenhang

Ist das Verhalten des Täters rechtlich als Verstoß gegen eine Sorgfaltspflicht bewertet worden, so muss es auch zwischen diesem Verstoß *als Verstoß* und dem eingetretenen Erfolg einen Zusammenhang geben.

Diesen Zusammenhang bezeichnet man als „objektiven Pflichtwidrigkeitszusammenhang".

Objektiv ist dieser Zusammenhang, weil er einen *äußerlichen* Aspekt kennzeichnet (und daher im *objektiven* Tatbestand geprüft wird). Den Prüfungspunkt nennt man daneben bisweilen auch noch **„objektiver Zurechnungszusammenhang"**.

Hier findet sich wieder ein Ausschnitt aus den beim Vorsatzdelikt besprochenen Gedanken der Lehre von der objektiven Zurechnung. Die kausale Handlung des Täters (die als Pflichtverletzung bewertet wurde) hat eine (bestimmte) rechtlich missbilligte Gefahr geschaffen. Und **diese** Gefahr muss sich jetzt im Erfolgseintritt realisiert haben.

I. Tatbestandsmäßigkeit	II. Rechtswidrigkeit (indiziert)
1. [Objektiver Tatbestand]	III. Schuld
a. Die Tathandlung: Pflichtverletzung	1. Schuldfähigkeit
b. Der Taterfolg	2. Spezielle Schuldmerkmale
c. Die Verbindung von Handlung + Erfolg	3. Die persönliche Vorwerfbarkeit
aa. Kausalität	a. Schuldform: Fahrlässigkeit
bb. Obj. Vorhersehbarkeit	aa. Subj. Sorgfaltspflichtverletzung
cc. Obj. Pflichtwidrigkeitszusammenhang	bb. Subj. Vorhersehbarkeit
dd. Schutzzweck der Sorgfaltspflicht	b. Unrechtsbewusstsein i.e.S.
2. [Subjektiver Tatbestand bewusste / unbewusste Fahrlässigkeit]	4. Entschuldigungsgründe
3. Tatbestandsannexe	IV. Besonderheiten
4. Fälle des § 28 II	1. Strafausschließungs- / -aufhebungsgründe
	2. Strafverfolgungshindernisse

Der Pflichtwidrigkeitszusammenhang ist daher immer dann zu verneinen, wenn der Erfolg **auch bei pflichtgemäßem, rechtlich erlaubtem Verhalten** mit an Sicherheit grenzender Wahrscheinlichkeit **eingetreten** wäre. Denn wenn es für den Eintritt des Erfolges einerlei ist, ob sich der Täter pflichtgemäß oder pflichtwidrig verhalten hat, dann hat sich nicht *die* Gefahr realisiert, die durch die Pflichtwidrigkeit geschaffen wurde (sondern eine andere).

Abwandlung 1 & 2: Fraglich ist allerdings, ob der Tod des O und die Pflichtverletzung des T in einem objektiven Pflichtwidrigkeitszusammenhang stehen. Dies wäre dann nicht der Fall, wenn O auch dann getötet worden wäre, wenn T sorgfältig gehandelt hätte, also
Abwandlung 1: nur 50 km/h gefahren wäre
Abwandlung 2: so langsam gefahren wäre, dass er jederzeit hätte anhalten können.

Aufgepasst: Das ist keine Frage der Kausalität! Nach der c.s.q.n.-Formel ist jede Ursache kausal, die nicht hinweggedacht werden kann, ohne dass der konkrete Erfolg entfällt.
Kausal ist **die Handlung** des T daher in beiden Abwandlungen. Wäre T nicht 60 (30) km/h gefahren, wäre O nicht so gestorben. Die Handlung als solche ist also beide Male kausal. (Klausurmäßig muss das auch so sein, sonst wären wir mit unserer Prüfung gar nicht so weit gekommen.) Es geht hier nur um die Bewertung der Handlung als Pflichtwidrigkeit.

Abwandlung 1: O wäre auch dann getötet worden, wenn T seine Geschwindigkeit den geltenden Vorschriften und der gegebenen Verkehrssituation angepasst hätte. Dann aber hat sich **sein Pflichtverstoß** nicht in einem Erfolg ausgewirkt, sondern ist für den Eintritt des Erfolges irrelevant geblieben. Anders formuliert: Es liegt gar nicht am Pflichtverstoß des T, dass O getötet wurde. Es mangelt daher am objektiven Pflichtwidrigkeitszusammenhang und folglich auch am Tatbestand. T ist nicht nach § 222 strafbar geworden. (Ende der Prüfung Abwandlung 1.)

I. Tatbestandsmäßigkeit	II. Rechtswidrigkeit (indiziert)
1. [Objektiver Tatbestand]	III. Schuld
a. Die Tathandlung: Pflichtverletzung	1. Schuldfähigkeit
b. Der Taterfolg	2. Spezielle Schuldmerkmale
c. Die Verbindung von Handlung + Erfolg	3. Die persönliche Vorwerfbarkeit
aa. Kausalität	a. Schuldform: Fahrlässigkeit
bb. Obj. Vorhersehbarkeit	aa. Subj. Sorgfaltspflichtverletzung
cc. Obj. Pflichtwidrigkeitszusammenhang	bb. Subj. Vorhersehbarkeit
dd. Schutzzweck der Sorgfaltspflicht	b. Unrechtsbewusstsein i.e.S.
2. [Subjektiver Tatbestand bewusste / unbewusste Fahrlässigkeit]	4. Entschuldigungsgründe
3. Tatbestandsannexe	IV. Besonderheiten
4. Fälle des § 28 II	1. Strafausschließungs- / -aufhebungsgründe
	2. Strafverfolgungshindernisse

Abwandlung 2: Ohne die Pflichtverletzung hätte T rechtzeitig anhalten können und O wäre nicht getötet worden. Der Erfolg ist der Pflichtverletzung also objektiv zurechenbar.

dd. (Obj. Zurechnung III) – Schutzzweck der Sorgfaltspflicht

Unterstellt, es liegt ein Verstoß gegen eine Sorgfaltspflicht vor (das wird zumeist eine gesetzliche Vorschrift, d.h. eine Norm sein), dann muss der eingetretene Erfolg auch im Schutzzweck dieser Sorgfaltspflicht liegen. (Auch hier riecht es förmlich wieder nach der Lehre von der objektiven Zurechnung. Ob es sich bei diesem Prüfungspunkt wirklich um einen eigenständigen Prüfungspunkt handelt, wird deshalb nicht von allen Autoren gleich beurteilt. Manchmal findet man ihn auch als Unterpunkt zum Pflichtwidrigkeitszusammenhang.)

Wenn ein Autofahrer bei Rotlicht über eine Ampel fährt und 500 Meter weiter (bei ansonsten ordnungsgemäßer Fahrweise) einen Unfall mit tödlichem Ausgang verursacht (Fußgänger überfahren), dann hat er
- die Merkmale „Handlung", „Verursachung", „Tod eines Menschen" des § 222 erfüllt.
- Er hat dann weiterhin objektiv sorgfaltswidrig gehandelt: Fahren über Rotlicht (§ 37 StVO); der Erfolg war objektiv vorhersehbar (da kann man streiten).
- Dieser Pflichtverstoß hat objektiv zurechenbar zum Tod des Opfers geführt. Bei rechtlich erlaubtem Verhalten hätte T halten müssen, der Fußgänger wäre längst weg gewesen.

Aber: Die Sorgfaltspflicht, die es verbietet, bei Rotlicht über eine Ampel zu fahren, hat nicht den Schutz von 500 Meter entfernten Menschen zum Zweck. Sie dient alleine dazu, einen Kreuzungsbereich etc. zu sichern.
Wenn also im Beispiel der T 500 Meter weiter jemanden tötet, dann hat sich nicht *die Gefahr* verwirklicht, zu deren Abwehr die Rechtspflicht bestimmt wurde. Es fehlt daher in diesen Fällen ein wesentliches Merkmal des Unrechts. Der ob-

180 || Das fahrlässige Begehungsdelikt

I. Tatbestandsmäßigkeit
1. *[Objektiver Tatbestand]*
   a. Die Tathandlung: Pflichtverletzung
   b. Der Taterfolg
   c. Die Verbindung von Handlung + Erfolg
      aa. Kausalität
      bb. Obj. Vorhersehbarkeit
      cc. Obj. Pflichtwidrigkeitszusammenhang
      dd. Schutzzweck der Sorgfaltspflicht
2. *[Subjektiver Tatbestand bewusste / unbewusste Fahrlässigkeit]*
3. Tatbestandsannexe
4. Fälle des § 28 II

II. Rechtswidrigkeit (indiziert)
III. Schuld
1. Schuldfähigkeit
2. Spezielle Schuldmerkmale
3. Die persönliche Vorwerfbarkeit
   a. Schuldform: Fahrlässigkeit
      aa. Subj. Sorgfaltspflichtverletzung
      bb. Subj. Vorhersehbarkeit
   b. Unrechtsbewusstsein i.e.S.
4. Entschuldigungsgründe
IV. Besonderheiten
1. Strafausschließungs- / -aufhebungsgründe
2. Strafverfolgungshindernisse

jektive Tatbestand liegt dann nicht vor. (Wir erinnern uns erneut an die Vorgehensweise bei der Lehre von der objektiven Zurechnung: Rechtlich missbilligte Gefahr geschaffen und im Erfolg realisiert?, oben S. 28.)

Von Interesse ist dabei noch dieser Fall:

(BGHSt 24, 342) T ist Polizist. Er besucht mit einer (sehr guten) Bekannten O eine Gaststätte. Beide halten sich einige Stunden in der Gaststätte auf, anschließend ist O – durch Alkoholgenuss – in depressiver Stimmung. Dies war schon oft so der Fall. T erkennt dies, er weiß außerdem, dass O in den letzten 6 Monaten zwei Selbstmordversuche hinter sich hat. Als beide anschließend mit dem Auto nach Hause fahren, legt T routinemäßig seine Pistole auf das Armaturenbrett. Während der Fahrt nimmt O die Pistole an sich, ohne dass T dies bemerkt, und erschießt sich. Strafbarkeit des T?

Hier muss man sich die **Frage** stellen: Will eine (für den Fall formulierte allgemeine) Norm, die die Verhaltensregel aufstellt, keine geladenen Schusswaffen auf das Armaturenbrett zu legen, davor schützen, dass sich ein Opfer durch eine eigene, vorsätzliche Entscheidung selbst das Leben nimmt? Also: Gibt es eine fahrlässige Beihilfe zum Selbstmord?
Antwort: Vergleich der vorliegenden Lage mit der, die bestünde, wenn der Täter um die Absicht des Opfers gewusst hätte. Dann wäre im Hinblick auf das Opfer ebenfalls eine Selbsttötungssituation gegeben, eine vorsätzliche Beihilfe wäre nicht strafbar gewesen. Es gilt daher der „Erst-recht-Schluss". Wenn die Tat als vorsätzliche nicht strafbar gewesen wäre, dann erst recht nicht als fahrlässige.
Ergebnis: Der Tod durch einen freien Entschluss eines dazwischentretenden Dritten ist nicht vom Schutzzweck der Sorgfaltspflicht abgedeckt.

Abwandlung 2: Die Rechtspflicht des Langsamfahrens dient dazu, in Fällen wie dem vorliegenden ein jederzeitiges Anhalten zu ermöglichen. Es hat sich dadurch, dass T dies nicht konnte, also genau die Gefahr verwirklicht, zu deren Abwehr die Sorgfaltspflicht bestimmt wurde.

Deliktsform ③: Subjektiver Tatbestand]

I. Tatbestandsmäßigkeit 　1. *[Objektiver Tatbestand]* 　　a. Die Tathandlung: Pflichtverletzung 　　b. Der Taterfolg 　　c. Die Verbindung von Handlung + Erfolg 　　　aa. Kausalität 　　　bb. Obj. Vorhersehbarkeit 　　　cc. Obj. Pflichtwidrigkeitszusammenhang 　　　dd. Schutzzweck der Sorgfaltspflicht 　2. *[Subjektiver Tatbestand 　bewusste / unbewusste Fahrlässigkeit]* 　3. Tatbestandsannexe 　4. Fälle des § 28 II	**II. Rechtswidrigkeit** (indiziert) **III. Schuld** 　1. Schuldfähigkeit 　2. Spezielle Schuldmerkmale 　3. Die persönliche Vorwerfbarkeit 　　a. Schuldform: Fahrlässigkeit 　　　aa. Subj. Sorgfaltspflichtverletzung 　　　bb. Subj. Vorhersehbarkeit 　　b. Unrechtsbewusstsein i.e.S. 　4. Entschuldigungsgründe **IV. Besonderheiten** 　1. Strafausschließungs- / -aufhebungsgründe 　2. Strafverfolgungshindernisse

Damit hat T den [objektiven] Tatbestand verwirklicht.

Nur noch mal kurz der Hinweis, dass auch dieser Prüfungspunkt im Normalfall (also wenn keine Anhaltspunkte vorliegen) klausurmäßig mit völliger Nichtachtung behandelt wird.

[2. Subjektiver Tatbestand]

Hier ist mit einem Satz festzustellen, ob T den Erfolg vorausgesehen hat oder nicht. Im ersten Fall läge bewusste Fahrlässigkeit, im zweiten Fall unbewusste Fahrlässigkeit vor. Diese Unterscheidung ist **bedeutsam für die Höhe der Strafe**. In einer Klausur kann man die Frage, ob bewusst oder unbewusst mit einem Satz abhaken.

Aufbauhinweis: Es gibt daneben auch etliche, die die Auffassung vertreten, in einer Fahrlässigkeitsklausur gebe es überhaupt keinen subjektiven Tatbestand, die Fahrlässigkeitsprüfung kenne daher auch *keinen objektiven und subjektiven*, sondern nur ganz allgemein einen *Fahrlässigkeitstatbestand*. (Manche meinen auch, es gebe *nur einen objektiven Tatbestand*.)

Ich halte das für falsch. Auch das fahrlässige, objektiv sichtbare Verhalten hat grundsätzlich eine subjektive Entsprechung. Es ist nur ein Fall denkbar, in dem dieser subjektive Teil gegen Null tendiert: die unbewusste Fahrlässigkeit. Nur in diesem Fall gibt es keine Entsprechung. (Und auch hierüber könnten wir uns trefflich streiten. Denn wie wir seit FREUD wissen, gibt es sehr wohl Verbindungen zwischen dem äußeren Handeln und den seelischen Phänomenen, die im Unbewussten ablaufen. Das Einzige, was daran störend – aber gerade auch der Gag – ist, ist die Unbewusstheit. Und das haben wir gar nicht gern, denn es entzieht sich eben drum unserer Kontrolle.)

I. Tatbestandsmäßigkeit
  1. [Objektiver Tatbestand]
    a. Die Tathandlung: Pflichtverletzung
    b. Der Tatbestand
    c. Die Verbindung von Handlung + Erfolg
      aa. Kausalität
      bb. Obj. Vorhersehbarkeit
      cc. Obj. Pflichtwidrigkeitszusammenhang
      dd. Schutzzweck der Sorgfaltspflicht
  2. [Subjektiver Tatbestand
  bewusste / unbewusste Fahrlässigkeit]
  3. Tatbestandsannexe
  4. Fälle des § 28 II
	II. Rechtswidrigkeit (indiziert)
	III. Schuld
	  1. Schuldfähigkeit
	  2. Spezielle Schuldmerkmale
	  3. Die persönliche Vorwerfbarkeit
	    a. Schuldform: Fahrlässigkeit
	      aa. Subj. Sorgfaltspflichtverletzung
	      bb. Subj. Vorhersehbarkeit
	    b. Unrechtsbewusstsein i.e.S.
	  4. Entschuldigungsgründe
	IV. Besonderheiten
	  1. Strafausschließungs- / -aufhebungsgründe
	  2. Strafverfolgungshindernisse

Aber das ist dann eben die Eigenart der Fahrlässigkeit. Und es besteht daher insgesamt kein Anlass, das Fahrlässigkeitsdelikt *aufbautechnisch* anders zu behandeln als das Vorsatzdelikt.

Abschließend aber noch mal der **Opportunismushinweis**: Um sicher zu gehen, empfiehlt es sich (und ich auch), den jeweiligen Übungsleiter zu **fragen**, ob er etwas gegen die Prüfung eines subjektiven Fahrlässigkeitstatbestandes hat. Sollte dies der Fall sein, dann lässt man ihn in einer Klausur einfach weg. Dann macht aber auch die Überschrift „Objektiver" Tatbestand keinen echten Sinn mehr und man kann es bei „Tatbestand(smäßigkeit)" belassen.

Es ist nicht wirklich entscheidend, ob jemand in einer Klausur genau so aufbaut, wie ich das hier vormache. Ich halte meine (z.T. aus und von der etablierten Literatur übernommenen) Aufbauvorschläge für sinnvoll. Diese Auffassung muss nicht jeder teilen. Findet jemand für sich einen anderen Aufbau oder auch nur andere Benennungen, dann soll er das nehmen. Für diesen Fall ist lediglich sicherzustellen, dass alle Probleme einen angemessenen Prüfungsplatz erhalten.

Abwandlung 2: Es gibt keine Anhaltspunkte dafür, dass T das Verhalten des O vorausgesehen hat. Damit liegt unbewusste Fahrlässigkeit vor.

3. Tatbestandsannexe
Keine Besonderheiten gegenüber dem vorsätzlichen Delikt. Die Begehung einer rechtswidrigen Rauschtat, wegen der der Täter aufgrund eines fahrlässig herbeigeführten Vollrausches nicht bestraft werden kann (§ 323a) wäre ein Beispiel hierfür.

4. Fälle des § 28 II
Dieser Punkt steht hier wesentlich aus Symmetriegründen. Da es bei der Fahrlässigkeit keine Teilnahme gibt, können nur exotische Konstellationen von Nebentäterschaft (vgl. Seite 261) eine Klausurerwähnung rechtfertigen.

Deliktsform③: Rechtswidrigkeit

I. Tatbestandsmäßigkeit
  1. *[Objektiver Tatbestand]*
    a. Die Tathandlung: Pflichtverletzung
    b. Der Taterfolg
    c. Die Verbindung von Handlung + Erfolg
      aa. Kausalität
      bb. Obj. Vorhersehbarkeit
      cc. Obj. Pflichtwidrigkeitszusammenhang
      dd. Schutzzweck der Sorgfaltspflicht
  2. *[Subjektiver Tatbestand bewusste / unbewusste Fahrlässigkeit]*
  3. Tatbestandsannexe
  4. Fälle des § 28 II

II. **Rechtswidrigkeit** (indiziert)
III. **Schuld**
  1. Schuldfähigkeit
  2. Spezielle Schuldmerkmale
  3. Die persönliche Vorwerfbarkeit
    a. Schuldform: Fahrlässigkeit
      aa. Subj. Sorgfaltspflichtverletzung
      bb. Subj. Vorhersehbarkeit
    b. Unrechtsbewusstsein i.e.S.
  4. Entschuldigungsgründe
IV. **Besonderheiten**
  1. Strafausschließungs- / -aufhebungsgründe
  2. Strafverfolgungshindernisse

II. Rechtswidrigkeit

Keine Besonderheiten gegenüber dem vorsätzlichen Delikt. Insbesondere ist hier jedoch einerseits an die Fälle einer (evtl. mutmaßlichen) **Einwilligung** zu denken.

Bsp.: Der Arzt, der am Unfallort mit einer nichtdesinfizierten Spritze arbeitet, weil keine desinfizierte da ist, kann davon ausgehen, dass einem Patienten dies lieber ist, als direkt zu sterben. (Im Übrigen stirbt der Patient im Beispielsfall dann an einer Infektion, weil ansonsten schon der Tatbestand des § 222 nicht gegeben wäre.)

Andererseits kann man wieder die Fälle des „Erst-recht"-Schlusses bemühen. Die Rede ist hier von Notwehrkonstellationen besonderer Art.

Bsp.: T wird von O angegriffen. T hat nur zwei Möglichkeiten: Entweder er schießt O an oder er weicht aus. Obwohl Recht dem Unrecht nicht weichen muss, geht T langsam rückwärts. Dabei gerät er ins Stolpern und ein Schuss löst sich. Er trifft O und verletzt ihn so, dass dieser seinen Angriff aufgeben muss.

In Fällen wie diesen argumentiert man, dass ein Verhalten, das bei vorsätzlicher Begehung durch Notwehr gerechtfertigt gewesen wäre, erst recht bei fahrlässiger Begehung gerechtfertigt ist. Es darf dem Täter nicht zum Nachteil gereichen, dass er zunächst versucht hatte, auszuweichen.

III. Schuld

Ab hier wird wieder *auf den Täter* geblickt. (Wir erinnern uns: Mit dem Unrecht fällt das Urteil über die Tat, mit der Schuld das Urteil über den Täter.) Es wird wie bei den Vorsatzdelikten eine rechtlich tadelnswerte Gesinnung des Täters gerügt. (Eintragung ins Klassenbuch: T hat auf dem Schulhof getötet – Rüge.)

1. Schuldfähigkeit & 2. Spezielle Schuldmerkmale

Keine Besonderheiten gegenüber dem vorsätzlichen Delikt.

184 || Das fahrlässige Begehungsdelikt

I. Tatbestandsmäßigkeit
1. *[Objektiver Tatbestand]*
   a. Die Tathandlung: Pflichtverletzung
   b. Der Tatererfolg
   c. Die Verbindung von Handlung + Erfolg
      aa. Kausalität
      bb. Obj. Vorhersehbarkeit
      cc. Obj. Pflichtwidrigkeitszusammenhang
      dd. Schutzzweck der Sorgfaltspflicht
2. *[Subjektiver Tatbestand bewusste / unbewusste Fahrlässigkeit]*
3. Tatbestandsannexe
4. Fälle des § 28 II

II. Rechtswidrigkeit (indiziert)
III. Schuld
1. Schuldfähigkeit
2. Spezielle Schuldmerkmale
3. Die persönliche Vorwerfbarkeit
   a. Schuldform: Fahrlässigkeit
      aa. Subj. Sorgfaltspflichtverletzung
      bb. Subj. Vorhersehbarkeit
   b. Unrechtsbewusstsein i.e.S.
4. Entschuldigungsgründe
IV. Besonderheiten
1. Strafausschließungs- / -aufhebungsgründe
2. Strafverfolgungshindernisse

3. Persönliche Vorwerfbarkeit – Unrechtsbewusstsein i.w.S.

Es gibt zwischen der Schuldprüfung des Vorsatzdeliktes und der des Fahrlässigkeitsdeliktes mindestens einen relevanten Unterschied. Während man beim Vorsatzdelikt zur Schuld nur dann mehr als einen Satz („Die Tat geschah schuldhaft.") sagen muss, wenn Anhaltspunkte dafür vorliegen, dass dies nicht so ist, gibt es beim Fahrlässigkeitsdelikt immer etwas zu prüfen.

a. Schuld-Fahrlässigkeit

Es muss hier nämlich *positiv festgestellt* werden, dass der Täter nicht nur unter objektiven Aspekten eine Pflicht verletzt hat, die zu einem vorhersehbarem Erfolg führte, sondern dass dies auch in subjektiver Hinsicht gilt. Dies, im Übrigen, im schon (auf Seite 78) angesprochenen Unterschied zum BGB (etwa in § 823 I), das in aller Regel (Ausnahme: der Verweis von § 277 BGB) nur objektive Maßstäbe verwendet.

aa. Subjektive Sorgfaltspflichtverletzung

Der Täter muss nach *seinen* persönlichen Fähigkeiten und dem Maß seines individuellen Könnens imstande gewesen sein, die objektive Sorgfaltspflicht zu erfüllen.

Während also oben im objektiven Tatbestand die Sorgfaltspflicht dadurch charakterisiert war, wie **irgendein** besonnener und gewissenhafter **Mensch** in der konkreten Lage und der sozialen Rolle des Handelnden sich verhalten würde, geht es hier nur noch um den **konkreten Täter**, nicht mehr um irgendeinen fiktiven Gewissenhaften.

Da wir es in Klausuren aber *normalerweise mit normalen Durchschnittstypen* zu tun haben, kann man sagen, dass sich hier regelmäßig nicht viel tut: Die subjektive Sorgfaltspflichtverletzung ist durch die objektive indiziert.

Bei entsprechender Laune des Aufgabenstellers kann es aber wohl (wenn auch ziemlich selten) mal vorkommen, dass objektiv eine Sorgfaltspflicht verletzt wurde, zu deren Einhaltung der Täter subjektiv gar nicht in der Lage war.

Deliktsform C: Schuld || 185

I. Tatbestandsmäßigkeit
1. *[Objektiver Tatbestand]*
   a. Die Tathandlung: Pflichtverletzung
   b. Der Taterfolg
   c. Die Verbindung von Handlung + Erfolg
      aa. Kausalität
      bb. Obj. Vorhersehbarkeit
      cc. Obj. Pflichtwidrigkeitszusammenhang
      dd. Schutzzweck der Sorgfaltspflicht
2. *[Subjektiver Tatbestand
bewusste / unbewusste Fahrlässigkeit]*
3. Tatbestandsannexe
4. Fälle des § 28 II

II. Rechtswidrigkeit (indiziert)
III. Schuld
1. Schuldfähigkeit
2. Spezielle Schuldmerkmale
3. Die persönliche Vorwerfbarkeit
   a. Schuldform: Fahrlässigkeit
      aa. Subj. Sorgfaltspflichtverletzung
      bb. Subj. Vorhersehbarkeit
   b. Unrechtsbewusstsein i.e.S.
4. Entschuldigungsgründe
IV. Besonderheiten
1. Strafausschließungs- / -aufhebungsgründe
2. Strafverfolgungshindernisse

Bsp.: T überfährt in der Abenddämmerung beim Rechtsabbiegen den Radfahrer O, weil er ihn nicht gesehen hat. O wird getötet. T ist, ohne dass er dies je gemerkt hat, im Laufe seines Kraftfahrerlebens nachtblind geworden.

Der objektive Tatbestand des § 222 ist hier erfüllt: T hat ursächlich den Tod des O herbeigeführt. Es liegt eine objektive Sorgfaltspflichtverletzung vor: Ein gewissenhafter Autofahrer biegt nicht nach rechts ab, wenn ein Radfahrer kommt. Der Tod des O war objektiv vorhersehbar und hängt direkt mit der Pflichtverletzung zusammen. Er liegt im Rahmen des Schutzzweckes der Norm (ggf. § 1 StVO). Subjektiv liegt unbewusste Fahrlässigkeit vor: T wusste nicht um die Folgen seines Verhaltens. Rechtfertigungsgründe sind nicht ersichtlich. T ist schuldfähig.

Jetzt der problematische Teil:

Fraglich ist allerdings, ob ihm der Schuldvorwurf der Fahrlässigkeit gemacht werden kann. Dann muss T nach seinen persönlichen Verhältnissen in der Lage gewesen sein, die objektiv gebotene Sorgfalt zu beachten. T war nachtblind, er konnte den O deswegen nicht (hinreichend) sehen. Damit war er aber subjektiv keineswegs in der Lage, die objektiv erforderliche Sorgfalt zu beachten, nämlich den O vorbeifahren zu lassen, bevor er abbog. Im Hinblick auf T stellt sich das Verhalten „Abbiegen" also nicht als Sorgfaltspflichtverletzung dar. Damit hat T aber nicht schuldhaft gehandelt.
T ist nicht nach § 222 strafbar.

Dies gilt natürlich nur für die konkrete Handlung „Überfahren". Man könnte aber auch daran denken, eine Fahrlässigkeitstat dahin zu prüfen, ob den T Pflichten zur Überprüfung seines Gesundheitszustandes trafen. Gibt ein Sachverhalt dazu Anlass (T bemerkt abends zunehmend Sehschwierigkeiten …), macht man das zum Anknüpfungspunkt.

Abwandlung 2: T hätte ohne Weiteres langsamer fahren und dadurch den Unfall vermeiden können. Er war nach seinen persönlichen Verhältnissen durchaus in der Lage, die objektiv gebotene Sorgfalt zu beachten.

I. Tatbestandsmäßigkeit	II. Rechtswidrigkeit (indiziert)
1. *[Objektiver Tatbestand]*	III. Schuld
a. Die Tathandlung: Pflichtverletzung	1. Schuldfähigkeit
b. Der Tatterfolg	2. Spezielle Schuldmerkmale
c. Die Verbindung von Handlung + Erfolg	3. Die persönliche Vorwerfbarkeit
aa. Kausalität	a. Schuldform: Fahrlässigkeit
bb. Obj. Vorhersehbarkeit	aa. Subj. Sorgfaltspflichtverletzung
cc. Obj. Pflichtwidrigkeitszusammenhang	bb. Subj. Vorhersehbarkeit
dd. Schutzzweck der Sorgfaltspflicht	b. Unrechtsbewusstsein i.e.S.
2. *[Subjektiver Tatbestand*	4. Entschuldigungsgründe
bewusste / unbewusste Fahrlässigkeit]	IV. Besonderheiten
3. Tatbestandsannexe	1. Strafausschließungs- / -aufhebungsgründe
4. Fälle des § 28 II	2. Strafverfolgungshindernisse

bb. Subjektive Vorhersehbarkeit

Der tatbestandliche Erfolg und der Kausalverlauf in seinen wesentlichen Gründen müssen auch für den konkreten Täter voraussehbar gewesen sein.

Auch dieser Punkt birgt eigentlich keine wesentlichen Probleme. Wenn die objektive Vorhersehbarkeit vorliegt, müssen schon besondere Anhaltspunkte bestehen, um die subjektive Vorhersehbarkeit zu verneinen. (Affektsituationen / Stress / Schrecken etc.). Liegt subjektive Vorhersehbarkeit aber vor, genügt ein Satz.

Abwandlung 2: T hätte den Unfall und den Tod des O ohne Weiteres vorhersehen können.

Zur Ergänzung will ich noch auf ein **Zusammenspiel der Prüfungspunkte** hinweisen: Hat man einen *subjektiven* Fahrlässigkeitstatbestand geprüft (was, wie mehrfach erwähnt, gelegentlich nicht gern gesehen wird), dann kann es sein, dass man dort als Ergebnis *bewusste* Fahrlässigkeit festgestellt hat.

Bewusste Fahrlässigkeit liegt aber nur dann vor, wenn der Täter den Erfolg hat kommen *sehen*. Dann war der Erfolg nicht nur subjektiv *vorhersehbar*, sondern sogar subjektiv *vorhergesehen*. Für diese Fälle kann man das oben gefundene Ergebnis in der Schuld natürlich in Bezug nehmen und darauf verweisen.

Bsp.: Wie oben festgestellt, hat T den Erfolg vorhergesehen. Die subjektive Vorhersehbarkeit war daher gegeben.

b. Unrechtsbewusstsein i.e.S.

- **Aktuelles Unrechtsbewusstsein** wird nur in den Fällen vorliegen, in denen der Täter bewusst fahrlässig handelt.

Bspe.: T überholt an einer völlig unübersehbaren Stelle im Vertrauen darauf, dass kein Gegenverkehr naht. / T liefert sich mit einem anderen Autofahrer ein Straßenrennen in einer belebten Großstadt.

I. Tatbestandsmäßigkeit	II. Rechtswidrigkeit (indiziert)
1. *[Objektiver Tatbestand]*	III. Schuld
a. Die Tathandlung: Pflichtverletzung	1. Schuldfähigkeit
b. Der Taterfolg	2. Spezielle Schuldmerkmale
c. Die Verbindung von Handlung + Erfolg	3. Die persönliche Vorwerfbarkeit
aa. Kausalität	a. Schuldform: Fahrlässigkeit
bb. Obj. Vorhersehbarkeit	aa. Subj. Sorgfaltspflichtverletzung
cc. Obj. Pflichtwidrigkeitszusammenhang	bb. Subj. Vorhersehbarkeit
dd. Schutzzweck der Sorgfaltspflicht	b. Unrechtsbewusstsein i.e.S.
2. *[Subjektiver Tatbestand*	4. Entschuldigungsgründe
bewusste / unbewusste Fahrlässigkeit]	IV. Besonderheiten
3. Tatbestandsannexe	1. Strafausschließungs- / -aufhebungsgründe
4. Fälle des § 28 II	2. Strafverfolgungshindernisse

- **Potentielles Unrechtsbewusstsein** genügt aber für die Fälle der unbewussten Fahrlässigkeit. D.h., der Täter hat das Unrecht seiner Handlung zwar nicht erkannt, er hätte es bei pflichtgemäßer Sorgfalt aber erkennen können.

Normalerweise müssen wir hier nichts mehr schreiben. Die Fälle, in denen der Täter einerseits subjektiv eine Sorgfaltspflicht verletzt hat und auch subjektiv in der Lage gewesen wäre, den Erfolg seiner Tat vorherzusehen, andererseits aber ohne Unrechtsbewusstsein gehandelt hat, sind wohl nur als Lehrbuchkriminalität denkbar (wir könnten uns hier einen ohne jedes Unrechtsbewusstsein handelnden, Dieselsoftware einsetzenden Manager M vorstellen).

4. Entschuldigungsgründe

Normalerweise kommt an dieser Stelle **primär § 35** zum Zuge.

Nicht so bei den Fahrlässigkeitsdelikten. **Hier** ist man der Ansicht, die Grenzen des § 35 seien häufig zu eng. Man benutzt daher zusätzlich einen eigenen Entschuldigungsgrund: die sog. **„Unzumutbarkeit normgemäßen Verhaltens"**.

Der hinter dieser Figur steckende Gedanke ist, dass einem Täter ein Verhalten nur dann vorgeworfen werden kann, wenn es für diesen Täter zumutbar gewesen ist, auch anders zu handeln. Es gibt also folglich Fälle, in denen es dem Täter nicht zumutbar war, anders zu handeln. Der berühmteste ist der sog. Leinenfängerfall des Reichsgerichts (RG v. 23.3.1897 – Rep. 576/97, RGSt 30, 25).

Leinenfängerfall: Auf Anweisung seines Dienstherrn, eines Pferdedroschkenbesitzers, fährt T mit einem bekannt unverträglichen Pferd. Dieses Pferd hatte die Angewohnheit, sich in die Zügel-Leinen zu verbeißen. Eine Weigerung des T hätte zum Verlust seiner Stelle geführt. Das Pferd geht durch und verletzt O.

Nach Auffassung des Reichsgerichtes lag hier keine fahrlässige Körperverletzung vor, weil es an der Zumutbarkeit fehlte.

Der **Standort** dieser Rechtsfigur ist allerdings **umstritten**. Während sie zum Teil wie gerade vorgeführt als Entschuldigungsgrund gehandelt wird, gibt es ebenso

188 || Das fahrlässige Begehungsdelikt

I. Tatbestandsmäßigkeit	II. Rechtswidrigkeit (indiziert)
1. *[Objektiver Tatbestand]*	III. Schuld
a. Die Tathandlung: Pflichtverletzung	1. Schuldfähigkeit
b. Der Taterfolg	2. Spezielle Schuldmerkmale
c. Die Verbindung von Handlung + Erfolg	3. Die persönliche Vorwerfbarkeit
aa. Kausalität	a. Schuldform: Fahrlässigkeit
bb. Obj. Vorhersehbarkeit	aa. Subj. Sorgfaltspflichtverletzung
cc. Obj. Pflichtwidrigkeitszusammenhang	bb. Subj. Vorhersehbarkeit
dd. Schutzzweck der Sorgfaltspflicht	b. Unrechtsbewusstsein i.e.S.
2. *[Subjektiver Tatbestand bewusste / unbewusste Fahrlässigkeit]*	4. Entschuldigungsgründe
3. Tatbestandsannexe	**IV. Besonderheiten**
4. Fälle des § 28 II	1. Strafausschließungs- / -aufhebungsgründe
	2. Strafverfolgungshindernisse

Stimmen, die sie zur Begrenzung der subjektiven Sorgfaltspflicht einsetzen wollen (dort wäre sie dann nicht Entschuldigungsgrund = Schuld*aufhebungs*grund, sondern Schuld*ausschließungs*grund): Was unzumutbar ist, soll keine (subjektive Sorgfalts-)Pflicht sein können.

Daran hängt nichts, das ist Geschmackssache. Die Hauptsache ist, dass man, wenn sie denn mal vorliegt, die *Unzumutbarkeit normgemäßen Handelns* als solche gekennzeichnet durchprüft.

Abwandlung 2: T handelte damit schuldhaft. Er ist nach § 222 zu bestrafen.

IV. Besonderheiten
Hier gilt dasselbe wie beim vollendeten vorsätzlichen Begehungsdelikt.

Zum Abschluss jetzt noch einmal die Fälle zur flüssigen Lektüre komplett.

Ausgangsfall: T kann sich durch die Tötung des O nach § 222 strafbar gemacht haben.

[Objektiver] Tatbestand
Die Handlung des T hat den Tod eines Menschen, des O, verursacht.
T muss damit eine **objektive Sorgfaltspflicht** verletzt haben.
Es ist bei der Überprüfung der Frage, ob T eine objektive Sorgfaltspflicht verletzt hat, darauf abzustellen, wie ein besonnener und gewissenhafter Autofahrer an seiner Stelle gehandelt hätte.
T fuhr innerhalb einer geschlossenen Ortschaft. Dort ist eine Höchstgeschwindigkeit von 50 km/h erlaubt.
Mit den von ihm gefahrenen 30 km/h ist T erheblich unter dieser Grenze geblieben. Die konkrete Situation gab ihm keinen Anlass, noch langsamer zu fahren. T hat daher die ihm objektiv obliegende Sorgfaltspflicht beachtet. Der Tatbestand des § 222 ist nicht erfüllt.

Abwandlung 1: T kann sich durch die Tötung des O nach § 222 strafbar gemacht haben.

[Objektiver] Tatbestand
Die Handlung des T hat den Tod eines Menschen, des O, verursacht.
T muss damit eine **objektive Sorgfaltspflicht** verletzt haben.
Es ist bei der Überprüfung der Frage, ob T eine objektive Sorgfaltspflicht verletzt hat, darauf abzustellen, wie ein besonnener und gewissenhafter Autofahrer an seiner Stelle gehandelt hätte.
T fuhr innerhalb einer geschlossenen Ortschaft. Dort ist eine Höchstgeschwindigkeit von 50 km/h erlaubt.
Mit den von ihm gefahrenen 60 km/h ist T über diese Grenze hinausgegangen. Damit handelte er objektiv sorgfaltswidrig.
Dass eine überhöhte Geschwindigkeit den Tod anderer Verkehrsteilnehmer zur Folge haben kann, ist allgemein bekannt und **objektiv voraussehbar**.
Fraglich ist allerdings, ob der Tod des O und die Pflichtverletzung des T in einem **objektiven Pflichtwidrigkeitszusammenhang** stehen. Dies wäre dann nicht der Fall, wenn O auch dann getötet worden wäre, wenn T sorgfältig gehandelt hätte, also nur 50 km/h gefahren wäre.
O wäre auch dann getötet worden, wenn T seine Geschwindigkeit den geltenden Vorschriften und der gegebenen Verkehrssituation angepasst hätte. Dann aber hat sich **sein Pflichtverstoß** gar nicht in einem Erfolg ausgewirkt, sondern ist für den Eintritt des Erfolges irrelevant geblieben. Anders formuliert: Es liegt gar nicht am Pflichtverstoß des T, dass O getötet wurde. Es mangelt am objektiven Pflichtwidrigkeitszusammenhang und folglich auch am Tatbestand. T ist nicht nach § 222 strafbar geworden. (Ende der Prüfung Abwandlung 1.)

Abwandlung 2: T kann sich durch die Tötung des O nach § 222 strafbar gemacht haben.

[Objektiver] Tatbestand
Die Handlung des T hat den Tod eines Menschen, des O, verursacht.
T muss damit eine **objektive Sorgfaltspflicht** verletzt haben.
Es ist bei der Überprüfung der Frage, ob T eine objektive Sorgfaltspflicht verletzt hat, darauf abzustellen, wie ein besonnener und gewissenhafter Autofahrer an seiner Stelle gehandelt hätte.
T fuhr innerhalb einer geschlossenen Ortschaft. Dort ist eine Höchstgeschwindigkeit von 50 km/h erlaubt.
Mit den von ihm gefahrenen 30 km/h ist T erheblich unter dieser Grenze geblieben. Hinzu kommt aber noch, dass für T sichtbar Kindergruppen auf beiden Seiten der Straße spielten. Da es nun durchaus normal ist, dass Kinder willkürlich und ohne aufzupassen die Straßenseite wechseln, wenn sie im Spiel vertieft

sind, war T verpflichtet, sich darauf einzurichten und so zu fahren, dass er einem solchen „Kindwechsel" notfalls durch Anhalten ausweichen konnte.

Dadurch, dass T seine Geschwindigkeit nicht dem zu erwartenden „Kindwechsel" angepasst hat, hat er gegen eine objektive Sorgfaltspflicht verstoßen. Er handelte folglich objektiv sorgfaltswidrig.

Dass eine überhöhte Geschwindigkeit den Tod anderer Verkehrsteilnehmer zur Folge haben kann, ist allgemein bekannt und **objektiv voraussehbar**.

Fraglich ist allerdings, ob der Tod des O und die Pflichtverletzung des T in einem **objektiven Pflichtwidrigkeitszusammenhang** stehen. Dies wäre dann nicht der Fall, wenn O auch dann getötet worden wäre, wenn T sorgfältig gehandelt hätte, also so langsam gefahren wäre, dass er jederzeit hätte anhalten können.

Ohne die Pflichtverletzung hätte T rechtzeitig anhalten können und O wäre nicht getötet worden. Der Erfolg ist der Pflichtverletzung also objektiv zurechenbar.

Die Rechtspflicht des Langsamfahrens dient dazu, in Fällen wie dem vorliegenden ein jederzeitiges Anhalten zu ermöglichen. Es hat sich dadurch, dass T dies nicht konnte, also genau die Gefahr verwirklicht, zu deren Abwehr die Sorgfaltspflicht bestimmt wurde.

Damit hat T den [objektiven] Tatbestand verwirklicht.

[Subjektiver Tatbestand]
Es liegen keine Anhaltspunkte dafür vor, dass T das Verhalten des O vorausgesehen hat. Damit liegt unbewusste Fahrlässigkeit vor.

Schuld
T hätte langsamer fahren und dadurch den Unfall vermeiden können. Er war nach seinen persönlichen Verhältnissen durchaus in der Lage, die objektiv gebotene Sorgfalt zu beachten.

T hätte den Unfall und den Tod des O auch ohne Weiteres vorhersehen können.
T handelte damit schuldhaft. Er ist nach § 222 zu bestrafen.

V. Exkurs – Leichtfertigkeit

Bisweilen fordert das Gesetz für eine Strafbarkeit (mindestens) „Leichtfertigkeit", so etwa in §§ 138 III, 178, 251.

Damit ist eine ungewöhnlich hohe (grobe) Sorgfaltspflichtverletzung gemeint, eine, die weit über das normale Maß hinausgeht. Es ändert sich also gegenüber der normalen Fahrlässigkeit der Maßstab. Und dies auf beiden Ebenen: der Unrechtsebene (**obj. Sorgfaltspflichtverletzung**) und der Schuldebene (**subj. Sorgfaltspflichtverletzung**).

> Das bedeutet, man muss die **Leichtfertigkeit zweimal** prüfen: einmal im objektiven Tatbestand unter der Überschrift „obj. Sorgfaltspflichtverletzung" und einmal in der Schuld unter der Überschrift „subj. Sorgfaltspflichtverletzung".

Deliktsform ③: Leichtfertigkeit || 191

I. **Tatbestandsmäßigkeit**
 1. *[Objektiver Tatbestand]*
  a. Die Tathandlung: Pflichtverletzung
  b. Der Taterfolg
  c. Die Verbindung von Handlung + Erfolg
   aa. Kausalität
   bb. Obj. Vorhersehbarkeit
   cc. Obj. Pflichtwidrigkeitszusammenhang
   dd. Schutzzweck der Sorgfaltspflicht
 2. *[Subjektiver Tatbestand*
 bewusste / unbewusste Fahrlässigkeit]
 3. Tatbestandsannexe
 4. Fälle des § 28 II

II. **Rechtswidrigkeit** (indiziert)
III. **Schuld**
 1. Schuldfähigkeit
 2. Spezielle Schuldmerkmale
 3. Die persönliche Vorwerfbarkeit
  a. Schuldform: Fahrlässigkeit
   aa. Subj. Sorgfaltspflichtverletzung
   bb. Subj. Vorhersehbarkeit
  b. Unrechtsbewusstsein i.e.S.
 4. Entschuldigungsgründe
IV. **Besonderheiten**
 1. Strafausschließungs- / -aufhebungsgründe
 2. Strafverfolgungshindernisse

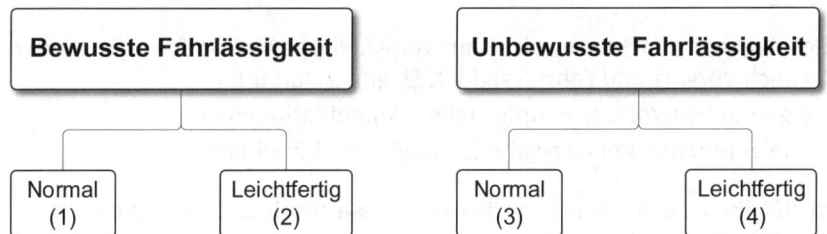

Achtung: Die Unterscheidung zwischen „normaler" Fahrlässigkeit und Leichtfertigkeit hat nichts zu tun mit der Unterscheidung zwischen bewusster und unbewusster Fahrlässigkeit. Diese Formen können sich beliebig überschneiden.

Bsp.:
(1) T überholt an einer an sich übersichtlichen Stelle. Er sieht O entgegenkommen, denkt aber, er werde es noch vorher schaffen, den Überholvorgang zu beenden. -> **bewusste normale Fahrlässigkeit**
(2) T überholt an einer völlig unübersichtlichen Stelle. Er weiß, dass die Gefahr, dass ihm jemand entgegenkommt sehr hoch ist, denkt aber, er werde es noch vorher schaffen, den Überholvorgang zu beenden. -> **bewusste Leichtfertigkeit**
(3) T überholt an einer an sich übersichtlichen Stelle. Er sieht nicht, dass ihm O entgegenkommt. -> **unbewusste normale Fahrlässigkeit**
(4) T überholt an einer völlig unübersichtlichen Stelle. Er macht sich überhaupt keine Gedanken darüber, dass ihm jemand entgegenkommen könnte.
In allen 4 Beispielen kollidiert das Fahrzeug des T mit dem des O und O kommt zu Tode. -> **unbewusste Leichtfertigkeit**

Die Prinzipien der Fahrlässigkeitsdelikte sind damit erörtert, der Aufbau ist jetzt bekannt. Wir sollten uns deshalb daran erinnern, dass ich oben bei der a.l.i.c. einige Aufbaumuster eingebaut habe, die man erst nach dem Durcharbeiten dieses Fahrlässigkeitskapitels verstehen kann. Das Kapitel ist jetzt abgeschlossen. Die a.l.i.c. wartet (die Fahrlässigkeitsmuster ab S. 89) ...

VI. Exkurs – Vorsatz-Fahrlässigkeitskombinationen

Normalerweise kann man Delikte **entweder** vorsätzlich **oder** fahrlässig begehen. Es wurde aber schon beim Vorsatz gezeigt, dass es verschiedene Formen des Vorsatzes gibt. Der Gesetzgeber mischt diese Formen manchmal.

Bsp.: Diebstahl, § 242 I. Dort ist bezüglich „fremder beweglicher Sache" und „Wegnahme" Eventualvorsatz erforderlich, bezüglich der „rechtswidrigen Zueignung" aber Absicht.

Der Gesetzgeber mischt nun nicht nur verschiedene Vorsatzformen, sondern ab und zu auch Vorsatz und Fahrlässigkeit. Es gibt 2 Varianten:
- die eigentlichen Vorsatz-Fahrlässigkeitskombinationen und
- die uneigentlichen Vorsatz-Fahrlässigkeitskombinationen.

(Letztlich gibt's auch noch Fahrlässigkeits-Fahrlässigkeits-Kombinationen, z.B. § 315a III Nr. 2. Dabei handelt es sich aber um nichts Besonderes. Die Kombination besteht dort nämlich nicht im Mix verschiedener Formen, sondern nur in der Aneinanderreihung bestimmter Handlungen und Erfolge.)

1. Eigentliche Vorsatz-Fahrlässigkeitskombinationen

Ein für sich nicht strafbarer (aber regelmäßig pflicht- bzw. ordnungswidriger) *Vorsatzteil* wird mit einem für sich nicht strafbaren *Fahrlässigkeitsteil* kombiniert. **Eigentlich** sind die jeweiligen Verhaltensweisen **nicht** strafbar, die **Strafbarkeit entsteht erst** durch die Verbindung.

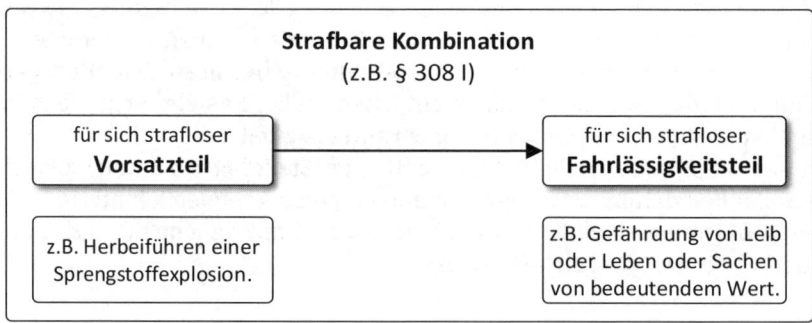

Hier gilt nach § 11 II das ganze Delikt als Vorsatzdelikt, so dass – anders als bei Fahrlässigkeitsdelikten – Versuch und Beteiligung möglich sind. Bei Beteiligung ist für jeden Beteiligten auf § 18 zu achten.

Wir beachten aber, dass es § 308 auch in reiner Fahrlässigkeits-Fahrlässigkeits-Kombination gibt (vgl. § 308 VI). Für diese Fälle gilt § 11 II natürlich nicht. Und Beteiligung ist auch nicht denkbar, da es die ja nur bei Vorsatzdelikten gibt.

2. Erfolgsqualifizierte Delikte (uneigentliche)

Es gibt Tatbestände, mit denen typischerweise die Gefahr schlimmer Erfolge verbunden ist. Beispiele bieten Körperverletzung, § 223 I, Raub, § 249 I, und Aussetzung, § 221 I. Diese Tatbestände sind (**eigentlich**) schon für sich strafbar, sie werden es nicht erst (uneigentlich) durch die Kombination (= Unterschied zu den gerade behandelten eigentlichen Vorsatz-Fahrlässigkeitskombinationen).

Die **Strafbarkeit erhöht sich** ganz beträchtlich, wenn die schlimme Folge wirklich eintritt, wenn also z.B. Körperverletzung, Raub oder Aussetzung den Tod eines Menschen zur Folge haben, vgl. §§ 227, 251, 221 III. Man nennt diese Delikte wegen der durch einen zusätzlichen *Erfolg* eintretenden Strafschärfung „erfolgsqualifizierte" Delikte.

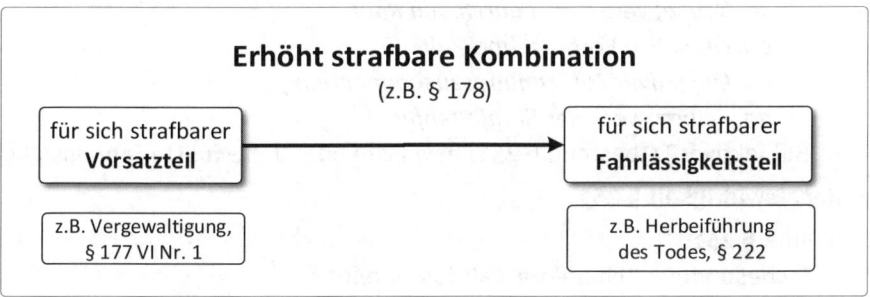

Weil im deutschen Recht das Schuldprinzip gilt, muss dem Täter für die schwere Folge *mindestens* Fahrlässigkeit zur Last fallen, vgl. § 18. (Eine Ausnahme hiervon – für die Tatbestandsannexe, z.B. § 231 I – haben wir schon kennengelernt.)

Aufbaumäßig beginnt man mit dem Tatbestand des Grunddeliktes. Dann kann man entweder nach der kompletten Prüfung des Grunddeliktes (RW und Schuld) auf den Tatbestand der Erfolgsqualifikation überschwenken (Möglichkeit 1) oder man prüft vor RW und Schuld, aber nach kompletten Tatbestand (auch subj.!) des Grunddeliktes die Erfolgsqualifikation (Möglichkeit 2).

Möglichkeit 1 (am Beispiel von §§ 249 I, 251):

I. **Tatbestand § 249 I**
   1. Objektiver Tatbestand § 249 I: Sache, fremd, beweglich, Wegnahmehandlung, Nötigungshandlung
   2. Subjektiver Tatbestand § 249 I: Insbesondere: Vorsatz

II. **Rechtswidrigkeit § 249 I**

III. **Schuld § 249 I**

IV. **Tatbestand § 251**
   [1. Objektiver Tatbestand § 251]
   a. Handlung: Objektive Sorgfaltspflichtverletzung
      aa. besonders grobe: wenigstens Leichtfertigkeit
      bb. durch den Raub indiziert (str.)
   b. Erfolg: Tod eines Menschen
   c. Verbindung zwischen pflichtwidriger Handlung & Erfolg
      aa. Kausal verursacht durch den Raub
      bb. Objektive Vorhersehbarkeit
      cc. Objektiver Zurechnungszusammenhang
      dd. Schutzzweck der Sorgfaltspflicht
   [2. Subjektiver Tatbestand § 251: bewusste oder unbewusste Fahrlässigkeit]

V. **Rechtswidrigkeit § 251**

VI. **Schuld § 251**
   - Insbesondere: Schuldform Fahrlässigkeit
   a. Subj. Sorgfaltspflichtverletzung, bes. grobe: wenigstens Leichtfertigkeit
   b. Subjektive Vorhersehbarkeit

Möglichkeit 2:

I. **Tatbestand § 249 I**
   1. Objektiver Tatbestand § 249 I
   2. Subjektiver Tatbestand § 249 I – Insbesondere: Vorsatz

II. **Tatbestand § 251**
   [1. Objektiver Tatbestand § 251]
   a. Handlung: Objektive Sorgfaltspflichtverletzung
      aa. besonders grobe: wenigstens Leichtfertigkeit
      bb. durch den Raub indiziert (str.)
   b. Erfolg: Tod eines Menschen

c. Verbindung zwischen pflichtwidriger Handlung und Erfolg
   aa. *Kausal verursacht durch den Raub*
   bb. *Objektive Vorhersehbarkeit*
   cc. *Objektiver Zurechnungszusammenhang*
   dd. *Schutzzweck der Sorgfaltspflicht*
[2. Subjektiver Tatbestand § 251: bewusste oder unbewusste Fahrlässigkeit]

III. **Rechtswidrigkeit §§ 249 I/251**

IV. **Schuld §§ 249 I/251**
   1. Schuldform Vorsatz bez. § 249 I (indiziert)
   2 Insbesondere: Schuldform Fahrlässigkeit bez. § 251
      a. Subj. Sorgfaltspflichtverletzung, bes. grobe: wenigstens Leichtfertigkeit
      b. Subjektive Vorhersehbarkeit

Bei dieser Prüfung ist zu beachten, dass durch die Erfüllung des Grundtatbestandes in aller Regel (aber nicht immer) bereits die für die Erfüllung der Erfolgsqualifikation erforderliche objektive Sorgfaltspflichtverletzung (es geht ja um einen Fahrlässigkeitsteil!) vorliegt (indiziert ist).

Zu prüfen ist daher regelmäßig nur, ob der Täter den Erfolg vorausgesehen hat (bewusste / unbewusste F.) und ob die Fahrlässigkeitsschuld zu bejahen ist.

Da anders als bei den eigentlichen Vorsatz-Fahrlässigkeitskombinationen der Vorsatzteil bereits für sich strafbar ist, gilt das ganze Delikt als Vorsatzdelikt, ohne dass auf § 11 II zurückgegriffen werden muss.

3. Das versuchte erfolgsqualifizierte Delikt

Im Grunde ist das erfolgsqualifizierte Delikt ziemlich problemfrei. Es gibt allerdings eine Ausnahme: **das versuchte erfolgsqualifizierte Delikt.**
Es sind dabei im Übrigen verschiedene Konstellationen denkbar, die diesen Namen tragen können. So kann es sein, dass
- das Grunddelikt versucht wurde und dabei die schwere Folge eintritt (hier wäre die Bezeichnung **erfolgsqualifizierter Versuch** besser) und
- das Grunddelikt vollendet wurde und die schwere Folge versucht, also zwar angestrebt wurde, aber ausblieb, und
- das Grunddelikt versucht wurde und die schwere Folge versucht, also zwar angestrebt wurde, aber ausblieb.

Der dritte Fall ist ersichtlich nur eine Verbindung der ersten beiden.

a. Grund-TB versucht – schwere Folge eingetreten

Wenn bereits der Versuch des Grunddeliktes die schwere Folge herbeiführt, ist fraglich, nach welcher Norm bestraft werden muss (**erfolgsqualifizierter Versuch**, vgl. BGH v. 5.6.2019 – 1 StR 34/19).

> **Bsp. 1:** T würgt sein Opfer vor einer beabsichtigten Vergewaltigung (§ 177 Abs. 5, Abs. 6 Nr. 1). Das Opfer stirbt, ehe es zum Geschlechtsverkehr kommt.
> **Bsp. 2:** T holt zum Schlag aus, um O zu verletzen. O weicht zurück, stolpert und stürzt tödlich.
> **Bsp. 3:** T versucht, O auszurauben. O wehrt sich erfolgreich. T muss ohne Beute abziehen. O stirbt an den Folgen des Raubversuchs.

Versuch des Grunddelikts ⇨ Eintritt der schweren Folge

Richtigerweise gilt hier folgende Differenzierung:

Ist der qualifizierende **Erfolg (schon) an** die **Tat-Handlung** des Grunddelikts geknüpft, wird wegen Versuch der Erfolgsqualifikation bestraft.

Bei § 178 z. B. ist der Tod an die Handlung *sexueller Übergriff-Gewalt* geknüpft: Versuch des § 178 (Bsp. 1); bei § 251 ist der Tod an die Handlung *Raub-Gewalt* geknüpft: Versuch des § 251 (Bsp. 3).

Dies liegt jeweils daran, dass **die Handlung das eigentlich Gefährliche** ist. Beim Raub ist der (Taterfolg) Gewahrsamswechsel im Hinblick auf eine eventuelle Todesfolge nicht so gefährlich, wie die dahin führende (Tathandlung) Gewalt.

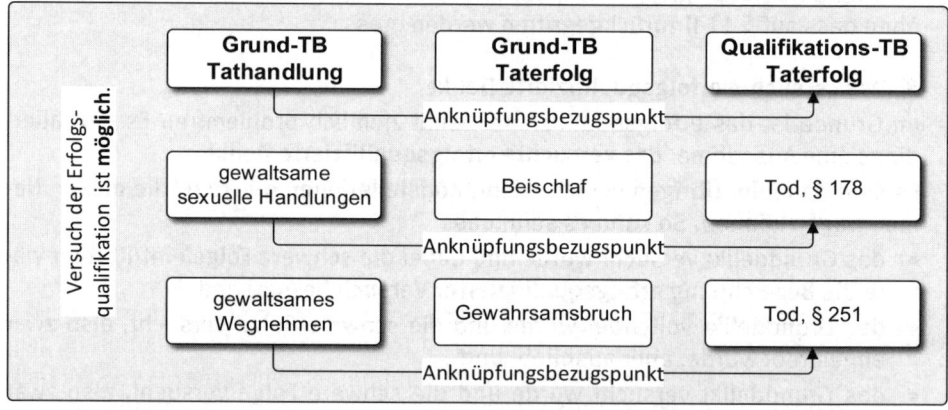

Ist der qualifizierende **Erfolg** dagegen **(erst) an** den **Tat-Erfolg** des Grunddelikts geknüpft, wird nur wegen Versuch des Grunddelikts bestraft (wenn *dieser* Versuch überhaupt strafbar ist) und ggf. (zusätzlich, aber unabhängig davon) wegen fahrlässiger Herbeiführung des Taterfolges (§ 222). Bei § 227 ist der Tod an den

Erfolg Körperverletzung geknüpft, daraus folgt: kein Versuch des § 227 möglich (Bsp. 2).

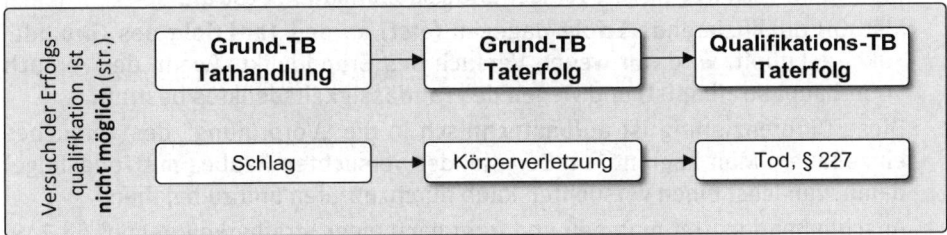

Speziell für die „versuchte Körperverletzung mit Todesfolge" kann man sich auch noch klarmachen, dass der **Versuch der Körperverletzung** (ohne Todesfolge) nur minimal strafbar ist.
- Eine Körperverletzung wird nach § 223 mit einer Freiheitsstrafe bis zu 5 Jahren bestraft (Mindeststrafe daher: 1 Monat, § 38 II).
- Findet eine fahrlässige Tötung statt, so bestraft § 222 dies ebenfalls nur mit einer Freiheitsstrafe bis zu 5 Jahren (Mindeststrafe daher wiederum: 1 Monat, § 38 II).
- § 227 enthält dagegen eine Strafandrohung von mindestens 3 Jahren bis zu höchstens 15 Jahren (§ 38 II).
- Nimmt man nun die Strafmilderung, die bei einem – mal als möglich unterstellten – Versuch (des § 227) gewährt werden kann, reduziert sich dieser Rahmen auf immerhin mindestens noch 6 Monate (§ 49 I Ziffer 3 Var. 2) bis maximal 135 Monate (= 3/4 von 15 Jahren) gemäß § 49 I Ziffer 2 S. 1.

Zusammenfassend:
1. Strafbarkeit wg. versuchter Körperverletzung (KV) : 1 Monat – 5 Jahre (= 60 Monate).
2. Strafbarkeit wg. fahrlässiger Tötung: 1 Monat – 5 Jahre (= 60 Monate).
3. Strafbarkeit wg. KV mit Todesfolge: 3 – 15 Jahre.
4. Strafbarkeit wg. versuchter KV mit Todesfolge: 6 – 135 Monate.

Bedenkt man nun, dass die versuchte Körperverletzung mit Todesfolge (Nr. 4) ja nur eine Kombination aus Nr. 1 und Nr. 2 (Obergrenze: 120 Monate) ist, zeigt sich sofort, dass Nr. 4 schon wegen des Strafmaßes (Obergrenze: 135 Monate) eigentlich nicht existieren dürfte.
Gerade bei § 227 ist dies allerdings strittig. Der BGH steht (heftig bekämpft) auf dem gegenteiligen Standpunkt: Er hält den Versuch des § 227 für möglich (BGH v. 30.6.1982 – 2 StR 226/82, BGHSt 31, 96 (Hochsitz)).

Wir hatten eben so formuliert:
- Ist der qualifizierende **Erfolg (schon)** an die **Tat-Handlung** des Grunddelikts geknüpft, wird wegen Versuch der Erfolgsqualifikation bestraft.
- Ist der qualifizierende **Erfolg** dagegen **(erst)** an den **Tat-Erfolg** des Grunddelikts geknüpft, wird nur wegen Versuch des Grunddelikts (wenn der Versuch überhaupt strafbar ist) und wegen des Fahrlässigkeitsdeliktes bestraft.

Diese Differenzierung ist **aufbautechnisch** in die „Vorprüfung" des Versuches einzubauen. Man beginnt (am Beispiel des versuchten Raubes mit Todesfolge) damit, zunächst einen versuchten Raub durchzuprüfen und zu bejahen.

Anschließend startet man neu und fragt nach einer Strafbarkeit gemäß §§ 249, 251, 22, 23 I, 12 I. (Deutlicher wäre übrigens eine Zitierung, die den § 22 dort hinsetzt, wo der Versuch steckt: §§ 249, 22, 23 I, 12 I, 251.) Dort muss man als erstes die Frage nach der **Strafbarkeit des Versuches** stellen. Und genau dort gehören die gerade dargestellten Erwägungen hinein.

b. Grund-TB vollendet – schwere Folge nur versucht

Wenn das Grunddelikt vollendet ist und die schwere Folge zwar angestrebt wurde, aber ausblieb, ist ebenfalls zu untersuchen, ob ein Versuch des EQ-Deliktes vorliegt (**versuchte Erfolgsqualifizierung**, vgl. BGH v. 5.6.2019 – 1 StR 34/19).

Die Beantwortung hängt entscheidend davon ab, ob man die EQ-Delikte *nur fahrlässig* oder *auch vorsätzlich* begehen kann. Gemäß § 18 ist *wenigstens* Fahrlässigkeit erforderlich. Es handelt sich dabei um eine **Untergrenze**. Versteht man Fahrlässigkeit und Vorsatz als eine Weniger-Mehr-Reihe, dann fällt es nicht schwer zu sagen, dass wenn schon Fahrlässigkeit ausreicht, dies erst recht für Vorsatz gelten muss.

Solange es sich um normale EQ-Delikte handelt, ist dem auch nicht viel entgegenzuhalten. Die richtigen Probleme beginnen, wenn sich eine Norm findet, die den erfolgsqualifizierenden Charakter modifiziert. In § 251 z.B. ist die Rede von *wenigstens leichtfertiger* Begehung. Damit ist die „normale" Fahrlässigkeit nicht mehr ausreichend. Die Untergrenze ist verändert worden.

Und es gab eine Auffassung, die meinte, dass damit nicht nur die Untergrenze, sondern **auch die Obergrenze** festgeschrieben sei, weil § 18 jetzt nicht mehr gelte.

Diese These, die aus der Zeit stammte, als (u.a.) § 251 sich darauf beschränkte, die Herbeiführung des Todes als „leichtfertig" zu bestrafen, hat sich (durch die seit 1.4.1998 geltende Neufassung) für all die Delikte erledigt, in denen es jetzt heißt: „**wenigstens** leichtfertig".

Deliktsformen ④ und ⑤: Echte Unterlassungsdelikte || 199

1. Teil - Das System ✓
2. **Teil - Die einzelnen Deliktsformen**
    ① Das vollendete vorsätzliche Begehungsdelikt (Tun) ✓
    ② Das versuchte vorsätzliche Begehungsdelikt ✓
    ③ Das fahrlässige Begehungsdelikt ✓
☞   ④ **und** ⑤ Echte Unterlassungsdelikte
3. Teil - Täterschaft und Teilnahme
4. Teil - Konkurrenzen
5. Teil - Gutachtenstil und Übungsklausuren
6. Teil - Hausarbeiten

Echte Unterlassungsdelikte

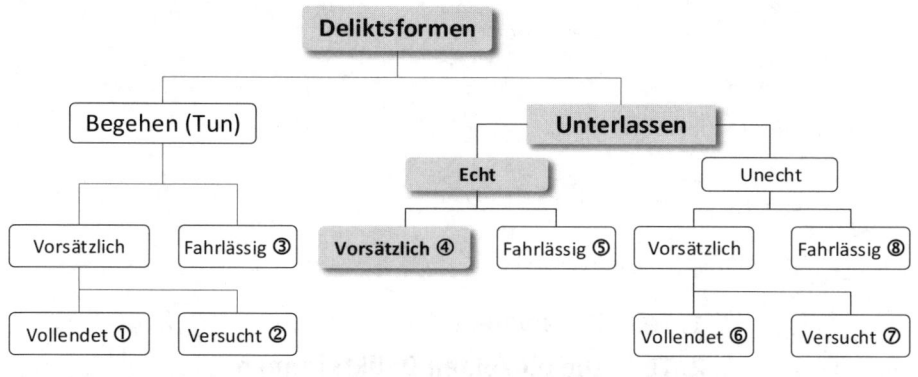

④ **Das vorsätzliche echte Unterlassungsdelikt**

I. **Tatbestandsmäßigkeit**
1. Objektiver Tatbestand
   a. Geschriebene Merkmale
      aa. Nichtvornahme eines gebotenen Tuns. Die Handlung besteht in einem Unterlassen, ansonsten: Keine Besonderheiten: Wer schläft, sündigt nicht.
      bb. Tatsächliche Möglichkeit dieses Tuns (bei § 323c geschrieben)
      cc. Zumutbarkeit dieses Tuns (bei § 323c geschrieben)
   b. Ungeschriebene Merkmale
      aa. Tatsächliche Möglichkeit dieses Tuns (bei §§ 123, 138, 142 ungeschrieben)
      bb. Zumutbarkeit dieses Tuns (bei §§ 123, 138, 142 ungeschrieben)
2. Subjektiver Tatbestand
   a. Vorsatz
   b. Sonstige subjektive Tatbestandsmerkmale werden von den vier relevanten Unterlassungstatbeständen (§§ 123, 138 I, 142, 323c) nicht verlangt.

II. **Rechtswidrigkeit**
   Eine Besonderheit: zusätzlicher Rechtfertigungsgrund Pflichtenkollision

III. **Schuld**
   Keine Besonderheiten

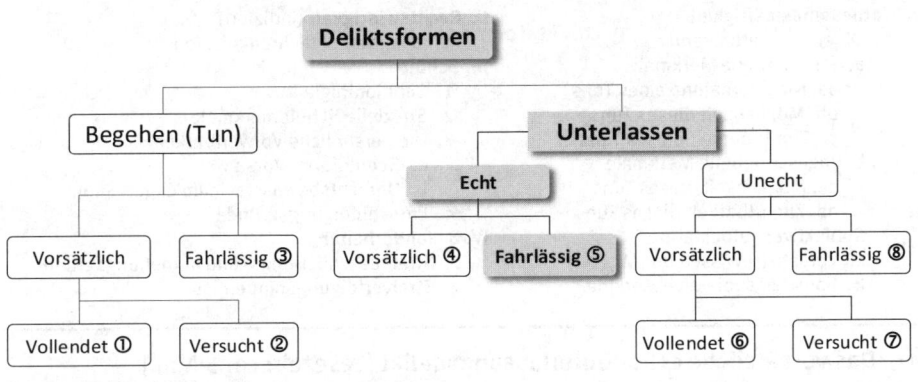

⑤ **Das fahrlässige echte Unterlassungsdelikt**
I. **Tatbestandsmäßigkeit**
   [1. Objektiver Tatbestand]
   a. Geschriebene Merkmale
      - Nichtvornahme eines gebotenen Tuns. Die Handlung besteht in einem Unterlassen, ansonsten: Keine Besonderheiten: Wer schläft, sündigt nicht.
   b. Ungeschriebene Merkmale
      aa. Tatsächliche Möglichkeit dieses Tuns
      bb. Zumutbarkeit des Tuns
   c. Fahrlässigkeitsteil
      - Nichtvornahme des Tuns als objektive Sorgfaltspflichtverletzung
   [2. Subjektiver Tatbestand: Wissen oder Nichtwissen]
II. **Rechtswidrigkeit: Zusätzlicher Rechtfertigungsgrund: Pflichtenkollision**
III. **Schuld: Keine Besonderheiten, aber insbesondere:**
   Schuldform: Fahrlässigkeit
   Subjektive Sorgfaltspflichtverletzung

202 || Echte Unterlassungsdelikte

I. Tatbestandsmäßigkeit
  1. Objektiver Tatbestand
    a. Geschriebene Merkmale
      aa. Nichtvornahme eines Tuns
      bb. Möglichkeit dieses Tuns
      cc. Zumutbarkeit dieses Tuns
    b. Ungeschriebene Merkmale
      aa. Möglichkeit dieses Tuns
      bb. Zumutbarkeit dieses Tuns
  2. Subjektiver Tatbestand
    a. Vorsatz (= Wissen und Wollen)
    b. Sonstige subjektive Merkmale

II. Rechtswidrigkeit (indiziert)
  Insbesondere: Pflichtenkollision
III. Schuld
  1. Schuldfähigkeit
  2. Spezielle Schuldmerkmale
  3. Die persönliche Vorwerfbarkeit
    a. Schuldform: Vorsatz
    b. Unrechtsbewusstsein im engen Sinne
  4. Entschuldigungsgründe
IV. Besonderheiten
  1. Strafausschließungs- und aufhebungsgründe
  2. Strafverfolgungshindernisse

④ **Das vorsätzliche echte Unterlassungsdelikt** [Lesezeit: ca. 5 Min.]

Während die bis hierhin gemachten Ausführungen sich alle mit Begehungsdelikten befassten, geht es nun folgend um Unterlassungsdelikte. Zunächst ein kurzer Blick in die Kopfzeile. Beruhigend, denn bis auf ein paar Sonderpunkte im objektiven Tatbestand sieht alles aus wie immer.

Einstieg: Unterschied zum Begehungsdelikt

Der entscheidende Unterschied liegt im Bereich der Handlung. Bei den bis hier besprochenen Begehungsdelikten lag aktives **Tun** vor, obwohl das **ver**boten war,

Bsp.: Die Mutter T ertränkt ihr unerwünschtes dreijähriges Kind O in der Badewanne, indem sie es so lange unter Wasser drückt, bis die Atmung aufhört.

die jetzt folgenden Unterlassungsdelikte sind dadurch gekennzeichnet, dass aktives **Tun** unterlassen wird, obwohl es **ge**boten war.

Bsp.: Die Mutter T sieht, wie ihr dreijähriges Kind O in die Badewanne fällt. Die Badewanne ist nahezu randvoll gefüllt. O kommt auf den Geschmack und trinkt, bis es tot ist. Die Mutter sieht ihm dabei zu, unternimmt aber nichts dagegen, weil ihr das Kind zuwider ist und sie es loswerden will.

Dass T in beiden Fällen zu bestrafen ist, liegt auf der Hand. Es handelt sich beides Mal (mindestens) um Totschlag, § 212.

Ob man das Unterlassen als einen Unterfall von „Handlung" auffassen kann, der mit dem Tun auf einer Ebene steht (oder ob man z.B. als Oberbegriff „Begehen" wählt und Handlung (= Tun) und Unterlassen als Unterfälle ansieht, wofür § 13 spricht), darüber kann man streiten. Es ist klausurmäßig aber völlig unwichtig.
Zum Verständnis können wir feststellen, dass ein Tun etwas Reales ist. Man kann es sehen, man kann es beschreiben. Ein **Unterlassen** dagegen **ist** ein **Nichts**. *Die Unterlassung* ist im Grunde nur der Anknüpfungspunkt für ein (Wert-)Urteil, das die Enttäuschung darüber ausdrückt, dass ein erwartetes Tun nicht stattgefun-

Deliktsform ④: Unterlassen ist enttäuschte Erwartung

I. Tatbestandsmäßigkeit
1. Objektiver Tatbestand
   a. Geschriebene Merkmale
      aa. Nichtvornahme eines Tuns
      bb. Möglichkeit dieses Tuns
      cc. Zumutbarkeit dieses Tuns
   b. Ungeschriebene Merkmale
      aa. Möglichkeit dieses Tuns
      bb. Zumutbarkeit dieses Tuns
2. Subjektiver Tatbestand
   a. Vorsatz (= Wissen und Wollen)
   b. Sonstige subjektive Merkmale
	II. Rechtswidrigkeit (indiziert)
	Insbesondere: Pflichtenkollision
	III. Schuld
	1. Schuldfähigkeit
	2. Spezielle Schuldmerkmale
	3. Die persönliche Vorwerfbarkeit
	   a. Schuldform: Vorsatz
	   b. Unrechtsbewusstsein im engen Sinne
	4. Entschuldigungsgründe
	IV. Besonderheiten
	1. Strafausschließungs- und aufhebungsgründe
	2. Strafverfolgungshindernisse

den hat. Bei solchen Aussagen (Unterlassen, „Werturteil", „Enttäuschung") ahnen wir schon, dass die Juristenarbeit hier noch weniger mit mathematischer Präzision zu tun hat als sonst.

In diesem Sinne sagt man auch: „Unterlassen ist enttäuschte Erwartung".

Enttäuscht wird man im Leben oft. Damit eine solche Enttäuschung aber strafrechtlich (be-)messbar wird, müssen Tatbestände vorliegen. Diese wiederum müssen dem Bestimmtheitsgebot, § 1, Rechnung tragen.

Dazu bestehen für einen Gesetzgeber **zwei grundsätzliche Wege**:

1. Der Gesetzgeber beschreibt die Voraussetzungen, unter denen ein Unterlassen strafbar ist, in **eigenen Unterlassungs-Tatbeständen**.

Dieser Weg ist unproblematisch: Man kann dann Stück für Stück solche Tatbestände durchprüfen und zu einem Ergebnis kommen. Derartige Tatbestände nennt man **echte Unterlassungsdelikte**.

Wir beachten im Übrigen, dass der Gesetzgeber *nur die Voraussetzungen* umschreibt, ein Unterlassen *selbst* kann man nicht beschreiben. Es ist ähnlich wie mit einem Loch: Es existiert ja nicht.

2. Der Gesetzgeber verweist auf die Begehungstatbestände und nennt lediglich generell die Voraussetzungen, unter denen ein Unterlassen in **Analogie zu den Begehungstatbeständen** tatbestandsmäßig sein soll.

Dieser Weg ist problematisch, weil nicht bis ins Einzelne geregelt ist, wann denn nun ein Unterlassen strafbar ist. Eine generelle Verweisung lässt viele Fragen offen. Weil hier von den Begehungstatbeständen ausgegangen wird, nennt man solche Unterlassungsdelikte **unechte Unterlassungsdelikte**.

Der deutsche Gesetzgeber ist beide Wege gegangen: *Echte* Unterlassungsdelikte sind etwa in den §§ 123, 138, 323c, 142 unter Strafe gestellt (dazu jetzt sofort), *unechte* durch § 13 i.V.m. den Begehungsdelikten (dazu weiter unten).

Echte Unterlassungsdelikte

I. Tatbestandsmäßigkeit
1. Objektiver Tatbestand
   a. Geschriebene Merkmale
      aa. Nichtvornahme eines Tuns
      bb. Möglichkeit dieses Tuns
      cc. Zumutbarkeit dieses Tuns
   b. Ungeschriebene Merkmale
      aa. Möglichkeit dieses Tuns
      bb. Zumutbarkeit dieses Tuns
2. Subjektiver Tatbestand
   a. Vorsatz (= Wissen und Wollen)
   b. Sonstige subjektive Merkmale
	II. Rechtswidrigkeit (indiziert)
	Insbesondere: Pflichtenkollision
	III. Schuld
	1. Schuldfähigkeit
	2. Spezielle Schuldmerkmale
	3. Die persönliche Vorwerfbarkeit
	   a. Schuldform: Vorsatz
	   b. Unrechtsbewusstsein im engen Sinne
	4. Entschuldigungsgründe
	IV. Besonderheiten
	1. Strafausschließungs- und aufhebungsgründe
	2. Strafverfolgungshindernisse

Wichtigste Vertreter des echten Unterlassungsdeliktes sind:
- § 123 I, 2. Begehungsweise (Hausfriedensbruch in der Alternative des Sich-nicht-Entfernens)
- § 138 (Nichtanzeige geplanter Straftaten) Abs. 1: vorsätzliche Begehung, Abs. 3: fahrlässige (leichtfertige) Begehung
- § 323c (Unterlassene Hilfeleistung)
- § 142 (Entfernen vom = *Nicht*-Verweilen am Unfallort)

Die Prüfung dieser Paragraphen bringt gegenüber dem vorsätzlichen Begehungsdelikt grundsätzlich überhaupt keine Probleme mit sich. Für das **Kopfzeilenschema** hier und auf den Folgeseiten bitte beachten: Ich habe dort zur Strukturierung Aufzählungen verwendet (aa./bb./cc. ...), für die ich im Text keine korrespondierenden Überschriften nutze.

I. Tatbestandsmäßigkeit

1. Objektiver Tatbestand

a. Geschriebene Zusatz-Merkmale: Möglichkeit und Zumutbarkeit

Es gibt im Tatbestand die üblichen Elemente (z.B. bei § 323c die Tatsituation: Unglücksfall, gemeine Gefahr oder Not), wobei die Tathandlung in der **Nichtvorname des tatbestandlich gebotenen Tuns** besteht (z.B. bei § 323c „nicht Hilfe leistet") – und es gibt zwei neue Merkmale, die für die Missbilligung eines Unterlassens grundlegend sind:

- Während mit **Möglichkeit** die physisch-realen (die tatsächlichen) Umstände gemeint sind, die den Täter dazu befähigt hätten, das gebotene Tun (doch) vorzunehmen (ein Stummer kann nicht um Hilfe rufen),
- stellt die **Zumutbarkeit** mehr auf rechtlich-wertende Elemente ab (ein mit Badehose Bekleideter muss nicht in ein brennendes Haus, um Hilfe zu leisten).

Über all die geschriebenen Merkmale gibt es nichts Nennenswertes zu berichten. Hier gibt es keine Unterschiede zum Begehungsdelikt: Das Vorliegen dieser Merkmale muss schlicht festgestellt werden.

I. Tatbestandsmäßigkeit	II. Rechtswidrigkeit (indiziert)
1. Objektiver Tatbestand	Insbesondere: Pflichtenkollision
a. Geschriebene Merkmale	III. Schuld
aa. Nichtvornahme eines Tuns	1. Schuldfähigkeit
bb. Möglichkeit dieses Tuns	2. Spezielle Schuldmerkmale
cc. Zumutbarkeit dieses Tuns	3. Die persönliche Vorwerfbarkeit
b. Ungeschriebene Merkmale	a. Schuldform: Vorsatz
aa. Möglichkeit dieses Tuns	b. Unrechtsbewusstsein im engen Sinne
bb. Zumutbarkeit dieses Tuns	4. Entschuldigungsgründe
2. Subjektiver Tatbestand	IV. Besonderheiten
a. Vorsatz (= Wissen und Wollen)	1. Strafausschließungs- und aufhebungsgründe
b. Sonstige subjektive Merkmale	2. Strafverfolgungshindernisse

b. Ungeschriebene Merkmale

Die beiden Merkmale, die in § 323c zu den geschriebenen gehören, muss man sich bei den §§ 123 und 138 als ungeschriebene noch dazu denken und prüfen. Bei § 142 gibt es in Abs. 3 S. 1 jedenfalls eine Variante der Zumutbarkeit.

Beispiele für Nichtmöglichkeit bei § 123 und § 138:
§ 123: Der Schwarzfahrer T wird vom Eisenbahnschaffner aufgefordert, den Zug zu verlassen. Die Türen sind aber sämtlich verriegelt.
§ 138: T unterlässt es, die Vorbereitung eines Angriffskrieges anzuzeigen. T ist gelähmt, befindet sich in der ersten Etage eines einsamen Landhauses, es gibt kein Telefon, kein Smartphone und außerdem ist T gefesselt.

Beispiele für Unzumutbarkeit bei § 123 und § 138:
§ 123: Der Schwarzfahrer T wird vom Eisenbahnschaffner aufgefordert, den Zug zu verlassen. Die Türen sind zwar nicht verriegelt, der Zug hat aber schon eine Geschwindigkeit von 150 km/h.
§ 138: T unterlässt es, die Vorbereitung eines Angriffskrieges anzuzeigen. T wird dauernd beobachtet. Es kann als sicher unterstellt werden, dass T, wenn er anzeigen würde, unmittelbar anschließend umgebracht würde.

Wir erinnern uns bei dieser Gelegenheit noch einmal der Voraussetzungen der Notwehrhandlung. Auch dort hatten wir etwas Tatsächliches (die Erforderlichkeit der Abwehr) und etwas Rechtliches (die Gebotenheit der Abwehr). Wir sehen daran, dass der Gesetzgeber häufig beide Aspekte zusammenbringt.

2. Subjektiver Tatbestand
Keine Besonderheiten zum Begehungsdelikt

II. Rechtswidrigkeit –
Die rechtfertigende Pflichtenkollision
Es bleibt eine Besonderheit auf der Stufe der Rechtswidrigkeit: Für die Unterlassungsdelikte gibt es nämlich noch **einen eigenen Rechtfertigungsgrund**: die sog.

206 || Echte Unterlassungsdelikte

I. Tatbestandsmäßigkeit
  1. Objektiver Tatbestand
    a. Geschriebene Merkmale
      aa. Nichtvornahme eines Tuns
      bb. Möglichkeit dieses Tuns
      cc. Zumutbarkeit dieses Tuns
    b. Ungeschriebene Merkmale
      aa. Möglichkeit dieses Tuns
      bb. Zumutbarkeit dieses Tuns
  2. Subjektiver Tatbestand
    a. Vorsatz (= Wissen und Wollen)
    b. Sonstige subjektive Merkmale
	II. Rechtswidrigkeit (indiziert)
	  Insbesondere: Pflichtenkollision
	III. Schuld
	  1. Schuldfähigkeit
	  2. Spezielle Schuldmerkmale
	  3. Die persönliche Vorwerfbarkeit
	    a. Schuldform: Vorsatz
	    b. Unrechtsbewusstsein im engen Sinne
	  4. Entschuldigungsgründe
	IV. Besonderheiten
	  1. Strafausschließungs- und aufhebungsgründe
	  2. Strafverfolgungshindernisse

Pflichtenkollision. Gemeint ist damit der Fall, dass der Täter, egal *wie* er handelt, *jedenfalls* eine Handlungspflicht verletzt.

Bsp.: T sieht, wie in einem Teich 2 Kinder zu ertrinken beginnen: O1 und O2. T kann genau eines dieser beiden Kinder retten. Das tut er dann auch. Bezüglich des anderen Kindes, das zwischenzeitlich ertrunken ist, liegt der Tatbestand des § 323c vor:

Auflösung: 1. a. Nichtvornahme des gebotenen Tuns = Rettung
b. Tatsächliche Möglichkeit dieses Tuns = T hätte anstelle des anderen Kindes auch dieses Kind retten können.
c. Zumutbarkeit dieses Tuns = Es war für T zumutbar, anstelle des anderen Kindes dieses Kind zu retten.
2. T wusste, dass, wenn er das eine Kind rettet, das andere sterben würde. Ob er das wollte, ist unerheblich: Es handelt sich hier um direkten Vorsatz (starkes Wissen/schlappes Wollen).

Trotzdem dieser Tatbestand vorliegt, fehlt es aber an der Rechtswidrigkeit: Egal, wie T sich nun verhalten hätte, er hätte eine (Handlungs-)Pflicht verletzt. Hätte er nämlich das jetzt ertrunkene Kind gerettet, wäre das jetzt gerettete Kind ertrunken. Wenn dem aber so ist, soll es *kein Unrecht* sein, dass T ein Kind hat ertrinken lassen. Es versteht sich, dass dies strittig ist:

- Vertreten wird auch, dass es *zwar Unrecht* ist (*man darf* kein Kind ertrinken lassen), dass es dem Täter aber nicht zum persönlichen *(Schuld-) Vorwurf* gereichen kann, weil er ja ein anderes gerettet hat. (In gewisser Weise entspricht dies der Konstellation des § 35.)
- Zu vertreten ist weiter, dass es schon *nicht geboten* sein kann, *beide* Kinder zu retten, dass sich das Gebot vielmehr nur auf ein Kind bezieht, dass damit im Hinblick auf das jeweilig nichtgerettete Kind schon der Prüfungspunkt „Nichtvornahme des *gebotenen* Tuns" und damit der Tatbestand zu verneinen wäre.

Deliktsform ④: Schuld / IV. Besonderheiten || 207

I. **Tatbestandsmäßigkeit**
 1. Objektiver Tatbestand
   a. Geschriebene Merkmale
     aa. Nichtvornahme eines Tuns
     bb. Möglichkeit dieses Tuns
     cc. Zumutbarkeit dieses Tuns
   b. Ungeschriebene Merkmale
     aa. Möglichkeit dieses Tuns
     bb. Zumutbarkeit dieses Tuns
 2. Subjektiver Tatbestand
   a. Vorsatz (= Wissen und Wollen)
   b. Sonstige subjektive Merkmale

II. **Rechtswidrigkeit** (indiziert)
 Insbesondere: Pflichtenkollision
III. Schuld
 1. Schuldfähigkeit
 2. Spezielle Schuldmerkmale
 3. Die persönliche Vorwerfbarkeit
   a. Schuldform: Vorsatz
   b. Unrechtsbewusstsein im engen Sinne
 4. Entschuldigungsgründe
IV. Besonderheiten
 1. Strafausschließungs- und aufhebungsgründe
 2. Strafverfolgungshindernisse

III. Schuld / IV. Besonderheiten

Sonstige Besonderheiten gibt es bei den echten vorsätzlichen Unterlassungsdelikten nicht.

Ist eigentlich noch klar, warum ich den Aufbau für einen *Versuch des vorsätzlichen Unterlassungsdeliktes* nicht erläutere?
Die naheliegende Antwort ist: Weil es keinen Versuch gibt. – Aber warum gibt es keinen Versuch? (Die Antwort stand auf Seite 7.)

Deliktsform ⑤: Das fahrlässige echte Unterlassungsdelikt

I. **Tatbestandsmäßigkeit**
[1. Objektiver Tatbestand]
  a. Geschriebene Merkmale
    - Nichtvornahme eines Tuns
  b. Ungeschriebene Merkmale
    aa. Möglichkeit dieses Tuns
    bb. Zumutbarkeit dieses Tuns
  c. Fahrlässigkeitsteil
    - Obj. Sorgfaltspflichtverletzung
[2. Subjektiver Tatbestand]
  a. Wissen oder Nicht-Wissen
  b. Kein Wollen}

II. **Rechtswidrigkeit** (indiziert)
  Insbesondere: Pflichtenkollision
III. **Schuld**
  1. Schuldfähigkeit
  2. Spezielle Schuldmerkmale
  3. Die persönliche Vorwerfbarkeit
    Schuldform: Fahrlässigkeit
    insbes. subj. Sorgfaltspflichtverletzung
  4. Entschuldigungsgründe
IV. **Besonderheiten**
  1. Strafausschließungs- und aufhebungsgründe
  2. Strafverfolgungshindernisse

⑤ **Das fahrlässige echte Unterlassungsdelikt** [Lesezeit: unter 1 Min. :-)]

Wichtigster Fall des *fahrlässigen* echten Unterlassungsdeliktes ist § 138 III.

Es gilt das allgemeine Prüfschema (vgl. die Kopfzeile!) mit einer Erweiterung: Im Tatbestand wird eine objektive Sorgfaltspflichtverletzung geprüft, in der Schuld eine subjektive.

Es fehlen hier im Übrigen die Punkte Vorhersehbarkeit (objektiv und subjektiv) / Pflichtwidrigkeitszusammenhang / Schutzzweck. Diese Punkte haben nur bei *Erfolgs*delikten einen Sinn. § 138 III ist aber ein (Un-)*Tätigkeits*delikt.

Zuletzt: Dieser Fall ist so selten, dass es nicht allzu dramatisch wäre, wenn man ihn lernmäßig vernachlässigt.

1. Teil - Das System ✓
2. Teil - Die einzelnen Deliktsformen
   ① Das vollendete vorsätzliche Begehungsdelikt (Tun) ✓
   ② Das versuchte vorsätzliche Begehungsdelikt ✓
   ③ Das fahrlässige Begehungsdelikt ✓
   ④ Das vorsätzliche echte Unterlassungsdelikt ✓
   ⑤ Das fahrlässige echte Unterlassungsdelikt ✓
☞ ⑥ Das vollendete vorsätzliche unechte Unterlassungsdelikt
3. Teil - Täterschaft und Teilnahme
4. Teil - Konkurrenzen
5. Teil - Gutachtenstil und Übungsklausuren
6. Teil - Hausarbeiten

210 || Das vollendete vorsätzliche unechte Unterlassungsdelikt

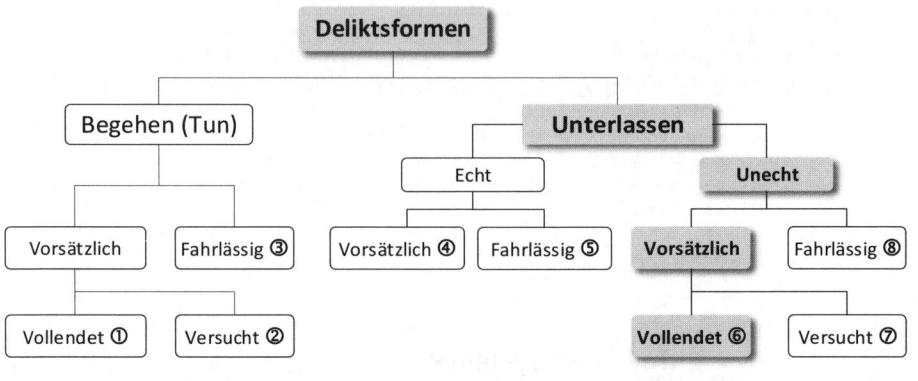

⑥ **Das vollendete vorsätzliche unechte Unterlassungsdelikt** [Lesezeit: ca. 15 Min.]
  I. Tatbestandsmäßigkeit
    1. Objektiver Tatbestand
       a. Tatsubjekt & Tatobjekt.
       b. Eintritt des tatbestandsmäßigen Erfolges.
       c. Nichtvornahme der zur Erfolgsabwendung gebotenen Handlung.
          - Abgrenzung Tun – Unterlassung
          aa. Objektive Gebotenheit eines Tuns
          bb. Subjektive Gebotenheit
             - Garantenstellung
             - Tatsächliche Möglichkeit
             - Zumutbarkeit
       d. Verbindung zwischen Unterlassen und Erfolg:
          Quasikausalität (hypothetische Kausalität).
       e. Gleichwertigkeitskorrektiv, objektiv = Entsprechungsklausel
    2. Subjektiver Tatbestand
       a. Vorsatz
       b. Sonstige subjektive Tatbestandsmerkmale
       c. Gleichwertigkeitskorrektiv, subjektiv = Entsprechungsklausel
  II. Rechtswidrigkeit
      Eine Besonderheit: Zusätzlicher Rechtfertigungsgrund: Pflichtenkollision
  III. Schuld: Keine Besonderheiten

I. Tatbestandsmäßigkeit
1. Objektiver Tatbestand
   a. Tatsubjekt & Tatobjekt
   b. Taterfolg
   c. Nichtvornahme des gebotenen Tuns
      aa. Objektive Gebotenheit
      bb. Subjektive Gebotenheit
         - Garantenstellung
         - Möglichkeit/Zumutbarkeit
   d. Quasi-Kausalität
   e. Entsprechungsklausel, objektiv

2. Subjektiver Tatbestand
   a. Vorsatz (insbes. bez. Garantenstellung)
   b. Sonstige subjektive Merkmale
   c. Entsprechungsklausel, subjektiv
II. Rechtswidrigkeit (indiziert)
   Insbesondere: unechte Pflichtenkollision
III. Schuld: keine Besonderheiten
IV. Besonderheiten
   1. Strafausschließungs- und aufhebungsgründe
   2. Strafverfolgungshindernisse

I. Tatbestandsmäßigkeit

1. Objektiver Tatbestand

a. Tatsubjekt und Tatobjekt

Da die unechten Unterlassungsdelikte in Analogie zu den normalen Begehungsdelikten gebildet werden, müssen natürlich alle dortigen Voraussetzungen (bis auf die Handlung als aktives Tun) auch hier vorliegen. Also muss es der richtige Täter sein (z.B. ein Beamter) und das richtige Objekt (z.B. ein Kind, § 176).

b. Eintritt des tatbestandsmäßigen Erfolges

Den Eintritt des Erfolges und dessen Verbindung mit der Handlung (Kausalität, Zurechnung) haben wir beim vollendeten vorsätzlichen Begehungsdelikt erst nach der Handlung genannt. Hier machen wir es etwas anders.

Das liegt daran, dass wir, wenn mal Abgrenzungsprobleme zwischen Begehungs- und Unterlassungsdelikten auftauchen, einen Bezugspunkt haben müssen. Wir müssen ja wissen, *was* durch eine Begehung, bzw. *was* durch eine Unterlassung geschehen sein soll.

Und weil man bei der Unterlassung auf der Handlungsebene eigentlich *nichts* hat, muss man vorher irgendwas anderes (einen Erfolg) festgestellt haben, um dann mit beleidigter Stimme fragen zu können: Warum hat der Täter *nichts* gegen den Erfolgseintritt unternommen?

> (Nebenbei bemerkt: Natürlich könnten wir auch beim vollendeten vorsätzlichen Begehungsdelikt mit dem Erfolg beginnen und dann fragen, ob dieser Erfolg das Werk des Täters ist.)

Fall: T lässt ihr Kind O vorsätzlich in der Badewanne ertrinken.

Lösung: T kann sich nach §§ 212, 13 strafbar gemacht haben.
[Wir registrieren, dass durch Anfügung von (§) „13" die Weichen zum Unterlassungsdelikt gestellt werden.]
Der tatbestandsmäßige Erfolg des § 212 (Tod eines Menschen) liegt hier vor.

212 || Das vollendete vorsätzliche unechte Unterlassungsdelikt

I. Tatbestandsmäßigkeit
1. Objektiver Tatbestand
   a. Tatsubjekt & Tatobjekt
   b. Taterfolg
   c. Nichtvornahme des gebotenen Tuns
      aa. Objektive Gebotenheit
      bb. Subjektive Gebotenheit
         - Garantenstellung
         - Möglichkeit/Zumutbarkeit
   d. Quasi-Kausalität
   e. Entsprechungsklausel, objektiv

2. Subjektiver Tatbestand
   a. Vorsatz (insbes. bez. Garantenstellung)
   b. Sonstige subjektive Merkmale
   c. Entsprechungsklausel, subjektiv

II. Rechtswidrigkeit (indiziert)
Insbesondere: unechte Pflichtenkollision

III. Schuld: keine Besonderheiten

IV. Besonderheiten
1. Strafausschließungs- und aufhebungsgründe
2. Strafverfolgungshindernisse

c. Nichtvornahme des zur Erfolgsabwendung objektiv gebotenen Tuns

Wir erinnern uns: Beim ganz normalen vollendeten Begehungsdelikt in der Form des Erfolgsdeliktes, bei § 212 etwa, haben wir geprüft:

- eine Handlung (= Tun)
- einen Erfolg (= Tod)
- die Verbindung zwischen beiden (=Kausalität / ggf.: Zurechnung)

Nichts anderes machen wir hier jetzt auch. Allerdings müssen wir das aktive Tun ersetzen durch ein Unterlassen. Das bringt uns zweierlei Probleme:

Eines, ob es *überhaupt* um *ein Unterlassen* geht oder ob es nicht doch ein Tun war. Ein zweites, was denn Unterlassen *im Rahmen des jeweilig geprüften Tatbestandes* eigentlich heißt. Aber der Reihe nach.

- Abgrenzung Tun – Unterlassen

Die **Bedeutung** der Abgrenzung liegt darin, dass für eine Tatbestandsverwirklichung durch Unterlassen zusätzlich zu dem normalen Kram noch eine **Garantenstellung** vorliegen muss (dazu gleich auf S. 217). Wäre das nicht so, wäre es völlig egal, ob das eine (Tun) oder das andere (Unterlassen) vorläge.

In der Regel ist die Abgrenzung unproblematisch. Dann ist kein Wort darüber zu verlieren. Man prüft sofort das, was ersichtlich alleine in Betracht kommt.

Bsp.: Die Mutter, die ihr Kind in der Badewanne ertränkt, indem sie dessen Kopf unter Wasser drückt, tötet durch Tun. Strafbarkeit nach § 212.
Die Mutter, die ihr Kind ertrinken lässt, ohne etwas dagegen zu unternehmen, tötet durch Unterlassen. Strafbarkeit nach §§ 212, 13.

Es gibt aber **mehrdeutige Verhaltensweisen**, bei denen sich sowohl ein Tun als auch ein Unterlassen als Anknüpfungspunkt für die strafrechtliche Beurteilung anbieten.

Bsp.1: Ein Fabrikant T gibt seinem Arbeiter O nichtdesinfizierte Ziegenhaare zur Verarbeitung. O stirbt an einer Infektion.

Deliktsform ⑥: Schwerpunkt der Vorwerfbarkeit

I. **Tatbestandsmäßigkeit**
1. Objektiver Tatbestand
   a. Tatsubjekt & Tatobjekt
   b. Taterfolg
   c. Nichtvornahme des gebotenen Tuns
      aa. Objektive Gebotenheit
      bb. Subjektive Gebotenheit
         - Garantenstellung
         - Möglichkeit/Zumutbarkeit
   d. Quasi-Kausalität
   e. Entsprechungsklausel, objektiv

2. Subjektiver Tatbestand
   a. Vorsatz (insbes. bez. Garantenstellung)
   b. Sonstige subjektive Merkmale
   c. Entsprechungsklausel, subjektiv

II. **Rechtswidrigkeit** (indiziert)
Insbesondere: unechte Pflichtenkollision

III. **Schuld:** keine Besonderheiten

IV. **Besonderheiten**
1. Strafausschließungs- und aufhebungsgründe
2. Strafverfolgungshindernisse

Tun ⇨ **Unterlassen**
(Übergabe)   /   (ohne Desinfektion)

Bsp.2a: T wirft dem in einen Brunnenschacht gefallenen O ein Seil zu. Dann erkennt er, dass es sich bei O um seinen Lieblingsfeind handelt. Er zieht das Seil zurück, ehe O es ergreifen kann.

Bsp.2b: T lässt das Seil los, nachdem O es ergriffen hat.

Bsp.3: Der Arzt T schaltet die Herz-Lungen-Maschine eines sich in hoffnungsloser Lage befindenden Patienten O ab.

(Seil zurückziehen loslassen)   /   (Seil nicht so zuwerfen, wie nötig)
Tun ⇨ **Unterlassen**
(Rettungsgerät ausschalten)   /   (Patient nicht weiterbehandeln)

Die in Beispiel 1 genannten Fälle betreffen **Fahrlässigkeitsdelikte**. Solche Situationen sind sehr häufig: Das sorgfaltspflicht*widrige* Tun bei der Fahrlässigkeit beinhaltet ja gleichzeitig auch die Unterlassung des sorgfaltspflicht*gemäßen* Tuns.

Die in Beispiel 2 und 3 genannten Fälle betreffen **Vorsatzdelikte**. Der Täter macht von ihm selbst eingeleitete Rettungsmaßnahmen wieder rückgängig, bzw. beendet sie. Solche Situationen sind extrem selten. (Wo gibt's heut noch Brunnenschächte?). Etwas häufiger ist bloß der Herz-Lungen-Fall.

Und jetzt: Worauf ist abzustellen?

Bedeutung hat das für den Prüfungsaufbau. Je nachdem, ob Tun oder Unterlassen vorliegt, prüft man **mit oder ohne § 13**. Und dieser § 13 sagt, dass der, der es unterlässt, einen Erfolg abzuwenden, nur dann strafbar ist, wenn er rechtlich dafür einzustehen hat, dass der Erfolg nicht eintritt. Dieses „Einstehenmüssen" nennt man Garantenstellung.

I. Tatbestandsmäßigkeit	
1. Objektiver Tatbestand	2. Subjektiver Tatbestand
a. Tatsubjekt & Tatobjekt	a. Vorsatz (insbes. bez. Garantenstellung)
b. Taterfolg	b. Sonstige subjektive Merkmale
c. Nichtvornahme des gebotenen Tuns	c. Entsprechungsklausel, subjektiv
aa. Objektive Gebotenheit	II. Rechtswidrigkeit (indiziert)
bb. Subjektive Gebotenheit	Insbesondere: unechte Pflichtenkollision
- Garantenstellung	III. Schuld: keine Besonderheiten
- Möglichkeit/Zumutbarkeit	IV. Besonderheiten
d. Quasi-Kausalität	1. Strafausschließungs- und aufhebungsgründe
e. Entsprechungsklausel, objektiv	2. Strafverfolgungshindernisse

Das aber ist der Pfiff an der ganzen Sache. Bei einem normalen Begehungsdelikt ist nämlich **keine Garantenstellung** von Nöten. Das bedeutet, dass man **viel eher strafbar** werden kann: Es gibt beim Begehungsdelikt eine Voraussetzung nicht, die der Täter beim Unterlassungsdelikt zusätzlich erfüllen muss.

- **Schwerpunkt der Vorwerfbarkeit**

Entscheidender Gesichtspunkt ist nach h.M. der sog. „**Schwerpunkt der Vorwerfbarkeit**" (Gummibegriff). Wo dieser Schwerpunkt liegt, ist wertend zu ermitteln. Man vollzieht diese Wertung „unter Berücksichtigung des sozialen Handlungssinns" (BGH v. 4.9.2014 – 4 StR 473/13, Rz. 59), indem man für den jeweils untersuchten Fall überlegt, wie dort **eine (fiktive) Gebotsnorm** lauten würde. Man muss dabei also danach fragen, was geboten war. (Ein Formulierungsbeispiel kommt gleich anhand des Ziegenhaarfalles.)

- Bei **Fahrlässigkeitsdelikten** gilt als **Faustregel**, dass **im Zweifel Tun** anzunehmen ist. Dies folgt – wie eben gesagt – daraus, dass bei einem Fahrlässigkeitsdelikt immer etwas unterlassen wurde: Der Täter hat es dort unterlassen, die erforderliche Sorgfalt anzuwenden.

Damit kommt man im **Beispiel 1** zu einer Prüfung des § 222 durch aktives Tun. Es ist damit (im Ergebnis) nicht zu prüfen, ob der Fabrikbesitzer eine Garantenstellung hatte.

- Bei **Vorsatzdelikten** ist dagegen zu **differenzieren**.

Solange das **Tun** (hier die Rettungshandlung) **noch nicht effektiv** geworden ist, kann man es vernachlässigen, so dass dann ein Unterlassen (hier: der Rettungshandlung) vorliegt.

Wirkt sich dagegen ein **Tun** des Täters **schon** aus, dann bedarf es auch eines dagegen gerichteten Tuns um diese Auswirkungen zu beseitigen. Und schon hätten wir ein Begehungsdelikt.

Im **Beispiel 2a** ist die Rettungshandlung *Zuwerfen des Seils* noch nicht effektiv geworden. Damit hat T es unterlassen, dem O durch Zuwerfen eines Seils zu helfen.

Deliktsform ⑥: Schwerpunkt der Vorwerfbarkeit

I. Tatbestandsmäßigkeit
  1. Objektiver Tatbestand
     a. Tatsubjekt & Tatobjekt
     b. Taterfolg
     c. Nichtvornahme des gebotenen Tuns
        aa. Objektive Gebotenheit
        bb. Subjektive Gebotenheit
            - Garantenstellung
            - Möglichkeit/Zumutbarkeit
     d. Quasi-Kausalität
     e. Entsprechungsklausel, objektiv
  2. Subjektiver Tatbestand
     a. Vorsatz (insbes. bez. Garantenstellung)
     b. Sonstige subjektive Merkmale
     c. Entsprechungsklausel, subjektiv

II. Rechtswidrigkeit (indiziert)
  Insbesondere: unechte Pflichtenkollision

III. Schuld: keine Besonderheiten

IV. Besonderheiten
  1. Strafausschließungs- und aufhebungsgründe
  2. Strafverfolgungshindernisse

Im **Beispiel 2b** dagegen ist im Loslassen ein Tun zu sehen, da T damit aktiv eine sich bereits auswirkende Rettungsmaßnahme vereitelt.
Im **Beispiel 3** wird beides vertreten. Es hängt im Ergebnis auch nicht viel davon ab, da der Arzt jedenfalls eine Garantenstellung hat.

Die bis hierhin gemachten Überlegungen werden zunächst gedanklich vorgenommen. Ist man zu einem Ergebnis gelangt, bringt man dies in die Überschrift mit ein. Dabei wird dann – allgemeine Regel – das Verhalten des Täters, das strafrechtlich untersucht wird, *genau* bezeichnet (wichtig!).

Beispiel 1 (s.o.): T kann sich *dadurch, dass er* seinem Arbeiter nichtdesinfizierte Ziegenhaare *gegeben hat*, nach § 222 strafbar gemacht haben.

Diese Überschrift geht ersichtlich davon aus, dass T durch aktives Tun strafbar sein könnte. Ist man aber nun der Ansicht, dass ein Unterlassungsdelikt vorliegt, beginnt man wie folgt:

T kann sich dadurch, dass er O die Ziegenhaare übergeben hat, *ohne sie* vorher *desinfiziert zu haben*, nach §§ 222, 13 strafbar gemacht haben.

Schon sprachlich liegt hier der Schwerpunkt auf dem Unterlassen („ohne sie ..."), durch die Zitierweise („§ 13") wird ganz klar, worum es geht.

Anschließend problematisiert man dann, ob ein Tun oder ein Unterlassen vorliegt. Dies, egal, ob man nun in der Überschrift von einem Tun oder einem Unterlassen ausgeht. Es empfiehlt sich allerdings, zumindest in der Überschrift das anzugeben, was hinterher auch herauskommt. In der Problematisierung zeigt man ja, dass man das andere auch gesehen hat.

(Frage aufwerfen)
Fraglich ist hier, ob T durch ein Tun – das Hingeben nichtdesinfizierter Ziegenhaare – oder durch ein Unterlassen – Nichtdesinfizierung – den Tod des O verursacht hat.

Das vollendete vorsätzliche unechte Unterlassungsdelikt

I. Tatbestandsmäßigkeit
1. Objektiver Tatbestand
   a. Tatsubjekt & Tatobjekt
   b. Taterfolg
   c. Nichtvornahme des gebotenen Tuns
      aa. Objektive Gebotenheit
      bb. Subjektive Gebotenheit
         - Garantenstellung
         - Möglichkeit/Zumutbarkeit
   d. Quasi-Kausalität
   e. Entsprechungsklausel, objektiv

2. Subjektiver Tatbestand
   a. Vorsatz (insbes. bez. Garantenstellung)
   b. Sonstige subjektive Merkmale
   c. Entsprechungsklausel, subjektiv

II. Rechtswidrigkeit (indiziert)
Insbesondere: unechte Pflichtenkollision

III. Schuld: keine Besonderheiten

IV. Besonderheiten
1. Strafausschließungs- und aufhebungsgründe
2. Strafverfolgungshindernisse

(Definition/Argumente bringen)
Das ist eine Wertungsfrage. Maßgebend ist, wogegen sich der rechtliche Vorwurf richtet. Dort, wo der Schwerpunkt der Vorwerfbarkeit liegt, ist anzuknüpfen.
Es lässt sich nun nicht vorwerfen, dass T die Ziegenhaare überhaupt verarbeiten lässt. Das ist ja gerade die Aufgabe der Arbeiter. Es lässt sich aber vorwerfen, dass er sie vorher nicht desinfizieren ließ. Damit läge der Schwerpunkt in einem Unterlassen.
Andererseits ist auch das bloße Unterlassen einer Desinfizierung für sich nichts Vorwerfbares. Allein der Umstand, dass T sie weitergegeben hat, bringt schließlich die Infektionsgefahr. Damit gelangt man dazu, dass der Schwerpunkt in einem Tun läge.

(Vergleich mit dem Sachverhalt + Ergebnis)
Entscheidend ist, dass ein *für diesen Fall* zu bildendes allgemeines Gebot nicht lauten würde: „Desinfiziere Ziegenhaare!", sondern vielmehr: „Gib keine gefährlichen Materialien an Arbeiter aus!". Der Schwerpunkt liegt somit auf dem aktiven Tun, dem Ausgeben. T hat den Tod des O folglich durch ein aktives Tun verursacht.

Wichtig noch einmal zum Abschluss: Die ganze Abgrenzungsdiskussion kommt natürlich nur dann, wenn es Zweifel gibt, ob das eine oder das andere vorliegt. Also nicht Wissen um jeden Preis ausbreiten. Ansonsten notiert der Korrektor todsicher daneben: „Sie sollen kein Lehrbuch (ab-)schreiben."

aa. Objektive Gebotenheit eines Tuns

Unterlassen *im Sinne des jeweilig geprüften Tatbestandes* bedeutet, dass der Täter die aktive Handlung, die zur Abwendung des tatbestandlichen Erfolges (bei § 212: Tod) objektiv geboten war, nicht vorgenommen hat. Wir registrieren, dass wir das Abgrenzungskriterium (was würde eine *Gebots*norm sagen?) zum Tun und Unterlassen weiterführen, wenn wir von einem *„gebotenen"* Tun sprechen.
Das bedeutet, dass wir **zunächst mal schauen** müssen, **welche Handlung** denn **geboten war**. Auch die Mutter, die (politisch korrekt) versucht, ihr Kind zu retten, unterlässt ja während dieser Rettung eine ganze Masse von anderen Dingen.

I. Tatbestandsmäßigkeit 　1. Objektiver Tatbestand 　　a. Tatsubjekt & Tatobjekt 　　b. Taterfolg 　　c. Nichtvornahme des gebotenen Tuns 　　　aa. Objektive Gebotenheit 　　　bb. Subjektive Gebotenheit 　　　　- Garantenstellung 　　　　- Möglichkeit/Zumutbarkeit 　　d. Quasi-Kausalität 　　e. Entsprechungsklausel, objektiv	2. Subjektiver Tatbestand 　　a. Vorsatz (insbes. bez. Garantenstellung) 　　b. Sonstige subjektive Merkmale 　　c. Entsprechungsklausel, subjektiv **II. Rechtswidrigkeit** (indiziert) 　Insbesondere: unechte Pflichtenkollision **III. Schuld: keine Besonderheiten** **IV. Besonderheiten** 　1. Strafausschließungs- und aufhebungsgründe 　2. Strafverfolgungshindernisse

Möglicherweise unterlässt sie es zu rauchen, zu chatten etc.; der Phantasie sind da keine Grenzen gesetzt. Auf all diese Dinge kommt es aber gar nicht an.

Entscheidend ist nur, welche Handlung im Hinblick auf den geprüften Tatbestand (also situativ) geboten war. Und wenn ein Kind in der Badewanne ertrinkt, dann ist es nicht geboten zu rauchen, chatten, phantasieren etc., sondern dann ist es (objektiv) geboten, das Kind aus der Wanne zu holen.

T hat es unterlassen, die Handlung vorzunehmen, die zur Erfolgsabwendung, mithin zur Rettung des O objektiv erforderlich gewesen war: Sie hat O nicht aus der Wanne geholt.

bb. Subjektive Gebotenheit eines Tuns

(1) Garantenstellung

Die Auseinandersetzung mit der Garantenstellung ist das **Kernstück jeder Unterlassungsdeliktsprüfung**.

In § 13 steht geschrieben: „... wenn er rechtlich dafür einzustehen hat, ...". Damit ist gemeint, dass der Täter nur dann wegen eines Unterlassens nach einem unechten Unterlassungsdelikt bestraft werden kann, wenn er rechtlich gesehen **ein Garant** für die Verhinderung des Erfolges ist.

Der Begriff „Garant" lässt sich im Übrigen leicht merken: Der Täter muss dafür **garantieren**, dass ein bestimmter Erfolg nicht eintritt.

Genau genommen hat allerdings der, der nicht als Garant gehandelt (der also nicht als Garant ein Tun unterlassen) hat, *gar nicht tatbestandsmäßig gehandelt*. Die Betonung liegt auf **gehandelt**. Bei Licht besehen schließt damit die fehlende Eigenschaft als Garant schon die Handlung (= Unterlassen) aus (Blick nach oben ins Prüfschema). Man könnte auch sagen, es fehlt dann an der subjektiven Gebotenheit des Handelns (= an einem für das Tatsubjekt gebotenen Handeln).

[Wenn man das weiter denkt, könnte man sogar bezweifeln, ob der ein situativ gebotenes Tun unterlassende Nicht-Garant ein taugliches Tatsubjekt ist.]

§ 13 gibt aber leider keine Antwort auf die Frage, *wann* jemand ein Garant ist.

|| Das vollendete vorsätzliche unechte Unterlassungsdelikt

I. Tatbestandsmäßigkeit
1. Objektiver Tatbestand
   a. Tatsubjekt & Tatobjekt
   b. Taterfolg
   c. Nichtvornahme des gebotenen Tuns
      aa. Objektive Gebotenheit
      bb. Subjektive Gebotenheit
        - Garantenstellung
        - Möglichkeit/Zumutbarkeit
   d. Quasi-Kausalität
   e. Entsprechungsklausel, objektiv

2. Subjektiver Tatbestand
   a. Vorsatz (insbes. bez. Garantenstellung)
   b. Sonstige subjektive Merkmale
   c. Entsprechungsklausel, subjektiv
II. Rechtswidrigkeit (indiziert)
Insbesondere: unechte Pflichtenkollision
III. Schuld: keine Besonderheiten
IV. Besonderheiten
   1. Strafausschließungs- und aufhebungsgründe
   2. Strafverfolgungshindernisse

Die frühere Lehre beschrieb deshalb sehr formal immer 3 Quellen für Garantenpflichten (sog. **Garantentrias**, von lat. Trias = Dreiheit):

1. **Gesetz** (Eltern -> Kinder: § 1626 BGB / Kinder -> Eltern: § 1618a BGB bei faktischem Zusammenleben – BGH v. 2.8.2017 – 4 StR 169/17)
2. **Vertrag**, bzw. (besser) tatsächliche Gewährübernahme (Kindermädchen ab Dienstantritt)
3. **Vorangegangenes gefährdendes Tun**, sog. Ingerenz [von lat. ingere = sich einmischen] (Gastgeber, der seinen Gast betrunken macht, dem Gast gegenüber) – (BGH v. 20.9.2016 – 3 StR 174/16, Rz. 13)

Dabei war es egal, ob ein Vertrag wirksam war oder nicht. Der (z.B. wegen fehlender Volljährigkeit) unwirksame Vertrag löste gleichfalls Pflichten aus, wenn nur eine tatsächliche Übernahme der Gewähr erfolgte (17-jähriges Kindermädchen tritt Dienst an), der wirksame Vertrag bewirkte nichts, wenn tatsächlich keine Übernahme der Gewähr vorlag (20-jähriger Wächter erscheint überhaupt nicht zum Dienst).

Dass in den Fällen der Trias Garantenpflichten bestehen, ist auch aktuell noch anerkannt. Man bemüht sich aber heute um ein anderes Modell, das verstärkt inhaltliche (materielle) Kriterien berücksichtigt.
Dieses (etwas modernere) Modell unterscheidet zwischen **2 Grundpositionen**.
   1. **Sicherungspflichten**
   2. **Obhutspflichten**

Der Unterschied zwischen diesen beiden Positionen besteht darin, dass bei den Sicherungspflichten eine Verantwortlichkeit für bestimmte **Gefahrenquellen** besteht (BGH v. 5.8.2015 – 1 StR 328/15, Rz. 9), bei den Obhutspflichten dagegen eine Schutzpflicht für bestimmte Rechtsgüter (**Schutzobjekte**).

Anders formuliert: Bei den Sicherungspflichten muss man aufpassen, dass keine Gefahr rauskommt, bei den Obhutspflichten, dass keine Gefahr reinkommt. Politisch unkorrektes Beispiel: Schutzobjekt „16-jährige Tochter (Typ Behütet)", *die vor* allerlei Gefahren geschützt werden muss, und Gefahrenobjekt „16-jähriger Sohn (Typ Renitent)", *vor dem* allerlei Umwelt geschützt werden muss.

Deliktsform ⑥: Garantenstellung

I. **Tatbestandsmäßigkeit**
1. Objektiver Tatbestand
   a. Tatsubjekt & Tatobjekt
   b. Tatererfolg
   c. Nichtvornahme des gebotenen Tuns
      aa. Objektive Gebotenheit
      bb. Subjektive Gebotenheit
         - Garantenstellung
         - Möglichkeit/Zumutbarkeit
   d. Quasi-Kausalität
   e. Entsprechungsklausel, objektiv

2. Subjektiver Tatbestand
   a. Vorsatz (insbes. bez. Garantenstellung)
   b. Sonstige subjektive Merkmale
   c. Entsprechungsklausel, subjektiv

II. **Rechtswidrigkeit** (indiziert)
   Insbesondere: unechte Pflichtenkollision
III. **Schuld: keine Besonderheiten**
IV. **Besonderheiten**
   1. Strafausschließungs- und aufhebungsgründe
   2. Strafverfolgungshindernisse

Sicherungspflicht	Obhutspflicht
Die Situation:	
Unbestimmt viele Rechtsgüter (A-D) sind von einer Gefahr bedroht.	Unbestimmt viele Gefahren (1-4) drohen einem Rechtsgut.
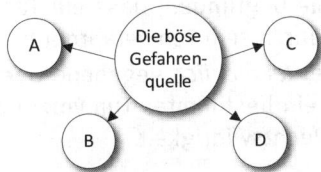	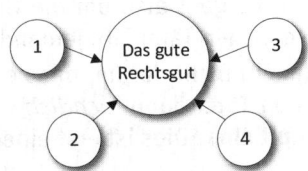
Merkfälle:	
Die Umwelt wird vor einem Kind (renitenter Sohn) geschützt.	Ein Kind (Tochter aus gutem Hause) wird vor der Umwelt geschützt.
Hauptfälle:	
Pflichtwidriges gefährdendes Vorverhalten (Gastgeber / Alkohol).	Natürliche Verbundenheit mit Rechtsgutträger (Familienmitglied).
Überwachung von Gefahrenquellen (Streupflicht des Hauseigentümers).	Enge Gemeinschaftsbeziehungen (Expeditionstrupp).
Beaufsichtigung anderer (Aufsicht der Eltern über die Kinder).	Freiwillige Übernahme (Kindermädchen / Arzt-Patient).

Die **Kurzformel** damit: **Nichts rein – nichts raus.** (Und ja, das sind Klischees.)

220 || Das vollendete vorsätzliche unechte Unterlassungsdelikt

I. Tatbestandsmäßigkeit
1. Objektiver Tatbestand
   a. Tatsubjekt & Tatobjekt
   b. Taterfolg
   c. Nichtvornahme des gebotenen Tuns
      aa. Objektive Gebotenheit
      bb. Subjektive Gebotenheit
      - Garantenstellung
      - Möglichkeit/Zumutbarkeit
   d. Quasi-Kausalität
   e. Entsprechungsklausel, objektiv

2. Subjektiver Tatbestand
   a. Vorsatz (insbes. bez. Garantenstellung)
   b. Sonstige subjektive Merkmale
   c. Entsprechungsklausel, subjektiv

II. Rechtswidrigkeit (indiziert)
Insbesondere: unechte Pflichtenkollision

III. Schuld: keine Besonderheiten

IV. Besonderheiten
1. Strafausschließungs- und aufhebungsgründe
2. Strafverfolgungshindernisse

> Um allerdings einem Missverständnis vorzubeugen: **Klausurmäßig** macht die Unterscheidung nach formellen (Garantentrias) und materiellem Modell keinerlei Unterschied. Es ist egal, ob man nach dem einen oder nach dem anderen Modell Garantenstellungen konstruiert. Hauptsache, man bekommt überhaupt eine hin.

Wir merken zuletzt noch vor, dass es im Rahmen des objektiven Tatbestandes allein um die Frage der *tatsächlichen Merkmale* geht, die eine Garantenstellung begründen. Es geht also um die Umstände, die begründen, dass ein Täter z.B. Vater ist, dass ein Täter z.B. jemanden anders durch sein Tun gefährdet hat usw. Es geht (noch) nicht darum, dass eine (bejahte) *tatsächlich* gegebene **Garantenstellung** den Täter dann *rechtlich verpflichtet*, ein bestimmtes Tun vorzunehmen (**Garantenpflicht**). Dies ist erst eine Frage der Rechtswidrigkeit.

Bedeutsam ist das, wenn Irrtümer ins Spiel kommen. Irrtümer über Tatbestandsmerkmale sind Tatbestandsirrtümer (§ 16 I S. 1), Irrtümer über Rechtspflichten (und damit über die Rechtswidrigkeit) sind Verbotsirrtümer (§ 17)!

Zuletzt noch eine kurze Bemerkung zur **Terminologie:** So mancher Korrektor liest hier gerne „seine" Bezeichnung der jeweiligen Garantenstellung. Wir sollten es diesen hart arbeitenden und unterbezahlten Menschen durch Vollständigkeit leicht machen. Haben wir also einen Fall von Garantenstellung aus *vorangegangenem, gefährdendem Tun*, dann schreiben wir nicht nur dies, sondern auch die entsprechende lateinische Bezeichnung (*Ingerenz*) direkt in Klammern dazu:

> T besaß gegenüber O eine Garantenstellung aus vorangegangenem, gefährdendem Tun (Ingerenz).

> **(Fall:)** T besaß O gegenüber eine Garantenstellung aus § 1626 BGB.

(2) Tatsächliche Möglichkeit dieser Handlung

Es gilt das bei den echten Unterlassungsdelikten Gesagte entsprechend. Wer nicht schwimmen kann, kann einen Ertrinkenden nicht aus dem Meer herausho-

Deliktsform ⑥: Quasikausalität || 221

I. Tatbestandsmäßigkeit
1. Objektiver Tatbestand
   a. Tatsubjekt & Tatobjekt
   b. Tatererfolg
   c. Nichtvornahme des gebotenen Tuns
      aa. Objektive Gebotenheit
      bb. Subjektive Gebotenheit
        - Garantenstellung
        - Möglichkeit/Zumutbarkeit
   d. Quasi-Kausalität
   e. Entsprechensklausel, objektiv
2. Subjektiver Tatbestand
   a. Vorsatz (insbes. bez. Garantenstellung)
   b. Sonstige subjektive Merkmale
   c. Entsprechensklausel, subjektiv

II. Rechtswidrigkeit (indiziert)
Insbesondere: unechte Pflichtenkollision
III. Schuld: keine Besonderheiten
IV. Besonderheiten
1. Strafausschließungs- und aufhebungsgründe
2. Strafverfolgungshindernisse

len. Aber aus einer Badewanne. Bei für den Täter fehlender tatsächlicher Möglichkeit ist eine *objektiv gebotene* Handlung *subjektiv (täterbezogen) nicht geboten.*

(3) Zumutbarkeit dieser Handlung
Und auch hier ist es wie bei den echten Unterlassungsdelikten: Wenn das Meerwasser vor weißen Haien nur so wimmelt, ist es nicht zumutbar, die Reste des Ertrinkenden ans Land zu holen. Bei Badewannenenten gilt anderes.
Normalerweise genügt für beide Punkte (Möglichkeit und Zumutbarkeit) der folgende Satz:

Es war T ohne Weiteres möglich und zumutbar, die gebotene Handlung vorzunehmen (hier: O aus der Wanne zu holen).

d. Verbindung zwischen Unterlassen & Erfolg: Quasikausalität des Unterlassens
Wenn wir bei den Begehungsdelikten die Kausalität geprüft haben, prüfen wir hier eine **Quasikausalität**. (Man liest bisweilen auch: hypothetische Kausalität. Nachdem dieser Begriff aber überwiegend für Problemfälle benutzt wird – vgl. oben auf S. 26 – sollten wir ihn hier vermeiden.)
Quasikausalität heißt dieser Punkt deshalb, weil bei der echten Kausalität die Handlung probeweise hinweggedacht wird. Ein Unterlassen kann man aber nicht **hinwegdenken**, es ist ja gar nicht da. Man muss stattdessen was **hinzudenken**. Beim Unterlassen benutzt man deshalb eine abgewandelte Formel:

„Kausal" ist ein Unterlassen dann, wenn die unterlassene, aber objektiv gebotene Handlung den Erfolgseintritt mit an Sicherheit grenzender Wahrscheinlichkeit verhindert hätte (Conditio-**cum**-qua-non-Formel (c.c.q.n.) – BGH v. 27.9.2017 – 4 StR 215/17).

Hätte T dies getan, wäre der Tod des Kindes mit an Sicherheit grenzender Wahrscheinlichkeit *nicht* eingetreten.

Das vollendete vorsätzliche unechte Unterlassungsdelikt

I. **Tatbestandsmäßigkeit**
1. Objektiver Tatbestand
   a. Tatsubjekt & Tatobjekt
   b. Taterfolg
   c. Nichtvornahme des gebotenen Tuns
      aa. Objektive Gebotenheit
      bb. Subjektive Gebotenheit
         - Garantenstellung
         - Möglichkeit/Zumutbarkeit
   d. Quasi-Kausalität
   e. Entsprechungsklausel, objektiv

2. Subjektiver Tatbestand
   a. Vorsatz (insbes. bez. Garantenstellung)
   b. Sonstige subjektive Merkmale
   c. Entsprechungsklausel, subjektiv

II. **Rechtswidrigkeit** (indiziert)
   Insbesondere: unechte Pflichtenkollision

III. **Schuld: keine Besonderheiten**

IV. **Besonderheiten**
   1. Strafausschließungs- und aufhebungsgründe
   2. Strafverfolgungshindernisse

e. Entsprechungsklausel I: objektiv

Nach § 13 I 2. HS ist weiter erforderlich, dass „das Unterlassen der Verwirklichung des gesetzlichen Tatbestandes durch ein Tun **entspricht**".

Diese Klausel gewinnt ihren Sinn, wenn man unterscheidet zwischen

- **reinen Verursachungsdelikten,** also solchen Delikten, die sich darin erschöpfen, einen Erfolg zu fordern (Totschlag: Tod eines Menschen) einerseits, und
- **verhaltensgebundenen Delikten,** also solchen, die darüber hinaus noch ein bestimmtes Verhalten (Mord: heimtückisch, zur Verdeckung einer Straftat etc.) verlangen, andererseits.

Und natürlich – das am Rande bemerkt – *fordern* diese Delikte nicht Tod oder Heimtücke, sondern *verbieten* sie, stellen sie unter (verschärfte) Strafe!

Bei den reinen Verursachungsdelikten entspricht die Verwirklichung durch Unterlassen *immer* der Verwirklichung durch Tun. Das bedeutet, dass die Entsprechungsklausel dort keinen Sinn macht (BGH v. 4.8.2015 – 1 StR 624/14, Rz. 39) – man schreibt nichts dazu.

Anders bei den **verhaltensgebundenen Delikten**. Bei diesen ist zu prüfen, ob das Nichtstun, das Unterlassen, ebenfalls diese Verhaltensmerkmale zeigt, ob also auch das Unterlassen bspw. heimtückisch war, bzw. zur Verdeckung einer Straftat erfolgte. Obwohl es an sich eine Frage des jeweiligen Tatbestandes, also eine solche des Besonderen Teiles ist, werde ich das gleich am Beispiel des Verdeckungsmordes im Rahmen des subjektiven Tatbestandes kurz darstellen.

2. Subjektiver Tatbestand

a. Vorsatz

Hier ist Vorsatz erforderlich. Vorsatz ist Wissen und Wollen der zum gesetzlichen Tatbestand gehörenden objektiven Umstände. Es gibt strukturell keine Unterschiede zum Vorsatz beim Begehungsdelikt, nur die Bezugspunkte sind erweitert: Der Täter muss neben der Verwirklichung des objektiven Tatbestandes auch mitkriegen, dass er den Erfolg hätte abwenden können und dass er Garant war.

Weiß der Täter nicht, dass er Garant ist, liegt ein **vorsatzausschließender Tatbestandsirrtum** vor.

I. Tatbestandsmäßigkeit
1. Objektiver Tatbestand
   a. Tatsubjekt & Tatobjekt
   b. Taterfolg
   c. Nichtvornahme des gebotenen Tuns
      aa. Objektive Gebotenheit
      bb. Subjektive Gebotenheit
         - Garantenstellung
         - Möglichkeit/Zumutbarkeit
   d. Quasi-Kausalität
   e. Entsprechungsklausel, objektiv

2. Subjektiver Tatbestand
   a. Vorsatz (insbes. bez. Garantenstellung)
   b. Sonstige subjektive Merkmale
   c. Entsprechungsklausel, subjektiv

II. **Rechtswidrigkeit** (indiziert)
   Insbesondere: unechte Pflichtenkollision

III. **Schuld: keine Besonderheiten**

IV. **Besonderheiten**
   1. Strafausschließungs- und aufhebungsgründe
   2. Strafverfolgungshindernisse

Bsp.: T geht spazieren. Sein Sohn O läuft ohne Wissen des T hinter ihm her und fällt in einen Teich. T hört Hilferufe, sieht ein Kind ertrinken, weiß aber nicht, dass es sein Sohn ist. (Darin ist dann automatisch enthalten, dass er glaubt, es sei nicht sein Sohn = Irrtum.) T lässt O ertrinken.
Kein Fall von §§ 212, 13 mangels Vorsatz. Es bleibt § 323c und (wenn T hätte erkennen können, dass es sein Sohn war) §§ 222, 13.

Der Täter muss die Tat zudem als eigene (als Täterschaft) und nicht nur als eine fremde Tat (als Beihilfe) wollen (BGH v. 18.10.2018 – 3 StR 126/18, Rz. 7).

Bsp.: Vater V quält und tötet sein Säuglingskind. Mutter T hört derweil aus dem Nebenraum die Schreie des Kindes, nimmt Verletzungen und Tod als wahrscheinlich in Kauf, unternimmt aber nichts, um V ihr Vertrauen vorzuspielen. Ist T Täterin oder Gehilfin bei Körperverletzung und Tötung?

Aufgepasst: Es gibt ein Problem, das gerne auftaucht (s. schon oben S. 220). Gemeint ist die **Unterscheidung zwischen** den **tatsächlichen Umständen**, die die Garantenstellung *begründen* (der Täter ist Vater) **und der rechtlichen Folge** aus dieser Garantenstellung (Pflicht, einen Erfolg abzuwenden).
- Nur die *tatsächlichen* Umstände gehören zum Irrtum im subjektiven Tatbestand, zum Tatbestandsirrtum nach § 16 also.
- Irrt sich der Täter über eine *rechtliche* Folge (T weiß, dass der Ertrinkende sein Sohn ist, glaubt aber, er sei nicht verpflichtet, sich nass zu machen), gehört dies allein ins Unrechtsbewusstsein, unter die Sparte „Verbotsirrtum".

b. Sonstige subjektive Merkmale (Absichten etc.)
Keine Probleme, alles wie beim Begehungsdelikt.

c. Entsprechungsklausel II: subjektiv
Wie im objektiven Tatbestand kann es auch im subjektiven Tatbestand vorkommen, dass sich spezielle Merkmale finden, die man als verhaltensgebundene

224 || Das vollendete vorsätzliche unechte Unterlassungsdelikt

I. Tatbestandsmäßigkeit	
1. Objektiver Tatbestand	2. Subjektiver Tatbestand
a. Tatsubjekt & Tatobjekt	a. Vorsatz (insbes. bez. Garantenstellung)
b. Taterfolg	b. Sonstige subjektive Merkmale
c. Nichtvornahme des gebotenen Tuns	c. Entsprechungsklausel, subjektiv
aa. Objektive Gebotenheit	**II. Rechtswidrigkeit** (indiziert)
bb. Subjektive Gebotenheit	Insbesondere: unechte Pflichtenkollision
- Garantenstellung	**III. Schuld: keine Besonderheiten**
- Möglichkeit/Zumutbarkeit	**IV. Besonderheiten**
d. Quasi-Kausalität	1. Strafausschließungs- und aufhebungsgründe
e. Entsprechungsklausel, objektiv	2. Strafverfolgungshindernisse

Merkmale bezeichnen kann. Dann ist auch bei diesen zu prüfen, ob das Unterlassen dem Tun entspricht.

Bsp.: T überfährt nachts mit seinem Pkw grob fahrlässig den Fußgänger O. Er steigt aus, sieht, dass O sterben wird, wenn kein Arzt geholt wird, fürchtet aber die Entdeckung seiner Unfallbeteiligung, steigt wieder ein und flüchtet. Tatsächlich stirbt O an den Unfallfolgen. Hätte T Hilfe geholt, wäre O mit an Sicherheit grenzender Wahrscheinlichkeit gerettet worden.

Vorüberlegung: Standort der Erörterung ist der qualifizierende Tatbestand des § 211 (wobei hier von der herrschenden Literaturmeinung ausgegangen wird, dass Mord eine Qualifikation des Totschlages ist). Vorher ist bereits festgestellt worden, dass ein Totschlag durch Unterlassen, §§ 212 I, 13 I vorliegt (**Objektiver Tatbestand:** *Tod eines Menschen, Unterlassen eines gebotenen Tuns durch den Täter, Garantenstellung* – regelmäßig: Ingerenz, Erforderlichkeit, Möglichkeit, Quasikausalität; **Subjektiver Tatbestand:** *Vorsatz* im Hinblick auf alles, inklusive Garantenstellung).

Das Merkmal der Verdeckungsabsicht bei § 211 ist ein rein subjektives, das bedeutet, es hat keine objektive Entsprechung. Demgemäß hätte ein qualifizierender Mordtatbestand im Falle der Verdeckungsabsicht auch ausschließlich subjektive Elemente.

Problemstellung: Grundsätzlich unstreitig ist, dass die Merkmale des § 211 prinzipiell durch Unterlassen verwirklicht werden können. Strittig ist, ob dies auch für alle Merkmale gilt.
- Die **Rechtsprechung** stellt bei der Verdeckungsabsicht darauf ab, ob der Täter den Tod als **Mittel** zur Unterlassung *brauchte* (soll nur in Ausnahmefällen so sein) **oder** ob er ihn lediglich als **Folge** seines Unterlassens ansah (Regelfall), ohne dass es ihm darauf *ankam*. [Vielleicht noch mal ein Blick auf die drei Vorsatzformen und die Absicht als dolus directus 1. Grades (auf Seite 36)?]
- Die **Literatur** sieht dies z.T. anders. Sie meint, der BGH betreibe „bloße Wortklauberei". Richtig sei, dass eine Tötung durch Unterlassen gemäß § 13 nur

Deliktsform ⑥: Verdeckungsmord

I. Tatbestandsmäßigkeit
1. Objektiver Tatbestand
   a. Tatsubjekt & Tatobjekt
   b. Tatenfolg
   c. Nichtvornahme des gebotenen Tuns
      aa. Objektive Gebotenheit
      bb. Subjektive Gebotenheit
         - Garantenstellung
         - Möglichkeit/Zumutbarkeit
   d. Quasi-Kausalität
   e. Entsprechungsklausel, objektiv

2. Subjektiver Tatbestand
   a. Vorsatz (insbes. bez. Garantenstellung)
   b. Sonstige subjektive Merkmale
   c. Entsprechungsklausel, subjektiv

II. Rechtswidrigkeit (indiziert)
Insbesondere: unechte Pflichtenkollision

III. Schuld: keine Besonderheiten

IV. Besonderheiten
1. Strafausschließungs- und aufhebungsgründe
2. Strafverfolgungshindernisse

---

dann einer Tötung durch aktives Tun gleichgestellt sei, wenn sie dieser *entspreche*. Daran soll es bei einer Tötung zur Verdeckung fehlen.

Während die **Verbot**snorm beim Verdeckungsmord (§§ 212, 211 aktive Begehung) nämlich nur ein **(1) Verhalten** fordere (Du sollst nicht töten!), fordere die **Gebot**snorm (§§ 212, 211, 13) gleich **zwei Verhalten** des Täters: 1. Du sollst (aktiv) am Leben erhalten! und 2. Du sollst (aktiv) Deine Tat aufdecken!

Dabei widerspräche das 2. Gebot dem Grundsatz unserer Rechtsordnung, wonach aktive Mitwirkung an der (u.U. eigenen) Strafverfolgung dem Bürger nicht zugemutet werde. Dann könne das Unterlassen einer Aufdeckung aber nicht das Unrecht des Nichtrettens schärfen und zum Mord machen.

Der BGH (v. 31.3.1955 – 4 StR 51/55, BGHSt 7, 287, 290/291, aber auch BGH v. 7.11.1991 – 4 StR 451/91, Rz. 11 f) nimmt diesen Ansatz vorsichtshalber in seine Argumentation (zusätzlich) mit auf (Hervorhebungen von mir):

Der **innere Tatbestand** des Mordes ist auch deshalb nicht erfüllt, weil der Angeklagte die Hilfeleistung nicht unterlassen hat, um die fahrlässige Tötung zu verdecken. Der Täter, der sich – wie der Angeklagte – bloß vom Tatorte entfernt, verdeckt dadurch noch nicht die Tat. Der Begriff des **Verdeckens** hat nämlich einen anderen Inhalt als den des **Nichtaufdeckens**. Zu ihm gehört, wie die Grundbedeutung des Wortes richtig erkennen lässt, ein Zudecken der Tat, also ein Unkenntlichmachen von Tatspuren oder ein Unschädlichmachen von Menschen voraus, die zur Aufdeckung beitragen könnten.
Wer die Pflicht zur Abwendung des tödlichen Erfolges seiner eigenen Straftat nur deshalb verabsäumt, um seine Täterschaft nicht selbst aufzudecken, will somit die Tat nicht verdecken, sondern bloß dem Geschehen seinen Lauf lassen. **Sein** pflichtwidriges **Unterlassen**, Hilfe zu leisten und damit sich selbst der Strafverfolgung zu überantworten, **erreicht nicht den Unrechtsgehalt** der besonderen Verwerflichkeit, **der** den **Begehung**sformen des Mordes insgesamt eigen ist.

I. Tatbestandsmäßigkeit
1. Objektiver Tatbestand
   a. Tatsubjekt & Tatobjekt
   b. Taterfolg
   c. Nichtvornahme des gebotenen Tuns
      aa. Objektive Gebotenheit
      bb. Subjektive Gebotenheit
         - Garantenstellung
         - Möglichkeit/Zumutbarkeit
   d. Quasi-Kausalität
   e. Entsprechungsklausel, objektiv

2. Subjektiver Tatbestand
   a. Vorsatz (insbes. bez. Garantenstellung)
   b. Sonstige subjektive Merkmale
   c. Entsprechungsklausel, subjektiv

II. Rechtswidrigkeit (indiziert)
Insbesondere: unechte Pflichtenkollision

III. Schuld: keine Besonderheiten

IV. Besonderheiten
1. Strafausschließungs- und aufhebungsgründe
2. Strafverfolgungshindernisse

II. Rechtswidrigkeit

1. Standard

Die Rechtswidrigkeit des Unterlassungstatbestandes folgt daraus, dass der Täter seiner **Rechtspflicht** zur Erfolgsabwendung **nicht nachgekommen** ist. Dies kann man – im Normalfall – mit einem, im Urteilsstil gehaltenen Satz feststellen.

T ist seiner Rechtspflicht zur Erfolgsabwendung nicht nachgekommen. Die Tat war damit rechtswidrig.

Die einzige Bedeutung dieser Feststellung liegt dann darin, diese Pflicht in der Rechtswidrigkeit festzuschreiben. Wichtig ist dies, wie wir gesehen haben, für die Zuordnung der Irrtümer. Alles, was an Irrtümern nach dem Tatbestand kommt (also ab der Rechtswidrigkeit) kann kein Tatbestandsirrtum (§ 16 I S. 1) mehr sein.

Zum Rechtfertigungsgrund (echte) „Pflichtenkollision" vgl. oben (auf S. 205).

2. Die unechte Pflichtenkollision

Eine Besonderheit ist allerdings noch anzumerken: Gemeint ist die **unechte Pflichtenkollision**.

Bei der *echten* Pflichtenkollision war die Situation so, dass zwei Rechts- und Schutzgüter bedroht waren, der Täter aber nur eines retten konnte und damit zwangsläufig das andere verletzt. Dies kann man sich vorstellen für 2 Objekte, zu denen der Täter in keinerlei Beziehung steht (zwei Fälle von § 323c).

Man kann es sich vorstellen für 2 Objekte, zu denen der Täter jeweils in einer Garantenbeziehung steht (2 eigene Kinder – zwei Fälle von § 13).

Bsp.: T macht mit seinem Sohn F und mit seinem Sohn O eine Ruderpartie. F und O sind Nichtschwimmer, was T unbekannt war. Das Boot kentert.

Diese beiden Fälle sind unproblematisch, denn hier kann sich der Täter aussuchen, wen er rettet.

Deliktsform ⑥: Rechtswidrigkeit

I. Tatbestandsmäßigkeit
  1. Objektiver Tatbestand
     a. Tatsubjekt & Tatobjekt
     b. Taterfolg
     c. Nichtvornahme des gebotenen Tuns
        aa. Objektive Gebotenheit
        bb. Subjektive Gebotenheit
           - Garantenstellung
           - Möglichkeit/Zumutbarkeit
     d. Quasi-Kausalität
     e. Entsprechungsklausel, objektiv

  2. Subjektiver Tatbestand
     a. Vorsatz (insbes. bez. Garantenstellung)
     b. Sonstige subjektive Merkmale
     c. Entsprechungsklausel, subjektiv

II. Rechtswidrigkeit (indiziert)
  Insbesondere: unechte Pflichtenkollision

III. Schuld: keine Besonderheiten

IV. Besonderheiten
  1. Strafausschließungs- und aufhebungsgründe
  2. Strafverfolgungshindernisse

Die Besonderheit kommt erst, wenn es um 2 Objekte geht und der Täter zu einem dieser Objekte eine Garantenbeziehung hat, zu dem anderen nicht. Er muss dann diese Situation zugunsten des Garantenobjektes auflösen.

Bsp.: T macht mit einem Freund F und mit seinem Sohn O eine Ruderpartie. F und O sind Nichtschwimmer, was T unbekannt war. Das Boot kentert.

Hier muss T seinen Sohn O retten. Er wird damit auch schon rein tatbestandlich nicht nach § 323c strafbar, wenn er F ertrinken lässt. § 323c spricht nämlich von *anderen wichtigen Pflichten* (hier: die Garantenpflicht dem O gegenüber), die nicht verletzt werden dürfen. Ist aber eine Verletzung in Sicht, ist eine Handlung, die die Verletzung herbeiführen würde, nicht mehr zumutbar.

Weil hier eine Pflicht aus § 323c und eine Pflicht aus § 13 (Garantenpflicht) kollidieren, von denen die § 13-Pflicht höherwertiger ist (vgl. die Strafandrohung im Todesfall: §§ 212, 13 gegen § 323c), nennt man dies auch **unechte Pflichtenkollision**.

3. Die eigenverantwortliche Selbstgefährdung
Und schließlich sind noch Situationen denkbar, in denen jemand zwar Garant ist, sich daraus aber nur begrenzte Garantenpflichten ergeben – z.B. als Ehegatte in einer bestehenden (BGH v. 24.7.2003 – 3 StR 153/03) Lebensgemeinschaft.

Bsp.: Ehefrau O beschließt, ihr Körpergewicht durch eine Radikaldiät schnell und erheblich zu reduzieren. Ehemann T hält das für überflüssig, lässt sie aber gewähren.

Hier ist die mit solchen Diäten grundsätzlich verbundene Selbstgefährdung der Gesundheit (Nährstoffmangel) vom Garanten aus Respekt vor der eigenverantwortlichen Entscheidung zunächst hinzunehmen (und löst keine Handlungspflicht aus). Selbstgefährdung dieser Art ist tatbestandslos. Selbst aktives Auffordern oder Unterstützen wäre damit auch keine Anstiftung/Beihilfe.

Das vollendete vorsätzliche unechte Unterlassungsdelikt

I. **Tatbestandsmäßigkeit**
1. Objektiver Tatbestand
   a. Tatsubjekt & Tatobjekt
   b. Taterfolg
   c. Nichtvornahme des gebotenen Tuns
      aa. Objektive Gebotenheit
      bb. Subjektive Gebotenheit
         - Garantenstellung
         - Möglichkeit/Zumutbarkeit
   d. Quasi-Kausalität
   e. Entsprechungsklausel, objektiv
2. Subjektiver Tatbestand
   a. Vorsatz (insbes. bez. Garantenstellung)
   b. Sonstige subjektive Merkmale
   c. Entsprechungsklausel, subjektiv

II. **Rechtswidrigkeit** (indiziert)
Insbesondere: unechte Pflichtenkollision

III. **Schuld: keine Besonderheiten**

IV. **Besonderheiten**
1. Strafausschließungs- und aufhebungsgründe
2. Strafverfolgungshindernisse

Wenn sich die Gefährdung (= ein Schaden *kann* eintreten) aber ohne Eingreifen des Garanten realisieren würde (= ein Schaden *wird* eintreten), dann wird der Garant handlungspflichtig (BGH v. 24.11.2016 – 4 StR 289/16).

Bsp.: O erleidet aufgrund akuter Unterzuckerung einen Schwächeanfall und wird bewusstlos. T muss erste Hilfe leisten, für Nahrungszufuhr sorgen, einen Notarzt rufen etc.

Bitte beachten: Wir reden hier nicht davon, dass sich das Opfer selbst töten oder verletzen will. Hier geht es nur um den Fall, dass das Opfer ein Risiko eingeht (und natürlich glaubt, dass sich dieses Risiko nicht realisieren wird).

III. Schuld
Einzige Besonderheit: Wenn der Täter sich über eine Rechtspflicht irrt, die aus seiner Garantenstellung folgt, handelt es sich um einen Spezialfall des Verbotsirrtums, der das Unrechtsbewusstsein ausschließt.
Ansonsten alles wie beim Begehungsdelikt.

IV. Besonderheiten
Keine. Alles wie beim vollendeten vorsätzlichen Begehungsdelikt.

1. Teil - Das System ✓
2. **Teil - Die einzelnen Deliktsformen**
   ① Das vollendete vorsätzliche Begehungsdelikt (Tun) ✓
   ② Das versuchte vorsätzliche Begehungsdelikt ✓
   ③ Das fahrlässige Begehungsdelikt ✓
   ④ Das vorsätzliche echte Unterlassungsdelikt ✓
   ⑤ Das fahrlässige echte Unterlassungsdelikt ✓
   ⑥ Das vollendete vorsätzliche unechte Unterlassungsdelikt ✓

   ☞ ⑦ Das versuchte vorsätzliche unechte Unterlassungsdelikt
3. Teil - Täterschaft und Teilnahme
4. Teil - Konkurrenzen
5. Teil - Gutachtenstil und Übungsklausuren
6. Teil - Hausarbeiten

230 || Das versuchte vorsätzliche unechte Unterlassungsdelikt

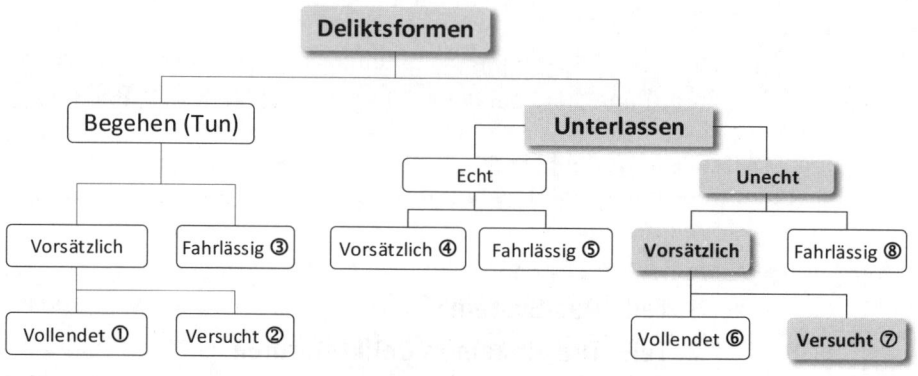

⑦ Das versuchte vorsätzliche unechte Unterlassungsdelikt [Lesezeit: ca. 3 Min.]

[- „Vorprüfung"]
  1. Fehlen der Vollendung
  2. Strafbarkeit des Versuches
I. Tatbestandsmäßigkeit
  1. Subjektiver Tatbestand = Tatentschluss
     a. Tatbestandsvorsatz
     b. Sonstige subjektive Merkmale
  2. Objektiver Tatbestand
     a. Der unmittelbare Ansatz zur Tat: Entscheidender Gesichtspunkt ist die Gefährdung des geschützten Rechtsgutes durch das Unterlassen des Täters.
     b. Etwaige besondere täterschaftliche Merkmale des Handelnden
II. Rechtswidrigkeit
III. Schuld
IV. Besonderheiten: Rücktritt gem. § 24

Vorbemerkung

Dem Grunde nach handelt es sich hier um einen ganz normalen Versuch. Insbesondere bei der **„Vorprüfung"** und bei der Prüfung des **subjektiven Tatbestandes** ergeben sich technisch keine Besonderheiten. Dies kann auch nicht anders sein, weil sich das Unterlassungsdelikt ja nur in seinem äußeren Bild, also im objektiven Tatbestand, wesentlich vom Begehungsdelikt unterscheidet. Sieht man *dort* ein Tun, sieht man *hier* gar nichts.

Die einzige Besonderheit, die es daher bei dem Versuch des unechten Unterlassungsdeliktes zu merken gilt, ist **im Rahmen des objektiven Versuchstatbestandes** die **Abgrenzung zwischen Vorbereitungs- und Ausführungshandlung**.

Beispielsfall: T macht mit seiner Frau O eine Bergtour. Bei der Überquerung eines Schneefeldes rutscht O weg, kann sich aber kurz vor dem Abgrund noch festhalten. Sie ruft um Hilfe, weil sich ihr Halt langsam löst. Obwohl es für T möglich wäre, ohne eigene Gefährdung zu helfen, unternimmt er nichts. Der unmittelbar bevorstehende Tod seiner Frau ist ihm gelegen, da sie erhebliches Vermögen besitzt und er Alleinerbe ist. Durch die Rufe der O herbeigeeilt, gelingt es aber dem Wanderer W, sie im letzten Augenblick zu retten. Hat sich T strafbar gemacht?

Lösung: T kann sich dadurch, dass er es unterlassen hat, O zu helfen, eines versuchten Mordes durch Unterlassen gemäß §§ 211, 212, 22, 23 I, 13 strafbar gemacht haben.

I. Tatbestand

1. Subjektiver Tatbestand – Tatentschluss

T hatte den Tatentschluss, den Absturz und damit den sicheren Tod seiner Frau durch Unterlassen der ihm tatsächlich möglichen und auch zumutbaren Hilfeleistung herbeizuführen, wobei ihm die tatsächlichen Voraussetzungen seiner Garantenstellung, also die Obhutspflicht für das Leben seiner Frau aufgrund enger natürlicher und rechtlich fundierter Verbindung, bekannt waren. Sein Entschluss beruhte auf Wunsch schneller an das Vermögen seiner Frau heranzukommen, also auf einem Gewinnstreben um jeden Preis; das Mordmerkmal Habgier liegt vor.

2. Objektiver Tatbestand: Unmittelbarer Ansatz

Problematisch ist dagegen, wo bei einem Unterlassungsdelikt die **Abgrenzung** zwischen strafloser **Vorbereitungshandlung** und strafbarer **Ausführungshandlung** zu treffen ist. Wir könnten es auch etwas zugespitzter formulieren: Wann ist ein Nichtstun noch Vorbereitung ... und wann ist es schon Ausführung?

Man stellt überwiegend auf den Gesichtspunkt der **unmittelbaren Gefährdung des geschützten Rechtsgutes** ab. Diese Gefährdung ist in dem Augenblick erreicht, in dem es *geboten* ist, durch ein Tun einzugreifen, um (weiteren) Schaden vom Rechtsgut abzuwenden. Dies kann sowohl bei **Verstreichen** der ersten als auch bei Verstreichen der letzten **Rettungsmöglichkeit** der Fall sein. Es kann aber auch dazwischen liegen.

Entscheidend ist (wie immer) die Tätervorstellung. Wenn der Täter glaubt, dass das Rechtsgut unmittelbar in Gefahr ist („Wenn nichts dazwischen kommt, ist sie jetzt gleich hopps."), dann liegt strafbares Ausführungsunterlassen vor.

Die Vorstellung des Täters von der (objektiven) Gebotenheit ist dabei wie die Gebotenheit selbst manchmal in einer gewissen Grauzone, in der man nicht genau sagen kann, ob es aus Sicht des Täters schon gefährlich ist oder nicht. Dann muss man **in dubio pro reo** (im Zweifel für die Sache [des Angeklagten]) sagen: Es war nach der Vorstellung des Täters noch nicht so weit.

Ist für den Erfolgseintritt etwa ein längeres Untätigbleiben (Tätervorstellung!) erforderlich, beginnt der Versuch (erst) in dem Zeitpunkt, in dem der Garant untätig bleibt, obwohl *nach seiner Auffassung* die Gefahr in ein akutes Stadium tritt.

Will z.B. T ihr Kind O verhungern lassen, liegt Tötungsversuch durch Unterlassen erst dann vor, wenn das Kind *nach der Vorstellung der T* über den normalen Hunger hinaus gesundheitsschädlich bedroht ist.

Spielt das Zeitmoment nach der Vorstellung des Täters aber keine Rolle mehr, beginnt der Versuch *sofort* in dem Zeitpunkt, in dem der Garant untätig bleibt.

Wenn z.B. T sieht, dass ihr Kind in die Badewanne gefallen ist, liegt Tötungsversuch durch Unterlassen sofort vor, wenn sie nichts unternimmt, das Kind herauszuholen.

(Fall:) O war mit dem langsamen Lösen der Wurzel nach der Vorstellung des T in akuter Gefahr, abzustürzen und zu sterben. Für T stand der Tod der O unmittelbar bevor. Ein unmittelbarer Ansatz ist gegeben.

II. Rechtswidrigkeit/Schuld

Rechtswidrigkeit und Schuld sind gleichfalls gegeben. Für einen Rücktritt nach § 24 I bietet der Sachverhalt keine Anhaltspunkte.

Weitere Schwierigkeiten gibt es hier nicht. Im Übrigen: Wer es bis jetzt noch nicht getan haben sollte, der mag langsam mal die weiter unten abgedruckten Fälle betrachten (ab Seite 306). Sinnvollerweise erst einen eigenen Lösungsversuch starten und dann meine Lösungsvorschläge nachlesen.

Deliktsform ⑧: Das fahrlässige unechte Unterlassungsdelikt || 233

1. Teil - Das System ✓
2. **Teil - Die einzelnen Deliktsformen**
   ① Das vollendete vorsätzliche Begehungsdelikt (Tun) ✓
   ② Das versuchte vorsätzliche Begehungsdelikt ✓
   ③ Das fahrlässige Begehungsdelikt ✓
   ④ Das vorsätzliche echte Unterlassungsdelikt ✓
   ⑤ Das fahrlässige echte Unterlassungsdelikt ✓
   ⑥ Das vollendete vorsätzliche unechte Unterlassungsdelikt ✓
   ⑦ Das versuchte vorsätzliche unechte Unterlassungsdelikt ✓
   ☞ ⑧ Das fahrlässige unechte Unterlassungsdelikt
3. Teil - Täterschaft und Teilnahme
4. Teil - Konkurrenzen
5. Teil - Gutachtenstil und Übungsklausuren
6. Teil - Hausarbeiten

Das versuchte vorsätzliche unechte Unterlassungsdelikt

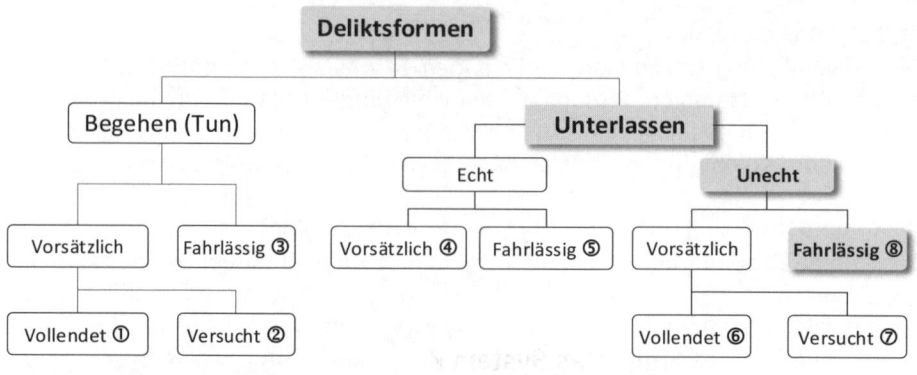

⑧ **Das fahrlässige unechte Unterlassungsdelikt** [Lesezeit: ca. 1 Min.]
I. **Tatbestandsmäßigkeit**
   [1. Objektiver] Tatbestand
   a. Tatsubjekt & Tatobjekt
   b. Eintritt des tatbestandsmäßigen Erfolges
   c. Nichtvornahme des gebotenen Tuns
      - Abgrenzung Tun – Unterlassung
      aa. Objektive Gebotenheit eines Tuns
      bb. Subjektive Gebotenheit
         - Garantenstellung
         - Tatsächliche Möglichkeit
         - Zumutbarkeit
   d. Verbindung zwischen unterlassener Handlung und Erfolg
      aa. Quasikausalität (hypothetische Kausalität)
      bb. Objektive Voraussehbarkeit der Tatbestandsverwirklichung
      cc. Pflichtwidrigkeitszusammenhang
      dd. Schutzzweck der Sorgfaltspflicht
   e. Gleichwertigkeitskorrektiv, objektiv = Entsprechungsklausel I
   [2. Subjektiver Tatbestand
   a. Wissen um die Verwirklichung = bewusste Fahrlässigkeit
   b. Nicht-Wissen = unbewusste Fahrlässigkeit
   c. Gleichwertigkeitskorrektiv, subjektiv = Entsprechungsklausel II]
II. **Rechtswidrigkeit**
III. **Schuld, insbesondere: Schuldform Fahrlässigkeit**
   1. Subjektive Sorgfaltspflichtverletzung
   2. Subjektive Vorhersehbarkeit

Deliktsform ⑧: Das fahrlässige unechte Unterlassungsdelikt || 235

Tatbestandsmäßigkeit
Bei diesem Delikt packt man schlicht den Fahrlässigkeits- und den Unterlassungsaufbau zusammen. Prüfungstechnisch genügt es also, wenn man das fahrlässige Begehungsdelikt und das unechte vorsätzliche Unterlassungsdelikt aufbauen kann. Kombiniert ergibt sich das unechte *fahrlässige* Unterlassungsdelikt.

Besonderheit: Bezugspunkt der Sorgfaltspflichtverletzung
Die einzige **Besonderheit** ergibt sich aus dem **Bezugspunkt der Sorgfaltspflichtverletzung** (und wir erinnern uns sicher noch: es gibt die Sorgfaltspflichtverletzung zweimal – einmal im objektiven Tatbestand (der besonnene und gewissenhafte ...) und ein andermal in der Schuld (der konkrete Täter)).

a. Sorgfaltsfehler: Vornahmefehler (falsch gemacht)
Der Sorgfaltsmangel kann in einem **Verhaltensfehler** durch die Vornahme einer anderen als der gebotenen Handlung liegen.

Bsp.: Das 3jährige Kind O des T droht zu ertrinken. T will es retten, indem er ihm einen Rettungsring zuwirft. O ertrinkt, weil es für den Rettungsring zu klein ist.

Hier liegt eine fahrlässige Tötung durch Unterlassen vor. T hat es unterlassen, die gebotene Handlung vorzunehmen = ins Wasser zu gehen und O selbst herauszuholen. T ist Garant, § 1626 BGB. Der Rest liegt vor.

b. Sorgfaltsfehler: (Er-)Kenntnisfehler (falsch gedacht)
Er kann aber auch die **sorgfaltswidrig fehlende Kenntnis**
- vom Bevorstehen des **Erfolgseintritts**,

Bsp.: T sieht, dass sein Kind O im Wasser strampelt, merkt aber gar nicht, dass es ertrinkt.

- von den vorhandenen **Rettungsmöglichkeiten**,

Bsp.: T sieht, dass sein 10jähriges Kind O im Wasser ertrinkt, merkt aber gar nicht, dass er direkt neben den Rettungsringen steht.

- von der Existenz der konkreten **Garantenstellung**

Bsp.: T sieht, dass ein 10-jähriges Kind O im Wasser ertrinkt, merkt aber gar nicht, dass es sein eigenes ist.

- oder von **sonstigen Merkmalen** des objektiven Tatbestandes betreffen.

1. Teil - Das System ✓
2. Teil - Die einzelnen Deliktsformen ✓
☞ **3. Teil - Täterschaft und Teilnahme**
4. Teil - Konkurrenzen
5. Teil - Gutachtenstil und Übungsklausuren
6. Teil - Hausarbeiten

3. Teil – Täterschaft und Teilnahme

A. Übersicht [Lesezeit: ca. 7 Min.]

Solange nur *eine* Person irgendwelche Tatbestände verwirklicht, muss man sich um die Begriffe Täterschaft und Teilnahme nicht kümmern. Sobald aber *mehrere* Personen auftauchen, die möglicherweise irgendwie zusammengearbeitet haben, stellt sich die Frage nach Täterschaft und Teilnahme, also nach der Beteiligung eines jeden. Es gibt die folgend dargestellten (6) Möglichkeiten.

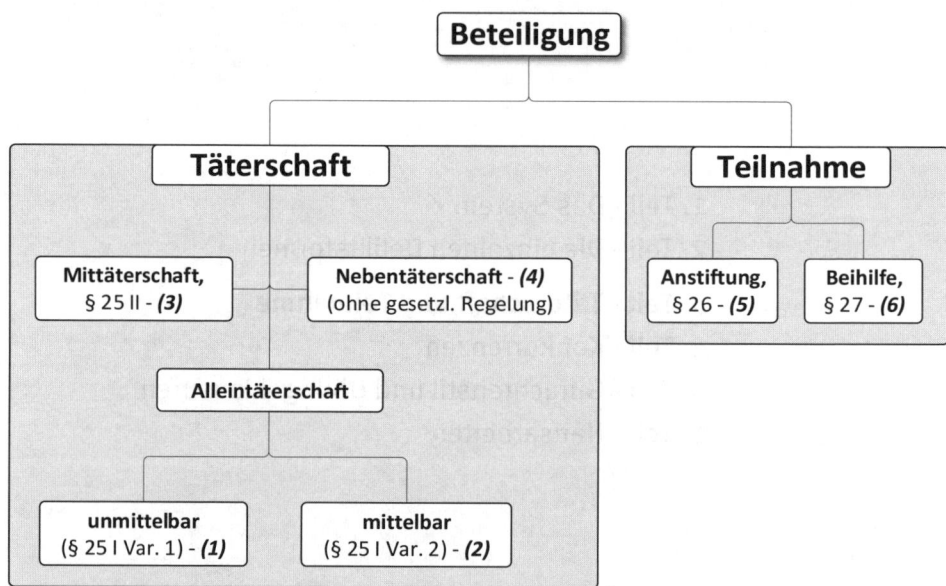

Diese Übersicht zeigt, dass es notwendig ist, zunächst Täterschaft und Teilnahme voneinander abzugrenzen und dann innerhalb von Täterschaft und Teilnahme die unterschiedlichen Erscheinungsformen jeweils näher zu bestimmen.

Beispiele:
(1) **Unmittelbare (Allein-)Täterschaft:** T erschießt O.
(2) **Mittelbare (Allein-)Täterschaft:** Arzt T gibt der Krankenschwester W eine Ampulle. Sie solle dieses kreislaufstärkende Mittel dem Patienten O, einem Erbonkel des T spritzen. Die Ampulle enthält in Wirklichkeit Gift. W, die keine Veranlassung hat, den Worten des Arztes zu misstrauen, injiziert das Mittel. O stirbt.
(3) **Mittäterschaft:** T1 und T2 beschließen, gemeinsam eine Villa auszurauben. T1 kauft Werkzeug und macht einen Plan. T2 steigt durch das von T1 aufge-

brochene Fenster ein und entwendet diverse Gegenstände. Den Erlös teilen sich T1 und T2.

(4) **Nebentäterschaft:** T1 und T2 stoßen mit ihren Motorrädern zusammen, weil T1 zu schnell gefahren ist und T2 die Vorfahrt verletzt hat. Das Motorrad des T1 prallt gegen den Fußgänger O und verletzt ihn.

T1 gibt O eine 100 %-tige Dosis Gift ins Essen. T2 ebenfalls. O stirbt an beiden gleichzeitig.

(5) **Anstiftung:** T will seine Ehefrau O loswerden. Er heuert Killer K an, der O tötet.

(6) **Beihilfe:** X, der einen Tresor knacken will, bittet den T unter Schilderung des Planes, ihm sein Schweißgerät zu leihen. T stellt das Gerät zur Verfügung.

Bis hierhin sieht's eigentlich ganz einfach aus. (Und es bleibt auch ganz einfach.) Aber wir können uns überlegen, dass es bei den geschilderten 6 Formen bislang jeweils nur um die Reinform und noch nicht um Mischformen geht.

So ist es ja ohne Weiteres denkbar, dass zwei Personen gemeinsam über eine dritte Person eine vierte Person töten (mittelbare Täterschaft in Mittäterschaft).

Bsp.: Ehepaar B bringt seinen schwachsinnigen Sohn S dazu, die reiche Oma X zu töten, um sie zu beerben.

Oder wir denken uns den Fall, dass zwei Personen gemeinsam zwei weitere Personen dazu anstiften, über einen Fünften einen Sechsten zu töten. Dann hätten wir schon eine mittäterschaftliche Anstiftung zu einer mittelbaren Täterschaft in Mittäterschaft.

Bsp.: Ehepaar A stiftet Ehepaar B an, den schwachsinnigen Sohn S von B dazu zu bringen, den X zu töten.

Zuletzt könnten wir uns überlegen, dass dem anstiftenden Ehepaar noch ein weiteres Ehepaar unterstützend (beihelfend) zur Seite gestanden hat. Dann hätten wir eine mittäterschaftliche Beihilfe zur mittäterschaftlichen Anstiftung zu einer mittelbaren Täterschaft in Mittäterschaft. Das ist so eine Art Jura-Lego.

Bsp.: Ehepaar A stiftet Ehepaar B an, den schwachsinnigen Sohn S von B dazu zu bringen, den X zu töten. Ehepaar A wird dabei von Ehepaar C unterstützt.

Es ist notwendig, zwischen Täterschaft und Teilnahme abzugrenzen, weil die Strafbarkeit des Täters (genauer: das Vorhandensein einer vorsätzlich, rechtswidrigen Tat) stets vor der (Tat) des Teilnehmers geprüft werden muss.

Grund für diese **zwingende Reihenfolge** ist, dass die §§ 26, 27 (die Teilnahmevorschriften also) eine vorsätzliche, rechtswidrige Tat voraussetzen. Für diese braucht man aber einen Täter. **Zentrale Aufbauregel** daher:

> **Täter vor Teilnehmer**

Allgemein gilt: Täter ist, wer eine **eigene** Straftat begeht. Teilnehmer ist, wer sich an einer **fremden** Straftat (als Anstifter oder Gehilfe) beteiligt.

In manchen Fällen ist aber zweifelhaft, welche der beiden Situationen vorliegt.

Bsp.1: T1 und T2 fahren gemeinsam zu einem Einbruch. T1 steigt ins Haus ein und räumt aus. T2 wartet derweil vor dem Haus und steht Schmiere.

Abgrenzungsproblem: Ist T2 Mittäter oder Gehilfe (Beihelfer)?

Bsp.2: Arzt T1 gibt der Schwester T2 eine Spritze mit einer tödlichen Dosis Gift, wobei er ihr sagt, dass die Spritze ein Kreislaufmittel enthielte. Sie solle diese Spritze dem O injizieren. T2 merkt den Schwindel, spritzt aber trotzdem.

Abgrenzungsproblem: Ist T1 Anstifter oder mittelbarer Täter?

Man kann zur Abgrenzung von Täterschaft und Teilnahme, genauer: zur Beantwortung der Frage, ob jemand Täter ist, auf **2 verschiedene Aspekte** abstellen:
1. Die Erfüllung des objektiven Tatbestandes
2. Die Willensrichtung der Beteiligten (= subjektiver Tatbestand)

- Stellt man *nur* auf die **Erfüllung des objektiven Tatbestandes** ab, kann Täter des vollendeten Deliktes nur der sein, der den Tatbestand selbst ganz erfüllt, Täter eines Versuches kann nur sein, wer selbst unmittelbar ansetzt. Fehlt es an dieser Erfüllung, an diesem Ansetzen, ganz oder teilweise, bleibt nur noch Teilnahme übrig.
- Stellt man *nur* auf die **Willensrichtung der Beteiligten** ab, ist Täter der, der mit Täterwillen handelt, d.h. die Tat als eigene will.

Beide Standpunkte sind früher so vertreten worden.
Die erste war Inhalt der sog. „**Formal-objektiven Theorie**", die zweite war Inhalt der „**Extrem-subjektiven Theorie**" (zeitweilig von der Rechtsprechung vertreten, in der Extremform heute aufgegeben).
Die formal-objektive Theorie verlangte dabei allerdings nicht nur, dass der Täter am Tatbestand mitbastelt, sie setzte (natürlich) auch voraus, dass er einen ent-

sprechenden Vorsatz (also einen vollen Vorsatz) hatte. Sie war also im Ganzen gesehen die Theorie mit den strengsten Anforderungen.

Die extrem-subjektive Theorie hieß, weil sie an Willenselemente des Betrachteten anknüpfte und das lateinische Wort hierfür *animus* lautet, auch **animus-Theorie**. Sie unterschied zwischen einem Täterwillen (animus auctoris) und einem Teilnehmerwillen (animus socii). Für sie war es unerheblich, inwieweit ein Täter objektiv an der Erfüllung des Tatbestandes mitwirkte.

Extrem betrachtet konnte das dann soweit gehen, dass überhaupt keine Eigenbeteiligung an der Tatbestandserfüllung nötig war, um Täter zu sein – oder dass selbst vollständige und vorsätzliche Erfüllung objektiver Tatbestände *nicht* ausreichte, nur weil der Handelnde nicht *Täter* sein wollte (BGH v. 19.10.1962 – 9 StR 4/62 – Staschynskij-Fall).

Und wie das so ist im juristischen Bereich, gibt es zwischen zwei extremen Standpunkten auch immer einen mittleren.

Und der wird (u.a.) von der sog. (gemäßigten) **„Lehre von der Tatherrschaft"** vertreten. An diese sollte man sich in Klausuren und Hausarbeiten halten, weil sie die klarsten Vorgaben für eine Fallbearbeitung liefert.

Die Lehre von der Tatherrschaft ist eine *Synthese von objektiven und subjektiven Gesichtspunkten*.

Das Etikett „Tatherrschafts*lehre*" wird im Schrifttum benutzt, in der Sache wird der Aspekt der Tatherrschaft aber (überwiegend) auch von der **Rechtsprechung des BGH** eingesetzt (z.B. BGH v. 21.2.2017 – 3 StR 455/16, Rz. 4; BGH v. 13.9.2017 – 2 StR 161/17, Rz. 7, BGH v. 6.8.2019 – 3 StR 189/19).

Die Synthese ist dabei kein Monopol der (gemäßigten) Tatherrschaftslehre, es gibt noch eine Reihe von anderen Theorien, die im Grunde (bis auf minimale Abweichungen) genau dasselbe machen (sog. neuere final-objektive Theorie, sog. neuere materiell-objektive Theorie, strenge Tatherrschaftslehre). Damit müssen wir uns aber nicht belasten. Für Klausuren genügt normalerweise, wenn wir aus dem ganzen Theorienkram *eine* kennen – eben die von der Tatherrschaft.

> Tatherrschaft bedeutet dabei
> „das vom Vorsatz (= subjektiv) umfasste In-den-Händen-Halten
> des tatbestandsmäßigen Geschehensablaufes (= objektiv.)".

Täter ist danach, wer **Zentralfigur** des konkreten Handlungsgeschehens ist.
Teilnehmer ist, wer demgegenüber **Randfigur** ist.

Diese Aussagen bringen uns allerdings keinen Millimeter weiter, denn: Wann ist jemand zentral und wann steht jemand am Rande? Wir können ihnen nur schon einmal ein bisschen was vom Wertungscharakter entnehmen, der die Tatherrschaftslehre prägt.

Wenn wir die Theorien in einer Übersicht zusammenfassen, die die Anforderungen an die Annahme einer Täterschaft gegenüberstellt, dann sieht das so aus:

Prüfungsebene: Theorie:	Objektiver TB	Subjektiver TB
extrem-subjektiv (animus-Theorie)	keine Anforderungen	volles Vorliegen
Lehre von der **Tatherrschaft** (materiell-objektive Lehre) (final-objektive Lehre)	Tatherrschaft	volles Vorliegen
formal-objektive Lehre	volles Vorliegen	volles Vorliegen

Leicht zu bemerken ist, dass die Theorien **im subjektiven Tatbestand** letztlich alle dasselbe fordern: volles Vorliegen aller Voraussetzungen (also Vorsatz und eventuelle sonstige subjektive Merkmale). Wer subjektiv nicht voll dabei ist, kann kein Täter sein (sondern nur Teilnehmer).

Im objektiven Tatbestand dagegen finden sich Unterschiede. Von gar nichts bis alles wurde (wird) alles vertreten. Wir können daraus aber direkt schon einmal folgern, dass diese Theorien im Rahmen einer **Klausur oder Hausarbeit** nur **in der Prüfung des objektiven Tatbestandes** einen Sinn machen. Denn nur dort unterscheiden sie sich in ihren Anforderungen.

Noch mal zur Relevanz: Diese Überlegungen dienen alleine dazu, herauszufinden, ob die gerade betrachtete Person *Täter* (oder „nur") Teilnehmer einer Straftat ist. Hierfür sehen wir uns jetzt ein Raster an, das anschließend vertieft behandelt wird. Die Abbildung wird später erweitert (auf Seite 259).

Und auch das noch mal: Täterschaft wird immer *vor* Teilnehmerschaft geprüft.
- Das gilt einmal für zwei verschiedene Personen, denn **ohne Täter** kann es gar **keinen Teilnehmer** geben.
- Das gilt aber auch für *eine* (1) Person, wenn wir uns nicht sicher sind, ob sie Täter oder Teilnehmer ist.

Wir müssten dann allerdings ein wenig anders formulieren: Eine Person wird immer *als Täter* geprüft, bevor sie *als Teilnehmer* geprüft wird. Der Grund hierfür liegt darin, dass man immer erst mal das Delikt mit der höheren Strafandrohung prüft. Und das ist eben *in der Regel* die Täterschaft. Sollte nun aber ausnahmsweise mal die Teilnahme (an dem einen Delikt) eine höhere Strafandrohung bieten als die Täterschaft (an einem anderen), dann kann man auch damit beginnen.

Raster zur Feststellung der Täter- bzw. Teilnehmereigenschaft

Die Lage: Mehrere spielen mit. Für den als Täter Verdächtigsten wird *gedanklich* Folgendes geprüft:

1. **Negativselektion:** Ist schon wegen der Eigenart des Deliktes die Tätereigenschaft ausgeschlossen? („Ist er es nicht, weil er es nicht sein kann?")
   a. Sonderdelikte?
   b. Eigenhändige Delikte?
   c. Pflichtdelikte?
   Wenn **ja:** Ende der Täterprüfung. Es bleibt eine eventuelle Teilnahme.
   Wenn **nein:** Prüfung der folgenden Frage: Positivselektion.

2. **Positivselektion:** Ergibt sich Täterschaft nach Tatherrschaftsregeln? („Ist er es doch?")
   a. Handlungsherrschaft? (⇨ Unmittelbarer Täter)
   b. Willensherrschaft? (⇨ Mittelbarer Täter)
   c. Funktionelle Tatherrschaft? (⇨ Mittäter)
   Wenn **ja:** Weitere Prüfung (Rechtswidrigkeit, Schuld etc.)
   Wenn **nein:** Ende der Täterprüfung.

Im letzteren Falle muss ein anderer als Täter gesucht werden. Bei der bis hierhin geprüften Person kann nur Teilnahme vorliegen. Das bedeutet, dass sie nicht als erste geprüft werden darf!

Man beginnt grundsätzlich damit, dass **der Verdächtigste** überprüft wird.
Es wäre etwas merkwürdig, zunächst jemanden zu prüfen, der den ganzen Sachverhalt über still im Auto gesessen hat, und dann erst den, der vor sich hin gewürgt, gestochen, geraubt hat.

Dabei sucht man sich anhand der Gliederung des Gesetzestextes die in Frage kommenden Tatbestände heraus. Anschließend klappert man sie einzeln ab:

- **Sonderdelikte:** Der *Jurist* T kann nicht Täter des § 203 I Nr. 1 sein: Er ist kein *Arzt* etc. Es fehlt ihm die entsprechende Subjektsqualität. Er kann insoweit nur Teilnehmer sein.

- **Eigenhändige Delikte:** Meineid, § 154, kann nur der begehen, der *selbst* schwört. Alle anderen können nicht Täter, sondern nur Teilnehmer sein.
- **Pflichtdelikte:** Täter einer Untreue, § 266, kann nur der sein, den eine *Vermögensbetreuungspflicht* trifft. Alle anderen können nur Teilnehmer sein.

Zu beachten ist dabei, dass sich diese Gesichtspunkte auch überschneiden können. So ist Totschlag durch Unterlassen, §§ 212, 13, sowohl ein Sonderdelikt (nur Garanten) als auch ein Pflichtdelikt (Garantenpflicht). Es kann also verschiedene, gleichzeitig vorliegende Gründe geben, warum jemand *kein Täter* sein kann. *Ein* (1) Grund würde für die Klausur oder Hausarbeit aber ausreichen.

Man prüft in all diesen Fällen den Tatbestand kurz an und stellt im objektiven Tatbestand fest, dass (bei Tätigkeitsdelikten) kein taugliches Tatsubjekt vorliegt (vgl. Seite 19) bzw. dass (bei Unterlassungsdelikten) kein Tun geboten war, weil es an einer Garantenstellung fehlt (vgl. Seite 217).

Die Ausgangsfrage zu 1. war, ob schon wegen der Eigenart des Deliktes die Tätereigenschaft ausgeschlossen ist. Ist das betrachtete Delikt weder ein Sonderdelikt, noch ein eigenhändiges Delikt, noch ein Pflichtdelikt, dann kann dieses Delikt die Tätereigenschaft jedenfalls nicht ausschließen.
Man geht dann zur 2. Frage über und überlegt, ob die betrachtete Person nach Tatherrschaftsregeln Täter ist.

Dies setzt natürlich voraus, dass man die Tatherrschaftsregeln auch kennt. Es geht hierbei um allgemeine Prinzipien der Täterschaft, so dass die Tatherrschaftsregeln nachfolgend im Rahmen der Erläuterungen zu den verschiedenen Erscheinungsformen der Täterschaft (Alleintäterschaft / mittelbare Täterschaft / Mittäterschaft / Nebentäterschaft) erklärt werden.

B. Täterschaft [Lesezeit: ca. 15 Min.]

I. Der unmittelbare Täter

Der unmittelbare Täter ist ein dankbares Erklärungsobjekt. Eine Person ist immer dann unmittelbarer Täter, wenn sie die Straftat in eigener Person (also ohne Umwege über andere Personen) begeht.

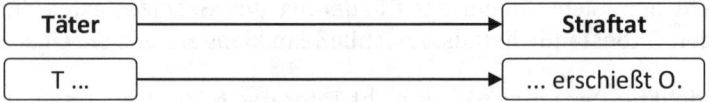

Es handelt sich hier um den vom Gesetz angenommenen **Normalfall**. Der Rest ist Ausnahme, was sich klausurmäßig auch daran zeigt, dass bei den anderen in die

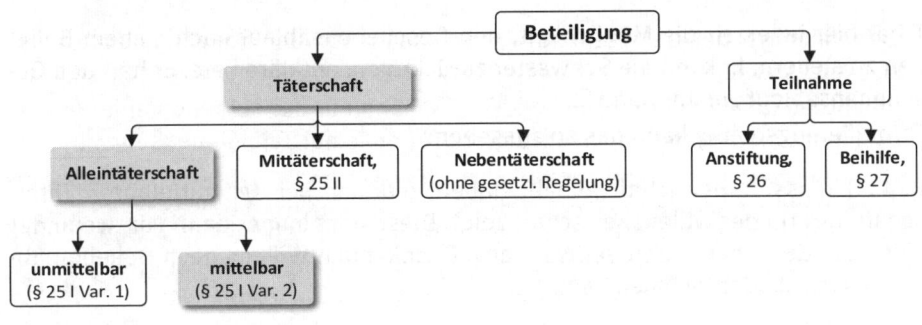

Überschriften immer noch ein zusätzlicher Paragraph kommt (§ 25 I Var. 2 bei mittelbarer Täterschaft, § 25 II bei Mittäterschaft).

Bezogen auf unsere Überlegungen zur Tatherrschaftslehre liegt beim unmittelbaren Täter Tatherrschaft in Form der **Handlungsherrschaft** vor: Wer selber handelt, hat natürlich auch die Herrschaft über sein Handeln. Wir erinnern uns der hübschen Definition von eben: Tatherrschaft bedeutet „das vom Vorsatz (= subj.) umfasste In-den-Händen-Halten des tatbestandsmäßigen Geschehensablaufes". Diese Merkmale liegen beim unmittelbaren Täter zweifellos vor, so dass darauf (auch in einer Klausur) nicht weiter eingegangen werden muss.

II. Der mittelbare Täter

1. Die Konstellation

Wer die Straftat durch einen anderen begeht, ist mittelbarer Täter, § 25 I Var. 2. Der Täter benutzt hier ein menschliches Werkzeug. Er beherrscht dieses Werkzeug kraft seiner **Wissens- und Willensherrschaft**.

Bsp.: Arzt T gibt der Krankenschwester W eine Ampulle. Sie solle dieses kreislaufstärkende Mittel dem Patienten O, einem Erbonkel des T spritzen. Die Ampulle enthält in Wirklichkeit Gift. W, die keine Veranlassung hat, den Worten des Arztes zu misstrauen, injiziert das Mittel. O stirbt.

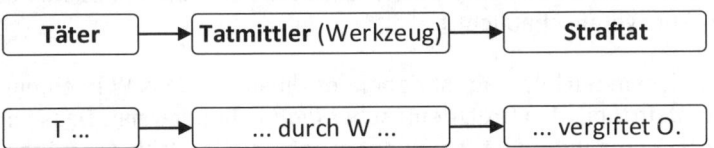

T hat hier jederzeit die Möglichkeit, den Geschehensablauf nach seinem Belieben zu steuern. Er kann die Schwester zurückrufen, aufklären etc. Er hält den Geschehensablauf „in der Hand".
Formulierungsmäßig kann das so aussehen:

> **Bsp.:** T muss Tatherrschaft gehabt haben, die sich bei der mittelbaren Täterschaft in Form der Willensherrschaft zeigt. Diese liegt immer dann vor, wenn der Täter das Geschehen kraft seines planvoll lenkenden Willens nach Belieben ablaufen lassen oder hemmen kann.

Es gibt dabei verschiedene Möglichkeiten, warum das Werkzeug ein Werkzeug und nicht selber Täter ist.

Während dazu früher in den Lehrbüchern wie folgt argumentiert wurde:

> „Jemand, der tatbestandsmäßig, rechtswidrig und schuldhaft handelt, ist selber Täter einer Straftat. Wer aber selber Täter ist, kann nicht Werkzeug sein. Das würde dem Prinzip der Eigen-Verantwortlichkeit widersprechen."

hat der BGH dies im sog. **Katzenkönig-Fall** (BGH v. 15.9.1988 – 4 StR 352/88) anders entschieden. Der Entscheidung lag dabei folgender Sachverhalt zugrunde:

> Ein Polizist W versuchte, eine Frau O zu töten. Er ging dabei davon aus, dass der Tod dieser Frau nötig sei, um die Welt vor dem Angriff eines Dämons Katzenkönig zu schützen, der die gesamte Menschheit oder jedenfalls viele Millionen das Leben kosten würde. Er glaubte also, nicht unrecht zu handeln, er befand sich in einem Verbotsirrtum (verfehlter Glaube an den Umfang des § 34). Der BGH stellte fest, dass dieser Verbotsirrtum vermeidbar gewesen sei.
> Der Glaube des W an die Existenz des Katzenkönigs einerseits und die Gefährdung der Menschenleben andererseits, sowie die Möglichkeit, eine Rettung der Menschheit durch Tötung der O zu bewirken, wurde durch Manipulationen einer Frau T hervorgerufen, in die W verliebt war. T wollte O aus Eifersucht aus dem Weg räumen lassen. Sie bediente sich dabei des W.

(Dieser Sachverhalt ist so komprimiert, dass man sich ihn am besten anhand einer Skizze kurz veranschaulicht.)

Zentral an diesem Sachverhalt ist dabei der Umstand, dass W in einem *vermeidbaren* Verbotsirrtum, also (trotzdem) *schuldhaft* gehandelt hat. Dass seine Strafe nach § 17 S. 2 zu mindern ist, spielt dabei keine Rolle. Nach der früher gängigen Argumentation hätte das für die mittelbare Täterschaft das „Aus" bedeutet.

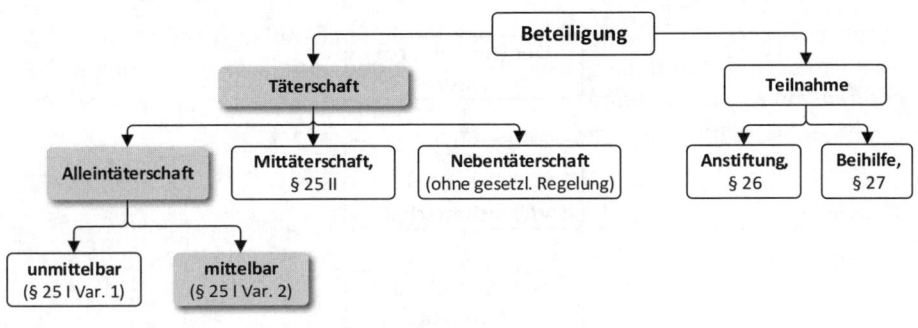

Der BGH dagegen ging zunächst davon aus, dass jeder Verbotsirrtum bedeutet, dass dem Handelnden die Unrechtseinsicht fehlt. Der unvermeidbare Verbotsirrtum unterscheidet sich dann vom vermeidbaren nur dadurch, dass der Handelnde im letzteren Fall das Unrecht hätte erkennen können. Hat er aber nicht. Wenn nun hinzukommt, dass sowohl die Entstehung des Irrtums (in den Irrtum rein) als auch die Aufrechterhaltung (nicht mehr aus dem Irrtum raus) von einem Dritten gesteuert wird, dann ist nicht einzusehen, warum dieser Dritte nicht mittelbarer Täter, warum der Handelnde nicht Werkzeug sein soll.

Das ist überzeugend. Das Prinzip der Eigenverantwortlichkeit zwingt nicht in jedem Falle dazu, die Werkzeugeigenschaft zu verneinen. Letztlich kann man dabei noch daran denken, dass die (Eigen-)Verantwortung für das Handeln bei einem (vermeidbaren Verbots-)Irrtum ja auch aus der Sicht des Gesetzgebers geringer ist, wie die Strafmilderung nach § 17 S. 2 zeigt.

Ausgehend von diesen Überlegungen gibt es **drei Möglichkeiten**, warum der direkt Handelnde, der Tatmittler (= das Werkzeug), nicht selber Täter ist:
- Es kann ein Tatbestandsfehler vorliegen.
- Es kann ein Rechtswidrigkeitsfehler vorliegen.
- Es kann ein Schuldfehler vorliegen.

Diese Möglichkeiten sind in folgender Darstellung aufgezeigt.

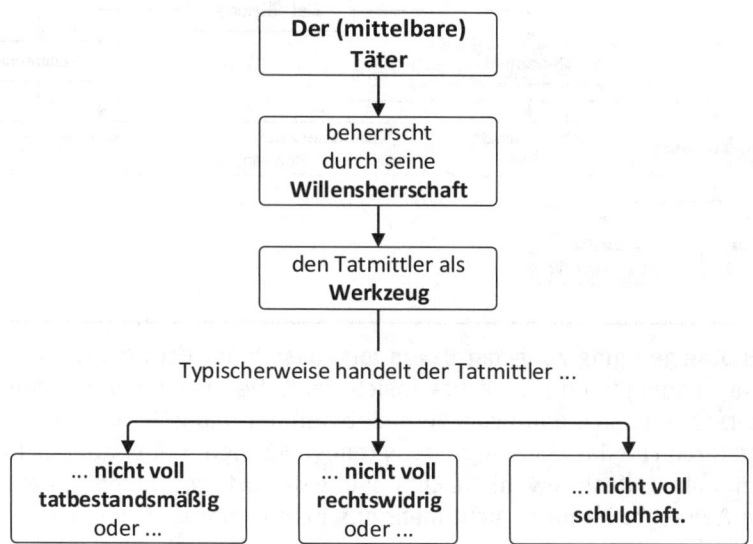

Es gibt also drei Möglichkeiten. Innerhalb dieser drei Möglichkeiten sind zwei unproblematisch:
- Gemeint sind die ersten beiden Möglichkeiten. Wenn ein Werkzeug nicht tatbestandsmäßig und nicht rechtswidrig handelt, liegt entweder mittelbare Täterschaft vor oder gar nichts.
- Es treten *keine* Abgrenzungsschwierigkeiten zwischen Täterschaft und Teilnahme auf. Teilnahme (Anstiftung oder Beihilfe) scheidet nämlich aus, weil hierfür immer eine tatbestandsmäßige und rechtswidrige Tat vorausgesetzt wird, vgl. §§ 26, 27.
- Abgrenzungsprobleme ergeben sich folglich erst dann, wenn ein **Werkzeug** zwar **tatbestandsmäßig und rechtswidrig, aber nicht** (voll) **schuldhaft** handelt. Hier kommt für den Hintermann-Täter regelmäßig die **Abgrenzung zwischen mittelbarer Täterschaft und Anstiftung** zum Zuge.
- Entscheidend ist dann immer, ob der Täter (im objektiven Tatbestand) die Willensherrschaft als eine Form der Tatherrschaft gehabt hat (dann kann mittelbare Täterschaft vorliegen) oder nicht (dann kann es nur noch Anstiftung sein).
- *[Kann vorliegen/sein* soll darauf hinweisen, dass der objektive Tatbestand alleine natürlich nicht genügt. Der Täter muss auch jeweils einen entsprechenden Vorsatz (Mittelbarer-Täter-Vorsatz bzw. Anstiftervorsatz) haben.]

Der mittelbare Täter | 249

```
                          Beteiligung
                         /           \
                Täterschaft          Teilnahme
               /     |      \        /        \
    Allein-  Mittäter-  Neben-    Anstiftung,  Beihilfe,
   täterschaft schaft,  täterschaft  § 26       § 27
              § 25 II   (ohne gesetzl.
                        Regelung)
       /        \
  unmittelbar  mittelbar
  (§ 25 I Var. 1) (§ 25 I Var. 2)
```

2. Konsequenzen für den Aufbau einer Arbeit

a. Objektiver Tatbestand

Die mittelbare Täterschaft hat regelmäßig zur Folge, dass der Täter (der Hintermann) selbst den objektiven Tatbestand nicht verwirklicht. Das besorgt derweil ein anderer.

> Bauer T befiehlt seinem Knecht W, Schweine von der Nachbarwiese in den heimischen Stall zu treiben. W weiß nicht, dass es die Schweine des O sind. Er glaubt, es seien Schweine des T und geht deshalb davon aus, dass T Gewahrsamsinhaber ist.

Hier hat W keinen Diebstahl begangen, weil er *keinen Vorsatz zur Wegnahme* einer fremden beweglichen Sache hatte. [Wegnahme ist definiert als Bruch fremden und Begründung eigenen Gewahrsams.] W wusste ja nicht, dass er fremden Gewahrsam *brach*. T hingegen wusste alles. Bei ihm fehlt aber die Wegnahme, die Tathandlung. Hierfür hatte er sich des Knechtes bedient.

Folge bei Anwendung der Figur der mittelbaren Täterschaft: Man rechnet T die **Handlung** des W zu. Es darf keinen Unterschied machen, ob T einen Diebstahl mit eigenen oder mit fremden Händen begeht. Zugerechnet wird dabei übrigens auch *nur die Handlung*. Und nicht mehr. Es sind nämlich Fälle denkbar, in denen ein Hintermann von einem Werkzeug *eine eigene* Sache wegnehmen lässt.

> **Bsp.:** T hat sein Auto an O vermietet. Er will es bereits vor Ablauf der Zeit wiederhaben. Er erklärt dem W, dass dieser es im Einverständnis mit O in dessen Abwesenheit abholen solle.

Für W handelt es sich (objektiv) um die Wegnahme einer fremden beweglichen Sache. Im Wege der mittelbaren Täterschaft kann man jetzt lediglich die *Tathandlung Wegnahme* zurechnen. Was man nicht zurechnen kann, ist das *Merkmal fremd*. Für T ist die Sache nicht fremd (es ist ja sein eigenes Auto) und sie wird es auch nicht dadurch, dass sie für W fremd ist. Zu denken wäre allerdings an eine Strafbarkeit wegen Pfandkehr nach §§ 289, 25 I Var. 2.

Anhand dieses Beispiels könnte man „normale" und mittelbare Täterschaft so miteinander vergleichen, wie es die Gegenüberstellung zeigt:

§ 242 I (normal)	§§ 242 I, 25 I Var. 2 (mittelbare T.)
Wer eine (für ihn) fremde bewegliche Sache einem anderen wegnimmt ...	Wer eine (für ihn) fremde bewegliche Sache einem anderen *durch ein Werkzeug* wegnimmt.

Deutlich zu sehen, dass die mittelbare Täterschaft in das Merkmal der Handlung eingebaut wurde. Wer mag, kann ja mal eine Reihe gängiger Tatbestände (z.B. §§ 212, 223, 249, 263, 267) in mittelbarer Täterschaft schematisieren. Ist ein gutes Training.

Man **beginnt** jetzt **die Prüfung mit dem tatnäheren** Werkzeug, stellt fest, dass dieses den objektiven Tatbestand verwirklicht, aber nicht vorsätzlich gehandelt hat. Einstieg in die **Prüfung** der Strafbarkeit **des Hintermannes** T dann:

> T kann sich dadurch, dass W die Schweine des O in seinen Stall trieb, eines Diebstahls in mittelbarer Täterschaft gem. §§ 242 I, 25 I Var. 2 strafbar gemacht haben.
> Dann muss W, der den objektiven Tatbestand des § 242 I erfüllt hat (s.o.), das Werkzeug des T gewesen sein. Dies wäre dann der Fall, wenn nicht W, sondern T die Tatherrschaft über das Geschehen gehabt hätte. Tatherrschaft bedeutet das vom Vorsatz umfasste In-den-Händen-Halten des tatbestandsmäßigen Geschehensablaufes. Bei der Figur der mittelbaren Täterschaft kann sich dies nur als eine der Handlungsherrschaft des W übergeordnete Willensherrschaft des T darstellen.
> W ist Knecht des T; er hört auf die Anweisungen des T. Folglich hängt es allein am Willen des T, ob und wohin W die Schweine treibt. Damit hat T aber die erforderliche Willensherrschaft. W ist daher das Werkzeug des mittelbaren Täters T.
> T wird demnach behandelt, als habe er die Handlung des W selbst vorgenommen. Der objektive Tatbestand des § 242 I ist erfüllt.

b. Subjektiver Tatbestand
So. Jetzt aufgepasst. Im subjektiven Tatbestand prüfen wir wie immer zunächst den Vorsatz.

Vorsatz bedeutet Wissen und Wollen der zum objektiven Tatbestand gehörenden Umstände. Und zu diesen Umständen (bei § 242 I: Wegnahme, fremde bewegli-

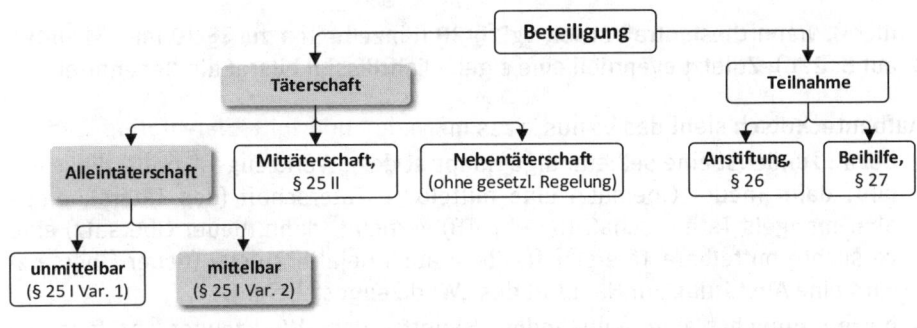

che Sache) kommt jetzt noch ein weiterer: die **Werkzeugeigenschaft** des Tatmittlers. Das bedeutet:
Der Täter muss (zusätzlich) wissen und wollen, dass der Handelnde sein Werkzeug ist, er muss folglich um seine Willensherrschaft wissen und sie wollen.

Und wie immer im Vorsatz gibt es auch hier Irrtümer. Uns interessiert an dieser Stelle nur der Aspekt der Willensherrschaft, alle anderen Irrtümer sind genauso wie bei der Alleintäterschaft.

2 Irrtumsvarianten sind denkbar:
a. Der Täter glaubt, er habe die Willensherrschaft, real hat er aber keine.

Bsp.: Die Krankenschwester, die die Gefährlichkeit der Giftspritze erkennt, aber trotzdem injiziert, handelt selber voll deliktisch: § 212.

b. Der Täter glaubt, er habe die Willensherrschaft nicht, real hat er sie aber.

Bsp.: T will die Krankenschwester W anstiften, den O mittels Giftspritze zu töten. Er glaubt, W habe kapiert, was er will. W glaubt aber, die Spritze enthalte ein Kreislaufmittel, sie bemerkt nicht, dass sie angestiftet werden soll: allenfalls § 222.

Auflösung: Grundgedanke ist, dass in jedem Vorsatz zur mittelbaren Täterschaft als „minus" (lat.: weniger) ein Anstiftervorsatz steckt. Wer eine Tat **als eigene** will, der will sie, wenn das nicht klappt, **wenigstens als fremde**. Wenn man das glaubt (muss man nicht, ist eine schlichte Setzung), dann folgt
- bei a.: Strafbarkeit wegen versuchter mittelbarer Täterschaft (das hat er gewollt, hat aber nicht geklappt) und vollendeter Anstiftung (das hat geklappt, gewollt hat er's als minus).
- bei b.: keine Strafbarkeit wegen mittelbarer Täterschaft (das hat er nicht gewollt), aber Strafbarkeit wegen versuchter Anstiftung (weiter reicht der Vorsatz

nicht), wenn diese strafbar ist, vgl. § 30 (Einzelheiten zu §§ 30 und 31 unten auf S. 276). Zuletzt eventuell eine eigene Fahrlässigkeitstat als Nebentäter.

Aufbautechnisch sieht das so aus, dass man
- bei a.: zunächst eine selbständige Haupttat des „Werkzeuges" prüft, diese bejaht; dann (neuer Obersatz) eine mittelbare Täterschaft (des Täters), diese aber mangels Tatherrschaft (im obj. TB) verneint; dann (neuer Obersatz) eine versuchte mittelbare Täterschaft, diese auch bejaht. Zuletzt (neuer Obersatz) wird eine Anstiftung zur Haupttat des „Werkzeuges" bejaht.
- bei b.: zunächst eine selbständige Haupttat des „Werkzeuges" prüft, diese aber (im subjektiven TB) verneint; dann (neuer Obersatz) eine mittelbare Täterschaft (des Täters), diese aber mangels Vorsatz (subjektiver TB) verneint, dann (neuer Obersatz) eine versuchte Anstiftung, zuletzt (neuer Obersatz) eine Fahrlässigkeitstat in Nebentäterschaft.

Vorliegend (Schweine) gibt es da allerdings keine Probleme.
Bauer T wusste und wollte alles.
Am Rest besteht kein Zweifel: T ist strafbar nach §§ 242 I, 25 I Var. 2.

Weitere Fälle:
1. Aus einem abfahrbereiten Zug sieht T einen Koffer am Bahnsteig stehen. Sein Besitzer studiert gerade intensiv den Fahrplan. Als sich der Zug in Bewegung setzt, ruft T: „Mein Gott, ich habe meinen Koffer vergessen!" Ein nichtsahnender Passant W reicht ihm schnell noch den Koffer durch das Zugfenster.
2. Die Eltern T1 und T2 quälen ihre Tochter W solange, bis diese sich selbst das Leben nimmt.

Ein **beliebtes Sonderproblem** taucht auf, wenn das Werkzeug sich irrt und aus Versehen den Falschen z.B. tötet. Es verhält sich hier **grundsätzlich** nicht anders, als mit einem mechanischen Werkzeug: Aus der Sicht des Hintermannes ist das Verhalten des Tatmittlers eine **aberratio ictus**.

Dies gilt aber auch nur im Grundsatz.
Bestehen nämlich für den Hintermann Anhaltspunkte dafür, dass sich sein Werkzeug irren kann, und schickt der Hintermann das Werkzeug trotzdem los, dann stellt sich der Irrtum des Werkzeuges für den Hintermann als eine **lediglich unerhebliche Abweichung vom Kausalverlauf** dar (der als möglich gesehene Irrtum ist „im Preis mit drin") und der Hintermann bekommt den Taterfolg voll als vorsätzlich zugerechnet (so der BGH v. 25.10.1990 – 4 StR 371/90 – Rose-Rosahl-II für das Verhältnis Haupttäter – Anstifter). Über diese Entscheidung kann man sich allerdings streiten (wird auch getan).

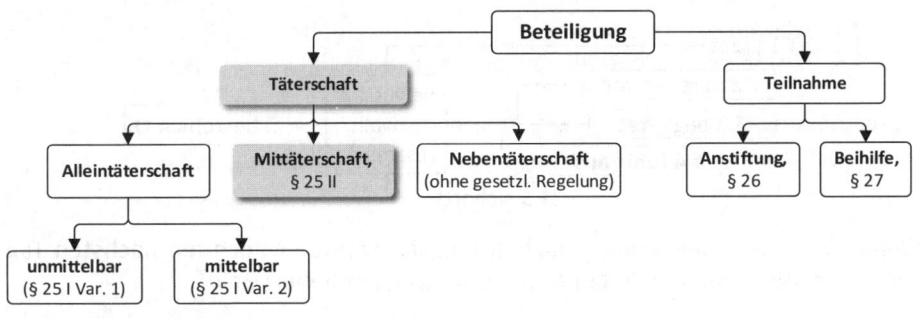

3. Zusammenfassung der Aufbaukonsequenz

Zunächst wird der direkt Handelnde geprüft. Es wird festgestellt, dass dieser mangels Tatbestand/ Rechtswidrigkeit/ Schuld nicht (voll) strafbar ist.

Dann wird der mittelbare Täter geprüft. Der objektive Tatbestand wird um die Feststellung erweitert, dass dieser objektive Tatbestand nicht durch eine Handlung des Täters, sondern durch die eines Dritten erfüllt wurde. Es folgt die Erkenntnis, dass dem Täter diese Handlung als eigene zugerechnet wird, weil er die Willensherrschaft gehabt hat. Im subjektiven Tatbestand kommt ein entsprechender Vorsatz hinzu. Rechtswidrigkeit und Schuld werden geprüft wie immer.

III. Die Mittäterschaft

Begehen mehrere die Straftat gemeinschaftlich, so wird *jeder* als Täter bestraft, § 25 II.

Diese Norm ist eine **Zurechnungsnorm**. Soll heißen: Der Gesetzgeber berücksichtigt, dass im Industriezeitalter auch der letzte Dieb gemerkt hat, dass man gemeinsam, arbeitsteilig also, besser arbeiten kann.

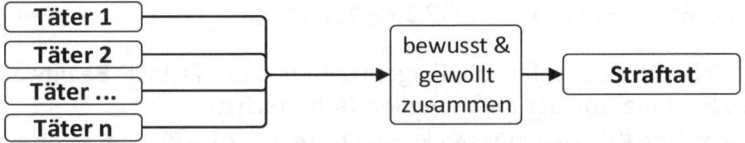

Bsp.: T1, T2, T3, T4 und T5 wollen gemeinsam in die Villa des O einbrechen. Jeder soll den gleichen Beuteteil bekommen. T1 erarbeitet den gesamten Plan. T2 beschafft das erforderliche Werkzeug und bricht das Fenster auf. T3 steht mit geladener Schusswaffe Schmiere. T4 steigt ein und nimmt das Geld des O mit. T5 schließlich mietet einen LKW, um die ganze Kohle abtransportieren zu können, wartet vor dem Haus, schaufelt das von T4 herausgeworfene Geld auf die Ladefläche und fährt den LKW zu einem sicheren Treffpunkt.

254 || Täterschaft und Teilnahme

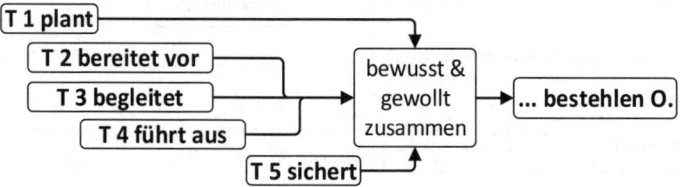

Wenn hier einer alles alleine machen müsste, würde er noch am nächsten Tag schaufeln. Also teilt man lieber Arbeit und (weniger lieber) Geld.

Besieht man die ganze Sache bei Licht, stellt man fest, dass nur T4 alle Tatbestandsmerkmale des § 242 I erfüllt. Die anderen wären fein raus, wenn man sie jetzt nur noch wegen Beihilfe zum § 242 I des T4 bestrafen könnte. Das erscheint unbillig, weil sie ja genau so viel, vielleicht sogar noch mehr (T3 wartet schließlich bewaffnet!), getan haben und bei Gelingen auch genau so viel kassieren.

Damit bei **Arbeitsteilung** die Möglichkeit besteht, jeden gleichviel (Strafandrohung) kassieren zu lassen, gibt es § 25 II als Zurechnungsnorm. Wenn die Beteiligten Mittäter sind, muss sich jeder den Tatbeitrag des/der anderen zurechnen lassen, auch wenn er an der Tatausführung vor Ort nicht mitgewirkt hat (BGH v. 6.8.2019 – 3 StR 189/19). Das ergäbe im Beispiel:

T1, T2, T3, T5 die §§ 242 I, 243 I, 123 I des T4
T1, T3, T4, T5 den § 303 I des T2
T1, T2, T3, T5 den § 244 I Nr. 1.a) des T4

Dies (Zurechnung) ist der Sinn der Mittäterschaft: Mittäter ist, wer seinen **eigenen Tatbeitrag** so in die Tat einfügt, dass er **als Teil der Handlung eines anderen** Beteiligten und umgekehrt dessen Handeln als Ergänzung des eigenen Tatanteils erscheint (BGH v. 29.9.2015 – 3 StR 336/15, Rz. 5).

Es stellt sich nun aber sofort die Frage, wann das der Fall ist. Beantwortet wird dies mit der Formel von der **funktionellen Tatherrschaft**.
Zwei wesentliche Kriterien müssen kumulativ (gehäuft) erfüllt sein:
- ein gemeinsamer Tatentschluss (**Plan**) und
- eine gemeinsame Tatausführung (**Aktion**).

1. Subjektiver Tatbestand – Gemeinsamer Tatentschluss
Mehrere müssen sich als **gleichberechtigte Partner** zusammenfinden (zumindest konkludentes Einvernehmen: BGH v. 4.2.2016 – 1 StR 344/15, Rz. 9), wobei sämtliche subjektiven Tatbestandsmerkmale (Vorsatz, besondere Absichten etc.) bei jedem einzelnen vollständig vorliegen müssen.

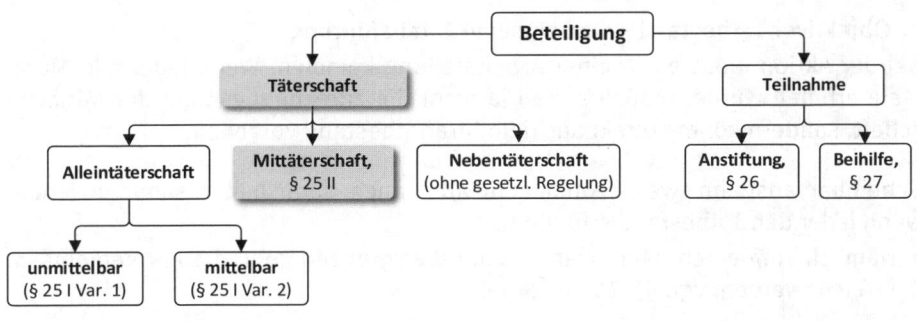

Wir merken noch einmal: Die Mittäterschaft hilft uns nur darüber hinweg, dass Einzelne nicht alles mit eigener Hand *getan* haben. **Wollen muss jeder alles!**

Finden sie sich **von Anfang** an zusammen, liegt eine **normale**, finden sie sich **später** bis spätestens zur Beendung der Tat zusammen, liegt eine **sukzessive** Mittäterschaft vor (nach dem BGH sogar bei Zusammenfinden zwischen Vollendung und Beendung, wenn es dann noch irgendeine *weitere* Tatausführung gibt (BGH v. 20.3.2019 – 2 StR 594/18, Rz. 6).

Geht einer der Mittäter über den gemeinsamen Plan hinaus, so liegt mangels Vorsatz bei den übrigen ein sog. **Mittäter-Exzess** vor (vgl. BGH v. 14.12.2016 – 2 StR 177/16, Rz. 16). Ein bloßer **error in persona eines Mittäters** ist aber für die anderen nicht notwendig ein Exzess. Er kann zugerechnet werden, wenn der Irrende sich plangemäß verhalten hatte (BGH v. 1.8.2018 – 3 StR 651/17).

Im subjektiven Tatbestand ist also (und das natürlich für jeden einzelnen Straftatbestand) auch zu prüfen, ob die einzelnen Täter auch alle Täter sein wollen (BGH v. 8.12.2015 – 3 StR 439/15, Rz. 5). Wir hatten eingangs die Frage gestellt: Was ist mit dem, der Schmiere steht? Ist der Täter oder Teilnehmer? Wir müssen diese Frage bei der Mittäterschaft im subjektiven Tatbestand aufwerfen.

> Denn genau hier wird **in der Klausur** zur Teilnahme abgegrenzt: anhand des (subjektiven Willens) der gerade auf ihre Strafbarkeit hin untersuchten Person.

Wichtige Indizien für einen Willen zur Täterschaft kann man dabei dem **Interesse des Einzelnen** entnehmen (BGH v. 21.2.2017 – 3 StR 455/16, Rz. 4), das sich (sachverhaltsmäßig) z.B. daran fixieren lässt, dass eine Beute geteilt wird. Das ist ein Hinweis auf Täterschaftsinteresse (Erfolgsabhängigkeit). Demgegenüber sprechen äußerlich unwesentliche Tatbeiträge gegen einen Täterschaftswillen (BGH v. 8.12.2015 – 3 StR 439/15, Rz. 7)

2. Objektiver Tatbestand – Gemeinsame Tatausführung

Bei der Aktion muss es zu einer Arbeitsteilung kommen. Wenn jeder alle Merkmale erfüllen würde, brauchte man ja nicht die Zurechnungsnorm der Mittäterschaft, sondern könnte direkt aus dem Straftatbestand vorgehen.

Scheinbar ausnahmsweise kann man aber auch dann mal zusammenziehen, wenn jeder den Tatbestand erfüllt hat:
- Nämlich zum einen dann, wenn es um **Wertgrenzen** geht, die nur gemeinsam erreicht werden, vgl. §§ 243 II, 248a.

Bsp.: T1 und T2 rauben zusammen einen Kiosk aus. T1 nimmt für 27 € Colafläschchen, T2 nimmt für 27 € Lakritze mit. Als geringwertige Sachen gelten derzeit solche, bis zu einem Wert von ca. 30-50 €.

- Zum anderen aber auch in den Fällen, in denen bei Annahme einer Täterschaft an einer bestimmten Tat die Strafbarkeit wegen einer anderen entfällt: Wegen **Hehlerei, § 259**, ist der nicht strafbar, der Täter eines vorangegangenen (z.B.) Diebstahls war.

Bsp.: T1 und T2 rauben zusammen einen Kiosk aus. T1 nimmt für 30 € Colafläschchen, T2 nimmt für 30 € Lakritze mit. Danach helfen sie sich gegenseitig beim Verkauf.

Wenn man bei diesem Beispiel nicht im Wege der Mittäterschaft die Tatbeiträge des jeweiligen Diebstahls zurechnen würde (was für die Strafbarkeit nach §§ 242, 243 nicht nötig wäre), dann hätte jeder noch eine Strafe nach § 259 zu befürchten.

Es werden bei der Mittäterschaft nicht nur einzelne **Stücke der Tatbestandsverwirklichung** zusammenaddiert, sondern auch bloße **Vorbereitungs- und Unterstützungshandlungen** – wenn die Mitwirkung nach dem Willen des Handelnden Teil der Tätigkeit aller sein soll (BGH v. 26.3.2019 – 4 StR 381/18, Rz. 13).
Ansonsten wäre es nämlich nicht möglich, einen im Hintergrund **alles planenden und lenkenden Boss** als Täter zu bestrafen. Bei dieser Betrachtungsweise ist allerdings wieder viel Wertung im Spiel, hier z.B., dass man einen alles planenden Boss auch **als Täter** bestrafen **will**. – Die Mitgliedschaft in einer Bande bedeutet übrigens nicht automatisch, dass man für alle Bandendelikte Mittäter ist (BGH v. 9.2.2016 – 3 StR 538/15, Rz. 5).

Natürlich kann nicht jede Vorbereitungs- oder Unterstützungshandlung ausreichen (zur „ganz untergeordneten Tätigkeit": BGH v. 16.3.2016 – 2 StR 346/15,

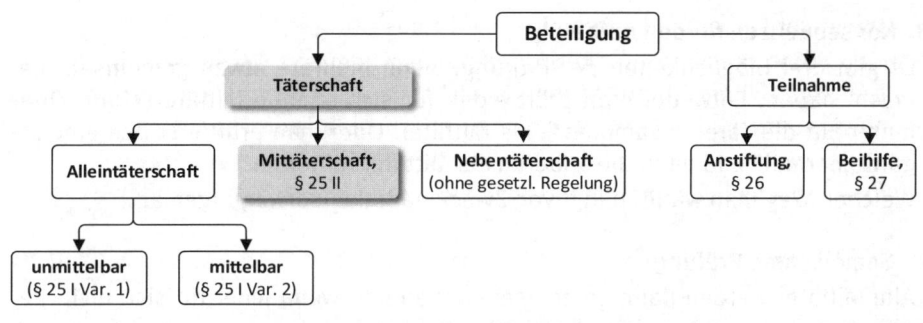

Rz. 13). Ein gewisser Schwellenwert muss schon überschritten sein. Als Faustregel gilt insoweit:

> Ein **Minus bei der Aktion** muss durch ein **Plus beim Plan** ausgeglichen sein.

Das Ganze ist, wie gesagt, wertend. Und der Ansatz der funktionellen Tatherrschaft ist nicht unumstritten. Bereits oben habe ich die drei Gruppen von Theorien aufgezeigt, die sich mit der Täterschaft und Teilnahme beschäftigen. Diese Theorien unterschieden sich im Rahmen dessen, was sie für eine ausreichende Erfüllung des objektiven Tatbestandes forderten. Ich werde das gleich noch einmal, diesmal mit den unterschiedlichen Anforderungen, tabellarisch darstellen (auf S. 260).

Die lustige Konsequenz der Zurechnung ist die, dass ein Täter sein eigenes Opfer werden kann (BGH v. 23.1.1958 – 4 StR 613/57 – Verfolger-Fall).

Bsp.: Mehrere Mittäter begehen einen Einbruch und glauben sich entdeckt. Einer von ihnen schießt, dem gemeinsamen Tatentschluss folgend, auf den vermeintlichen Verfolger, trifft aber nur einen der anderen Mittäter (X). X ist infolge der Zurechnung als Täter eines Totschlags- bzw. Mordversuchs strafbar. Der Versuch ist natürlich untauglich, weil aus der Sicht des X aus tatsächlichen Gründen nie Vollendung des objektiven Tatbestandes eintreten kann. Selbsttötung ist nicht tatbestandsmäßig.
Letztlich führt das auch dazu, dass – wenn es um eine Körperverletzung geht – der schießende Mittäter wegen einer vollendeten gefährlichen Körperverletzung, der angeschossene dagegen wegen einer (untauglich) versuchten gefährlichen Körperverletzung strafbar wird.

3. Konsequenzen für den Aufbau

Es gibt drei Möglichkeiten der Prüfung, wenn mehrere etwas gemeinsam gemacht haben. Entweder man prüft jeden für sich – ohne Mittäterschaft. Oder man prüft die Täter zusammen – als Mittäter. Oder man prüft erst den einen – ganz „normal" und dann die anderen als Mittäter hinterher.

Welchen Weg man wählt, hängt von Zweckmäßigkeitserwägungen ab.

a. Gemeinsame Prüfung

Alle Mittäter werden dann gemeinsam behandelt, wenn jeder für sich nicht genug getan hat, um den objektiven Tatbestand vollzukriegen.

Bsp.: T1 und T2 beschließen, schwere Teppichrollen von einem umzäunten Fabrikgelände zu stehlen. T1 klettert abends hinein und wirft die Rollen über den Zaun (= Gewahrsamsbruch **ohne** Neubegründung). T2 nimmt morgens die Rollen und transportiert sie ab (= Gewahrsamsbegründung **ohne** Bruch). Hier erfüllen nur beide Handlungen gemeinsam den objektiven Tatbestand des § 242 I.

Man beginnt mit (I.) dem subjektiven Tatbestand (1. gemeinsamer Tatentschluss als Täter, 2. jeweiliger Vorsatz, 3. Sonstige subjektive Merkmale) und behandelt erst anschließend (II.) den objektiven Tatbestand (gemeinsame Tatausführung, Zurechnung der Handlung des anderen – Theorienstreit).

Der Grund hierfür liegt in der Überlegung, dass ähnlich wie beim Versuch (bei mindestens einem Mittäter) ein Stück des objektiven Tatbestandes fehlt, der subjektive Tatbestand dagegen vollständig vorliegen muss.

Außerdem kann man **erst dann objektiv** etwas zurechnen, **wenn** man weiß, dass es **subjektiv** vom gemeinsamen Tatplan **abgedeckt** ist.

Theoretisch denkbar – und an einigen Unis und von älteren Prüfern gerne praktiziert – ist es natürlich auch, mit dem objektiven Tatbestand zu beginnen. Dies bringt aber Schwierigkeiten mit sich, wenn man den dazugehörigen Theorienstreit darstellen will (vgl. hierzu auch den übernächsten Punkt *Theoriengruppen* – ab S. 259). Ich rate daher aus Zweckmäßigkeitserwägungen davon ab.

Wäre der objektive Tatbestand bei allen Mittätern gleich vollständig, bräuchte man nicht die Zurechnung über § 25 II, sondern könnte direkt jeden für sich prüfen (aber §§ 243 II, 248a, 259 nicht vergessen!).

Letztlich bleibt noch, darauf hinzuweisen, dass es sich manchmal sprachlich machen lässt, wenn man, wie gerade vorgeschlagen, den subjektiven Tatbestand so prüft (am Bsp. Diebstahl):

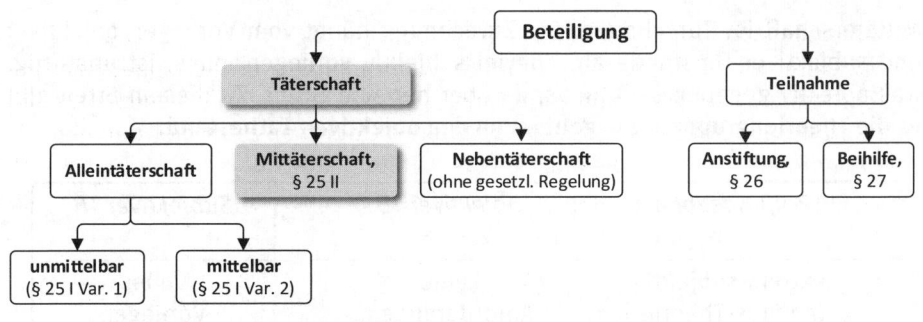

1. Gemeinsamer Tatentschluss als Täter mit jeweilig anderem Mittäter handeln zu wollen.
2. Vorsatz bez. Sache, fremd, beweglich, Wegnahme.
3. Absicht, sich oder einem Dritten die Sache rechtswidrig zuzueignen.

Manchmal sieht's aber besser aus, die Gemeinsamkeit aus 1. in die Punkte 2. und 3. zu integrieren. Das sähe dann so aus:
1. Vorsatz bez. Sache, fremd, beweglich und *gemeinsamer* Wegnahme als Täter.
2. Absicht, sich oder einem Dritten die Sache *gemeinsam mit* dem jeweilig anderen Mittäter rechtswidrig zuzueignen.

b. Getrennte Prüfung
Eine getrennte Prüfung empfiehlt sich dann, wenn einer alleine den ganzen Tatbestand erfüllt hat und der andere nur über die Mittäterschaft einbezogen werden kann. Dann liegt die Arbeitsteilung nämlich nicht in der Tatbestandsverwirklichung und in der insoweit erfolgenden Zurechnung, sondern entweder im **Vorfeld** (der planende Boss) oder im **Umfeld** (Schmiere stehen und Fluchtwagen).

Für diese Fälle beginnt man mit dem, der alles getan hat (komplette Packung: TB/RW/Schuld), und untersucht anschließend in einer gesonderten Prüfung, ob der andere sich dies über Mittäterschaftsregeln zurechnen lassen muss. Auch im Rahmen dieser gesonderten Prüfung beginnt man mit dem subjektiven Tatbestand, klärt den Willen zum gemeinsamen Handeln, das volle Vorliegen aller subjektiven Voraussetzungen ab, um dann objektiv festzustellen, dass dies für eine Zurechnung des objektiven Tatbeitrages vom anderen Täter reicht.

c. Die Theoriengruppen
Die gleich folgende Darstellung soll noch einmal verdeutlichen, warum es sinnvoll ist, den **objektiven Tatbestand erst nach dem subjektiven** zu prüfen.

Mittäterschaft ist Zurechnung. Die Zurechnung hängt vom Vorliegen objektiver und subjektiver Umstände ab. Wieviel subjektiv vorliegen muss, ist unstrittig, was objektiv gegeben sein muss, darüber herrscht Streit. Zu diesem Streit gibt es die **Theoriengruppen**. Sie **gehören in den objektiven Tatbestand**.

Prüfungsebene: Theorie:	Objektiver TB	Subjektiver TB
extrem-subjektiv (animus-Theorie)	keine Anforderungen	volles Vorliegen
Lehre von der **Tatherrschaft** (materiell-objektiv) (final-objektiv)	Tatherrschaft in Form:[9] - Handlungsherrschaft - funktionaler Tatherrschaft - Willensherrschaft	volles Vorliegen
formal-objektiv	volles Vorliegen	volles Vorliegen

Ein Streit ist für einen konkreten Fall dann nicht zu entscheiden, wenn alle Auffassungen in diesem Fall zu demselben Ergebnis führen, hier also alle Theoriegruppen/Lehren eine Mittäterschaft entweder bejahen oder verneinen würden.
- Nach der Tabelle ist das der Fall, wenn der subjektive Tatbestand (inkl. Vorsatz zur Mittäterschaft) nicht (vollständig) vorläge: Dann verneinen alle eine (Mit-)Täterschaft.
- Nach der Tabelle ist das aber auch der Fall, wenn der objektive Tatbestand bei allen vollständig vorläge. Dann bejahen alle Mittäterschaft. [Nur ist sie dann eigentlich nicht nötig.]
- Ein unterschiedliches Ergebnis gibt es nur dann, wenn im objektiven Tatbestand was fehlt. Dann geht nach einer Gruppe gar nichts mehr, nach einer anderen kommt es drauf an, ob das ausgeglichen wird, nach der dritten ist das völlig egal.
- Die Völlig-Egal-Auffassung (Extrem-subjektiv) will also eine Mittäterschaft allein davon abhängig machen, ob der subjektive Tatbestand vollständig vorliegt. (Für die Tatherrschaft gilt – abgeschwächt – ebenfalls eine vorrangige Bedeutung des subjektiven Tatbestandes.)

Folglich lassen sich die Effekte dieser Auffassung(en) nur und erst dann richtig abschätzen, wenn man den subjektiven Tatbestand geprüft und bejaht hat.

Hat man dies nicht schon *vor* dem objektiven Tatbestand getan, muss man es (schachtelweise) mindestens dann *im* objektiven Tatbestand tun, wenn dort bei

---

[9] Abhängig davon, ob Alleintäterschaft, Mittäterschaft oder mittelbare Täterschaft vorliegt.

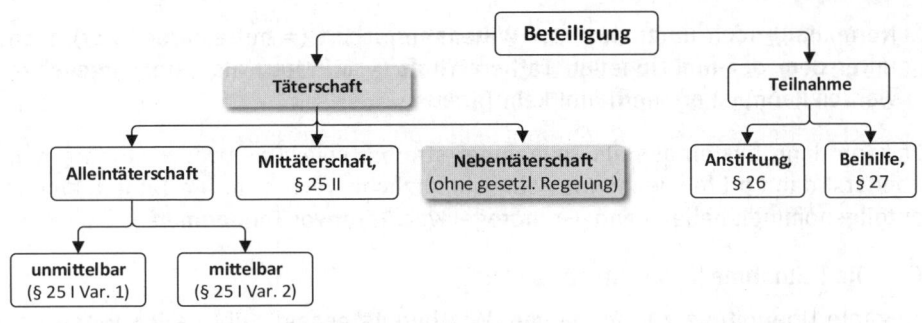

einem Beteiligten etwas fehlt, was man nur über mittäterschaftliche Zurechnung bekommt (das wäre dann subjektiv in objektiv).

Wenn es aber sowieso am subjektiven Tatbestand hängt, dann ist es schlicht zweckmäßiger, ihn auch direkt vorab (und natürlich getrennt) zu prüfen.

IV. Nebentäterschaft

Wenn mehrere Personen einen tatbestandsmäßigen Erfolg bewirken, ohne dass ein gemeinsamer Tatentschluss vorliegt, liegt die (gesetzlich nicht geregelte) Nebentäterschaft vor.

Dies wird häufig bei Fahrlässigkeitsdelikten der Fall sein (vgl. oben den Motorradunfallfall, S. 239): Dort gibt es ja überhaupt keinen Tatentschluss = Vorsatz. Manchmal allerdings auch bei Vorsatzdelikten, wie bei dem oben angeführten Doppelgiftfall.

Die Nebentäterschaft hat als eigenständige Rechtsfigur keinerlei praktische Relevanz. Ich bringe sie nur deshalb, damit man nicht schon dann mit einer Prüfung aufhört, wenn man einen hat, der der Böse war. Man muss immer noch im Umfeld schauen, ob es nicht noch mehr Täter gibt, die vielleicht nur etwas weiter weg sind.

Auch aufbaumäßig bietet diese Konstellation überhaupt keine Schwierigkeiten: Es wird jeder für sich geprüft, wie gehabt.

Wir kommen jetzt zusammenfassend noch mal auf das oben eingeführte **Raster** zurück, mit dessen Hilfe festgestellt werden soll, ob eine verdächtige Person Täter oder Teilnehmer ist.

- Wenn wir den ersten Teil dieses Rasters ergebnislos abgehandelt haben (die **Negativprüfung**),
- ist anschließend (**Positivprüfung**) zu untersuchen, ob sich die Täterschaft des Betrachteten aus Tatherrschaftsregeln ergibt. Diese Tatherrschaftsregeln haben wir soeben kennengelernt. Ergibt sich nun, dass der Betrachtete weder unter dem Gesichtspunkt der **Handlungsherrschaft** (= unmittelbarer Täter =

Normalfall) noch unter dem der **Willensherrschaft** (= mittelbarer Täter) noch unter dem der **funktionellen Tatherrschaft** (= Mittäter) als Täter angesehen werden kann, ist er überhaupt kein Täter.

Er kann dann bestenfalls als Teilnehmer strafbar sein. Das wiederum darf man aber erst dann prüfen, wenn man eine vorsätzliche, rechtswidrige Tat hat, an der er teilgenommen haben kann. Grundregel war: **Täter vor Teilnehmer!**

C. **Die Teilnahme** [Lesezeit: ca. 13 Min.]

Elegante Überleitung zur Teilnahme. Wie bereits gesagt, gibt es 2 Formen der Teilnahme: die **Anstiftung** und die **Beihilfe** (Blick in die Kopfzeile rechts!)

Vorbemerkung: Anstiftung und Beihilfe haben eines gemeinsam: Sie setzen beide eine tatbestandsmäßige (das Gesetz sagt: vorsätzliche), rechtswidrige (Haupt-) Tat voraus. Hoffentlich aufgefallen ist, dass *nicht* vorausgesetzt wird, dass die Haupttat auch *schuldhaft* begangen wurde. Der Grund hierfür liegt in der Struktur der Straftaten.

Wir haben unterteilt in Unrecht (= Tatbestand + Rechtswidrigkeit) und Schuld. Während beim Unrecht das **Urteil über die Tat** gefällt wurde, fällt bei der Schuld das **Urteil über den Täter**. (An dieser Stelle, an der wir jetzt sind, können wir den Satz sprachlich abwandeln: Mit der Schuld fällt das **Urteil über den Beteiligten**.)

Für die Teilnahme an einer Tat genügt es, dass diese Tat als Unrecht qualifiziert wurde. Es ist für die Strafbarkeit eines Teilnehmers egal, ob (auch) dem Haupttäter ein persönlicher Vorwurf gemacht werden kann, ob also (auch) der Haupttäter schuldhaft gehandelt hat.

In der Schuld wird jeder (Täter oder Teilnehmer) persönlich angeschaut. Und der persönliche Vorwurf gegen den Haupttäter darf nicht die Strafbarkeit des Teilnehmers beeinflussen. Seinen gesetzlichen Niederschlag hat dieses Prinzip in § 29 gefunden: Jeder Beteiligte ist ohne Rücksicht auf die Schuld des anderen nach seiner Schuld strafbar.

Die Teilnahme hängt an der Haupttat. Dies wird als **Akzessorietät** (accedere, lat. = hinzutreten, annähern) bezeichnet. Weil man sich dabei nicht an die gesamte Haupttat anhängt, sondern die Schuld auslässt, heißt dieses Anhängen „**limitierte (begrenzte) Akzessorietät**". (Wir könnten uns an einen kurzen Hinweis auf Seite 57 erinnern.)

Im Übrigen, vgl. den Wortlaut von §§ 26, 27, ist Teilnahme nur an vorsätzlichen Delikten möglich. Eine Fahrlässigkeitstat, etwa § 222, kann also nicht Haupttat sein. Anders formuliert: Zu § 222 kann man nicht anstiften oder beihelfen. (Es kann nur Nebentäterschaft vorliegen.)

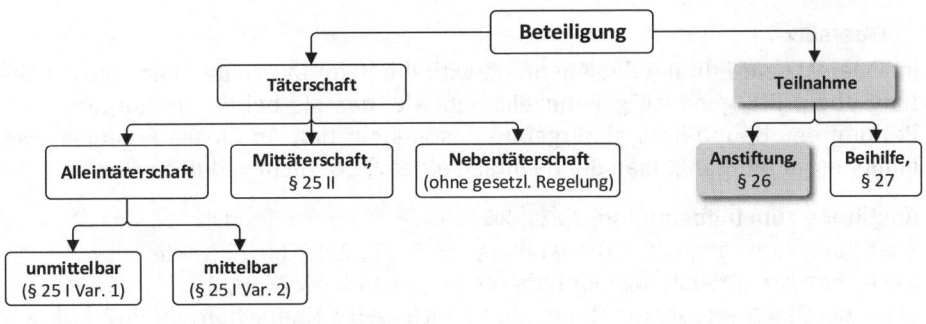

1. Form – Die Anstiftung

Vorweg der obligatorische Überblick über den Aufbau. In der folgenden Reihenfolge prüft man die Strafbarkeit eines Anstifters:

I. Tatbestandsmäßigkeit
 1. Objektiver Tatbestand
    a. Vorsätzliche und rechtswidrige Haupttat
    b. Anstifterhandlung (= Hervorrufen eines Tatentschlusses beim Haupttäter)
 2. Subjektiver Tatbestand
    a. Vorsatz bez. der Haupttat (= Wissen & Wollen der Vollendung der Haupttat)
    b. Vorsatz bez. der Anstifterhandlung (= Wissen & Wollen des Hervorrufens eines Tatentschlusses beim Haupttäter)
 3. Fälle des § 28 II

II. Rechtswidrigkeit: Keine Besonderheiten

III. Schuld: Keine Besonderheiten

Das Gesetz sagt: Anstifter ist, wer vorsätzlich einen anderen zu dessen vorsätzlich begangener rechtswidriger Tat bestimmt hat, § 26.

Der Überblick hat dabei zunächst einmal etwas ungemein Beruhigendes. Zeigt er uns doch, dass wir uns keine Sorgen machen müssen, es käme schon wieder etwas ganz Neues. Zumindest aufbaumäßig gibt es in diesem riesigen Baukastenspiel Strafrecht sowieso nie so richtig Neues. Man kann die immer gleichen Klötzchen (Tatbestand, Rechtswidrigkeit, Schuld) einfach neu anstreichen und / oder anders zusammensetzen.

- **Obersatz**

Im Obersatz zur Prüfung des Anstifters wird die Haupttat, zu der man eine Anstiftung überprüft, genauso gekennzeichnet, wie man sie bei der vorhergehenden Prüfung des Haupttäters als Ergebnis festgestellt hat. An dieses Ergebnis, wie immer es lautet, hängt man dann einfach einen § 26. Nicht wirklich schwer.

Anstiftung zum Diebstahl: §§ 242 I, **26**.
Anstiftung zum versuchten Diebstahl: §§ 242 I, II, 22, 23 I, 12 II, **26**.
Anstiftung zum Diebstahl in mittelbarer Täterschaft: §§ 242 I, 25 I Var. 2, **26**.
Anstiftung zum versuchten Diebstahl in mittelbarer Täterschaft: §§ 242 I, II, 22, 23 I, 12 II, 25 I Var. 2, **26**.

Was wir hieran übrigens schon bemerken, ist, dass die *Terminologie ebenfalls akzessorisch* ist. Wenn die Haupttat nur versucht war, dann liegt eben nur **Anstiftung zur versuchten Haupttat** vor. Das hat nichts damit zu tun, dass der Anstifter bei der Anstiftung natürlich die Vollendung wollen muss (dazu gleich noch), es folgt nur aus der Technik des Anhängens.

I. Tatbestandsmäßigkeit

1. Objektiver Tatbestand

a. Vorliegen einer vorsätzlichen und rechtswidrigen Haupttat

Dieser Prüfungspunkt ist stets zuerst zu prüfen. Wir verweisen hier allerdings regelmäßig nur nach oben, weil der Aufbau die Prüfung *Täter vor Teilnehmer* zwingend vorschreibt. (Nur) Ausnahmsweise kann das anders sein, wenn entweder der Haupttäter schon gestorben ist, oder aber, wenn die Aufgabenstellung den Haupttäter ausdrücklich von der Strafbarkeitsprüfung ausnimmt. Dann muss man die Haupttat „in" der Teilnahme prüfen (lat.: inzidenter).

Als Haupttat kommt so allerlei in Betracht, je nachdem, was vorher beim Haupttäter schon geprüft wurde: ein einfacher Tatbestand, ein Tatbestand mit einer Qualifikation oder einer Privilegierung, ein Tatbestand mit einem Regelbeispiel.
Interessant schließlich: Auch die Anstiftung zu einer Tat kann als Haupttat in Frage kommen. Wir hätten dann die **Anstiftung zu einer Anstiftung** (sog. **Kettenanstiftung**).

Man kann dabei zu vier Ergebnissen kommen: Die Haupttat wurde nicht versucht, wurde versucht, aber nicht vollendet, wurde vollendet und wurde beendet.

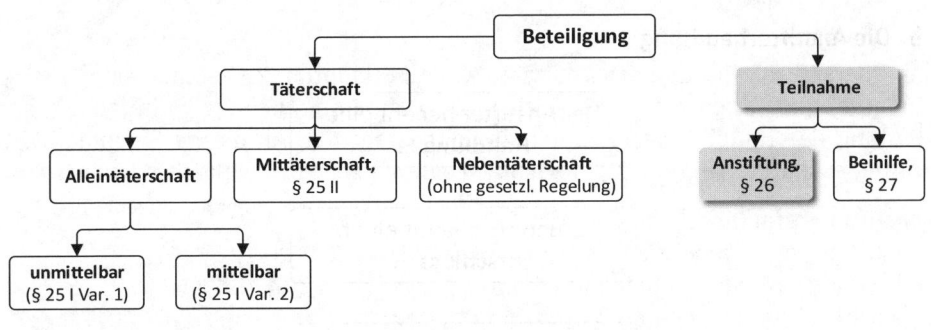

aa. Nicht versuchte Haupttat: (maximal) versuchte Anstiftung

Wenn die Haupttat nicht mal versucht wurde, dann kann bei Licht besehen auch keine Anstiftung vorliegen (ohne Haupttat keine Anstiftung). Es fehlt dann am objektiven Tatbestand der Anstiftung. Andererseits *will* aber doch der „Anstifter" eine bestimmte Haupttat. Das führt uns dann dahin, wo wir immer hinkommen, wenn einer was will, was nicht (ganz) geklappt hat: zum Versuch.

In solchen Fällen liegt nur **versuchte Anstiftung** vor. Diese ist allein nach § 30 I (dazu gleich noch auf S. 276) oder nach Sondervorschriften (§§ 111, 159) strafbar. Wir registrieren, dass es hier tatsächlich um eine versuchte Anstiftung und nicht um eine Anstiftung zur versuchten Haupttat geht (dazu jetzt folgend: bb.).

bb. Versuchte, aber nicht vollendete Haupttat: Anstiftung zum Versuch

Hier liegt Anstiftung zur versuchten Haupttat vor, die als solche mit dieser immer strafbar ist. Zu der merkwürdigen Formulierung **Anstiftung zur „versuchten" Haupttat**, s.o.

Der Anstifter will natürlich die Vollendung (sonst schon keine Anstiftung, vgl. unten beim Vorsatz). Darauf kommt es aber bei der Bezeichnung nicht an. Wegen der Akzessorietät richtet sich die Bezeichnung nach der Haupttat. [Sprechender wäre die Benennung als „Anstiftung zur (im Versuch steckengebliebenen) Haupttat". Das hat sich aber nicht eingebürgert.]

cc. Vollendete Haupttat

Ab der Vollendung selbst ist keine Anstiftung mehr möglich. Ist vorher angestiftet worden, wird wegen Anstiftung zur vollendeten Haupttat bestraft.

dd. Beendete Haupttat

Wie vollendete Haupttat.

Gelangt man zu dem Ergebnis, dass eine Haupttat vorliegt, geht es weiter mit der Anstifterhandlung.

b. Die Anstifterhandlung

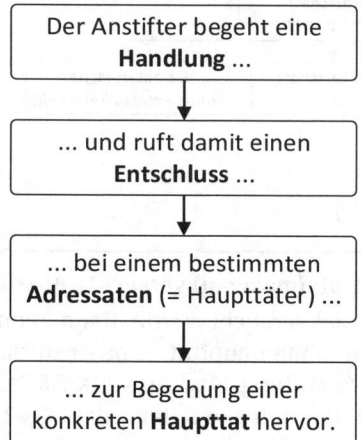

aa. Die Anstifterhandlung kann unter **Einsatz beliebiger Mittel** erfolgen. Es kommen Geschenke, Versprechungen, Drohungen, Vorspiegelungen falscher Erwartungen etc. in Betracht.

bb. Diese Handlung muss in einem anderen einen den **Entschluss auslösen**, die Tat auszuführen, er muss dadurch zur Tat „bestimmt" werden (§ 26).
Bestimmen in diesem Sinne bedeutet, dass die Handlung für den Entschluss kausal war. Ob der Entschluss vom Bestimmten dann mitgetragen wird („Ich mache das, weil ich das gut finde.") oder nicht („Ich mache das nur, weil ich bedroht werde."), spielt keine Rolle.
Deshalb liegt mangels Bestimmung dann keine Anstiftung vor, wenn der Haupttäter zur Tat ohnehin schon fest entschlossen war. Es genügt allerdings nicht, dass der Haupttäter zu *irgendeiner* Tat entschlossen war, es muss *die konkrete* sein, zu der er angestiftet werden soll.

Bsp.: Terrorist A will Terrorist T dazu anstiften, Politiker O zu töten. Er gibt ihm hierfür 10.000,-. T wollte O aber vorher schon töten, da dieser auch seiner terroristischen Einstellung zuwider lebt.

Hier ist keine Anstiftung mehr möglich. T ist ein sog. „**omnimodo facturus**" (lat.: omnis/omnia = jeder, alle/alles, ganz – modus = Art/Weise – facere = handeln, machen). Idee: **Offene Türen kann man nicht mehr öffnen**. Strafbarkeit ist dann nur nach § 30 I möglich: versuchte Anstiftung (§ 30 gilt nur für *Verbrechen!*).

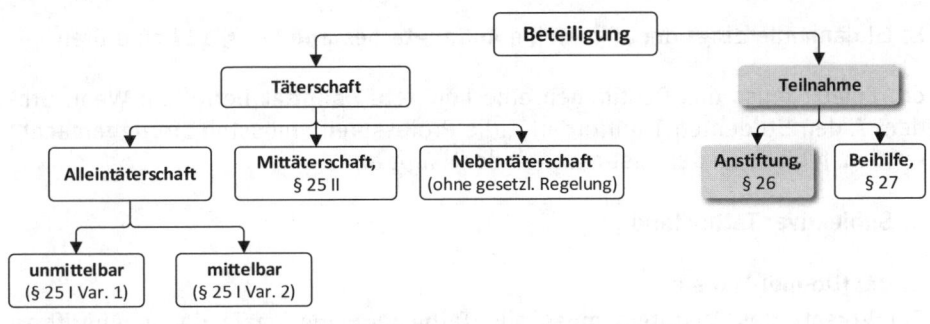

Sonderfall: Aufstiftung

Umstritten ist die Situation dann, wenn der Haupttäter zur Verwirklichung eines Grundtatbestandes entschlossen war, der „Anstifter" ihn aber zur Verwirklichung einer darüber hinausgehenden Qualifikation noch bestimmt hat (sog. **Aufstiftung**).

> **Bsp.:** T will O berauben, indem er ihn niederschlägt und dann das Geld wegnimmt. A weist T darauf hin, dass O früher ein bekannter Berufsboxer gewesen sei, und rät T, einen Knüppel mitzunehmen. T begeht daraufhin die Tat, indem er O mit dem Knüppel niederschlägt.

Das Problem dieser Konstellation liegt darin, dass man jemanden, wenn man ihn aus der Qualifikation bestraft, zwangsläufig (wegen des höheren Strafmaßes) *auch aus dem Grundtatbestand* bestraft. Und im Hinblick darauf war der „Angestiftete" ja schon fest entschlossen, so dass *eigentlich* kein Grund besteht, den „Anstifter" (auch) deswegen zu bestrafen. Andererseits hat der Aufstifter die Gefährlichkeit der Tat erhöht, so dass es durchaus ein Bedürfnis gibt, so etwas zu bestrafen.

Klausurmäßig gehört dieses Problem in den objektiven Tatbestand hinein, wenn es darum geht, ob das Verhalten des potentiellen „Anstifters" **ein kausales Bestimmen** für den Tatentschluss des Haupttäters war.

Sonderfall: Abstiftung

Das Gegenstück zur Aufstiftung ist die **Abstiftung**, bei welcher der Abstifter die Gefährlichkeit einer Tat verringert. Dass man dafür nicht wegen Anstiftung bestraft werden kann, versteht sich von selbst. Soweit allerdings das Grunddelikt gutgeheißen wird, kann man an **psychische Beihilfe** *hierzu* denken.

cc. Das Bestimmen muss sich an einen **bestimmten Adressaten** richten. Die allgemeine Aufforderung des Politikers G: „Macht kaputt, was Euch kaputt macht!" ist daher keine Anstiftung.

Es ist dann allerdings der allgemeine **Auffangtatbestand des § 111** zu prüfen.

dd. Zuletzt muss das Bestimmen eine **konkrete Haupttat** betreffen: Wenn Student A den Studenten T auffordert, „die Professoren" müssten „fertiggemacht" werden, fehlt es an der Bestimmtheit der Haupttat.

2. Subjektiver Tatbestand

a. Der (Doppel-)Vorsatz

Der Vorsatz des Anstifters muss alle Tatbestandsmerkmale der in Angriff zu nehmenden Tat als wenigstens umrisshaft individualisiertes Geschehen umfassen (BGH v. 22.8.2017 – 2 StR 362/16) und auf deren Vollendung gerichtet sein.

Weil der Anstifter sowohl
- die Vollendung der **Haupttat** durch den Haupttäter, als auch
- den Tatentschluss beim **Haupttäter** hervorrufen (= Bestimmen)

wollen muss, spricht man vom sog. **„Doppelvorsatz"** des Anstifters (BGH v. 23.3.2017 – 3 StR 260/16, Rz. 14). (Dabei ist das Wort *Doppelvorsatz* an sich ziemlicher Quatsch. Der Anstifter hat natürlich nur *einen* Vorsatz, der sich allerdings auf mehrere Merkmale [Haupttat, Bestimmen] richtet. Aber das ist ja immer so.)

Bsp. (Anstiftung zu einem Diebstahl): Anstifter A muss zunächst den Vorsatz bezüglich der Haupttat gehabt haben. A muss also gewusst haben, dass es sich um eine für T fremde, bewegliche Sache handelte, und A muss gewollt haben, dass T diese wegnimmt. A muss weiter gewusst haben, dass T vorsätzlich im Hinblick auf den objektiven Tatbestand und weiter in der Absicht handelte, sich oder einem Dritten die Sache rechtswidrig zuzueignen, und A muss auch dies gewollt haben. A müsste schließlich gewusst haben, dass das Gesamtverhalten des T rechtswidrig war und er muss dies ebenfalls gewollt haben.
Zuletzt muss A den Vorsatz gehabt haben, T zu diesem Verhalten zu bestimmen.

Daraus ergeben sich drei wichtige Folgerungen.

aa. Folgerung Nr. 1: Will der Anstifter die Vollendung nicht, kann keine Anstiftung vorliegen. Dies ist der gerne geprüfte Fall des **agent provocateur**.

Bsp.: Polizeispitzel J (= Judas) überredet die ihm bekannten Chaoten T1 und T2 auf der nächsten Demo gegen einen Gxx-Gipfel mit Fahrradketten und Schlagringen mal so richtig Stimmung zu machen. Kaum sind T1 und T2 unterwegs, benachrichtigt J die Einsatzleitung. Gerade als T1 und T2 versuchen wollen, mit den Schlagringen einem Demonstranten beizubringen, warum er seine Auffassung zu

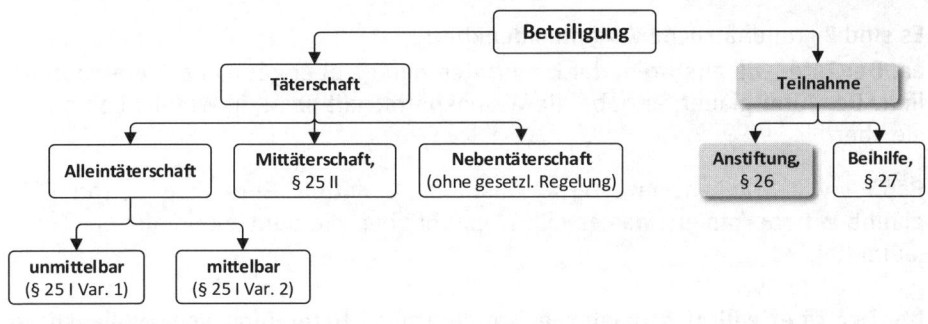

Freihandelsabkommen noch mal überdenken sollte, werden sie von einer freundlichen Hundertschaft zu einem Besuch in den Knast eingeladen.

Hier liegt keine Anstiftung zur (versuchten) gefährlichen Körperverletzung vor, weil J gar nicht wollte, dass es dazu kam.

bb. Folgerung Nr. 2: Macht der Haupttäter mehr, als er sollte, liegt ein **Exzess** vor (vgl. das gleichgelagerte Problem bei der Mittäterschaft). Es fehlt dem Anstifter dann am Vorsatz bez. dieses Umstandes.

Bsp.: A hat T zu einem Diebstahl angestiftet. T wird auf dem Weg vom Tatort von O überrascht und schlägt ihn daher nieder. T ist nach §§ 242, 252 strafbar; A dagegen nur nach §§ 242, 26.

cc. Folgerung Nr. 3: Weiß der Anstifter, dass der Haupttäter ohne Vorsatz handelt, liegt gar keine Anstiftung vor. Das ist durchaus logisch, es liegt dann ja auch gar keine Haupttat vor. Es handelt sich vielmehr um einen Fall von **mittelbarer Täterschaft**, vgl. die folgenden Beispiele zu den Irrtümern.

b. Irrtümer

Der Anstiftende muss mit Vorsatz = Wissen und Wollen handeln, also kann er sich auch irren. Und zwar einmal über die allgemeinen (Tatbestands-)Merkmale der Haupttat (Bsp. Diebstahl: fremd / beweglich / Sache / Wegnahme / Vorsatz des Täters / Zueignungsabsicht des Täters) und zum zweiten über die Umstände der Anstiftung.
Das Erste birgt keine Besonderheiten, das Zweite müssen wir uns ansehen.

Es handelt sich hier strukturell um dasselbe Problem, das bereits oben im Rahmen der mittelbaren Täterschaft besprochen wurde (vgl. S. 250). Es werden daher auch dieselben Beispiele verwandt. Bitte beachten, dass es hier im Wesentlichen nur um die **Abgrenzung von Anstiftung zu mittelbarer Täterschaft** geht.

Es sind 2 grundsätzliche Varianten denkbar:

aa. Der **Täter will anstiften**, der Haupttäter merkt's aber gar nicht. Anders formuliert: Der Täter glaubt, er habe die Willensherrschaft nicht, in Wirklichkeit hat er sie aber.

Bsp.: T will Krankenschwester W anstiften, O mittels Giftspritze zu töten. Er glaubt, W habe kapiert, was er will. W glaubt aber, die Spritze enthalte ein Kreislaufmittel.

bb. Der **Täter will nicht anstiften**, sondern mittelbarer Täter sein (Willensherrschaft!), der Haupttäter merkt's aber und macht's trotzdem. Anders formuliert: Der Täter glaubt, er habe die Willensherrschaft, in Wirklichkeit hat er aber keine.

Bsp.: Die Krankenschwester, die die Gefährlichkeit der Giftspritze erkennt, aber trotzdem injiziert, handelt selber voll deliktisch: § 212.

Im ersten Fall bekommen wir gar keine Anstiftung hin, denn es fehlt dann ja an einer *vorsätzlichen* Haupttat. Im zweiten Fall liegt zwar eine Haupttat vor, der Täter hatte sich das aber anders gedacht.

Auflösung: Grundgedanke ist, dass in jedem Vorsatz zur mittelbaren Täterschaft als „minus" (lat.: weniger) ein Anstiftervorsatz steckt. (Zum Charakter dieser Aussage als Glaubensbekenntnis vgl. oben, bei der mittelbaren Täterschaft, auf S. 251.)

Damit ergibt sich
- bei aa.: Strafbarkeit wg. versuchter Anstiftung (weiter reicht der Vorsatz nicht), wenn versuchte Anstiftung strafbar ist, vgl. § 30.
- bei bb.: Strafbarkeit wg. versuchter mittelbarer T. und vollendeter Anstiftung (als minus).

Aufbautechnisch sieht das so aus, dass man
- bei aa.: zunächst eine selbständige Haupttat des Werkzeuges prüft, diese aber verneint; dann eine mittelbare Täterschaft (des Täters), diese aber mangels Vorsatz (subj. TB) verneint, dann eine versuchte Anstiftung, diese – wenn strafbar – bejaht.
- bei bb.: zunächst eine selbständige Haupttat des Werkzeuges prüft, diese bejaht; dann eine mittelbare Täterschaft (des Täters), diese aber mangels Tatherrschaft (obj. TB) verneint; dann eine versuchte mittelbare Täterschaft, diese auch bejaht; zuletzt eine vollendete Anstiftung, diese ebenfalls bejaht.

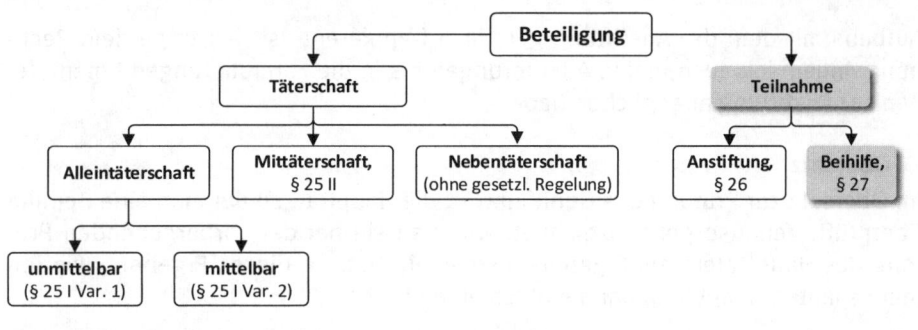

3. Fälle des § 28 II
Die Fälle des § 28 II werden nach dem subjektiven Tatbestand erörtert. Wir werden sie uns in einem Sonderkapitel weiter unten anschauen (ab S. 276).

II. Rechtswidrigkeit & III. Schuld
Keine Besonderheiten

2. Form – Die Beihilfe
Zunächst einmal ein kleiner Überblick über den Aufbau. In der folgenden Reihenfolge prüft man die Strafbarkeit eines Gehilfen:

I. **Tatbestandsmäßigkeit**
   1. Objektiver Tatbestand
      a. Vorsätzliche und rechtswidrige Haupttat
      b. Gehilfenhandlung (= Förderung der Haupttat)
   2. Subjektiver Tatbestand
      a. Vorsatz bez. der Haupttat (= Wissen & Wollen der Vollendung der Haupttat)
      b. Vorsatz bez. der Gehilfenhandlung (= Wissen & Wollen der Förderung der Haupttat)
   3. Fälle des § 28 II
II. **Rechtswidrigkeit: Keine Besonderheiten**
III. **Schuld: Keine Besonderheiten**

Gehilfe ist, wer vorsätzlich einem anderen zu dessen vorsätzlich begangener rechtswidriger Tat Hilfe geleistet hat, § 27.
Auch hier gilt, was bereits oben beim ersten Kontakt mit der Anstiftung gesagt wurde: im Wesentlichen nichts Neues. Hinzu kommt, dass die Ähnlichkeit des

Aufbaus mit dem der Anstiftung geradezu frappierend ist. Ich trage dem Rechnung, indem ich auch meine Ausführungen bis in die Formulierungen hinein denen zur Anstiftung angeglichen habe.

- **Obersatz**

Im Obersatz zur Prüfung des Gehilfen wird die Haupttat, zu der man eine Beihilfe überprüft, genauso gekennzeichnet, wie man sie bei der vorhergehenden Prüfung des Haupttäters als Ergebnis festgestellt hat. An dieses Ergebnis, wie immer es lautet, hängt man dann einfach einen § 27 I.

Beihilfe zum Diebstahl: §§ 242 I, **27 I**.
Beihilfe zum versuchten Diebstahl: §§ 242 I, II, 22, 23 I, 12 II, **27 I**.
Beihilfe zum Diebstahl in mittelbarer Täterschaft: §§ 242 I, 25 I Var. 2, **27 I**.
Beihilfe zum versuchten Diebstahl in mittelbarer Täterschaft: §§ 242 I, II, 22, 23 I, 12 II, 25 I Var. 2, **27 I**.

Was wir hieran wiederum bemerken, ist, dass die Terminologie ebenfalls akzessorisch ist. Wenn die Haupttat nur versucht war, dann liegt eben nur **Beihilfe zur versuchten Haupttat** vor. Das hat nichts damit zu tun, dass der Gehilfe natürlich (wie der Haupttäter auch) die Vollendung durch den Haupttäter wollen muss (dazu gleich noch), es hat nur mit dem Anhängen zu tun.

I. Tatbestandsmäßigkeit

1. Objektiver Tatbestand

a. Vorliegen einer vorsätzlichen und rechtswidrigen Haupttat

Dieser Prüfungspunkt ist stets zuerst zu prüfen. Es wird hier allerdings regelmäßig nur eine Verweisung nach oben stattfinden, weil der Aufbau die Prüfung Täter vor Teilnehmer zwingend vorschreibt.

> Etwas exotisch: Als Haupttat kann auch eine Beihilfe in Frage kommen. Wer einem Gehilfen Hilfe leistet, begeht **Beihilfe zur Beihilfe** (BGH v. 22.12.2015 – 2 StR 419/15, Rz. 11).

Man kann dabei zu vier Ergebnissen kommen: Die Haupttat wurde nicht versucht, wurde versucht, aber nicht vollendet, wurde vollendet und wurde beendet.

aa. Nicht versuchte Haupttat

Hier liegt nur versuchte Beihilfe vor. Diese ist straflos.

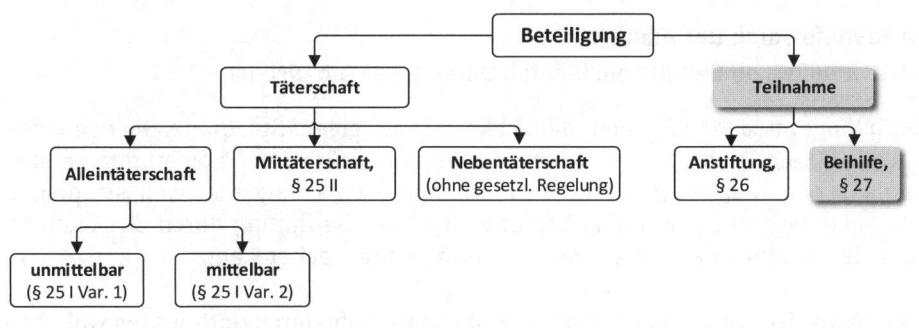

bb. Versuchte, aber nicht vollendete Haupttat
Hier liegt Beihilfe zur versuchten Haupttat vor, die als solche mit dieser immer strafbar ist.

cc. Vollendete Haupttat
Es wird wegen Beihilfe zur vollendeten Haupttat bestraft.
Beihilfe ist nach wohl überwiegender Auffassung (aber aus guten Gründen strittig) immer noch möglich bis spätestens zur Beendigung. (Es entstehen **Abgrenzungsprobleme zur Begünstigung, § 257**, die nach h.M. über eine subjektive Betrachtung gelöst werden: Will der Täter zur Tat *Hilfe leisten*, liegt Beihilfe vor, will er die Vorteile der Tat *sichern*, liegt Begünstigung vor.)

Den Standort der Erörterung dieser Abgrenzungsprobleme kann man sich aus zwei Möglichkeiten aussuchen.
- Entweder man prüft zuerst § 257 und fragt dort im subjektiven Tatbestand nach dem Vorliegen eines *Vorsatzes zur Sicherung* von Vorteilen. Dabei kann man dann zur Beihilfe abgrenzen.
- Oder aber man prüft zuerst § 27 in Verbindung mit dem entsprechenden Delikt und fragt bei der Beihilfe im Rahmen des subjektiven Tatbestandes danach, ob ein *Vorsatz zur Vollendung* der fremden Haupttat besteht. Dabei kann man dann zur Begünstigung abgrenzen.

dd. Beendete Haupttat
Keine Beihilfe mehr möglich. Wenn vorher geholfen worden ist, wird wegen Beihilfe zur vollendeten Haupttat bestraft.

b. Die Gehilfenhandlung
Die Gehilfenhandlung kann unter Einsatz beliebiger Mittel erfolgen, z.B. **physische** / technische Beihilfe, wie Nachschlüssel verschaffen, Leiter tragen, Lampe halten etc. oder **psychische** / intellektuelle Beihilfe (BGH v. 7.2.2017 – 1 StR 231/16, Rz. 30), wie Mut machen, Rat geben, Belohnung versprechen etc.

aa. Beihilfe durch Unterlassen

Umstritten ist, ob **Beihilfe** auch **durch Unterlassen** möglich ist.

Bsp.: Kindermädchen B ist mit dem kleinen O auf einem Spielplatz. Sie beobachtet, wie O vom Triebtäter T hinter ein Gebüsch gelockt wird. T kommt dort exhibitionistischen Neigungen nach. B unternimmt nichts dagegen, weil sie denkt, dass man wegen der ohnehin bestehenden Reizüberflutung durch das Internet visuelle sexuelle Erfahrungen gar nicht früh genug machen kann.

Richtigerweise wird man die Möglichkeit von Beihilfe durch Unterlassen wohl bejahen (h.M.), wenn eine entsprechende Garantenstellung besteht.

bb. „Effektloses" Hilfeleisten

Der Begriff „Hilfeleisten", § 27, kann Schwierigkeiten bereiten. **Hilfe** kann man sprachlich nämlich auch dann bejahen, wenn sie **erfolglos** geblieben ist.

Bsp.: B bringt Einbrecher T ein Werkzeug an den Tatort. T weist es verächtlich zurück.

Die Frage ist dann, ob auch effektlose Hilfe – und damit der Versuch der Hilfeleistung – tatbestandsmäßig ist.
Die Rechtsprechung stellt entscheidend darauf ab, ob die Hilfeleistung **die Handlung des Haupttäters gefördert** hat (BGH v. 21.2.2017 – 1 StR 223/16, Rz 24). Unerheblich ist, ob sie auch den *Erfolg der Haupttat* gefördert hat.
Wenn also im Beispiel T durch die versuchte Hilfe des B **psychisch ermutigt** weiterarbeitet, ist die Handlung gefördert worden und es liegt Beihilfe vor. Ist dem T das Kommen des B aber völlig egal, liegt keine Hilfeleistung i.S.d. § 27 vor und B ist nicht nach § 27 strafbar.

cc. „Berufstypische" Handlungen

Auch eine berufstypische Handlung, wie Beratung oder Unterstützung durch einen Rechtsanwalt kann Gehilfenhandlung sein. Es kommt bei jeder Handlung darauf an, in welchem Kontext sie steht. Stellt sie sich als „Solidarisierung" mit dem Täter dar, verliert eine scheinbar neutrale Handlung ihren „Alltagscharakter" und wird zur Beihilfe (BGH v. 21.12.2016 – 1 StR 265/16, Rz. 29).

dd. Unerkanntes Hilfeleisten

Zu beachten ist noch: Beihilfe ist auch möglich, wenn der Haupttäter nichts davon weiß. („Stell Dir vor, Du bist Gehilfe und keiner bekommt es mit ...")

Bsp.: B räumt Hindernisse aus dem Weg. Er vergiftet z.B. den Wachhund, von dessen Existenz der Täter T gar nichts weiß.

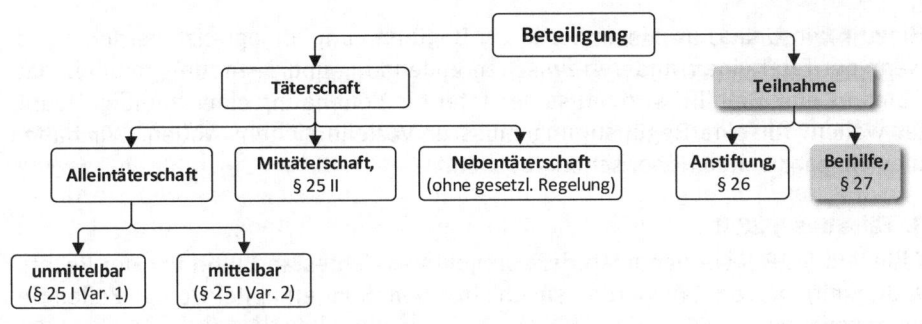

2. Subjektiver Tatbestand – Der (Doppel-)Vorsatz

Der Vorsatz des Gehilfen muss alle Tatbestandsmerkmale der in Angriff genommenen Tat in ihren wesentlichen Merkmalen, nicht notwendig in den Einzelheiten (BGH v. 20.6.2017 – 1 StR 125/17, Rz. 11) umfassen und auf ihre Vollendung gerichtet sein. Ausreichend konkret ist, wenn der Gehilfe die zentralen Merkmale der Haupttat, namentlich den wesentlichen Unrechtsgehalt und die wesentliche Angriffsrichtung, zumindest bedingt vorsätzlich erfasst hat (BGH v. 9.5.2019 – 1 StR 19/19, Rz. 5).

Dazu gehört ggf. auch ein Vorsatz zu qualifizierenden Merkmalen (z.B. Waffenmitnahme beim Raub). Fehlt dieser kommt nur eine Beihilfe zum Grunddelikt in Frage (BGH v. 22.12.2015 – 2 StR 468/15, Rz. 17).

Weil der Gehilfe sowohl
- die Vollendung der Haupttat, als auch
- die Hilfeleistung bei der Haupttat

wollen muss, wobei es genügt, dass der Gehilfe erkennt und billigend in Kauf nimmt, dass sein Beitrag sich als unterstützender Bestandteil in einer Straftat manifestieren wird, spricht man vom sog. „Doppelvorsatz" des Gehilfen (BGH v. 3.2.2016 – 4 StR 379/15, Rz. 4 – zum Unsinn des Begriffs *Doppelvorsatz* s.o. bei der Anstiftung, Seite 268).

Wenn der Vorsatz bez. der Vollendung fehlt, liegt also keine Beihilfe vor.

Bsp.: Der Apotheker verkauft ein untaugliches Abtreibungsmittel, mit dem ein strafbarer (und wegen des Mittels:) untauglicher Versuch einer Abtreibung vorgenommen wird. Weiß er um die Untauglichkeit des Mittels, weiß er auch, dass die Tat nicht vollendet werden kann: Es fehlt dann ein notwendiger Teil des Beihilfevorsatzes.

Hinzu kommt, dass an dieser Stelle zur Begünstigung abgegrenzt werden muss, wenn der Täter einem anderen zwischen Vollendung und Beendung geholfen hat. Damit es eine Beihilfe wird, muss der Täter die Vollendung einer fremden Haupttat wollen; für eine Begünstigung muss er Vorteile sichern wollen. Wir haben dies ein paar Seiten höher schon gesehen.

3. Fälle des § 28 II

Fälle von § 28 II werden nach dem subjektiven Tatbestand (und vor der Rechtswidrigkeit) erörtert. Wir werden sie uns in einem Sonderkapitel wenige Zeilen tiefer anschauen.

II. Rechtswidrigkeit & III. Schuld

Keine Besonderheiten

Schlussbemerkung zum Aufbau: Wenn man die Schemata vergleicht, stellt man unschwer fest, dass Anstiftung und Beihilfe fast identisch geprüft werden. Bei beiden ist insbesondere ein „Doppelvorsatz" im subjektiven Tatbestand erforderlich. Unterschiede bestehen nur in der Art der Teilnahmehandlung (Bestimmen und Hilfeleistung) und dem folgend im Inhalt des darauf bezogenen Vorsatzes.

D. Sonderproblem §§ 30, 31: versuchte Beteiligung [Lesezeit: ca. 3 Min.]

Wir haben jetzt schon mehrfach darauf verwiesen, dass manchmal nur eine versuchte Beteiligung in Frage kommt und dass dies dann ein Fall der §§ 30, 31 ist.

§ 30 enthält **fünf Fälle**, auf zwei Absätze verteilt.

Ein kurzer Blick in § 30 I S. 1 zeigt uns zunächst einmal, dass es dort um **zwei Fälle** geht:

- Abs. 1 S. 1 Var. 1 ist für den Versuch einer Anstiftung zur Begehung einer Tat (ggf. sogar in Mittäterschaft mit dem, der versucht, anzustiften);
- Abs. 1 S. 1 Var. 2 ist für den Versuch einer Anstiftung zu einer Anstiftung (versuchte Kettenanstiftung).

Die Strafe selbst *ist* zu mildern, wie sich zwanglos aus § 30 I S. 2 ergibt (im Gegensatz zum „normalen" Versuch nach § 23 II, dort *kann* sie gemildert werden). Von der Strafe bedroht ist in beiden Varianten der potentielle Anstifter.

Wir beachten dabei allerdings, dass all dies – ebenso wie die Fälle des Abs. 2 – **nur für Verbrechen** (§ 12 I), also nicht für Vergehen, und nur für versuchte Anstiftungen, also **nicht für** irgendwelche **Formen der Beihilfe** gilt.

Absatz 2 enthält **drei weitere Fälle**, die durch einen Verweis auf Abs. 1 („ebenso wird bestraft") in gleichem Umfang der Strafandrohung unterliegen.
- Abs. 2 Var. 1 ist für *den Angestifteten*, der das Verbrechen begehen oder zu ihm anstiften soll. *Den Anstifter* haben wir ja schon mit Abs. 1 S. 1 erfasst. Das Sich-Bereiterklären dort besteht in der Kundgabe der Bereitschaft zur Begehung des Verbrechens gegenüber einer anderen Person, wonach der Erklärende dem Empfänger gegenüber „im Wort steht" und deshalb nicht mehr uneingeschränkt von seinem Tatentschluss zurückstehen kann (BGH v. 4.7.2018 – 2 StR 245/17, Rz. 24).
- Abs. 2 Var. 2 ist nahezu deckungsgleich mit Abs. 1 S. 1, denn in der Annahme eines Anerbietens wird man zugleich auch eine versuchte Anstiftung zum Anerbotenen sehen können.
- Abs. 2 Var. 3 ist für die mittäterschaftliche Verabredung zur Verbrechensbegehung oder -anstiftung. Dort gilt: Eine strafbare Verbrechensverabredung wird danach zwar nicht dadurch ausgeschlossen, dass Zeit, Ort und Modalitäten der Ausführung im Einzelnen noch offen sind. Tatzeit, Tatbeteiligte, Tatobjekt und sonstige Umstände der Tat können indes nicht völlig im Vagen bleiben, weil sonst die Strafbarkeit zu weit ins Vorfeld der eigentlichen Tat vorverlagert würde (BGH v. 21.11.2018 – 1 StR 506/18, Rz. 5).

Und noch mal: Bei all diesen fünf Fällen geht es immer (nur) um den Fall einer **versuchten** (Anstiftungs-)Beteiligung im Hinblick auf ein **Verbrechen**. Klausurmäßig wirkt sich das in zwei Richtungen aus.

Einmal kann § 30 genauso wenig allein stehen, wie der beim „normalen" Versuch einschlägige § 23 I. Wir brauchen immer irgendeine (Verbrechens-) Norm, mit der wir ihn gemeinsam prüfen und an die wir ihn dranhängen können.

Bsp.: §§ 212 I, II, 30 I S. 1 Var. 1

Zum anderen greift § 30 immer dann *nicht* ein, wenn der Versuch (der Anstiftung) in die Vollendung (der Anstiftung) rübergerutscht ist – wenn die Anstiftung als solche also gelungen ist. Wir prüfen ja auch beim normalen Versuch nach § 23 I dann keinen Versuch mehr, wenn das Delikt vollendet wurde.

Mit diesen beiden Überlegungen sind die Weichen für den Aufbau gestellt. Der Aufbau sieht nämlich genauso aus, wie bei jedem anderen Versuch auch (hier am Beispiel von § 30 I S. 1 Var. 1.):

- „Vorprüfung"
    1. Die Tat ist nicht vollendet: Es ist nicht zu einer vollendeten Anstiftung zum Verbrechen gekommen. Es fehlt vorliegend an einer (auch nur versuchten) Haupttat.
    2. Der Versuch ist strafbar gemäß § 30 I S. 1 Var. 1.
I. Tatbestand
    1. Subjektiver Tatbestand = Tatentschluss im Hinblick auf
        a. die durch einen Anzustiftenden auszuführende Haupttat (eventuell Grundtatbestand + Qualifikation);
        b. die Anstifterhandlung (= das Bestimmen).
    2. Objektiver Tatbestand = Unmittelbarer Ansatz zur Anstiftung zur Haupttat (= unmittelbarer Ansatz zum Bestimmen).
II. Rechtswidrigkeit + Schuld
III. Besonderheiten: Rücktritt nach § 31 I Nr. 1, II

Der Blick auf § 31 zuletzt zeigt uns, dass es auch hier einen Rücktritt geben kann, der sich nicht nach § 24 richtet (der würde auch gar nicht passen), sondern eigenen Regelungen folgt. § 31 I Nr. 1 bezieht sich dabei nur auf § 30 I S. 1, während die Nrn. 2 und 3 die Fälle des § 30 II erfassen.

Der ganze Abs. 1 des § 31 kümmert sich um den beendeten Versuch, bei dem aktives Gegensteuern („abwendet", „aufgibt", „verhindert") des Täters dazu führt, dass die Vollendung unterbleibt.

Abs. 2 dagegen hat die Fälle im Auge, in denen der Erfolg aus sonstigen Gründen ausbleibt (bzw. ein anderer, vom Täterbeitrag unabhängiger Erfolg eintritt). Das entspricht dem, was wir im Rahmen des § 24 II S. 2 kennengelernt haben. Wir können es also auch dort nachlesen (ab S. 160).

E. Sonderproblem § 28 II [Lesezeit: ca. 9 Min.]
I. Übersicht

1. Zusätzliche Akzessorietätslockerungen

Wir haben oben festgestellt, dass der Grundsatz der limitierten Akzessorietät gilt, dass also die Teilnahme nur eingeschränkt an der Haupttat hängt. Diese Einschränkung bestand darin, dass im Hinblick auf die Schuld jeder Täter und Teilnehmer für sich betrachtet wird, § 29.

Es gibt aber noch eine **zusätzliche Einschränkungsmöglichkeit**. Über § 28 II kann die Akzessorietät noch mehr beschränkt werden. Im Klartext heißt das, dass Tat und Teilnahme noch ein Stück unabhängiger voneinander werden.

2. Besondere persönliche Merkmale

Für besondere persönliche Merkmale bestimmt § 28, dass diese nur der Person angerechnet werden, bei der sie vorliegen. Was besondere persönliche Merkmale sind, bestimmt grundsätzlich **§ 14 I**: Es sind besondere persönliche Eigenschaften, Verhältnisse oder Umstände. (Interessant zu wissen, aber für den vorliegenden Zusammenhang nicht bedeutsam ist, dass die Auslegung der Begriffe *Eigenschaften, Verhältnisse, Umstände* bei § 14 selbst etwas anders vorgenommen wird als bei § 28.)

Wichtig ist hier aber insbesondere der **Standort der Prüfung** des § 28.
- § 28 II wird **hinter dem subjektiven Tatbestand** geprüft.
- § 28 I erst nach der Schuld (ergibt sich jeweils aus der Rechtsfolge – lesen!).

Das bedeutet, dass man erst einmal klären muss, ob dem Teilnehmer diese Merkmale überhaupt bekannt waren (Vorsatzfrage). Ist dies nicht der Fall und bietet der Sachverhalt auch keine Anhaltspunkte für das Vorliegen eigener persönlicher Merkmale des Teilnehmers, wird § 28 II überhaupt nicht geprüft.

3. Konsequenzen des § 28 II

Die Konsequenzen, die sich aus einer Anwendung von § 28 II ergeben können, sind im Übrigen in zwei Richtungen zu denken.
- Die eine Richtung bewirkt eine **Akzessorietätslockerung** im Sinne einer **Besserstellung** des Betrachteten. Obwohl er z.B. zu einer qualifiziert begangenen Straftat angestiftet hat, wird er nur wegen einer Anstiftung zum Grunddelikt bestraft, wenn ihm ein besonderes persönliches Merkmal fehlt, das zur Qualifikation führte: § 28 II.
- Die andere Richtung ist für den Täter **schlechter**. Obwohl die Haupttat nur den Grundtatbestand eines Deliktes erfüllt, wird der Täter aus einem qualifizierten Delikt bestraft, wenn ihm ein besonderes persönliches Merkmal zu Eigen ist, das zur Qualifikation führte: § 28 II.

In einer Klausur oder einer Hausarbeit geht man am besten nach einer bestimmten Reihenfolge vor, die ich in dem nachstehenden Prüfschema einerseits, in dem abgebildeten Ablaufplan andererseits aufgezeigt habe.

II. Prüfungsschema

1. **Feststellung, welche Haupttat der Haupttäter verwirklicht hat.**
2. **Feststellung, ob diese Haupttat besondere persönliche Merkmale enthält.**
   a. Wenn ja, weiter bei 3.
   b. Wenn nein, weiter bei 6.

3. **Feststellung, ob dem Beteiligten das Vorliegen dieser Merkmale bekannt war.**
   a. Wenn ja, weiter bei 4.
   b. Wenn nein, weiter bei 6.
4. **Feststellung, ob diese Merkmale**
   a. strafbegründend (dann § 28 I) oder
   b. schärfend / mildernd / ausschließend (dann § 28 II) wirken.
5. **Feststellung, ob diese Merkmale auch beim Beteiligten vorliegen.**
   a. Wenn ja, wird der Beteiligte genauso bestraft wie der Täter.
   b. Wenn nein, wird der Beteiligte
      aa. im Falle des § 28 I (begründend) zwar aus derselben Norm wie der Täter, aber gemildert nach § 49 I bestraft.
      bb. Bei § 28 II (schärfend / mildernd / ausschließend) wird der Beteiligte aus der ungeschärften / ungemilderten Grundnorm bestraft, es sei denn er verwirklicht eigene (andere) Merkmale, die schärfen, mildern, ausschließen. – Dann wird er nach der schärferen / milderen / ausschließenden Norm bestraft.
6. **Gibt es eine Norm, welche die Haupttat oder das darin enthaltene (dem Beteiligten bekanntermaßen verwirklichte) Grunddelikt schärft / mildert / ausschließt?**
   a. Wenn nein, ist der Beteiligte wie der Haupttäter strafbar.
   b. Wenn ja: Sind diese Merkmale beim Beteiligten vorhanden?
      aa. Wenn ja: Strafbar aus diesem Delikt
      bb. Wenn nein: Strafbar wie der Haupttäter.

Bsp.: Anstifter A stiftet den Sohn T an, dessen Vater V zu töten. Ohne dass A dies weiß, hatte V den T darum ohnehin schon ernsthaft und ausdrücklich gebeten, weil er schwer krank war. T tötet V.

T ist nach §§ 212, 216 I strafbar. § 216 I ist eine Privilegierung (eine Milderung) des § 212.

A dagegen ist wegen Anstiftung zu § 212 strafbar: Wegen § 28 II kommt ihm die Milderung des § 216 I nicht zugute; er ist schließlich nicht durch die Bitte des V motiviert.

Das alles klingt viel komplizierter, als es ist. Vgl. zur Materie den folgenden Ablaufplan. Dieser Plan ist im Übrigen nur anwendbar, aber nicht lernbar. Dazu ist er zu abstrakt. Sofern in diesem Plan und in dem gerade gebrachten Schema „strafbar wie der Haupttäter" auftaucht, ist im Falle der Beihilfe selbstverständlich § 27 II zu berücksichtigen.

Sonderproblem § 28 II

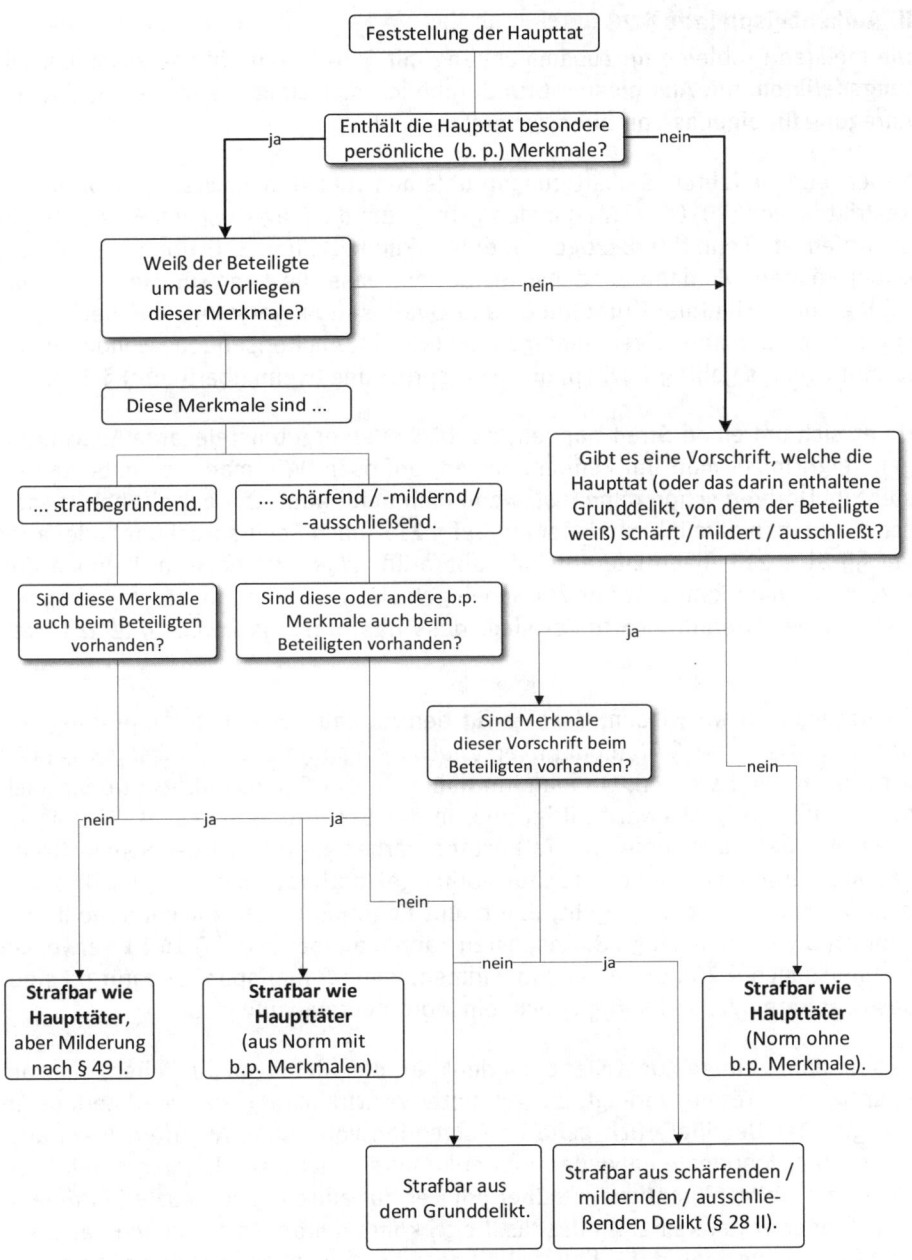

II. Aufbaubeispiele zu § 28

Die meisten Probleme im Zusammenhang mit § 28 treten üblicherweise bei **Tötungsdelikten** auf. Aus diesem Grund habe ich hier einiges aufbereitet, das als Anregung für eigenes Vorgehen zu verstehen ist.

Neben den beliebten Selbsttötungsproblemen und den diversen Theorien zur Restriktion von (TB- (str.)) Merkmalen geht es um die Frage, wie ein Beteiligter zu bestrafen ist, wenn täterbezogene Mordmerkmale (1. und 3. Gruppe) mitspielen. Dabei können wir dann zunächst festhalten, dass die Literatur Mord und Totschlag im Verhältnis Grundtatbestand-Qualifikation versteht, die Rechtsprechung in beiden aber eigenständige Delikte sieht. Als Konsequenz wendet die Literatur (wenn's geht) § 28 II an, die Rechtsprechung (wenn überhaupt) § 28 I.

Da es sich um einen Streit handelt, der bisweilen ergebnisrelevante Auswirkungen zeigt, muss man ihn kennen, zeigen, auflösen. Wie man sich entscheidet, steht im Übrigen schon dann fest, wenn man den Haupttäter geprüft hat: Diesen schon hat man nämlich entweder nur auf § 211 (nach Rechtsprechung) oder aber auf §§ 212, 211 (nach Literatur) hin überprüft. Was jetzt noch im Rahmen des § 28 II kommen kann, ist nur ein Scheingefecht. Das Ergebnis steht. Gehen wir hier mit der Literatur, so findet sich, dass das Ergebnis *immer § 28 II* lauten muss.

Zuletzt müssen wir wissen, dass es für den Aufbau der Beteiligtenprüfung von Bedeutung ist, dass § 28 (I oder II) erst *nach dem subjektiven Tatbestand* geprüft wird (dazu bereits oben). Ob man ihn dabei vor der Rechtswidrigkeit oder nach der Schuld prüft, ist zwar strittig, aber in der Sache uninteressant. Wichtig ist eben nur, dass der subjektive Tatbestand vorher geprüft wurde. Seinen Grund hat dies darin, dass man dann schon vorher geklärt haben kann, ob der Täter von dem Merkmal, um das es geht, überhaupt Kenntnis hatte. Nur dann stellt sich nämlich die Frage nach § 28. Ansonsten kann man locker auf **§ 16 I 1** verweisen und muss sich § 28 nur noch dann widmen, wenn Anhaltspunkte dafür da sind, dass der Beteiligte selbst (ggf. auch) ein Mordmerkmal aufweist.

Es sind damit einige Konstellationen denkbar, die alle davon ausgehen, dass als Haupttat eine Tötung vorliegt, die ggf. unter Verwirklichung von Mordmerkmalen erfolgte. Der Beteiligte (ich gehe im Folgenden von einem Anstifter, § 26, aus) kennt diese Merkmale entweder oder er kennt sie nicht. Der Beteiligte hat diese Merkmale weiterhin entweder selber oder er hat andere („gekreuzte Mordmerkmale") oder er hat keine. All das lässt sich kombinieren. Es entstehen dabei die nachfolgend gezeigten 11 Konstellationen. Es sind allerdings noch nicht alle theoretisch denkbaren aufgeführt.

Zum Verständnis der Konstellationsdarstellung Folgendes:
- Als **Obersatz** für die Strafbarkeitsprüfung sollte die **vollständige Paragraphenkette** notiert werden. Das ist deshalb wichtig, weil sich der Obersatz in seinen Alternativen bisweilen vom Schlusssatz unterscheidet.
- Im Rahmen des **subjektiven Tatbestandes** findet entweder eine „normale Vorsatzprüfung" statt (das immer dann, wenn der Anstifter um das Merkmal weiß) oder aber der Vorsatz entfällt, dann ist § 16 I 1 zu notieren.
- Bei **§ 28 II** wird zunächst notiert *anwendbar / nicht anwendbar, weil kein bes. persönliches Merkmal.* Wenn Anwendbarkeit vorliegt, ist festzustellen, ob § 28 II die Mordstrafbarkeit ausschließt (weil kein Merkmal beim Anstifter vorliegt) oder erst herbeiführt (weil Anstifter ein eigenes Merkmal aufweist).
- Der **Schlusssatz** enthält wieder die **vollständige Paragraphenkette**.

Für die Formulierung der Prüfung des § 28 II noch ein Beispiel.

Einstieg: Fraglich ist zunächst, ob § 28 II überhaupt anwendbar ist. Dies wäre dann der Fall, wenn es sich bei dem Merkmal der Habgier um ein besonderes persönliches Merkmal handelt, das *strafschärfend* wirkt. Strafschärfend wäre es dann, wenn es sich bei § 211 um eine Qualifikation des § 212 handeln würde. Es gilt also, das Verhältnis von § 211 und § 212 zu klären.
Problemstellung: Während die Rechtsprechung davon ausgeht, dass es sich bei §§ 211 und 212 um zwei voneinander unabhängige Tatbestände handelt, geht die Literatur nahezu einhellig davon aus, dass diese Vorschriften im Verhältnis Grundtatbestand-Qualifikation zueinander stehen. Die Rechtsprechung begründet ihren Standpunkt mit Erwägungen der *systematischen Stellung* (schärfer vor milder) beider Vorschriften, des *Wortlautes* („ohne Mörder zu sein") und der *grundsätzlichen Andersartigkeit* (eigenständiger Unwertgehalt) des Mordes im Verhältnis zum Totschlag.
Auflösung: Die Auffassung der Rechtsprechung ist nicht überzeugend. Beide Vorschriften dienen dem *Schutz desselben Rechtsgutes* (Leben), sie erfassen *dieselbe Beeinträchtigung* (Zerstörung), sie setzen beide *dieselbe psychische Grundeinstellung* (Vorsatz) voraus. Weiter kann festgestellt werden, dass Mord die vorsätzliche Tötung eines Menschen ist, wenn eine der Modalitäten des § 211 II vorliegt, Totschlag ist die vorsätzliche Tötung eines Menschen, wenn kein Mordmerkmal eingreift. Die beiden Vorschriften sind also über das eben Gesagte hinaus auch durch die Fassung des § 212 I *tatbestandlich aufeinander bezogen*. Ein gegenseitiger Ausschluss im Sinne eines aliud ist damit nicht vereinbar.
Ausstieg: Es wird daher im Folgenden mit der Lehre davon ausgegangen, dass der Mord eine Qualifikation des Totschlages darstellt.

Für die folgenden Konstellationen gilt:
- T ist der Haupttäter, A erfüllt jeweils die objektiven Merkmale der Anstiftung.
- Wenn dort irgendwo steht: „**Rechtsprechung unklar**", dann liegt dies an einer dogmatischen Schwierigkeit, mit der die Rechtsprechung aufgrund ihrer Lösung zu kämpfen hat: Immer dann, wenn der Beteiligte (Anstifter) um das Vorliegen der Mordmerkmale nicht weiß, wenn er also nur um das Vorliegen einer vorsätzlichen Tötung weiß, dann kann die Rechtsprechung nicht mehr sauber lösen.
- § 212 liegt ja nach Meinung der Rechtsprechung „eigentlich" nicht vor, weil § 211 und § 212 eigenständige Delikte sein sollen, die sich ausschließen. Eine Anstiftung zu § 212 kommt daher vom Prinzip her auch nicht in Betracht.
- Das hätte zur Konsequenz, dass der Beteiligte im Hinblick auf die Tötung straffrei bliebe. Um dies zu verhindern, benutzt die Rechtsprechung eine „Was wäre, wenn ..."-Argumentationskette: Was wäre, wenn die Haupttat keine Mordmerkmale gehabt hätte? Dann hätte § 211 der Eigenständigkeit des § 212 nicht entgegengestanden, der Haupttäter wäre aus § 212 und der Beteiligte aus §§ 212, 26 strafbar gewesen. Und weil der Beteiligte nicht dadurch besser stehen darf, dass der Haupttäter Mordmerkmale verwirklicht hat, wird er bestraft, als wenn der Haupttäter ohne Mordmerkmale getötet hätte. Das Ergebnis verdient Zustimmung. Die Dogmatik ist aber auf der Strecke geblieben.
- Das gilt in gleicher Weise, wenn der Haupttäter „nur" einen § 212 verwirklicht hat, beim Beteiligten aber besondere persönliche Mordmerkmale vorliegen. Die Rechtsprechung kann hier mit § 28 I nichts anfangen, weil dieser genau den umgekehrten Fall meint.
- Soweit in der Tabelle beim Anstifter vom „Mord-Vorsatz" die Rede ist, ist damit der Vorsatz im Hinblick auf vom Haupttäter T verwirklichte Mordmerkmale gemeint.

Sonderproblem § 28 II

1. Konstellation: T mordet heimtückisch. A weiß um die Heimtücke, hat selbst keine Mordmerkmale.	**T:** §§ 212 I, 211 I, II 5.Var. (Heimtücke) **A:** Obersatz: §§ 212 I, 211 I, II 5.Var., 26 *subj. TB:* „normale" Vorsatzprüfung *§ 28 II:* nicht anwendbar, da kein (pers.) M. *Schlusssatz:* §§ 212 I, 211 I, II 5.Var., 26 *(Rspr.: §§ 211 I, II, 26)*
2. Konstellation: T mordet heimtückisch. A weiß nicht um die Heimtücke, hat selbst keine Mordmerkmale.	**T:** §§ 212 I, 211 I, II 5.Var. (Heimtücke) **A:** Obersatz: §§ 212 I, 211 I, II 5.Var., 26 *subj. TB:* § 16 I 1: Mord-Vorsatz entfällt. *§ 28:* nicht anwendbar, da kein (pers.) M. *Schlusssatz:* §§ 212 I, 26 Beachten: Ober- / Schlusssatz verschieden. *(Rspr.: unklar – §§ 212 I, 26)*
3. Konstellation: T mordet heimtückisch. A weiß um die Heimtücke, hat selbst Mordmerkmal Habgier.	**T:** §§ 212 I, 211 I, II 5.Var. (Heimtücke) **A:** Obersatz: §§ 212 I, 211 I, II 5.Var., 26 *subj. TB:* „normale" Vorsatzprüfung *§ 28 II:* für Heimtücke nicht anw., da kein pers. M. *§ 28 II:* anw. – § 211 (+), da Habgier pers. M. des A *Schlusssatz:* §§ 212 I, 211 I, II 3.,5.Var., 26, 28 II Beachten: Ober- / Schlusssatz verschieden. *(Rspr.: §§ 211 I, II, 26)*
4. Konstellation: T mordet heimtückisch. A weiß nicht um die Heimtücke, hat selbst Mordmerkmal Habgier.	**T:** §§ 212 I, 211 I, II 5.Var. (Heimtücke) **A:** Obersatz: §§ 212 I, 211 I, II 5.Var., 26 *subj. TB:* § 16 I 1: Mord-Vorsatz entfällt. *§ 28 II:* anw. – § 211 (+), da Habgier pers. M. des A *Schlusssatz:* §§ 212 I, 211 I, II 3.Var., 26, 28 II Beachten: Ober- / Schlusssatz verschieden. *(Rspr.: unklar – §§ 212 I, II 26)*
5. Konstellation: T mordet habgierig. A weiß um die Habgier, hat selbst keine Mordmerkmale.	**T:** §§ 212 I, 211 I, II 3.Var. (Habgier) **A:** Obersatz: §§ 212 I, 211 I, II 3.Var., 26 *subj. TB:* „normale" Vorsatzprüfung *§ 28 II:* anw. – § 211 (-), da kein pers. M. bei A. *Schlusssatz:* §§ 212 I, 26, 28 II Beachten: Ober- / Schlusssatz verschieden. *(Rspr.: §§ 211, 26, 28 I)*
6. Konstellation: T mordet habgierig. A weiß nicht um die Habgier, hat selbst keine Mordmerkmale.	**T:** §§ 212 I, 211 I, II 3.Var. (Habgier) **A:** Obersatz: §§ 212 I, 211 I, II 3.Var., 26 *subj. TB:* § 16 I 1: Mord-Vorsatz entfällt. *§ 28:* anw. – § 211 (-), da kein pers. M. bei A. *Schlusssatz:* §§ 212 I, 26 Beachten: Ober- / Schlusssatz verschieden. *(Rspr.: unklar – §§ 212 I, 26)*

7. Konstellation: T mordet habgierig. A weiß um die Habgier, hat selbst Mordmerkmal Habgier.	**T:** **A:**	§§ 212 I, 211 I, II 3.Var. (Habgier) Obersatz: §§ 212 I, 211 I, II 3.Var., 26 subj. TB: „normale" Vorsatzprüfung § 28 II: anw. – § 211 (+), Habgier pers. M. des A Schlusssatz: §§ 212 I, 211 I, II 3.Var., 26, 28 II *(Rspr.: §§ 211, 26, 28 I)*
8. Konstellation: T mordet habgierig. A weiß nicht um die Habgier, hat selbst Mordmerkmal Habgier.	**T:** **A:**	§§ 212 I, 211 I, II 3.Var. (Habgier) Obersatz: §§ 212 I, 211 I, II 3.Var., 26 subj. TB: § 16 I 1: Mord-Vorsatz entfällt. § 28 II: anw. – § 211 (+), da Habgier pers. M. des A Schlusssatz: §§ 212 I, 211 I, II 3.Var., 26, 28 II *(Rspr.: unklar – §§ 212 I, II, 26)*
9. Konstellation: T mordet habgierig. A weiß um die Habgier, hat selbst Mordmerkmal Verdeckungsabsicht.	**T:** **A:**	§§ 212 I, 211 I, II 3.Var. (Habgier) Obersatz: §§ 212 I, 211 I, II 3.Var., 26 subj. TB: „normale" Vorsatzprüfung § 28 II: anw. § 211 (-), Habgier kein pers. M. des A. § 28 II: anw. § 211 (+), Verd.Abs. pers. M. des A. Schlusssatz: §§ 212 I, 211 I, II 9.Var., 26, 28 II Beachten: Ober- / Schlusssatz verschieden. *(Rspr.: §§ 211, 26 / § 28 I (-), da gekreuzte M.)*
10. Konstellation: T mordet habgierig. A weiß nicht um die Habgier, hat selbst Mordmerkmal Verdeckungsabsicht.	**T:** **A:**	§§ 212 I, 211 I, II 3.Var. (Habgier) Obersatz: §§ 212 I, 211 I, II 3.Var., 26 subj. TB: § 16 I 1: Mord-Vorsatz entfällt. § 28 II: anw. – § 211 (+), da Verd. pers. M. des A. Schlusssatz: §§ 212 I, 211 I, II 9.Var., 26, 28 II Beachten: Ober- / Schlusssatz verschieden. *(Rspr.: unklar – §§ 212 I, II, 26)*
11. Konstellation: T tötet ohne Mordmerkmale. A hat selbst Mordmerkmal Habgier.	**T:** **A:**	§§ 212 I Obersatz: §§ 212 I, 26 subj. TB: „normale" Vorsatzprüfung § 28 II: anw. § 211 (+), Habgier pers. M. des A. Schlusssatz: §§ 212 I, 211 I, II 3. Var., 26, 28 II Beachten: Ober- / Schlusssatz verschieden. *(Rspr.: unklar – §§ 212 I, II, 26)*

1. Teil - Das System ✓
2. Teil - Die einzelnen Deliktsformen ✓
3. Teil - Täterschaft und Teilnahme ✓
☞ **4. Teil - Konkurrenzen**
5. Teil - Gutachtenstil und Übungsklausuren
6. Teil - Hausarbeiten

4. Teil – Konkurrenzen [Lesezeit: ca. 8 Min.]

A. Übersicht

Es gibt praktisch kaum eine Strafrechtsarbeit, in der nur ein Täter nur eine Straftat verwirklicht. Zumeist sind es mehrere Beteiligte, die jeweils durch eine oder mehrere Handlungen mehrere Straftatbestände erfüllen. Sind aber mehrere Straftatbestände erfüllt, ist der Täter also nach verschiedenen Vorschriften strafbar, stellt sich für den Richter die Frage, aus welcher Vorschrift er die Strafe nehmen soll.

- Er könnte die schärfste nehmen.
- Er könnte auch die mildeste nehmen.
- Er könnte alle addieren.
- Er könnte alle nebeneinander anwenden (etwa: Freiheitsstrafe und Geld).

Die Lehre, die sich mit der Beantwortung dieser Frage befasst, ist die Lehre von den Konkurrenzen. In Klausuren und Hausarbeiten kann man sich mit Konkurrenzen sinnvoll erst dann befassen, wenn alle Strafbarkeiten des jeweiligen Täters feststehen. Das bedeutet, dass die Konkurrenzen fast **immer am Ende** einer Arbeit abgehandelt werden. Das bedeutet weiter, dass sie das Letzte sind, was der Korrektor von der Arbeit zu sehen bekommt. Das bedeutet zuletzt, dass sie richtig sein müssen. **Der erste Eindruck entscheidet – der letzte bleibt.**

Ausnahmen von der Regel, dass immer alles am Ende abgehandelt wird, werden dann gemacht, wenn **zu viele Strafbarkeiten** auf zu viele Handlungsabschnitte verteilt vorkommen. Dann ist es sinnvoller, nach jedem Abschnitt sofort die bis dahin vorliegenden Konkurrenzen abzuhandeln und zum Schluss nur noch die Ergebnisse miteinander konkurrieren zu lassen. Dies gilt in gleicher Weise, wenn man **Spezialitäten** sofort erledigen kann („§ 224 I Nr. 2 verdrängt § 223 I im Wege der Gesetzeskonkurrenz – Spezialität.") Dann sollte man das auch sofort tun.

B. Vorgehensweise

Damit ist dann auch schon angedeutet, wie man bei Konkurrenzfragen vorgeht. **Zuerst klappert man** die ganze fertiggeschriebene Arbeit **ab** und schreibt jedes einzelne Strafbarkeitsergebnis auf.

Bsp.: T hat zunächst einen Einbruch gemacht und Tage später jemanden mit einem Knüppel niedergeschlagen. X hat aus Habgier versucht, jemanden zu erschießen; hat einen Kaufvertrag mit einem falschen Namen unterschrieben und das Vordach eines Hauses in Brand gesetzt.

Das kann dann so aussehen (Zitierweise hier aus Gründen der Übersichtlichkeit teilweise nur verkürzt!):

Strafbarkeiten des T:
- §§ 242, 243 I S. 2 Ziffer 1 / § 303 / § 123 / §§ 223, 224 I Nr. 2

Strafbarkeiten des X:
- §§ 211, 212, 22, 23 I / § 267 I 1. Var. / §§ 306, 306a

Dann teilt man die Strafbarkeiten einzelnen Handlungsabschnitten **zu.**

Strafbarkeiten des T:
a: durch den Einbruch
- §§ 242, 243 I S. 2 Ziffer 1 / § 303 / § 123
b: durch den Schlag mit dem Knüppel
- §§ 223, 224 I Nr. 2 1. Var.

Strafbarkeiten des X:
a: durch den Schuss
- §§ 211, 212, 22, 23 I
b: durch die Manipulation am Kaufvertrag
- § 267 I 1. Var.
c: durch das Anzünden des Vordaches
- §§ 306, 306a

Anschließend wird innerhalb der einzelnen Handlungsabschnitte geprüft, welche Vorschrift die stärkste ist, bzw. ob mehrere nebeneinander stehen. Was alleine steht, kann natürlich auch nichts verdrängen.

Strafbarkeiten des T:
a: durch den Einbruch
- §§ 242, 243 I S. 2 Ziffer 1 verdrängen § 303 und § 123 im Wege der Gesetzeskonkurrenz (Konsumtion).
b: durch den Schlag mit dem Knüppel
- § 224 I Nr. 2 verdrängt § 223 I (Gesetzeskonkurrenz – Spezialität).

Strafbarkeiten des X:
a: durch den Schuss
- §§ 211, 22, 23 I verdrängen §§ 212, 22, 23 I (Gesetzeskonkurrenz – Spezialität).
b: durch die Manipulation am Kaufvertrag
- § 267 I 1. Var.
c: durch das Anzünden des Vordaches
- § 306a verdrängt § 306 (Gesetzeskonkurrenz – Spezialität).

Danach zieht man den Extrakt aus dieser Prüfung ...

Strafbarkeiten des T:
a: durch den Einbruch
- §§ 242, 243 I S. 2 Ziffer 1
b: durch den Schlag mit dem Knüppel
- § 224 I Nr. 2 1. Var.

Strafbarkeiten des X:
a: durch den Schuss
- §§ 211, 22, 23 I
b: durch die Manipulation am Kaufvertrag
- § 267 I 1. Var.
c: durch das Anzünden des Vordaches
- § 306a

... und stellt die verbliebenen Delikte einander gegenüber:

Strafbarkeiten des T:
- §§ 242, 243 I S. 2 Ziffer 1 stehen in Realkonkurrenz zu § 224 I Nr. 2.

Strafbarkeiten des X:
- §§ 211, 22, 23 I und § 267 I 1. Var. und § 306a stehen je in Realkonkurrenz zueinander.

Dass hier jeweils Realkonkurrenz herauskommt, können wir anhand der nachfolgend gegebenen Kriterien nachprüfen.
1. An erster Stelle steht die Frage, ob seitens des Täters eine Handlung im rechtlichen Sinne oder mehrere Handlungen vorliegen.
    a. Eine Handlung – Handlungseinheit – liegt vor, bei
       - *einer Handlung im natürlichen Sinn,*
       - *natürlicher Handlungseinheit,*
       - *rechtlicher Handlungseinheit.*
    b. In allen anderen Fällen liegt Handlungsmehrheit vor.
2. An zweiter Stelle folgt die Frage, ob die durch eine oder mehrere Handlungen verwirklichten Delikte zueinander im Verhältnis der Gesetzeskonkurrenz stehen. Gesetzeskonkurrenz liegt vor bei
    a. Spezialität,
    b. Subsidiarität,
    c. Konsumtion

3. Steht fest, dass kein Fall von Gesetzeskonkurrenz vorliegt, handelt es sich bei
   - einer Handlung (Handlungseinheit) um Idealkonkurrenz
   - mehreren Handlungen (Handlungsmehrheit) um **Realkonkurrenz.**

C. Ablaufplan Konkurrenzen

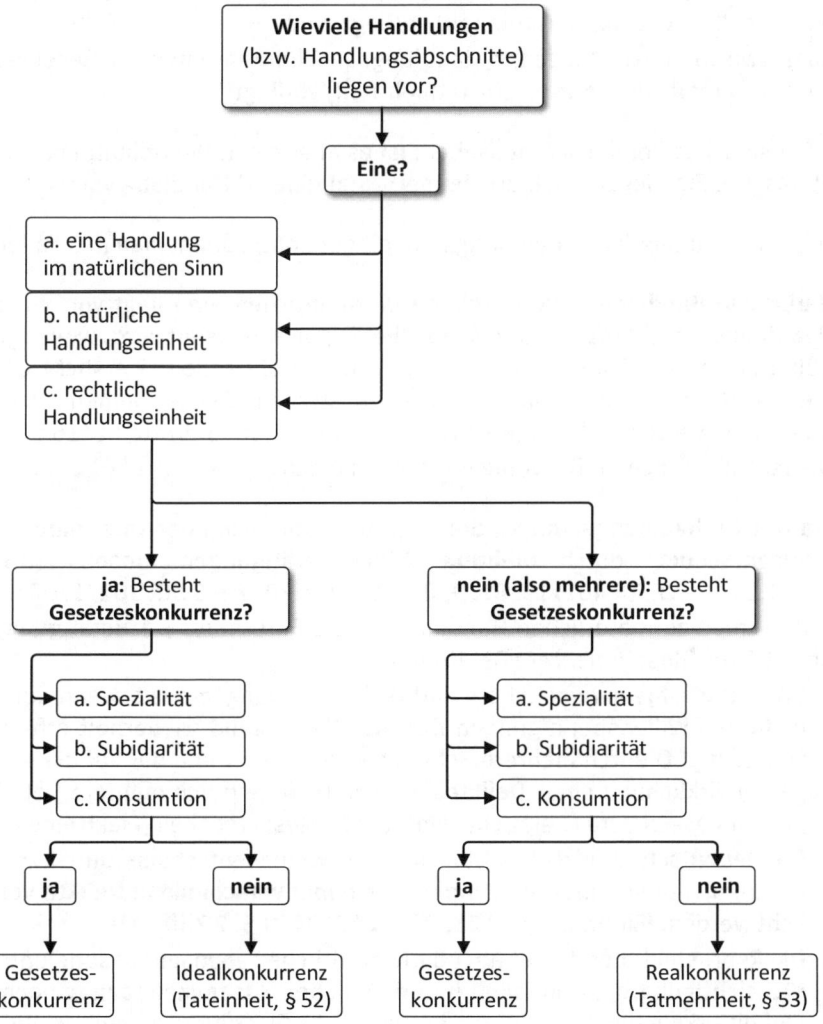

Wir gehen dabei im Übrigen schon bei der Bearbeitung unserer Klausur oder Hausarbeit zumeist intuitiv so vor, dass wir die Handlungs- oder Tatkomplexe nach den verschiedenen Handlungen untergliedern.

Wenn wir also nicht gerade irgendwelche seltsamen Mega-Handlungen untersuchen, die sich über einen langen Zeitraum hinziehen, kommen wir fast immer zu dem Ergebnis,

- dass **innerhalb** eines Handlungsabschnittes entweder Gesetzeskonkurrenz oder Idealkonkurrenz (= Tateinheit) vorliegt, und
- dass **zwischen** verschiedenen Handlungsabschnitten entweder Gesetzeskonkurrenz oder Realkonkurrenz (= Tatmehrheit) vorliegt.

Das Schema mag kompliziert aussehen, ist es aber nicht. Der Ablaufplan verdeutlicht das. Die Einstiegsfrage lautet immer: Liegt eine (1) Handlung vor?

Von *einer* Handlung (auch Handlungseinheit genannt) spricht man in 3 Fällen:

1. **Natürliche Handlung.** Eine Handlung im natürlichen Sinn liegt vor, wenn **ein Handlungsentschluss** in **einer Willensbetätigung** realisiert wird, wobei gleichgültig ist, ob der Täter damit 1 deliktischen Erfolg erzielt (T ersticht O) oder mehrere (T wirft eine Bombe: Menschen sterben, Sachen gehen zu Bruch, Menschen werden verletzt) (BGH v. 24.8.2017 – 1 StR 625/16, Rz. 16).
Dieser Fall ist regelmäßig völlig unproblematisch.

2. **Natürliche Handlungseinheit.** Sie liegt dann vor, wenn der Täter **einen Handlungsentschluss** durch **mehrere Willensbetätigungen** umsetzt (BGH v. 17.11.2016 – 3 StR 402/16, Rz. 9; BGH v. 11.7.2017 – 5 StR 202/17, Rz. 3).
Unterschied zur natürlichen Handlung: dort 1 Entschluss / 1 Betätigung, hier aber 1 Entschluss / *mehrere* Betätigungen.
   - Völlig **unproblematisch** ist die natürliche Handlungseinheit, wenn durch die mehreren Willensbetätigungen **derselbe Tatbestand wiederholt** erfüllt wird (T beleidigt O durch mehrere Schimpfwörter) oder wenn der auf die einmalige Verwirklichung eines Deliktes gerichtete Wille durch mehrere Betätigungen umgesetzt wird (T ersticht O mit 2.000 Messerstichen [Elektromesser]).
   - **Problematisch** aber der Fall, in dem *ein* Willensentschluss durch *mehrere* Betätigungen so umgesetzt wird, dass dabei **verschiedene Delikte** verwirklicht werden. (Einbruch: §§ 123, 303, 242, 243 I S. 2 Ziffer 1)
Die Rspr. stellt hier darauf ab, ob die natürliche Lebensauffassung unter Berücksichtigung des zeitlichen und räumlichen Zusammenhanges noch eine Einheit erkennen würde. Wenn ja: natürliche Handlungseinheit, wenn nein, dann mehrere Handlungen. Die von der Rspr. benutzte Formel ist natürlich

absolutes Gummi. Was eine natürliche Lebensauffassung ist, kann nur über den Daumen gepeilt werden.

3. Rechtliche Handlungseinheit. **Mehrere Handlungen** im natürlichen Sinn, werden unter rechtlichen Gesichtspunkten zu einer Handlung zusammengefasst (BGH v. 11.10.2017 – 4 StR 322/17, Rz. 8). Wichtig sind dabei insbesondere die folgenden **Fallgruppen**:

a) **Tatbestandliche Handlungseinheit.** Das Gesetz verknüpft im selben Tatbestand *mehrere natürliche* Handlungen zu *einer* Handlung zusammen. Es handelt sich dabei „um eine Konstruktion, die maßgeblich auf rechtlichen Bewertungen beruht. Die für sich betrachtet unnatürliche Zusammenfassung einzelner Handlungen zu einer Gesetzesverletzung bedarf einer materiellen Rechtfertigung. Fehlt eine solche hinsichtlich einer Handlung im natürlichen Sinne, wird diese nicht Teil der Einheit." (BGH v. 9.7.2015 – 3 StR 537/14, Rz. 35).

Bsp.: § 177 V, VI, Vergewaltigung, verknüpft die beiden natürlichen Handlungen Beischlaf und Gewalt. Es handelt sich dabei um ein mehraktiges Delikt.

b) **Handlungseinheit durch Klammerwirkung.** Drei Fälle sind relevant:
(1) Erster Fall (**Teilidentität**): Sind *mehrere natürliche Handlungen* teilweise identisch, liegt nur *eine* Handlung im rechtlichen Sinne vor.

Bsp.: T nötigt O mit Gewalt zum Beischlaf. O wird dabei verletzt. Die §§ 223, 177 V, VI sind erfüllt. Es liegt aber nur eine Handlung vor, weil die Körperverletzungshandlung mit der Gewalthandlung des § 177 V, VI identisch ist.

(2) Zweiter Fall (**Klammerwirkung des dritten Tatbestandes**): Der Täter begeht zwei an sich selbständige Delikte. Diese sind aber mit einem dritten Delikt teilidentisch (BGH v. 14.7.2017 – 4 StR 580/16, Rz. 7).

Bsp.: T schlägt O1 und O2 nieder, um sie auszurauben. Das tut er dann auch. Es liegen durch zwei selbständige Handlungen zwei Körperverletzungen vor, die aber mit der Gewaltanwendung im Raub identisch sind; daher nur eine Handlung im rechtlichen Sinn.

c) Dritter Fall (**Handlungseinheit durch „uneigentliches Organisationsdelikt"**): Wirkt ein Täter an einzelnen Taten einer **Tatserie** selbst nicht unmittelbar mit, sondern erschöpfen sich seine Tatbeiträge hierzu im Aufbau und der Aufrechterhaltung des auf die Straftaten ausgerichteten „Geschäftsbetriebs", sind diese Tathandlungen als – uneigentliches – Organisationsdelikt zu einer einheitlichen Tat zusammenzufassen (BGH v. 3.3.2016 – 4 StR 134/15, Rz. 12).

Die von einem Täter begangenen einzelnen Taten in einer solchen Serie werden dagegen nicht notwendig *alle* zusammengeklammert (grundlegend und unter Aufgabe der bis dahin bestehenden Rechtsprechung: BGH v. 9.7.2015 – 3 StR 537/14, Rz. 23 ff).

Bsp.: T ist Mitglied in einer kriminellen Vereinigung (§ 129a StGB). In dieser Eigenschaft begeht er über einen Zeitraum von mehreren Monaten mehrere gefährliche Körperverletzungen und Nötigungen.

[d] **Fortsetzungszusammenhang].** Früher gab es noch einen weiteren Fall, den sog. Fortsetzungszusammenhang. Mehrere Handlungen, die sich gegen das gleiche Rechtsgut richteten, in der Begehungsweise gleichartig waren, einen gewissen räumlichen und zeitlichen Zusammenhang aufwiesen und von einem Gesamtvorsatz getragen waren, wurden zu einer fortgesetzten Handlung verbunden.

Bsp.: T beschließt, fünfmal hintereinander in Kioske einzusteigen, um sein Taschengeld aufzubessern. So geschieht es dann auch.

Es gab allerdings auch eine Ansicht, die es für ungerecht hielt, einen **Gesamtvorsatz**, also einen Vorsatz, der alle in Aussicht genommenen Delikte umschließt, zu fordern. Ausreichend sollte nach dieser Ansicht sein, dass der Täter während der (ersten) Tat den Entschluss fasst, weiterzumachen, wobei die sonstigen Voraussetzungen (gleichartige Begehungsweise, gleiches Rechtsgut, räumlicher und zeitlicher Zusammenhang) vorliegen mussten. Dieser Vorsatz wurde in Abgrenzung zum Gesamtvorsatz als **Fortsetzungsvorsatz** bezeichnet. Begründet wurde dies damit, dass sonst derjenige, der sich von vorneherein zu mehr Kriminalität entschlossen hätte, besser stünde, als der, der dies erst nach und nach täte.

Der **Fortsetzungszusammenhang wurde durch eine Entscheidung des Großen Senates am BGH beerdigt** (BGH v. 3.5.1994 – GSSt 2/93 u. GSSt 3/93). Dort wurde (verkürzt formuliert) festgestellt, dass in den über 100 Jahren, in denen man sich um eine Klärung von Begründung und Auswirkungen dieser Rechtsfigur bemüht habe, nichts wirklich Gescheites herausgekommen sei.

Zum Abschluss noch mal deutlich: Der **Gag der rechtlichen Handlungseinheit** ist, dass *eigentlich* mehrere Handlungen vorliegen. Man will sie nur nicht als mehrere bestrafen, sondern sucht nach Wegen, sie als *eine* zu bestrafen. Man schafft zu diesem Zweck eine künstliche Einheit – die rechtliche Handlungseinheit eben.

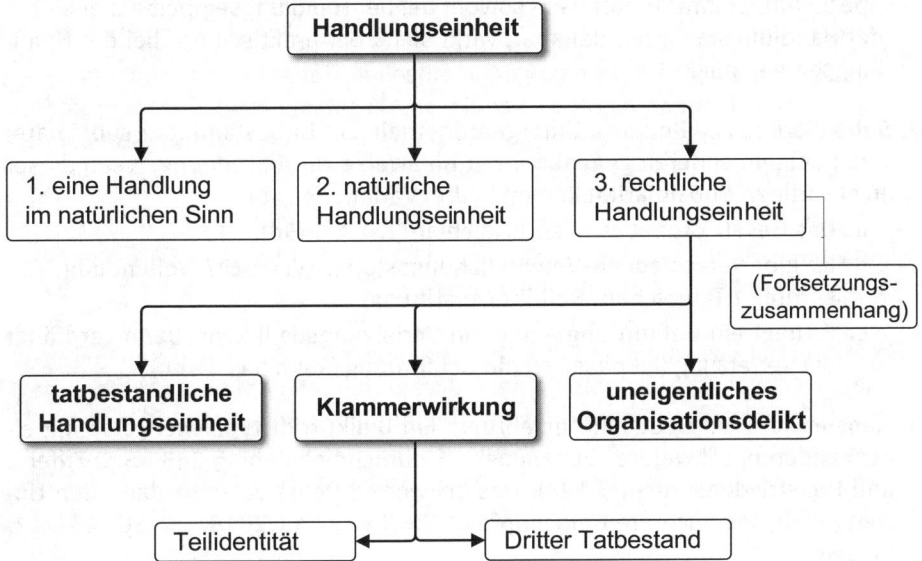

Stellt man bei der Prüfung der drei Möglichkeiten einer rechtlichen Handlungseinheit fest, dass keine vorliegt, dann bleibt es dabei, dass es sich bei dem betrachteten Verhalten um mehrere Handlungen (Handlungsmehrheit) handelt.

D. Gesetzeskonkurrenz

Egal, ob man nun zum Ergebnis kommt, dass es sich um Handlungseinheit oder Handlungsmehrheit handelt: **Der nächste Schritt** ist die Prüfung, ob ein Fall von Gesetzeskonkurrenz vorliegt. Diese Konkurrenz verdient ihren Namen eigentlich gar nicht. Sie ist nämlich keine. Konkurrieren heißt übersetzt „Zusammenlaufen". Bei der Gesetzeskonkurrenz läuft aber nichts zusammen, sondern das eine frisst das andere gleichsam auf.

Man gibt der Gesetzeskonkurrenz daher ab und an auch den Namen **unechte Konkurrenz**.

Gemeint sind die folgenden 3 Fälle:

1. **Spezialität.** Auf Deutsch: Besonderheit. Ein Tatbestand enthält alle Merkmale eines anderen und noch **etwas mehr**. (§ 224 I enthält alle Merkmale von § 223, zuzüglich der Merkmale Waffe etc.). Weil der Täter mit Erfüllung des speziellen Tatbestandes zwangsläufig auch den allgemeinen erfüllt, genügt es, ihn aus dem speziellen zu bestrafen: Es steckt ja alles drin. § 223 I wird deshalb von § 224 I verdrängt.

Spezialität ist zwar theoretisch sowohl bei der Handlungseinheit als auch bei der Handlungsmehrheit denkbar, wirkt sich aber praktisch nur bei der Handlungseinheit aus.

2. **Subsidiarität.** Auf Deutsch: Untergeordnetheit. Ein Tatbestand (der subsidiäre) kommt einem anderen gegenüber **nur hilfsweise** zur Anwendung, wenn dieser nicht vorliegt. Subsidiarität kommt in drei Variationen vor:
   a. Das Gesetz ordnet es ausdrücklich an (z.B. § 145d).
   b. Es gibt verschiedene Verwirklichungsstufen (Versuch/ Vollendung, Anstiftung / Täterschaft, Beihilfe/Anstiftung)
   c. Es liegt ein Gefährdungs- und ein Verletzungsdelikt vor. Dann verdrängt die Verletzung (ist passiert) die Gefährdung (kann passieren).

3. **Konsumtion.** Auf Deutsch: Aufzehrung. Ein Delikt trifft **typischerweise** mit einem anderen, schwereren zusammen. (Einbruchdiebstahl, § 243 I S. 2 Ziffer 1 und Hausfriedensbruch, § 123). Das schwerere Delikt verzehrt dann den Unwertgehalt des leichteren erschöpfend (BGH v. 27.11.2018 – 2 StR 481/17, Rz. 18).

Zu beachten ist dabei, dass Konsumtion nur vorliegt, wenn das Zusammentreffen *typisch* ist. Ist es dagegen *zwingend*, d.h. treffen die beiden Delikte immer zusammen, liegt keine Konsumtion, sondern Spezialität vor.

Ein Einbruchdiebstahl z.B. kann auch ohne Hausfriedensbruch stattfinden: wenn der Hausrechtsinhaber verstorben ist und ein anderer den Gewahrsam fortführt, ohne Hausrechtsinhaber zu sein.

Bei Tatmehrheit finden sich hier die **mitbestrafte Nachtat** (Sicherungsbetrug an der Kasse nach Diebstahl im SB-Laden) und die **mitbestrafte Vortat**.

Die mitbestrafte Nachtat ist dadurch gekennzeichnet, dass sich die Nachtat in der Sicherung der durch die Vortat bereits erlangten Position erschöpft, mithin die Geschädigten beider Straftaten identisch sind, durch die Nachtat kein neues Rechtsgut verletzt und der durch die Haupttat angerichtete Schaden nicht erhöht worden ist (BGH v. 3.2.2016 – 1 StR 383/15, Rz. 4 und 9).

E. **Idealkonkurrenz & Realkonkurrenz**

Steht fest, dass die einzelnen Delikte erfüllt wurden, ohne dass Gesetzeskonkurrenz vorliegt, dann stehen diese Delikte, bei
- einer Handlung in **Idealkonkurrenz = Tateinheit, § 52**;
- mehreren Handlungen in **Realkonkurrenz = Tatmehrheit, § 53**.

1. Teil - Das System ✓
2. Teil - Die einzelnen Deliktsformen ✓
3. Teil - Täterschaft und Teilnahme ✓
4. Teil - Konkurrenzen ✓
☞ **5. Teil - Gutachtenstil und Übungsklausuren**
6. Teil - Hausarbeiten

5. Teil – Gutachtenstil & Übungsklausuren

Im folgenden Teil gibt es zunächst eine Einführung in den Gutachtenstil. Danach werden die materiellen und die Aufbaukenntnisse anhand einiger kleiner Fälle überprüft. Die zu den jeweiligen Fällen gebrachten Lösungsvorschläge sind nicht nur stichwortartig, sondern ausformuliert. Sie sollen eine Vorstellung davon geben, wie eine Klausur aussehen soll. Dabei ist aber immer zu beachten, dass es sich nur um *Vorschläge* handelt.

Wenn im Rahmen der Lösungen auf einen „Kommentar" verwiesen wird, dann bedeutet das, dass wir uns die Details einer Definition in einem Kommentar ansehen sollten (Bibliothekskenntnisübung!). Ich habe die Details dann weggelassen, wenn sie für das Verständnis der Lösung ohne Bedeutung waren.

A. Der Gutachtenstil – Überblick [Lesezeit: ca. 10 Min.]

Zweck eines Gutachtens ist es, die **Lösung** eines Rechtsfalles **vorzubereiten**.

Der Blick auf die **gerichtliche Praxis** zeigt uns, dass sehr viele Gerichte als sog. **Kollegialgerichte** tätig werden (Kammern, Senate). Das bedeutet, dass es mehr als einen Richter gibt (meistens drei, manchmal fünf). Nun könnte man natürlich sagen, dass jeder Richter eines Kollegiums jeden Fall bis ins Detail selber gelesen und durchdacht haben sollte, bevor er ihn entscheidet, beurteilt. Ein solches Vorgehen wäre zugegebenermaßen ideal, ist aber schon aus praktischen Gründen nicht durchführbar. Der Arbeitsanfall an den Gerichten ist viel zu hoch.

Das führt dazu, dass sich Richterkollegien die **Arbeit aufteilen**. Vereinfachend kann man sagen, dass z.B. bei einem Dreierkollegium (etwa einer Kammer am Landgericht) jeder ein Drittel aller bei dem entsprechenden Kollegium eingehenden Fälle erhält. Für diese Fälle ist er der sog. **Berichterstatter**. Die Fälle nun muss er lesen (und möglichst verstehen). Wenn er das hinter sich gebracht hat, muss er den jeweils zwei anderen erzählen, worum es geht. Er soll die Zuhörer aber nicht vor vollendete Tatsachen stellen, sondern es durch seinen **Vortrag** ermöglichen, dass die anderen sich eine eigene Meinung bilden.

Um dieser Aufgabe gerecht zu werden, muss der Verfasser eines Gutachtens **alle möglichen Lösungswege** eines Rechtsfalles behandeln und folglich auch darstellen. Erst nach der Begutachtung *aller* juristischen **Möglichkeiten** kann die **Entscheidung** in einer Rechtsfrage fallen. Bis zu Lösung ist es die Aufgabe eines Gutachters, Zweifel in wissenschaftlicher Weise auszuräumen.

Für unseren Berichterstatter bedeutet dies, dass er ruhig eine eigene Meinung dazu haben darf, wie der Fall gelöst werden sollte. Er muss aber davon ausgehen, dass die beiden anderen die Lage etwas anders beurteilen. Also muss er sich auch überlegen, wie man es noch sehen kann, welche Möglichkeiten es über die, die er sich später selbst zu Eigen machen will, noch gibt. Die muss er dann genauso durchdenken und mit Gegenargumenten abblocken. Findet er dabei taugliche Argumente, stehen die Chancen gut, dass er seine Richterkollegen überzeugt. Der Berichterstatter hat also einiges vor-, bzw. zurückzutragen. Und weil das lateinische Wort für „tragen" *ferre* heißt, und eine dazugehörige Beugungsform dieses Verbes sich *latum* nennt, weil zuletzt „zurück" auf lateinisch *re* heißt, sprechen wir entweder von einem *Referat* oder einer **Relation**. Der lernende Vortragende heißt dann logischerweise **Referendar**.

Wenn ich sage, dass man Zweifel „in wissenschaftlicher Weise" ausräumen muss, dann bedeutet das für Juristen im Wesentlichen, dass sie **nach einer bestimmten Methode, in einer bestimmten Reihenfolge** vorgehen. Ich setze das „wissenschaftliche" in Anführungszeichen, weil ich nicht glaube, dass allein die *Technik* des Vorgehens in einer bestimmten Reihenfolge sich schon *Wissenschaft* nennen sollte. Es ist eher **Handwerk**. Für Klausuren und Hausarbeiten ist das aber nicht nur egal, sondern vorteilhaft: Wer ein Handwerk beherrscht, kann sich schließlich Meister(in) nennen.

Im juristischen Bereich benutzen wir eine sog. **„Dreierschrittmethode"**. (Es gibt auch andere Benennungen, die aber alle dasselbe meinen.) Diese Methode werden wir uns jetzt gleich etwas näher ansehen. Sie ist nicht die einzig denkbare Methode. Aber sie ist anerkannt. Ihre Benutzung bietet den Vorteil, dass man sich nicht über die Sprachregelung streiten muss, sondern Streitigkeiten auf die Sache konzentrieren kann.

Sie birgt allerdings auch Gefahren. Man kann bei der Nutzung der Methode logische Fehlschlüsse durch scheinbar logische Operationen herbeiführen (Alle Hunde müssen sterben, Sokrates ist gestorben, also ist Sokrates ein Hund), man kann die Sprache für Manipulationen (Minus*wachstum*) nutzen. Man kann schließlich das Sprachniveau auch noch so stark anheben, bis nur noch ein kleiner elitärer Kreis versteht, worum es geht. Ob diese Anhebung als höherwertiger angesehen werden kann, darf mit Fug bezweifelt werden. Meist geht es um eine Verkomplizierung des Satzbaus und die Unterbringung verschiedener lateinischer Fachwörter.

Für die Klausurbearbeitung nutzen uns diese kritischen Gedanken aber nichts.

Die **Rechtsfolgen** in einer Fallgestaltung (z.B. [keine] Strafbarkeit eines Täters; [kein] Anspruch auf Zahlung eines Kaufpreises) können immer **erst** dann verbindlich festgelegt werden, **nachdem** die **Voraussetzungen geprüft** und deren **Vorliegen bejaht oder verneint** wurde.

Daraus ergibt sich für einen Gutachter die Notwendigkeit, seine juristischen Untersuchungen *auf dem Wege* zur endgültigen Lösung als **Prüfung von Möglichkeiten** für eine bestimmte Entscheidung darzustellen. Erst am Ende dieses Weges – bei der Formulierung der Lösung – geht es nicht mehr um das, **was** *möglich*, sondern nur noch um das, **was** *wirklich* ist.

I. Der unberechtigte Konjunktiv

Sprachlich findet diese Art der Entscheidungsvorbereitung ihren Ausdruck meistens (und meistens zu Unrecht) in der **Verwendung der Möglichkeitsform**, des *Konjunktivs*. Erst wenn sich aus der juristischen Prüfung ein bestimmtes Ergebnis herauskristallisiert hat, wird *die Lösung* schließlich *im Indikativ* ausgedrückt. Unberechtigt ist die Verwendung des Konjunktivs meistens deshalb, weil **die Bedingungen**, die damit umschrieben werden, gar **nicht nur mögliche** sind, sondern *wirklich* vorliegen müssen, damit eine Rechtsfolge eintreten kann. Wenn etwa die Strafbarkeit eines Täters wegen einer möglichen Sachbeschädigung festgestellt werden soll, dann *muss* hierfür (u.a.) eine Sache vorliegen.
Richtig ist also:

„T **kann** sich gemäß § 303 I StGB strafbar gemacht haben, als er die Autoscheibe einschlug. Dann **muss** es sich bei der Autoscheibe um eine Sache handeln..."
(Man kann *gedanklich* ergänzen: „Das erscheint hier möglich, und ob das so ist, werde ich jetzt im Anschluss prüfen.")

Wenn man nun demgegenüber formuliert:

„T **könnte** sich gemäß § 303 I StGB strafbar gemacht haben, als er die Autoscheibe einschlug. Dann **müsste** es sich bei der Autoscheibe um eine Sache handeln..."

nimmt man – entgegen der Intention des Gutachtenstils – das Ergebnis (eigentlich) schon vorweg. Der Konjunktiv an dieser Stelle drückt nämlich etwas Irreales, etwas Unwirkliches, also etwas *nicht* Gegebenes aus. Diese Art von Konjunktiv benutzen wir auch im normalen Leben nur dann, wenn wir zugleich sagen wollen, dass das mit ihm Formulierte in Wirklichkeit *nicht* gegeben ist.

„Da **müsste** ich ja ziemlich blöd sein." (Man kann *gedanklich* ergänzen: „Bin ich aber nicht.")

Blättert man ein wenig im DUDEN, findet sich schnell, dass dort nur wenige Formen des Konjunktivs voneinander unterschieden werden.

- Es gibt einen Konjunktiv, der für **Wünsche** benutzt wird:

Bsp.: Er *lebe* hoch!

- Es gibt einen weiteren Konjunktiv, der für die **indirekte Rede** gebraucht wird:

Bsp.: Der BGH meint, das *sei* ein Fall der invitatio ad offerendum.

- und es gibt einen Konjunktiv, der als Ausdruck von **Irrealität** dient:

Bsp.: Wenn ich jetzt Schluss machen *könnte*, *wäre* ich froh.

- Dazu kommen noch diverse Mischformen und ein bisschen Konjunktiv, der sich mit der **Zukunft,** dem Noch-nicht-Begonnenen beschäftigt:

Bsp.: Wenn ich morgen fertig werden *würde*, dann *wäre* das noch früh genug.

All diese Fälle passen nun aber ersichtlich nicht auf unsere gutachterliche Prüfung. Wir dürfen vermuten, dass die inflationäre **Verwendung des Konjunktivs** auf einem **Missverständnis** beruht. Aus der – richtigen – Annahme, dass im Gutachten jede angesprochene Rechtsfolge so lange eine *nur mögliche* Rechtsfolge ist, bis man das Vorliegen ihrer Voraussetzungen entweder bejaht (dann tritt die Rechtsfolge tatsächlich ein) oder verneint (dann tritt die Rechtsfolge tatsächlich nicht ein), wird der – falsche – Schluss gezogen, dass man darüber nicht im Indikativ schreiben *dürfe*. (*Darf* man aber :-), bzw.: Muss man sogar.

Tatsächlich *ist* es nämlich so, dass bestimmte Voraussetzungen für bestimmte Rechtsfolgen vorliegen *müssen* (und nicht: *müssten*). Der „Konjunktiv-Fehler" liegt damit in einer Vermischung:
- Es mag (nur) *möglich* sein, dass T sich durch Einschlagen einer Scheibe strafbar gemacht hat (Sachverhalt-Rechtslage-Verbindung),
- aber es ist *zwingend,* dass dies nur bei Vorliegen einer Sache (und der anderen Voraussetzungen) so ist (ausschließlich eine Frage der Rechtslage).

All dies ändert indes nichts daran, dass das Ergebnis der Prüfung nicht vorweggenommen und anschließend begründet werden darf. Umgekehrt ist es richtig. Man wirft die Frage auf, ob etwas (so) ist, man stellt es als möglich dar, und zeigt anschließend auf, welche Voraussetzungen hierfür erfüllt sein müssen.

Zu Beginn einer Prüfung darf es deshalb nicht heißen:

„T *hat* sich gemäß § 303 I StGB strafbar gemacht, *weil* er eine fremde Sache zerstört hat."

Richtig ist vielmehr:

„T *kann* sich gemäß § 303 I StGB strafbar gemacht haben. *Dann* muss er eine fremde Sache beschädigt oder zerstört haben..."

Erst am Ende steht dann – wenn alle Voraussetzungen vorliegen – der Satz:

„Damit hat T sich gemäß § 303 I strafbar gemacht."

Aber aufpassen: Das ist dann auch das End-Ergebnis. Danach kommt dann nichts mehr. Kein „weil ...". Und erst recht nicht ein Satz, wie ich ihn in einer Klausur lesen durfte:

> „... Damit hat T sich gemäß § 303 I StGB strafbar gemacht. Man könnte (kann) natürlich auch anders entscheiden."

Kann man nicht (mehr). Sonst ist man eben noch nicht beim Ergebnis.

II. Der Dreierschritt

Das war der Grundgedanke des Gutachtens: Alles ist nur *möglich*, bis es sich dann als Ergebnis erweist. Jetzt die Details, die Dreierschrittmethode.

Im Rahmen jeder Prüfung taucht immer wieder derselbe Ablauf auf. Ein Merkmal, sei es nun in der Handlung, der Tatbestandsmäßigkeit, der Rechtswidrigkeit, der Schuld oder sonstwo, kann **nicht eindeutig** als vorliegend erkannt werden. Dann muss – wiederum gutachtenmäßig – überprüft werden, ob es vorliegt. Dies geschieht mit folgenden 3 Schritten.

1. **Problem/Frage aufwerfen.** Dieser Schritt entspricht beim Einstieg in eine Norm dem Aufzeigen der Normvoraussetzungen, daher auch: Voraussetzungen aufzeigen.
2. **Die Definition des Merkmals bringen,** damit überhaupt eine Einordnungsmöglichkeit gegeben ist.
3. **Vergleich der Definition mit dem Sachverhalt.** Danach entweder das Vorliegen des Merkmals bejahen oder verneinen.

III. Beispielsfall

T geht in den Supermarkt des O. Er steckt auf dem Weg zur Kasse ein Päckchen Kaugummis ein, das er mitnimmt, ohne zu bezahlen. Strafbarkeit?

> Aus didaktischen Gründen prüfe ich in der folgenden Lösung auch Merkmale, die „eigentlich" unzweideutig vorliegen. Die Bemerkungen, die in Klammern stehen, gehören selbstverständlich nicht in eine schriftliche Lösung.

IV. Lösungsvorschlag

> (Einstieg = Frage aufwerfen)

T kann sich durch das Einstecken der Kaugummis nach § 242 I StGB strafbar gemacht haben.

> (Die eigentliche Prüfung:)

I. Tatbestandsmäßigkeit 1. Objektiver Tatbestand

> (1. Schritt: Problem aufwerfen = Voraussetzungen aufzeigen)

T muss eine fremde bewegliche Sache weggenommen haben.

(2. Schritt: Definitionen bringen)

Sache i.S.d. § 242 I ist jeder körperlicher Gegenstand.
Fremd ist eine Sache dann, wenn sie im (Mit)Eigentum eines anderen steht.
Beweglich ist eine Sache dann, wenn sie rein tatsächlich fortbewegt werden kann. Auf die Beweglichkeit i.S.d. BGB kommt es nicht an.
Wegnahme bedeutet Bruch fremden, Begründung neuen Gewahrsams.
Gewahrsam ist ein tatsächliches Herrschaftsverhältnis getragen von einem Herrschaftswillen.

(3. Schritt: Vergleich Definitionen-Sachverhalt)

Die Kaugummis sind ein körperlicher Gegenstand, sie sind daher eine **Sache**.
Die Kaugummis stehen im Eigentum des Supermarktes, sie sind daher **fremd**.
Die Kaugummis können fortbewegt werden, sie sind daher **beweglich**.
Solange die Kaugummis im Regal lagen, hatte O (ggf. über seine Angestellten) die tatsächliche Herrschaft über die Kaugummis. Dass er auch den Willen zu dieser Herrschaft hatte, kann unterstellt werden. O hatte also **ursprünglich Gewahrsam**.
Mit dem Einstecken der Kaugummis erlangt T die Herrschaft über die Kaugummis. Auch er hat einen Herrschaftswillen. Damit hat er mit dem Einstecken **neuen Gewahrsam** begründet.
Die Begründung dieses neuen Gewahrsams erfolgte nicht mit dem Willen des O, sondern gegen, mindestens ohne diesen Willen. Es handelt sich daher auch um einen **Gewahrsamsbruch**.
Damit liegt auch das Merkmal der **Wegnahme** vor.
Der objektive Tatbestand des § 242 ist folglich erfüllt.

2. Subjektiver Tatbestand

(1. Schritt: Voraussetzungen aufzeigen).

a. T muss den objektiven Tatbestand vorsätzlich verwirklicht haben.

(2. Schritt: Definitionen)

Vorsatz bedeutet Wissen und Wollen der Tat.

(3. Schritt: Vergleich + Ergebnis)

T wusste, dass die Kaugummis eine fremde bewegliche Sache waren. Er wusste auch, dass er mit dem Einstecken fremden Gewahrsam gebrochen und neuen – eigenen – begründet, also weggenommen hat.
Dies wollte er ja gerade.
Er handelte also mit **Vorsatz**.

(1. Schritt: Voraussetzungen aufzeigen).
b. Darüber hinaus muss er in der **Absicht rechtswidriger Zueignung** für sich oder einen Dritten gehandelt haben.

(2. Schritt: Definitionen)
Absicht in diesem Sinne bedeutet, dass das Wollen bezüglich der Zueignung dominieren muss und an das Wissen keine allzu großen Anforderungen zu stellen sind. *(Je mehr er weiß, umso besser.)*
Zueignung setzt eine dauernde Enteignung und eine (zumindest vorübergehende) Aneignung voraus.
Rechtswidrig ist eine Zueignung immer dann, wenn der Täter keinen Anspruch darauf hat. (**Achtung:** Das ist hier ein *Tatbestandsmerkmal*, das nichts mit der gleich noch zu prüfenden Rechtswidrigkeit als *allgemeines Aufbaumerkmal* zu tun hat!)

(3. Schritt: Vergleich + Ergebnis)
T wollte sich die Kaugummis aneignen und dabei den O enteignen. Er wollte sich die Kaugummis also zueignen. Da er keinen Anspruch auf die Kaugummis hatte, ist eine derartige Zueignung rechtswidrig. Er wusste, dass er keinen Anspruch darauf hatte, wollte die Zueignung aber trotzdem.
Der subjektive Tatbestand des § 242 ist folglich ebenfalls erfüllt.

II. Rechtswidrigkeit

(**Überlegung:** Es gibt nur 2 offene Tatbestände – §§ 240 und 253 –, bei denen die Rechtswidrigkeit extra geprüft werden muss. Bei allen anderen ist sie indiziert, es sei denn, es lägen Rechtfertigungsgründe vor. Wenn ersichtlich keine solchen vorliegen, schweigt man darüber und stellt schlicht die Rechtswidrigkeit fest.)

Die Erfüllung des Tatbestandes war rechtswidrig.

III. Schuld

(**Überlegung:** Normalerweise ist ein Täter schuldfähig, bis das Gegenteil gesagt wird. Besondere Schuldmerkmale gibt es bei § 242 nicht. Der Schuldvorsatz und das Unrechtsbewusstsein sind ebenfalls nur bei Vorliegen von Anhaltspunkten für das Gegenteil zu untersuchen. Gleiches gilt für Entschuldigungsgründe.)

Die rechtswidrige Erfüllung des Tatbestandes geschah auch schuldhaft.

IV. Ergebnis
T hat sich nach § 242 I strafbar gemacht. Wegen der Geringwertigkeit des Diebstahlsobjektes ist gemäß § 248a ein Strafantrag erforderlich.

V. Zusammenfassung
Wie hoffentlich aufgefallen, liegt eine verschachtelte Prüfung vor, die dem 3er-Schritt-Muster folgt. Die **Verschachtelung** liegt dabei im Wesentlichen im Folgenden:
(1. Schritt: Frage aufwerfen)
    T kann sich nach § 242 I strafbar gemacht haben.
(2. Schritt: Definitionen bringen)
    Diebstahl ist die tatbestandsmäßige, rechtswidrige und schuldhafte Erfüllung des § 242 I
    (1. Schritt: Frage aufwerfen)
        T kann den Tatbestand verwirklicht haben.
    (2. Schritt: Definitionen bringen)
        Tatbestand des § 242 I ist: ...
        (1. Schritt: Frage aufwerfen)
            Fraglich ist, ob eine Wegnahme vorliegt.
        (2. Schritt: Definitionen bringen)
            Wegnahme ist: ...
        (3. Schritt: Vergleich + Ergebnis)
            T hat eingesteckt und daher weggenommen.
    (3. Schritt: Vergleich + Ergebnis)
        T hat dies getan und daher den Tatbestand verwirklicht.
(3. Schritt: Vergleich + Ergebnis)
    T hat § 242 I tatbestandsmäßig, rechtswidrig und schuldhaft erfüllt. Er hat sich nach § 242 I strafbar gemacht.

Bestimmte Allgemeinplätze werden **in einer Klausur** allerdings **nicht** mehr **ausdrücklich erwähnt** (*„Diebstahl ist die tatbestandsmäßige, rechtswidrige und schuldhafte Erfüllung des § 242 I."*), sie sind **nur noch in der gedanklichen Prüfung** enthalten. Die sprachliche Qualität der Lösungsskizze gerade ist natürlich unterirdisch und erinnert an die Gehweise von Zombies. Das sollten wir auf keinen Fall als Muster verstehen. Es ging mir hier nur um die Struktur.
Das Wichtigste bei der Prüfung ist, dass man **nicht einfach blindlings drauflos** prüft. Man sollte **zunächst eine Gliederung** erstellen. Dies ist mit Hilfe der 8 Schemata aus dem 2. Teil dieses Skriptes überhaupt kein Problem. Beispiele

hierfür geben im Übrigen auch die nun folgenden Übungsklausuren mit ihren ausformulierten Lösungen.

Dann ist beim Schreiben darauf zu achten, dass die aufgeworfenen Fragen auch beantwortet werden. Also bitte nicht schreiben:

> „Möglicherweise sind die Kaugummis eine Sache. (= 1. Schritt)
> Sache ist jeder körperlicher Gegenstand. (= 2. Schritt)
> Möglicherweise ist diese Sache auch fremd. (= 1. Schritt)
> etc."

Da fehlt dann was. Und das hat der Korrektor gar nicht gerne. Korrektoren wollen nicht selbst anfangen müssen zu denken. Sie wollen abhaken. Und das geht nur, wenn was zum Abhaken da ist. Also: Den Schlusssatz, das Ergebnis nicht vergessen!

Fürs Beispiel: „Die Kaugummis sind ein körperlicher Gegenstand und damit eine Sache. (= 3. Schritt)"

B. Übungsklausur Nr. 1*

In der Absicht, den Viehhändler V zu berauben, verbirgt sich der mit einem Eichenknüppel bewaffnete T eines Abends an einem Waldweg hinter einem Baum. Zufällig kommt O, ein Bruder des T, diesen Weg entlang. In der Annahme, den V vor sich zu haben, versetzt T dem O (ohne Tötungsvorsatz) von hinten einen Schlag auf den Kopf. Als er den laut aufschreienden O an der Stimme erkennt, lässt er von weiteren Hieben ab, versorgt den O mit einem Notverband und bringt ihn sodann nach Hause. Außer einer Platzwunde und einer Gehirnerschütterung hat O keinen Schaden erlitten. Nach einigen Tagen ist er wieder wohlauf.
Wie hat sich T strafbar gemacht? Es sind nur vollendete Delikte zu prüfen.

I. Lösungsvorschlag – Vorarbeiten
Vorbemerkung: Die nachfolgend gebrachte Lösung ist nicht der Weisheit letzter Schluss. Sie ist nur eine Möglichkeit, diesen Fall zu lösen. Eine andere (Teil-)Lösung ist genauso gut vertretbar, wenn nur sauber und konsequent begründet wird. Begründung ist insbesondere da erforderlich, wo Probleme stecken. Ein Leser wird nicht einfach jeder Behauptung zustimmen, er erwartet – mit Recht – eine Begründung für das, was behauptet wird.
Ein Weiteres: Die in Klammern geschriebenen Bemerkungen gehören natürlich nicht in eine Klausur hinein. Sie sind eine gedankliche Stütze, sonst nichts.

---

* Nach Wessels/Beulke/Satzger, Strafrecht AT, § 24 (Rn. 1222).

Die Fallbearbeitung beginnt damit, dass der **Sachverhalt** erfasst wird. Bevor man irgendwelche Strafbarkeiten prüfen kann, muss man wissen, wer was gemacht hat. Bei komplizierten Sachverhalten erfolgt eine **Einteilung nach Zeitabschnitten**, Täter etc. Es kann sinnvoll sein, sich zum Sachverhalt eine **Zeichnung der Beteiligten** zu machen. Man sollte sich das zur Gewohnheit werden lassen.

Anschließend sucht man im **Inhaltsverzeichnis** die in Frage kommenden Vorschriften heraus und notiert sie. Dies sind hier:
- §§ 223 I und 224 I Nr. 2, 3 und 5
- §§ 249 I, 250 II Nr. 1, 3.a) (Versuch: §§ 22, 23 I, 12 I)
- § 240 I (Versuch: §§ 22, 23 I, 12 II, 240 III)

Wichtig ist, dass man bereits hier exakt bezeichnet, welchen Tatbestand man prüft: Immerhin haben die §§ 224 I und 250 II je mehrere verschiedene Varianten (Ziffern).

Dann wird **sortiert**. § 224 I Nr. 2, 3 und 5 sind Qualifikationen von § 223 I und werden daher erst nach dem Grundtatbestand (§ 223) geprüft, vgl. hierzu S. 120. Dasselbe gilt für § 250 II Nr. 1 und 3.a) (Qualifikationen) im Verhältnis zu § 249 I (Grundtatbestand).

Im Folgenden wird die Versuchsstrafbarkeit nicht weiter erörtert. Diese Klausur sollte eigentlich direkt nach Abschluss der Lektüre des vollendeten, vorsätzlichen Begehungsdeliktes durchgearbeitet werden.

Aus gegebenem Anlass erneut der Hinweis: Die in Klammern stehenden Bemerkungen gehören selbstverständlich nicht in eine Klausur hinein. Im Anschluss an diese Lösung mit Erläuterungen, befindet sich dieselbe noch einmal ohne Erläuterungen.

II. Die eigentliche Klausur (mit Zwischenbemerkungen)

(Einstieg = Frage aufwerfen)

T kann sich durch den Schlag nach §§ 223 I, 224 I Nr. 2, 3 und 5 StGB *(in eine Fußnote: „Die nachfolgenden Paragraphen sind – soweit nicht anders gekennzeichnet – solche des StGB" oder vergleichbare Formulierung)* strafbar gemacht haben.

I. Tatbestandsmäßigkeit – Grundtatbestand, § 223 I
1. Objektiver Tatbestand

(1. Schritt: Voraussetzungen aufzeigen)

a. T muss einen anderen körperlich misshandelt oder an der Gesundheit beschädigt haben.

(2. Schritt: Definitionen bringen)
b. Unter einer körperlichen Misshandlung versteht man jede üble unangemessene Behandlung, durch die das körperliche Wohlbefinden oder die körperliche Unversehrtheit des Opfers mehr als nur unerheblich beeinträchtigt wird. Gesundheitsbeschädigung ist ... (vgl. Kommentar)

(3. Schritt: Vergleich Definitionen Sachverhalt)
O hat eine Gehirnerschütterung und eine Platzwunde. Dies stellt eine erhebliche Beeinträchtigung seines Wohlbefindens dar. Er ist folglich körperlich misshandelt worden.
(An der Kausalität zwischen Schlag und Verletzung besteht ebenso wie an der Zurechnung (missbilligte Gefahr geschaffen & realisiert) keinerlei Zweifel. Also: Kein Wort darüber.)
c. Der objektive Tatbestand des § 223 I ist damit erfüllt.

2. Subjektiver Tatbestand

(1. Schritt: Voraussetzungen aufzeigen).
a. T muss den objektiven Tatbestand vorsätzlich verwirklicht haben.

(2. Schritt: Definitionen)
Vorsatz bedeutet Wissen und Wollen der Tat.

(3. Schritt: Vergleich + Ergebnis)
T wusste, dass er das körperliche Wohlbefinden des O mit dem Schlag beeinträchtigen würde. Genau das wollte er ja auch.

(1. Schritt: Frage aufwerfen)
b. Fraglich ist allerdings, wie es sich auswirkt, dass T nicht wusste, dass sein Opfer nicht der V, sondern der O war. Möglicherweise entfallen dadurch das Wissenselement des Vorsatzes und damit auch der Vorsatz selbst. Es kann ein vorsatzausschließender Tatbestandsirrtum gem. § 16 I S. 1 vorliegen.

(2. Schritt: Definitionen)
Bezugspunkt des Tatbestandsvorsatzes sind allein die Merkmale des objektiven Tatbestandes. Der objektive Tatbestand des § 223 I weist als geschütztes Rechtsgut und damit als Tatobjekt *eine andere Person* aus – entscheidend ist also (nur) die Qualität des Tatobjektes als Mensch. Als Angriffsart und damit als Tathandlung wird eine körperliche Misshandlung bzw. eine Gesundheitsbeschädigung benannt – entscheidend ist insoweit also nur die Qualität der Handlung als die Herbeiführung eines pathologischen Zustandes.
Keine rechtliche Relevanz hat der Umstand, welche *Eigenarten dem Opfer* über die Qualität *Mensch* hinaus noch zugeschrieben werden können. (Ebenso wenig

spielt es eine Rolle, welche *Eigenarten der Handlung* über die Qualität Herbeiführung eines pathologischen Zustandes hinaus noch innewohnen können.) Ob das Opfer ein alter oder ein junger Mensch ist, ob es arm oder reich ist, welcher Rasse oder Herkunft es ist, kurz: welches seine identitätsbildenden Eigenschaften sind, spielt für den Tatbestand des § 223 I keine Rolle.

Daraus folgt, dass der Tatbestandsvorsatz bereits dann vorliegt, wenn der Täter im Bewusstsein handelt, (irgend-) einen Menschen zu verletzen. Weiterhin folgt, dass der Tatbestandsvorsatz nur dann fehlt, wenn der Täter mit dem von ihm angezielten Objekt nicht *einen Menschen* verletzen will.

Irrt sich der Täter also im Hinblick auf die Identität des verletzten Objekts, so ist entscheidend, ob *das angezielte und tatsächlich verletzte* und das *vermeintlich verletzte* Objekt wertungsmäßig gleich zu behandeln sind. Handelt es sich bei beiden um Menschen, spielt ein Irrtum über die Identität keine Rolle mehr. Es handelt sich dann um einen unbeachtlichen sog. „error in persona".

(3. Schritt: Vergleich + Ergebnis)

T weiß, dass sein Opfer ein Mensch ist. Nach dem gerade Gesagten ist sein Irrtum über dessen Identität unbeachtlich. Für das Wissenselement des Vorsatzes genügt die Kenntnis der Menschqualität.

Damit liegt kein vorsatzausschließender Tatbestandsirrtum vor.

c. T handelte vorsätzlich.

Der subjektive Tatbestand des § 223 I ist folglich ebenfalls erfüllt.

II. Rechtswidrigkeit

(Überlegung: Es gibt nur 2 offene Tatbestände – §§ 240 und 253 –, bei denen die Rechtswidrigkeit extra geprüft werden muss. Bei allen anderen ist sie indiziert, es sei denn, es lägen Rechtfertigungsgründe vor. Wenn ersichtlich keine solchen vorliegen, schweigt man darüber und stellt schlicht die Rechtswidrigkeit fest.)

Die Erfüllung des Tatbestandes war rechtswidrig.

III. Schuld

(Überlegung: Normalerweise ist ein Täter schuldfähig, bis das Gegenteil gesagt wird. Besondere Schuldmerkmale gibt es bei § 223 I nicht. Der Vorsatz-Schuldvorwurf und das Unrechtsbewusstsein sind ebenfalls nur bei Vorliegen von Anhaltspunkten für das Gegenteil zu untersuchen. Gleiches gilt für Entschuldigungsgründe.)

Die rechtswidrige Erfüllung des Tatbestandes geschah auch schuldhaft.

- Zwischenergebnis

(Ausstieg: Die im Einstieg aufgeworfene Frage beantworten)

T hat sich nach § 223 I strafbar gemacht.

(Einstieg = Frage aufwerfen; hier: 1. Schritt: Frage aufwerfen)

V. Darüber hinaus kann T auch die Qualifikationen des § 224 I Nr. 2, 3 und 5 verwirklicht haben.

(**Vorbemerkung:** Eine Qualifikation kann man auf 2 Arten prüfen: Entweder nach dem komplett überprüften Grunddelikt (so wie's gerade hier geschieht). Oder man prüft zunächst den Tatbestand (objektiv und subjektiv!) des Grunddelikts und schwenkt dann direkt auf den Tatbestand (objektiv und subjektiv) der Qualifikation über. Rechtswidrigkeit und Schuld von beiden prüft man dann gemeinsam (vgl. auch S. 120).

Wichtig ist, dass man **beide Paragraphen** bereits **in** der ersten **Einstiegsüberschrift** aufführt:
(„T kann sich durch den Schlag nach §§ 223, 224 I Nr. 2 ... strafbar gemacht haben.")

1. Objektiver Tatbestand

(2. Schritt: Definitionen)

a. Ein gefährliches Werkzeug liegt dann vor, wenn der Täter einen Gegenstand benutzt, der entweder durch seine Beschaffenheit oder durch die konkrete Art seiner Benutzung geeignet ist, die Schwere einer Körperverletzung nicht unerheblich zu erhöhen.

(3. Schritt: Vergleich + Ergebnis)

Ein Eichenknüppel erfüllt diese Voraussetzungen ohne Weiteres.

(2. Schritt: Definitionen)

b. Ein hinterlistiger Überfall liegt dann vor, wenn ... (vgl. Kommentar).

(3. Schritt: Vergleich + Ergebnis)

Dies ist hier zu bejahen/verneinen.

(2. Schritt: Definitionen)

c. Eine das Leben gefährdende Behandlung liegt dann vor, wenn ... (vgl. Kommentar).

(3. Schritt: Vergleich + Ergebnis)

Dies ist hier zu bejahen/verneinen.

d. Damit ist der objektive Tatbestand des § 224 I Nr. 2 (ggf. 3 und 5) erfüllt.

2. Subjektiver Tatbestand

T handelte hinsichtlich all dieser Merkmale vorsätzlich.

V. Rechtswidrigkeit/Schuld
Für Rechtswidrigkeit und Schuld kann nichts anderes gelten, als bei § 223 I: Sie liegen vor.

VI. Ergebnis
(Ausstieg: Die im Einstieg aufgeworfene Frage beantworten)
Damit hat T auch die Qualifikation des § 224 I Nr. 2 ... erfüllt. T ist nach §§ 223, 224 I Nr. 2 ... zu bestrafen.

III. Die eigentliche Klausur (ohne Zwischenbemerkungen)
T kann sich durch den Schlag nach §§ 223 I, 224 I Nr. 2, 3 und 5 StGB (*Fußnote: Die nachfolgenden Paragraphen sind – soweit nicht anders gekennzeichnet – solche des StGB*) strafbar gemacht haben.

I. Tatbestandsmäßigkeit – Grundtatbestand, § 223 I
1. Objektiver Tatbestand
a. T muss einen anderen körperlich misshandelt oder an der Gesundheit beschädigt haben.
b. Unter einer körperlichen Misshandlung versteht man jede üble unangemessene Behandlung, durch die das körperliche Wohlbefinden oder die körperliche Unversehrtheit des Opfers mehr als nur unerheblich beeinträchtigt wird.
Gesundheitsbeschädigung ist ... (vgl. Kommentar)
O hat eine Gehirnerschütterung und eine Platzwunde. Dies stellt eine erhebliche Beeinträchtigung seines Wohlbefindens dar. Er ist folglich körperlich misshandelt worden.
(An der Kausalität zwischen Schlag und Verletzung besteht ebenso wie an der Zurechnung (missbilligte Gefahr geschaffen & realisiert) keinerlei Zweifel. Also: Kein Wort darüber.)
c. Der objektive Tatbestand des § 223 I ist damit erfüllt.

2. Subjektiver Tatbestand
a. T muss den objektiven Tatbestand vorsätzlich verwirklicht haben.
Vorsatz bedeutet Wissen und Wollen der Tat.
T wusste, dass er das körperliche Wohlbefinden des O mit dem Schlag beeinträchtigen würde. Genau das wollte er ja auch.
b. Fraglich ist allerdings, wie es sich auswirkt, dass T nicht wusste, dass sein Opfer nicht der V, sondern der O war. Möglicherweise entfallen dadurch das Wissenselement des Vorsatzes und damit auch der Vorsatz selbst. Es kann ein vorsatzausschließender Tatbestandsirrtum gem. § 16 I S. 1 vorliegen.

Bezugspunkt des Tatbestandsvorsatzes sind allein die Merkmale des objektiven Tatbestandes. Der objektive Tatbestand des § 223 I weist als geschütztes Rechtsgut und damit als Tatobjekt *eine andere Person* aus – entscheidend ist also (nur) die Qualität des Tatobjektes als Mensch. Als Angriffsart und damit als Tathandlung wird eine körperliche Misshandlung bzw. eine Gesundheitsbeschädigung benannt – entscheidend ist insoweit also nur die Qualität der Handlung als die Herbeiführung eines pathologischen Zustandes.

Keine rechtliche Relevanz hat der Umstand, welche *Eigenarten dem Opfer* über die Qualität *Mensch* hinaus noch zugeschrieben werden können. (Ebenso wenig spielt es eine Rolle, welche *Eigenarten der Handlung* über die Qualität Herbeiführung eines pathologischen Zustandes hinaus noch innewohnen können.) Ob das Opfer ein alter oder ein junger Mensch ist, ob es arm oder reich ist, welcher Rasse oder Herkunft es ist, wie sein persönlicher oder beruflicher Werdegang ist, kurz: welches seine identitätsbildenden Eigenschaften sind, spielt für den Tatbestand des § 223 I keine Rolle.

Daraus folgt, dass der Tatbestandsvorsatz bereits dann vorliegt, wenn der Täter im Bewusstsein handelt, (irgend-) einen Menschen zu verletzen. Weiterhin folgt, dass der Tatbestandsvorsatz nur dann fehlt, wenn der Täter mit dem von ihm angezielten Objekt nicht *einen Menschen* verletzen will.

Irrt sich der Täter also im Hinblick auf die Identität des verletzten Objekts, so ist entscheidend, ob das angezielte und tatsächlich verletzte und das vermeintlich verletzte Objekt wertungsmäßig gleich zu behandeln sind. Handelt es sich bei beiden um Menschen, spielt ein Irrtum über die Identität keine Rolle mehr. Es handelt sich dann um einen unbeachtlichen sog. „error in persona".

T weiß, dass sein Opfer ein Mensch ist. Nach dem gerade Gesagten ist sein Irrtum über dessen Identität unbeachtlich. Für das Wissenselement des Vorsatzes genügt die Kenntnis der Menschqualität.

Damit liegt kein vorsatzausschließender Tatbestandsirrtum vor.

c. T handelte vorsätzlich.

Der subjektive Tatbestand des § 223 I ist folglich ebenfalls erfüllt.

II. Rechtswidrigkeit
Die Erfüllung des Tatbestandes war rechtswidrig.

III. Schuld
Die rechtswidrige Erfüllung des Tatbestandes geschah auch schuldhaft.

- Zwischenergebnis
T hat sich nach § 223 I strafbar gemacht.

IV. Darüber hinaus kann T auch die Qualifikationen des § 224 I Nr. 2, 3 und 5 verwirklicht haben.

1. Objektiver Tatbestand

a. Ein gefährliches Werkzeug liegt dann vor, wenn der Täter einen Gegenstand benutzt, der entweder durch seine Beschaffenheit oder durch die konkrete Art seiner Benutzung geeignet ist, die Schwere einer Körperverletzung nicht unerheblich zu erhöhen.

Ein Eichenknüppel erfüllt diese Voraussetzungen ohne Weiteres.

b. Ein hinterlistiger Überfall liegt dann vor, wenn ... (vgl. Kommentar).

Dies ist hier zu bejahen/verneinen.

c. Eine das Leben gefährdende Behandlung liegt dann vor, wenn ... (vgl. Kommentar).

Dies ist hier zu bejahen/verneinen.

d. Damit ist der objektive Tatbestand des § 224 I Nr. 2 (ggf. 3 und 5) erfüllt.

2. Subjektiver Tatbestand

T handelte hinsichtlich all dieser Merkmale vorsätzlich.

V. Rechtswidrigkeit/Schuld

Für Rechtswidrigkeit und Schuld kann nichts anderes gelten, als bei § 223 I: Sie liegen vor.

VI. Ergebnis

Damit hat T auch die Qualifikation des § 224 I Nr. 2 .... erfüllt. T ist nach §§ 223 I, 224 I Nr. 2 ... zu bestrafen.

C. Übungsklausur Nr. 2

Der gelähmte Oberst T sitzt in seinem Garten im Rollstuhl. Um den in der Vergangenheit häufigen Obstdiebstählen entgegenzutreten, hat er seine Jagdflinte mitgenommen. Als O über den Gartenzaun springt, vor T's Augen sich die Jackentaschen mit den gerade von ihm gepflückten Kirschen voll steckt, ruft der sonst hilflose T: „Stehenbleiben oder ich schieße!" Dabei gibt T einen Warnschuss in die Luft ab. O will nicht erkannt werden und setzt sich deshalb dennoch ab. Er übersteigt wieder den Gartenzaun und sieht höhnisch grinsend kurz zurück. Deshalb schießt T erneut, jetzt in Richtung auf O. Ein Schrotkorn trifft und verletzt O nicht unerheblich. O entkommt samt Kirschen.

Wie ist das Verhalten der Beteiligten strafrechtlich zu beurteilen? Soweit erforderlich, ist Strafantrag gestellt.

I. Lösungsvorschlag – Vorarbeiten

Vorbemerkung: Auch hier gilt, was ich bereits bei der ersten Klausur gesagt habe: Man muss es nicht genauso machen – es ist nur ein Vorschlag.

Die Fallbearbeitung beginnt damit, dass der **Sachverhalt** erfasst wird. Die Beteiligten haben folgende Aktivitäten entwickelt (in der Reihenfolge ihres Handelns):

- O betritt das Grundstück des T.
- O nimmt die Kirschen des T.
- O verlässt das Grundstück des T.
- O grinst höhnisch zurück.
- T fordert O zum Stehenbleiben auf und gibt dabei einen Warnschuss ab.
- T schießt auf O und trifft ihn.

Anhand dieser Liste sucht man anschließend im **Inhaltsverzeichnis** die in Frage kommenden Vorschriften heraus und notiert sie. Das sind hier:

a. Für O:
- § 123 I 1. Begehungsweise 3. Var.
- §§ 242 I, 243 I S. 2 Nr. 2, 6, II, 248a
- § 185 1. Begehungsweise

b. Für T:
- §§ 240 I, III, 23 I, 22
- §§ 223 I, 224 I Nr. 2 und 5.

Hat man dies, macht man als Nächstes eine **Gliederung**. In den Anfangsauflagen habe ich noch geschrieben, dass diese Gliederung zwar nicht mit abgegeben würde, aber eine absolut notwendige Voraussetzung für einen sauberen Aufbau und ein gutes Timing sei. Das mit Timing und Aufbau bleibt auch; das andere revidiere ich.

Ich stehe jetzt auf dem Standpunkt, dass die Gliederung auf jeden Fall mit abgegeben werden sollte, selbst wenn dies nicht vorgeschrieben ist.

Der Grund liegt in folgender Überlegung: Als Korrektor einer solchen Arbeit liest man normalerweise alles, was geschrieben hereinkommt. Wenn jetzt – was gar nicht so selten ist – der Verfasser einmal die aus der Sicht des Korrektors falsche Lösung gewählt hat oder gar nicht fertig geworden ist, dann kann die Gliederung dem Korrektor helfen zu sehen, dass der Verfasser die Sache dem Grunde nach im Griff hat. Liest man daher in der Gliederung, dass der Verfasser die Arbeit zu Ende gedacht hat, ist jedenfalls der Vorwurf vom Tisch, dass der Verfasser die Arbeit nicht richtig verstanden, bestimmte Probleme gar nicht gesehen hat.

Eine Bemerkung allerdings noch hintenan: Damit kann man keine völlig neben der Sache liegende Arbeit retten. Man verschafft sich nur einen kleinen psychologischen Vorteil. Aber den sollte man mitnehmen.

Wie die Gliederung aufgebaut wird, richtet sich nach Zweckmäßigkeitserwägungen. Als solche ist hier insbesondere eine mögliche Notwehr durch T zu nennen. Notwehr setzt einen gegenwärtigen rechtswidrigen Angriff voraus. Der kann hier nur von O kommen. Am naheliegendsten ist es also, zunächst O durchzuprüfen. Stellt man dabei fest, dass er rechtswidrig angreift (§ 242), kann man später bei T im Rahmen der Notwehr darauf verweisen. Würde man mit T beginnen, müsste man bei der Notwehr anfangen zu schachteln und innerhalb der Prüfung des T das Verhalten des O prüfen.

Eine mögliche Gliederung sähe dann etwa so aus:

Die Strafbarkeit des O

A. § 123 I 1. Begehungsweise 3. Var.
   I. Tatbestandsmäßigkeit
      1. Objektiver Tatbestand:
         - *Befriedetes Besitztum*
         - *Eindringen*
      2. Subjektiver Tatbestand:
         - *Vorsatz*
   II. Rechtswidrigkeit
   III. Schuld
   IV. Strafantrag, § 123 II.

B. §§ 242 I, 243 I S. 2 Nr. 2, 6, II, 248a
   I. Tatbestandsmäßigkeit
      1. Objektiver Tatbestand:
         - *Sache*
         - *fremde*
         - *bewegliche*
         - *Wegnahme*
      2. Subjektiver Tatbestand:
         - *Vorsatz*
         - *Absicht rechtswidriger Zueignung*
   II. Rechtswidrigkeit
   III. Schuld
   IV. Regelbeispiele des § 243 I S. 2

1. Nr. 2
    - *Sicherung gegen Wegnahme*
    - *durch besondere Schutzvorrichtung*
2. Nr. 6
    - *Hilflosigkeit eines anderen*
    - *Ausnutzen*
3. *Vorsatz*
4. Ausschluss durch § 243 II
    - *geringwertige Sache*

V. **Ggf. Antrag, § 248a**
- geringwertige Sache
- Fall des § 242

C. **§ 185 1. Begehungsweise**
 I. **Tatbestandsmäßigkeit**
  1. Objektiver Tatbestand:
      - *Beleidigung*
  2. Subjektiver Tatbestand:
      - *Vorsatz*
 II. **Rechtswidrigkeit**
 III. **Schuld**

D. **Ergebnis der Prüfung des O**
- Strafbarkeit nach: § 123 I 1. Begehungsweise 3. Var.
- Strafbarkeit nach: §§ 242 I, 243 I S. 2 Nr. 2, 6, II, 248a
- Strafbarkeit nach: § 185 1. Begehungsweise

Die Strafbarkeit des O ist eigentlich ziemlich problemlos, sieht man mal davon ab, dass die ganzen Normen gefunden werden müssen. Ob die Normen jetzt alle auch eingreifen, insbesondere, ob im höhnischen Angrinsen bereits eine Beleidigung, § 185, liegt, ist für die Gliederung als Gliederung egal. Man wird aber bei der Gliederung bereits überlegen, ob die Merkmale, die man aufschreibt, auch vorliegen. Ich denke, dass dies bis auf die Merkmale der Beleidigung der Fall ist.

Die Strafbarkeit des T

E. **§§ 240 I, III, 23 I, 22, 12 II**
- „Vorprüfung":
  1. Fehlen der Vollendung
  2. Strafbarkeit des Versuchs, III

I. Tatbestandsmäßigkeit
1. Subjektiver Tatbestand:
   - *Tatentschluss = Vorsatz*
2. Objektiver Tatbestand:
   - *unmittelbarer Ansatz zur Tat*

II. Rechtswidrigkeit
1. Notwehr, § 32
   a. *Notwehrlage: gegenwärtiger, rechtswidriger Angriff*
   b. *Notwehrhandlung:*
      - *erforderlich (= tatsächlich)*
      - *angemessen (= wertend)*
   c. *Notwehrwille*
2. Ergebnis: Notwehr (+)

F. §§ 223 I, 224 I Nr. 2 und 5

I. Tatbestandsmäßigkeit
1. Objektiver Tatbestand des § 223 I:
   - *Körperliche Misshandlung*
   - *Gesundheitsbeschädigung*
2. Subjektiver Tatbestand des § 223I:
   - *Vorsatz*
3. Objektiver Tatbestand des § 224 I Nr. 2 und 5:
   - *Waffe*
   - *das Leben gefährdende Behandlung*
4. Subjektiver Tatbestand des § 224 I Nr. 2 und 5:
   - *Vorsatz*

II. Rechtswidrigkeit
1. Notwehr, § 32
   a. *Notwehrlage: gegenwärtiger, rechtswidriger Angriff*
   b. *Notwehrhandlung:*
      - *erforderlich (= tatsächlich)*
      - *angemessen (= wertend) (-)*
2. Ergebnis: Notwehr (-); RW (+)

III. Schuld
- Verbotsirrtum

G. Ergebnis der Prüfung des T
- (- Keine Strafbarkeit nach §§ 240 I, III, 23 I, 22)
- Strafbarkeit nach §§ 223 I, 224 I Nr. 2 und 5.

Wenn man so weit ist und die Gliederung in der hier vorgeschlagenen Art und Weise erstellt hat, ist die eigentliche Arbeit nur noch ein Kinderspiel. Es muss dann lediglich noch die Gliederung aufgebläht werden.

Der **Zeitaufwand bis hierhin** beträgt zwischen 30% und 50% der gesamten zur Bearbeitung zur Verfügung stehenden Zeit. Etwa weitere 40% gehen anschließend fürs Schreiben drauf. Die restlichen 10% dienen dazu, die Arbeit noch einmal im Ganzen zu lesen und eventuelle Rechtschreibfehler zu beseitigen.

Insbesondere ist dabei auf **Bezugsfehler** zu achten: Häufig wechselt man allein aus Gedankenlosigkeit die Namen der geprüften Personen, so dass inmitten der Strafbarkeit des einen auf einmal der andere auftaucht. (In der Prüfung der Strafbarkeit des O feststellen, dass T den Tatbestand erfüllt hat.)

II. Die eigentliche Klausur
Strafbarkeit des O
A. O kann sich dadurch, dass er in den Garten des T gestiegen ist, nach § 123 I 1. Begehungsweise 3. Var. StGB (Fußnote: „Die nachfolgenden Paragraphen sind – soweit nicht anders gekennzeichnet – solche des StGB.") strafbar gemacht haben.

I. Tatbestandsmäßigkeit
1. Objektiver Tatbestand
Befriedetes Besitztum ist jeder Ort, der gegen das willkürliche Betreten durch Dritte gesichert ist. Der Garten des T ist durch einen Zaun von den übrigen Grundstücken abgetrennt, er ist also ein befriedetes Besitztum.
Ein Eindringen liegt dann vor, wenn der Täter gegen den Willen des Berechtigten mit mindestens einem Körperteil in die geschützte Sphäre gelangt ist. O ist im Garten des T. T wollte nicht, dass Kirschdiebe in seinen Garten kommen, er wollte also auch nicht, dass O ihn betrat. O ist folglich eingedrungen.
Der objektive Tatbestand liegt vor.

2. Subjektiver Tatbestand
O muss vorsätzlich gehandelt haben. Vorsatz bedeutet Wissen und Wollen der zum objektiven Tatbestand gehörenden Umstände.
O wusste, dass der Garten ein befriedetes Besitztum war und dass er diesen Garten gegen den Willen des T betreten würde. Das wollte er aber trotzdem. Er handelte folglich vorsätzlich.
Der subjektive Tatbestand liegt vor.

II. Die Tatbestandserfüllung geschah auch rechtswidrig und schuldhaft. O hat sich nach § 123 I 1. Begehungsweise 3. Var. strafbar gemacht.

III. Der zur Strafverfolgung notwendige Antrag, § 123 II, ist gestellt.

B. Mit dem Einstecken der Kirschen kann sich O darüber hinaus nach §§ 242 I, 243 I S. 2 Nr. 2, 6, II, 248a strafbar gemacht haben.

I. Tatbestandsmäßigkeit
1. Objektiver Tatbestand
Sache i.S.d. § 242 I ist jeder körperliche Gegenstand. Die Kirschen sind also Sachen.
Beweglich bedeutet, dass die Sache rein tatsächlich bewegt werden können. Auf die Beweglichkeit i.S.d. BGB kommt es dabei nicht an. Die Kirschen können bewegt werden, sind also beweglich.
Fremd ist eine Sache dann, wenn sie im (Mit)Eigentum eines anderen steht. Die Kirschen stehen im Eigentum des T, sind dem O also fremd.
Wegnahme bedeutet Bruch fremden und Begründung neuen Gewahrsams. Gewahrsam ist ein tatsächliches Herrschaftsverhältnis, getragen von einem Herrschaftswillen. Solange die Kirschen im Garten und am Baume des T sind, hat dieser die tatsächliche Herrschaft über sie. Sein Wille dazu wird durch seine Jagdflintenaktion eindrucksvoll demonstriert. T hatte also ursprünglich Gewahrsam. Mit dem Einstecken erlangt O die tatsächliche Herrschaft über die Kirschen. Auch er will diese Herrschaft. Damit hat jetzt O Gewahrsam. Dieser Gewahrsamswechsel erfolgte gegen den Willen des T; O hat also den Gewahrsam des T gebrochen. Das Merkmal der Wegnahme liegt folglich vor.
Der objektive Tatbestand ist erfüllt.

2. Subjektiver Tatbestand
O wusste, dass die Kirschen fremde bewegliche Sachen waren und dass zur eigenen Gewahrsamsbegründung der Bruch fremden Gewahrsams erforderlich war. Genau das wollte er ja auch. Er handelte also vorsätzlich.
Darüber hinaus muss er aber auch in der Absicht rechtswidriger Zueignung für sich oder einen Dritten gehandelt haben.
Unter Zueignung versteht man die dauernde Enteignung und die (mindestens vorübergehende) Aneignung.
Rechtswidrig ist eine solche Zueignung dann, wenn der Täter keinen Anspruch darauf hat.
Absicht als Vorsatzform i.S.d. § 242 I bedeutet, dass die Wollenskomponente stark ausgeprägt sein muss, während bei der Wissenskomponente ein bloßes Für-möglich-Halten genügt.

O wollte sich die Kirschen aneignen; es ist anzunehmen, dass er sie essen wollte. Dazu musste er T enteignen; auch dies wollte er. Er wusste, dass er keinen Anspruch auf die Zueignung hatte, er wollte sie aber trotzdem. Er handelte folglich in der Absicht rechtswidriger Zueignung.
Der subjektive Tatbestand ist erfüllt.

II. Die Tatbestandserfüllung geschah auch rechtswidrig und schuldhaft. O hat sich nach § 242 I strafbar gemacht.

III. Möglicherweise liegt außerdem noch ein Regelbeispiel nach § 243 I S. 2 Nr. 2, 6 und damit ein besonders schwerer Fall des Diebstahls vor.

1. Regelbeispiel nach Nr. 2
Fraglich ist, ob es sich bei dem Zaun um eine Schutzvorrichtung handelt, durch die die Kirschen besonders gegen Wegnahme gesichert sind.
Eine solche Schutzvorrichtung liegt immer dann vor, wenn ... (Def. vgl. Kommentar). Damit handelt es sich hier (nicht) um eine Schutzvorrichtung.
Das Regelbeispiel nach Nr. 2 liegt also (nicht) vor.

2. Regelbeispiel nach Nr. 6
Zu prüfen ist weiterhin, ob O bei seinem Kirschdiebstahl die Hilflosigkeit eines anderen ausgenutzt hat.
Das Ausnutzen einer Hilflosigkeit ist dann zu bejahen, wenn ... (Def. vgl. Kommentar). O hat hier also die Hilflosigkeit des T (nicht) ausgenutzt.
Das Regelbeispiel nach Nr. 6 liegt also (nicht) vor.

3. Obwohl es sich bei den Regelbeispielen nicht um Tatbestände handelt, ist erforderlich, dass der Täter mit Vorsatz bezüglich der einzelnen Merkmale handelt. Dies kann hier bejaht werden.

4. Zuletzt ist aber ein besonders schwerer Fall nach § 243 I S. 2 gemäß § 243 II dann ausgeschlossen, wenn es sich bei den Kirschen um geringwertige Sachen handelt.[10]
Geringwertig ist eine Sache, wenn sich der Marktpreis nicht über 30, - (je nach Meinung auch: 50,-) bewegt. Eine Handvoll Kirschen kann diese Summe nicht erreichen. Es handelt sich folglich um geringwertige Sachen.
Es liegt damit kein besonders schwerer Fall vor; es bleibt bei der Strafbarkeit nach § 242 I.

---

[10] Man könnte Abs. 2 auch als erstes in § 243 prüfen. Damit spart man sich die inhaltliche Prüfung der Regelbeispiele. Die Prüfungsfolge ist an den Unis nicht einheitlich. Dozenten fragen!

IV. Der bei geringwertigen Sachen erforderliche Strafantrag, § 248a, ist gestellt.

C. O kann sich durch sein höhnisches Zurückgrinsen weiterhin nach § 185 1. Begehungsweise strafbar gemacht haben.

(I.) Tatbestandsmäßigkeit (1.) Objektiver Tatbestand [11]
Unter Beleidigung versteht man jede Kundgabe der Nichtachtung oder Missachtung.
Fraglich ist, ob O damit, dass er T höhnisch angrinst, diesem eine Nicht- oder Missachtung kundgibt. Richtigerweise ist wohl davon auszugehen, dass O lediglich seinem Triumph über den erfolgreichen Diebstahl Ausdruck geben wollte; es fehlt damit an der Kundgabe von Nicht- oder Missachtung.
Mit dem Grinsen hat O den T folglich nicht beleidigt. (a. A. aber durchaus vertretbar!)
Der objektive Tatbestand liegt nicht vor. O ist nicht nach § 185 1. Begehungsweise strafbar.

D. Ergebnis der Strafbarkeitsprüfung des O.
O ist gem. § 123 I 1. Begehungsweise 3. Var. und § 242 I strafbar. Er handelte dabei in einer natürlichen Handlungseinheit. Nachdem hier kein Fall einer Gesetzeskonkurrenz ersichtlich ist, liegt Idealkonkurrenz vor.

Strafbarkeit des T
E. T kann sich dadurch, dass er O unter Abgabe eines Warnschusses zum Stehenbleiben aufforderte, einer versuchten Nötigung i.S.d. §§ 240 I, III, 23 I, 22 strafbar gemacht haben.
Die Tat ist nicht vollendet: O ist nicht stehengeblieben. Die Strafbarkeit des Versuchs folgt aus § 240 III.

I. Tatbestandsmäßigkeit
1. Subjektiver Tatbestand
T muss den Tatentschluss gehabt haben, O durch Drohung mit einem empfindlichen Übel zu einem Unterlassen zu bewegen.
T wollte O durch den Warnschuss davon abhalten, mit den Kirschen zu flüchten; er wollte O mithin zum Unterlassen der Flucht bewegen. Er wollte dies weiterhin mittels einer Drohung erreichen: Er droht O mit einem (gezielten) Schuss.
T hatte demnach den Tatentschluss.
Der subjektive Tatbestand liegt vor.

---

[11] Ich habe die Zahlen in Klammern gesetzt, weil kein II. und kein 2. mehr folgt.

2. Objektiver Tatbestand

T muss nach seiner Vorstellung von der Tat unmittelbar zur Verwirklichung angesetzt haben, § 22.

Ein unmittelbarer Ansatz liegt immer dann vor, wenn zur Verwirklichung der Tat keine wesentlichen Zwischenschritte mehr erforderlich sind, jedenfalls aber dann, wenn der Täter bereits ein Merkmal des gesetzlichen Tatbestandes verwirklicht hat.

T hat durch seine Aufforderung und den Warnschuss das Merkmal der Drohung erfüllt, also bereits ein Merkmal verwirklicht. Er hat also unmittelbar angesetzt.

Der objektive Tatbestand liegt vor.

II. Rechtswidrigkeit

Rechtswidrig ist die Tat nach § 240 II aber nur dann, wenn die Androhung des Übels (das Mittel) zu dem angestrebten Zweck als verwerflich anzusehen ist.

1. Rechtfertigung nach § 32

Ob dies der Fall ist, kann dann dahinstehen, wenn in jedem Fall ein Rechtfertigungsgrund eingreift. In Betracht kommt hier § 32.

a. Notwehrlage

Es muss ein gegenwärtiger rechtswidriger Angriff auf ein Rechtsgut des T vorliegen.

Der Diebstahl des O war ein rechtswidriger (vgl. oben die Prüfung der Strafbarkeit des O) Angriff auf das Eigentum des T. Im Zeitpunkt der Nötigungshandlung dauerte dieser Angriff noch an, er war mithin auch gegenwärtig.

b. Notwehrhandlung

Die Handlung des T muss erforderlich und angemessen sein.

Erforderlich ist eine Handlung dann, wenn sie das schonendste Mittel ist, den Angriff unverzüglich ohne eigene Gefahr zu beenden.

Geht man davon aus, dass T mit seinem Rollstuhl nicht über den Gartenzaun springen kann, gab es überhaupt kein anderes Mittel für ihn. Gibt es aber kein anderes, war es auch das schonendste. Die Handlung des T war also erforderlich.

Angemessen ist eine Handlung dann, wenn die sich gegenüberstehenden Rechtsgüter in ihrer konkreten Ausprägung nicht in einem so krassen Missverhältnis zueinander stehen, dass sich die Ausübung der Notwehr als rechtsmissbräuchlich erweist. Das ist wertend zu ermitteln.

Das Eigentum des T steht der Willens- und Handlungsfreiheit des O gegenüber. Die Beeinträchtigung der Willens- und Handlungsfreiheit ist nur gering: O soll ja lediglich stehenbleiben. Dann kann man aber – wenn überhaupt – jedenfalls nicht von einem krassen Missverhältnis sprechen.

Die Handlung ist also auch angemessen.

c. Notwehrwille
T hat darüber hinaus auch mit einem Notwehrwillen gehandelt.

2. Ergebnis der Notwehrprüfung
Damit liegen die Voraussetzungen der Notwehr vor: Die Tat ist gerechtfertigt; T ist nicht nach §§ 240 I, III, 23 I, 22 strafbar.

F. Mit der Verletzung des O durch den Schuss aus der Jagdflinte kann T sich aber nach §§ 223 I, 224 I Nr. 2 und 5 strafbar gemacht haben.

I. Tatbestandsmäßigkeit
T hat mit der nicht unerheblichen Verletzung einen pathologischen Zustand des O bewirkt.
Der objektive Tatbestand des § 223 I liegt vor.
T hat die Verletzung des O mindestens billigend in Kauf genommen.
Der subjektive Tatbestand des § 223 I liegt ebenfalls vor.
Eine Jagdflinte ist eine Waffe. Das Leben gefährdend ist eine Behandlung immer dann, wenn . . . (Def. vgl. Kommentar). Damit liegt eine das Leben gefährdende Behandlung (nicht) vor.
T hatte den Vorsatz bez. dieser Merkmale.
Der Tatbestand des § 224 I Nr. 2 und 5 ist gleichfalls verwirklicht.

II. Rechtswidrigkeit
Fraglich ist indes, ob T sich hier ebenso wie bei der versuchten Nötigung auf § 32 als Rechtfertigungsgrund berufen kann.
1. Es liegt nach wie vor eine Notwehrlage vor: Der rechtswidrige Angriff des O auf das Eigentum des T ist solange gegenwärtig, wie T noch die Möglichkeit hat, sein Rechtsgut zu verteidigen. Dass T diese Möglichkeit noch hat, hat er mit dem Schuss anschaulich bewiesen.
2. Der Schuss ist als einziges Mittel (vgl. oben) auch erforderlich.

3. Zu prüfen ist jetzt allerdings, ob die Tat noch ein angemessenes Mittel war. Für die Notwehr gilt der Grundsatz, dass das Recht dem Unrecht nicht weichen muss. Das bedeutet, dass eigentlich keine Abwägung zwischen dem angegriffenen und dem beeinträchtigten Rechtsgut stattfindet. Etwas anderes gilt nur für die Fälle des oben bereits erwähnten Rechtsmissbrauches, wenn nämlich die Rechtsgüter in einem krassen Missverhältnis zueinander stehen.
Konkret geht es hier um die Gesundheitsbedrohung durch eine Schussverletzung auf der einen Seite und das Eigentum an – wie oben festgestellt – geringwertigen Sachen auf der anderen Seite. Gesundheit und Eigentum klaffen in ihrer

konkreten Ausprägung (Schuss und geringwertige Sachen) derart weit auseinander, dass ein krasses Missverhältnis bejaht werden muss.
Es fehlt damit an der Angemessenheit der Handlung. Die Tat ist nicht durch Notwehr gedeckt.
Die Körperverletzung war rechtswidrig.

III. Schuld
Möglicherweise glaubt T aber, seine Tat sei durch Notwehr gerechtfertigt. Es handelte sich dann um einen das Unrechtsbewusstsein ausschließenden Verbotsirrtum über die Grenzen eines tatsächlich existierenden Rechtfertigungsgrundes, § 17.
T schießt „deshalb" auf O, weil dieser ihn höhnisch angrinst. Man kann also davon ausgehen, dass er gar nicht mehr sein Rechtsgut Eigentum verteidigen, sondern sich rächen will, für das, was ihm O angetan hat. Wenn er aber nicht mehr schießt, um sich zu verteidigen, glaubt er auch nicht, dass er gerechtfertigt ist. Er irrt sich damit auch nicht: Er hat aktuelles Unrechtsbewusstsein.
(a.A. gut vertretbar, dann aber die Vermeidbarkeit des Verbotsirrtums prüfen, § 17 S. 2, die hier wohl zu bejahen wäre.)
T ist damit nach §§ 223 I, 224 I Nr. 2 und 5 strafbar geworden.

G. Ergebnis der Strafbarkeitsprüfung des T
T ist allein nach §§ 223 I, 224 I Nr. 2 und 5 strafbar geworden.

> Schlussbemerkung: Eine Lösung in dieser Ausführlichkeit wird in einer Anfängerübung (2./3. Semester) natürlich nicht erwartet; viel weniger dann von Erstsemestern. Hoffentlich aufgefallen ist, dass der Aufbau alleine dann nicht hilft, wenn man keine oder zu wenig materielle Rechtskenntnisse hat. So kann man auf die Idee, den Täter O vor dem Täter T zu prüfen, nur dann kommen, wenn man weiß, dass im Rahmen der Notwehr auf die vorher gemachten Ausführungen zurückgegriffen werden kann. Dazu muss man natürlich auch erst einmal darauf kommen, dass Notwehr überhaupt einschlägig sein kann.

D. Übungsklausur Nr. 3
T hat hohe Schulden. Um zu Geld zu kommen, beschließt er, seinen Onkel X, dessen einziger Erbe er ist, zu erschießen. Der auf X abgegebene Pistolenschuss trifft jedoch nicht diesen, sondern ungewollt den neben X stehenden O, der sofort tot ist. B hatte, als T ihn bat, ihm eine Pistole zu leihen, diesem Wunsche aus Freundschaft entsprochen. Er hielt es für möglich, dass T die Waffe dazu benutzen würde, um sich durch Tötung des X finanziell zu sanieren, war sich dessen

jedoch nicht sicher. Kurz nach der Aushändigung entstanden bei ihm Skrupel. Er eilte deshalb mit einem Taxi zu den Wohnungen von X und T, kam jedoch zu spät.

I. Lösungsvorschlag – Vorarbeiten

Vorbemerkung: Man kann's gar nicht oft genug sagen: Die richtige Lösung gibt es nicht. Wichtig ist, dass der Aufbau und die Begründungen überzeugen. Nachfolgend also eine Möglichkeit, diese Übungsklausur zu lösen.

Der 1. Schritt besteht – wie immer – darin, dass der **Sachverhalt** erfasst wird. Die Beteiligten haben folgende Aktivitäten entwickelt:
- T schießt mit einer Pistole auf X.
- T trifft X nicht.
- T trifft den neben X stehenden O.
- T hat gehandelt, um zu Geld zu kommen.
- B hat T eine Pistole geliehen.
- B hielt es für möglich, dass T den X töten wollte.
- B eilt mit dem Taxi zu X/T.
- B kommt zu spät.

Anhand dieser Liste sucht man anschließend im **Inhaltsverzeichnis** die in Frage kommenden Vorschriften heraus und notiert sie. Das sind hier:

a. Für T:
- § 212 I im Hinblick auf O
- § 222 im Hinblick auf O
- §§ 211 I, II, 3. Alt. (Habgier), 212 I, 22, 23 I, 12 I im Hinblick auf X

b. Für B:
- §§ 211 I, II, Var. 3 (Habgier), 212 I, 22, 23 I, 12 I, 27 I, 28 II im Hinblick auf X
- § 24 II S. 2 Var. 1 im Hinblick auf X
- § 222 im Hinblick auf O (Nebentäterschaft)
- § 138 I Nr. 6

Anschließend macht man eine **Gliederung**. Der Aufbau richtet sich dabei nach Zweckmäßigkeitserwägungen. Hier sind natürlich auch schon materielle Kenntnisse erforderlich. Bestimmte Probleme fallen direkt ins Auge, so z.B. die aberratio ictus (Fehlgehen der Tat), der mögliche Rücktritt vom Versuch. Weiter ist die zwingende Aufbauregel „Täter vor Teilnehmer" zu beachten. Daraus folgt, dass die Strafbarkeit des T (= Täter, man beachte die didaktisch wertvolle Wahl des Buchstabens) in jedem Fall vor der des B (= Beihelfer, s.o.) geprüft werden muss.

Bei T wiederum sollte man daran denken, dass die aberratio ictus irgendwo eingebaut werden muss. Dieses irgendwo kann nur im subjektiven Tatbestand liegen. Sinnvoll ist es daher, mit einem vorsätzlichen Delikt (hier: § 212) zu beginnen. Im Rahmen des subjektiven Tatbestandes stellt man dann fest, dass im Hinblick auf das Opfer O der Vorsatz fehlt, und schwenkt elegant auf § 222 über.

Gegliedert kann das so aussehen:

Die Strafbarkeit des T
- **A. § 212 I im Hinblick auf O**
  - I. Tatbestandsmäßigkeit
    1. Objektiver Tatbestand
       - *Tod eines Menschen (+)*
       - *Handlung des T (+)*
       - *Verbindung: Kausalität/Zurechenbarkeit (+)*
    2. Subjektiver Tatbestand
       - *Vorsatz = Wissen und Wollen (-)*
  - II. Ergebnis zu § 212 I
- **B. § 222 im Hinblick auf O**
  - I. Tatbestandsmäßigkeit
    1. Objektiver Tatbestand
       - *Tod eines Menschen (+)*
       - *Handlung des T als obj. Sorgfaltspflichtverletzung (+)*
       - *Verbindung Handlung-Erfolg:*
         - *Kausalität (+)*
         - *Objektive Vorhersehbarkeit (+)*
         - *Objektiver Zurechnungszusammenhang (+)*
         - *Schutzzweck der Pflicht (+)*
    2. Subjektiver Tatbestand
       - Kein Anhaltspunkt für Wissen: Unbewusste Fahrlässigkeit
  - **II. Rechtswidrigkeit (+)**
  - **III. Schuld**
    1. Subjektive Sorgfaltspflichtverletzung (+)
    2. Subjektive Vorhersehbarkeit (+)
- **C. §§ 211 I, II, Var. 3 (Habgier), 212, 22, 23 I, 12 I im Hinblick auf X**
  - „Vorprüfung"
    1. Tat ist nicht vollendet (s.o.).
    2. Versuch ist strafbar (vgl. Zitierung).

I. Tatbestandsmäßigkeit
1. Subjektiver Tatbestand
   - *Tatentschluss = Vorsatz bez.*
     a. *Grundtatbestand, § 212 (+)*
     b. *Qualifikationsmerkmal „Habgier", § 211 II, Var. 3 (+)*
2. Objektiver Tatbestand
   - *Unmittelbarer Ansatz zur Tat (+)*
II. Rechtswidrigkeit (+)
III. Schuld (+)

Die Strafbarkeit des B

D. **§§ 211 I, II, Var. 3 (Habgier), 212 I, 22, 23 I, 12 I, 27 I, 28 II i.H. auf X**
   I. Tatbestandsmäßigkeit
   1. Objektiver Tatbestand
      a. *Vorliegen einer Haupttat (+)*
      b. *Gehilfenhandlung (+)*
   2. Subjektiver Tatbestand
      a. *Vorsatz bez. der vollendeten Haupttat*
         aa. *Grundtatbestand des § 212 I (+)*
         bb. *Qualifikationsmerkmal der Habgier, § 211 (+)*
      b. *Vorsatz bez. der Gehilfenhandlung*
   3. Vorliegen eigener Mordmerkmale, § 28 II (-)
   II. Rechtswidrigkeit (+)
   III. Schuld (+)
   IV. Strafaufhebungsgründe: § 24 II (+)

E. **§ 222 im Hinblick auf O**
   I. Tatbestandsmäßigkeit
   1. Objektiver Tatbestand
      - *Tod eines Menschen (+)*
      - *Handlung des T als obj. Sorgfaltspflichtverletzung (+)*
      - *Verbindung Handlung-Erfolg:*
        Kausalität (+)
        Objektive Vorhersehbarkeit (+)
        Objektiver Zurechnungszusammenhang (+)
        Schutzzweck der Pflicht (+)
   2. Subjektiver Tatbestand
      - *Kein Anhaltspunkt für Wissen: Unbewusste Fahrlässigkeit*

II. Rechtswidrigkeit (+)
III. Schuld
1. Subjektive Sorgfaltspflichtverletzung (+)
2. Subjektive Vorhersehbarkeit (+)

F. § 138 I Nr. 6
I. Tatbestandsmäßigkeit
1. Objektiver Tatbestand
   - *Unterlassung einer Anzeige (+)*
   - *Glaubhaftes Erfahren eines geplanten Mordes (+)*
   - *Möglichkeit (+)*
   - *Zumutbarkeit (-)*
2. Ergebnis zum Tatbestand
II. Ergebnis zu § 138

II. Die eigentliche Klausur

Der folgende Vorschlag berücksichtigt diesmal, dass es Umstände gibt, die so eindeutig sind, dass sie nicht mehr im Gutachtenstil geprüft, sondern im Urteilsstil als vorliegend befunden werden. Die Abgrenzung zwischen diesen eindeutigen Umständen (Urteil) und weniger eindeutigen Umständen (Gutachten) erfordert eine gewisse Erfahrung; man kann kein Patentrezept dafür geben.

Weiterhin werden Definitionen, wie etwa die des Vorsatzes, nur einmal gebracht und anschließend als bekannt vorausgesetzt. Soweit Verweisungen möglich sind, werden sie gemacht.

Beachtet zuletzt, dass im jeweiligen Einleitungssatz *genau* bezeichnet wird, warum eine Strafbarkeit des Täters geprüft wird. Also nicht schreiben: „T kann sich nach § 212 I strafbar gemacht haben.", sondern: „T kann sich **dadurch, dass er** O mit einem Schuss getötet hat, nach § 212 I strafbar gemacht haben."

A. T kann sich dadurch, dass er O mit einem Schuss getötet hat, nach § 212 I strafbar gemacht haben.

I. Tatbestandsmäßigkeit

1. Objektiver Tatbestand

T hat mit seiner Handlung, dem Schuss, den Tod eines Menschen, des O, kausal und zurechenbar herbeigeführt. Er hat den objektiven Tatbestand des § 212 I erfüllt.

2. Subjektiver Tatbestand

Fraglich ist, ob T vorsätzlich gehandelt hat. Vorsatz bedeutet Wissen und Wollen der zum gesetzlichen Tatbestand gehörenden objektiven Merkmale. Da man Wissen immer erst hinterher hat, handelt es sich bei Erfolgsdelikten stets um eine Prognose des Täters. Ob T prognostizierte, dass er O treffen würde, kann hier nur anhand seines Willens ermittelt werden. Sein Wille steht fest: Er wollte X treffen und töten. Dem Willen, X zu töten, ist im Umkehrschluss zu entnehmen, dass es eben nicht O sein sollte. Folglich fehlt es im Hinblick auf O am Tötungswillen und damit auch an einer entsprechenden Prognose. T handelte daher im Hinblick auf O nicht mit Tötungsvorsatz. Sein Schuss stellt sich vielmehr als eine fehlgegangene Tat dar; es handelt sich um eine sog. **aberratio ictus**.

> Zwischenbemerkung: Der normale Leser registriert beim Überfliegen eines Textes die Anfangs- und Endmerkmale eines Abschnittes deutlicher als den Wust in der Mitte. Sind also Termini fällig, die besondere Sachkenntnis zum Ausdruck bringen sollen, platziert man sie sinnvollerweise entweder am Anfang oder am Ende. Der vorgehende Abschnitt ist ein Beispiel dafür. Der Gutachtenstil wird durch das „Fraglich" demonstriert, die aberratio ictus war der Punkt, auf den es an dieser Stelle sachlich ankam.

II. Ergebnis

Soweit es den Tod des O betrifft, scheidet eine Strafbarkeit des T gemäß § 212 I aus.

B. T kann sich aber durch die Tötung des O nach § 222 strafbar gemacht haben.

I. Tatbestandsmäßigkeit / 1. Objektiver Tatbestand

T hat, wie soeben festgestellt, den Tod des O verursacht.

Er muss dabei eine objektive Sorgfaltspflicht verletzt haben. Objektiv pflichtwidrig handelt, wer die Sorgfalt außer Acht lässt, zu der er nach den Umständen verpflichtet ist. Art und Maß der Sorgfalt ergeben sich aus den Anforderungen, die bei einer Betrachtung der Gefahrenlage ex ante an einen besonnenen und gewissenhaften Menschen in der konkreten Lage und der sozialen Rolle des Handelnden zu stellen sind.

Ein besonnener und gewissenhafter Täter hätte sich vor der Abgabe des Schusses darüber versichern müssen, dass ein solcher Schuss keine Unbeteiligten treffen kann. Dies hat T nicht getan. Er handelte folglich sorgfaltswidrig.

> *Zwischenbemerkung:* Es gibt keine Rechtsvorschrift, die regelt, wie man auf einen Menschen zu schießen hat; es gibt auch keine allgemeine Regel der Verkehrssitte (Jagdregeln etc.), auf die man sich stützen kann (Kenner der Mafias-

zene können ihre Kenntnis natürlich einbringen); es bleiben daher nur die allgemeinen Regeln der Sorgfalt, die man selber formulieren muss.

Des Weiteren hätte der Erfolg, Tod des O, objektiv vorhersehbar sein müssen. Maßgeblich ist insoweit die Beurteilung ex ante aufgrund der dem Täter in der Tatsituation bekannten und erkennbaren Umstände. Einem objektiven Betrachter war es ohne Weiteres erkennbar, dass O neben X stand und so das Opfer eines Schusses werden konnte. Der Erfolg war also objektiv vorhersehbar.
Damit hat T den objektiven Tatbestand des § 222 erfüllt.

2. Subjektiver Tatbestand
Es liegen keine Anhaltspunkte dafür vor, dass T um die mögliche Tötung des O gewusst hat. Es handelt sich hier folglich um unbewusste Fahrlässigkeit.

II. Rechtswidrigkeit
Die tatbestandsmäßige Erfüllung geschah rechtswidrig.

III. Schuld
T hätte auch subjektiv sorgfaltswidrig handeln und den Erfolg subjektiv vorhersehen können müssen. T war nach seinen persönlichen Verhältnissen durchaus in der Lage, die objektiv gebotene Sorgfalt zu beachten; er hätte darüber hinaus den Tod des O auch vorhersehen können. Die Merkmale der subjektiven Sorgfaltspflichtverletzung und Vorhersehbarkeit liegen demnach ebenfalls vor.

IV. Ergebnis
Mit der Tötung des O hat sich T nach § 222 strafbar gemacht.

Vorbemerkung zur Prüfung der §§ 212, 211: Das Verhältnis, in dem diese beiden Vorschriften zueinander stehen, ist umstritten. Während die absolut herrschende Meinung im Schrifttum = Lehre davon ausgeht, dass es sich dabei um Grundtatbestand und Qualifikation handelt, steht die Rechtsprechung ebenso entschlossen auf dem Standpunkt, es handle sich um jeweils eigenständige Delikte. Dieser Streit ist eine Frage des Besonderen Teils; er kann daher hier nicht vertieft werden. Ich gehe bei meiner Lösung aber davon aus, dass § 211 eine Qualifikation des § 212 ist. Wir haben dies im Rahmen von § 28 begründet (vgl. ab Seite 282).

C. Mit dem Schuss auf X kann sich T darüber hinaus auch nach §§ 211 I, II, Var. 3 (Habgier), 212, 22, 23 I, 12 I strafbar gemacht haben.
- Die Tat ist nicht vollendet, X lebt noch; der Versuch ist strafbar, § 23 I.

I. Tatbestandsmäßigkeit / 1. Subjektiver Tatbestand

T hatte den Vorsatz, X zu töten. Fraglich ist, ob dieser Vorsatz auch das Mordmerkmal der Habgier umfasste. Unter Habgier versteht man ein übersteigertes Gewinnstreben um jeden Preis. Wenn jemand, nur um an Geld zu kommen, einen Menschen töten will, ist dieses Streben übersteigert. T war bewusst, dass er wegen des Geldes töten würde; gerade das wollte er ja auch. Er handelte folglich auch hinsichtlich des Mordmerkmales Habgier mit Vorsatz.

Er hatte den für einen Mordversuch nötigen Tatentschluss.

Zwischenbemerkung: Wenn wir normalerweise einen Grundtatbestand (§ 212) und eine Qualifikation (§ 211) prüfen, dann prüfen wir erst den kompletten Tatbestand, also objektiv und subjektiv, des Grundtatbestandes durch und wenden uns dann der Qualifikation (obj. und subj. TB) zu.

Beim Versuch geht das nicht. Es fehlt ja etwas am objektiven Tatbestand: Er ist nicht komplett. Deshalb fangen wir mit dem subjektiven Tatbestand an. Und hier – das ist die Besonderheit – prüfen wir dann den Tatentschluss = Vorsatz bez. des Grundtatbestandes und der Qualifikation auf einmal (vgl. auch S. 165).

2. Objektiver Tatbestand

T muss nach seiner Vorstellung von der Tat unmittelbar zur Verwirklichung derselben angesetzt haben. Dies ist der Fall, wenn nach der Vorstellung des Täters keine wesentlichen Zwischenschritte mehr erforderlich sind, um den Erfolg herbeizuführen. Nach der Vorstellung des T ist mit der Abgabe des Schusses alles getan, um den Tod des X herbeizuführen. Ein unmittelbarer Ansatz liegt also vor. Der objektive Tatbestand der §§ 212 I, 211 II, Var. 3, 22 liegt also vor.

Zwischenbemerkung: Aufgepasst bei dem letzten Satz. Nicht der objektive Tatbestand der §§ 212 I, 211 II, Var. 3 liegt vor, sondern der der §§ 212 I, 211 II, Var. 3, 22. Das „22" im letzten Teil ist besonders wichtig, weil dadurch der objektive Tatbestand von der Vollendung auf den unmittelbaren Ansatz reduziert wird.

II. Rechtswidrigkeit/Schuld

T handelte auch rechtswidrig und schuldhaft.

III. Ergebnis

T ist wegen versuchten Mordes gem. §§ 211 I, II, Var. 3 (Habgier), 212, 22, 23 I, 12 I strafbar.

Strafbarkeit des B

D. B kann sich dadurch, dass er T seine Pistole lieh, einer Beihilfe zum versuchten Mord gem. §§ 211 I, II, Var. 3 (Habgier), 212 I, 22, 23 I, 12 I, 27 I, 28 II strafbar gemacht haben.

I. Tatbestandsmäßigkeit
1. Objektiver Tatbestand

Mit dem versuchten Mord durch T liegt eine tatbestandsmäßige, rechtswidrige Haupttat vor.

Das Verleihen der Waffe stellt eine Hilfeleistung dar, die es T erst ermöglichte, seine Tat auszuführen.

2. Subjektiver Tatbestand

B hielt es für möglich, dass T die Waffe dazu nutzen würde, seinen Onkel zu töten. Er sah den Erfolg also voraus: Das *Wissen*element des Vorsatzes ist demnach – wenn auch schwach ausgeprägt – gegeben.

Fraglich ist aber, ob er den Erfolg auch *wollte*. Es gibt 2 Möglichkeiten: Entweder war es B egal, dann läge bedingter Vorsatz vor, oder er hoffte, der Erfolg werde nicht eintreten, dann wäre es ein Fall bewusster Fahrlässigkeit.

Das Verhalten des B ist widersprüchlich. Zunächst händigt er aus, obwohl er Befürchtungen hat. Dann bekommt er Skrupel. Bekommt er (erst) kurz nach der Aushändigung Skrupel, lässt dies den Schluss zu, dass er vorher eben keine solchen hatte. Wer aber keine Skrupel hat, dem ist der Erfolg auch egal. Daraus kann gefolgert werden, dass B im Zeitpunkt der Hilfeleistung, der Aushändigung nämlich, mit Eventualvorsatz gehandelt hat. Seine späteren Skrupel und seine Taxiaktion sind in diesem Zusammenhang ohne Bedeutung; es wird später im Zusammenhang mit § 24 II noch darauf zurückzukommen sein.

Der Vorsatz bezüglich des Grundtatbestandes der Haupttat liegt mithin vor. Es war B weiterhin bekannt, dass T aus finanziellen Motiven handeln würde. B nahm dies daher zumindest billigend in Kauf. Der Vorsatz liegt damit auch bezüglich des Qualifikationstatbestandes der Haupttat vor.

Zwischenbemerkung: Wenn der Vorsatz bezüglich des Qualifikationstatbestandes der Haupttat nicht vorgelegen hätte, wäre jedes Eingehen auf § 28 II (direkt im Anschluss) überflüssig geworden. Denn für diesen Fall könnte man sofort auf § 16 I S. 1 zugreifen, der die Kenntnis der Tatumstände zur Voraussetzung für die Strafbarkeit anordnet. Es wäre dann also egal, ob es § 28 gibt oder nicht. Das gilt natürlich nur dann, wenn der Beteiligte nicht selbst eigene Merkmale i.S.d. § 28 aufweist. Im Rahmen des § 28 ist das ausführlich erörtert worden (auf S. 271 ff).

Ein Vorsatz bezüglich der Hilfeleistung ist ebenfalls gegeben.

3. Im Hinblick auf § 28 II ist aber nun fraglich, ob auch bei B das Merkmal der Habgier vorliegt. B gibt T die Waffe aus Freundschaft. B weiß zwar um das Habgiermotiv seines Freundes, handelte selbst aber nicht aus Habgier. Andere – persönliche – Mordmerkmale sind bei B nicht ersichtlich. Damit gelangt § 28 II zur Anwendung: B kann nur noch aus dem Grundtatbestand, aus § 212 I bestraft werden.

B hat folglich nur den Tatbestand der Beihilfe zum versuchten *Totschlag* gem. §§ 212 I, 22, 23 I, 12 I, 27 I, 28 II verwirklicht.

II. Rechtswidrigkeit/Schuld
Die Erfüllung dieses Tatbestandes geschah auch rechtswidrig und schuldhaft.

III. Strafaufhebungsgründe
Möglicherweise erlangt B aber Straffreiheit gem. § 24 II S. 2 Var. 1.
An der Tat sind mehrere beteiligt, nämlich T und B. Die Tat ist ohne Zutun des B *nicht vollendet* worden: T schoss daneben. B hätte sich daher nur freiwillig und ernsthaft bemühen müssen, die Tat zu verhindern. B ließ nur kurze Zeit vergehen, nahm anschließend sofort ein Taxi und versuchte, die Tat zu verhindern. Dies deutet auf Ernsthaftigkeit seines Bemühens hin. Es gab weiterhin keinen äußeren Zwang, der ihn zu diesem Verhalten bewogen hatte, er handelte also freiwillig. Damit liegen die Voraussetzungen des § 24 II S. 2 Var. 1 vor.

IV. Ergebnis
B bleibt straflos, er ist nicht nach §§ 212 I, 22, 23 I, 12 I, 27 I, 28 II zu bestrafen.

E. B kann sich aber dadurch, dass er T seine Pistole lieh, gem. § 222 strafbar gemacht haben.

I. Tatbestandsmäßigkeit / 1. Objektiver Tatbestand
Mit der Hingabe der Waffe hat B den Tod eines Menschen, des O, verursacht.
Er muss dabei eine objektive Sorgfaltspflicht verletzt haben. Objektiv pflichtwidrig handelt, wer die Sorgfalt außer Acht lässt, zu der er nach den Umständen verpflichtet ist. Art und Maß der Sorgfalt ergeben sich aus den Anforderungen, die bei einer Betrachtung der Gefahrenlage ex ante an einen besonnenen und gewissenhaften Menschen in der konkreten Lage und der sozialen Rolle des Handelnden zu stellen sind.
Ein besonnener und gewissenhafter Täter hätte die Waffe gar nicht aus der Hand geben dürfen. Dies hat B aber getan. Er handelte folglich sorgfaltswidrig.
Des Weiteren hätte der Erfolg, Tod des O, objektiv vorhersehbar sein müssen. Maßgeblich ist insoweit die Beurteilung ex ante aufgrund der dem Täter in der Tatsituation bekannten und erkennbaren Umstände. Einem objektiven Betrachter

war es ohne Weiteres erkennbar, dass T die Waffe zur Abgabe eines Schusses gebrauchen würde und dass dabei auch ein Unbeteiligter Opfer eines Schusses werden konnte. Der Erfolg war also objektiv vorhersehbar.
Damit hat B den objektiven Tatbestand des § 222 erfüllt.

2. Subjektiver Tatbestand
B vermutete zwar, dass T den X töten wollte, aber es liegen keine Anhaltspunkte dafür vor, dass B um die mögliche Tötung des O gewusst hat. Es handelt sich hier folglich um unbewusste Fahrlässigkeit.

II. Rechtswidrigkeit
Die tatbestandsmäßige Erfüllung geschah rechtswidrig.

III. Schuld
B hätte auch subjektiv sorgfaltsgemäß handeln und den Erfolg subjektiv vorhersehen können müssen. B war nach seinen persönlichen Verhältnissen durchaus in der Lage, die objektiv gebotene Sorgfalt zu beachten; er hätte darüber hinaus den Tod des O auch vorhersehen können. Die Merkmale der subjektiven Sorgfaltspflichtverletzung und Vorhersehbarkeit liegen demnach ebenfalls vor.

IV. Ergebnis
Mit der Tötung des O hat sich B nach § 222 strafbar gemacht.

F. Er kann sich weiterhin nach § 138 I Nr. 6 strafbar gemacht haben.

I. Tatbestandsmäßigkeit
1. Objektiver Tatbestand
B hatte glaubhaft von einem geplanten Mord erfahren. Er hat es unterlassen, eine Anzeige hierüber zu machen. Eine solche Anzeige wäre ihm tatsächlich möglich gewesen.
Fraglich ist allerdings, ob sie auch zumutbar gewesen wäre. Zu berücksichtigen ist hier einerseits, dass B – hätte er gar nichts unternommen – wegen der Aushändigung der Waffe ohnehin bereits wegen Beihilfe zu einer Straftat (die an dieser Stelle wohl schon im Versuchsstadium gewesen ist) strafbar gewesen wäre.
Andererseits soll niemand gezwungen werden, sich selbst anzuzeigen. Genau dies hätte B aber mit einer Anzeige bewirkt. Daraus lässt sich der allgemeine Schluss ableiten, dass eine Anzeige dann nicht zumutbar ist, wenn es sich um Tatbeteiligte handelt: Mit derselben Argumentation könnte man ja sonst auch den Täter zur Anzeige nach § 138 I verpflichten. B ist hier Teilnehmer (Gehilfe, s.o.); die Anzeige war ihm folglich nicht zumutbar.

Der objektive Tatbestand liegt nicht vor.

II. Ergebnis
B ist nicht nach § 138 I Nr. 6 strafbar.

> Schlussbemerkung: Es handelt sich hierbei um eine Wertungsfrage. Wer zu einem anderen Ergebnis kommt und die Zumutbarkeit bejaht, muss aber nach Prüfung der restlichen Merkmale auf § 139 IV S. 2 eingehen (und dort die Strafbarkeit abbiegen.)

1. Teil - Das System ✓
2. Teil - Die einzelnen Deliktsformen ✓
3. Teil - Täterschaft und Teilnahme ✓
4. Teil - Konkurrenzen ✓
5. Teil - Gutachtenstil und Übungsklausuren ✓
☞ **6. Teil - Hausarbeiten**

6. Teil – Hausarbeiten

Anleitung zur Anfertigung von Hausarbeiten [Lesezeit: ca. 40 Min.]

Alle Semester wieder dasselbe Spiel: Der Text des Sachverhaltes, auf inzwischen wieder weißem Umweltpapier, hat kaum den Weg zur Verteilung als Online- oder Printexemplar gefunden, da geschehen merkwürdige Dinge. Studenten, einen ebensolchen Text im Sinn oder in der Hand, hetzen durch reale und virtuelle Bibliotheken, stürmen die Lesesäle und Datenbanken, raffen alles, was wie ein Buch und eine Quelle aussieht, an, mauern eine Literatur- und Informationsfestung um sich und sind ein Sinnbild fleißigen Schaffens gegen alle.

Nichts gegen Fleiß. Wo er angebracht ist. Eine Menge dagegen, wo er sinnlos ist.

Blenden wir ein paar Tage aus und begeben uns in die Endphase einer Hausarbeit. Neuro-Enhancement ist angesagt: *smart pills* oder *smart drugs* gehen wie selten. Der Kaffeekonsum steigt progressiv. Die Nerven familiärer oder freundschaftlicher Mithelfer, die leichtsinnig ihre Tipp- oder Korrekturlesefähigkeiten angepriesen haben, werden dünner. Nächte werden zu Tagen. Freunde zu Feinden. Probedrucke zu Papierkorbfutter. Mit einem Wort: Das Leben lohnt sich.

Nichts gegen Stress. Wo er angebracht ist. Eine Menge dagegen, wo er sinnlos ist.

Beide Beispiele sind übertrieben, aber kein Phantasieprodukt. Was ich hier geschildert habe, ist – für manchen mehr, für manchen weniger – Realität. Es ist aber eine Realität, die es eigentlich nicht geben müsste.

Tauchen die beschriebenen Phänomene bei den Anfangssemestern, den ersten, „kleinen" Hausarbeiten auf, ist das verständlich: Als Anfänger weiß man es eben nicht besser.

Zeigen dagegen auch Fortgeschrittene solche Anwandlungen, ist eine andere Vokabel angebracht: Das ist Dummheit.

Eine Hausarbeit muss nicht in Stress ausarten. Es gilt allerdings, einige elementare Regeln zu beachten. Grundregel jeder Arbeit muss sein:

Erst denken, dann handeln.

Da diese Regel gerade bei den Hausarbeiten gerne aufs Sträflichste missachtet wird, sollen im Folgenden einige grundsätzliche Tipps zum Besten gegeben werden.

Jede Hausarbeit weist eine Reihe von Elementen auf, die immer wieder vorkommen.

So kann man bei jeder Hausarbeit zwei Phasen unterscheiden, die hier mit **Vorbereitungs- und Bearbeitungsphase** gekennzeichnet werden sollen. Folgen wir dem chronologischen Ablauf, steht die Vorbereitungsphase an erster Stelle.

I. Die Vorbereitungsphase

Diese Phase beginnt etwa 1 Woche vor Ausgabe des Hausarbeitstextes und endet am Tag vor der Ausgabe. Ihre Aufgabe ist es, die Bearbeitungsphase von all den Kleinigkeiten zu entlasten, die nicht notwendig dazugehören. Diese Kleinigkeiten sind – mangels Kenntnis der konkreten Aufgabe – zwangsläufig nicht inhaltlicher, sondern formaler Natur.

1. Arbeitsmittel

Natürlich hat jeder seine eigenen Vorstellungen von Arbeitsmitteln. Der eine benutzt am liebsten gut durchgekaute Bleistifte, ein anderer nur Kugelschreiber. Daran hängt nichts. Wichtig ist hier nur, dass das, was man braucht, auch dann da ist, wenn man es braucht. Soll heißen:

- Schreibmaterialien
(Bleistifte, Kugelschreiber, Füllfederhalter inkl. Patronen, Tintenkiller etc.) müssen bereits vor Beginn der Arbeit in so ausreichender Menge vorhanden seien, dass während der Bearbeitung keine Nachbeschaffung erforderlich wird.

- Kopierzahlungsmittel (passendes Kleingeld / -karten)
Ein wohlbekanntes Erlebnis: Bettlergleich ziehen während jeder Hausarbeit Gestalten umher, die mitten in einer Kopierphase kein Zahlungsmittel mehr haben. Vorzugsweise dann, wenn niemand mehr aushelfen kann. Also: **Vorher** (möglichst) passende Stücke besorgen.
Soweit die Benutzung von Kopierkarten (physisch oder als App) möglich ist, ist vorher zu klären, wo man sie kaufen, wo, wie und wann man sie auffüllen kann (welche Geldstückelung?), wie ggf. Download, Anmeldung und Benutzung funktionieren.

- Schreibpapier.
Je nach Gusto und Gewohnheit kariert, liniert oder blank. Tunlichst ein Format (Din A4), gelocht. Ausreichende Menge: Je nach Hausarbeit zwischen 100 und 400 Blatt.

- Druckerpapier
(mindestens 200 Blatt). Viele Hausarbeiten enden am Wochenende. Wer, wie die meisten Selbsttipper, erst dann daran denkt, wenn er zu tippen beginnt, sieht alt aus. Gleiches gilt für Tonerkartuschen, Tintenpatronen etc. Bei Farbdruckern: Manche drucken schon dann nicht mehr, wenn nur eine Farbe leer ist … Also vor der Arbeit Status prüfen und ggf. nachbestellen.

- PC/Mac/Tablets

Wer mit einem Computer arbeitet, sollte sich vorher vergewissern, dass dieser die Normalanforderungen auch erfüllen kann. Nicht jedes Tablet schafft es, auf jeden Drucker alle Feinheiten auszugeben.

Weiter ist bei den Programmen, die diese Funktionen eingebaut haben, vorher zu üben, wie die Fußnoten verwaltet (und formatiert!) werden, wie Gliederungen und alphabetisch sortierte Literaturverzeichnisse erstellt (und formatiert!) werden. Und schließlich – fast noch mit das Wichtigste – ist nach jeder relevanten Veränderung (spätestens jeden Abend) eine **Sicherheitskopie** auf einen weiteren Datenträger (USB-Stick) oder online (Cloud) zu machen. Dabei nicht immer nur ein Medium benutzen, sondern mehrere im Wechsel. Dem Text regelmäßig einen neuen Namen geben (z.B. am Abend jeden Tages das aktuelle Datum dran hängen), dann gibt es bei Abstürzen mit anschließend korrupten Dateien maximal eine Tagesarbeit Verlust. In der Endphase kann man sich das auch stundenweise vorstellen.

Wenn es das gibt, die Optionen für **automatisches Speichern** *einstellen* (auf 10 Minuten). Optionen für **Schnellspeicherungen** auf jeden Fall *ausschalten* (führt meistens nur dazu, dass Änderungen erst in temporäre Dateien gespeichert werden, die nach einem Absturz nicht mehr benutzbar sind). Optionen für das Erstellen von **Sicherheitskopien** *aktivieren*.

Manche Programme speichern Formatierungsinformationen in einer zusätzlichen Datei (z.B. mit der Endung *.dot für **do**cument **t**emplate). Die sollte bei einer Datensicherung nicht vergessen werden, sonst hat man am Ende zwar noch den Text (immerhin ...), aber der sieht völlig anders aus.

Wer das alles für völlig übertrieben hält, braucht halt mal einen Stromausfall am vorletzten oder letzten Tag einer Hausarbeit.

- Aktenordner mit Register (A-Z).

Der beliebte Kopier- bzw. Ausdruckmarathon versetzt nicht Berge, sondern schafft sie erst. Ein mit mehreren Lagen Kopien/Ausdrucke/Screenshots versehener Schreibtisch ist ineffizient: Bisweilen geht mehr Zeit fürs Suchen als fürs Arbeiten drauf. Am sinnvollsten ist es, mit mindestens 2 Aktenordnern (Din A4), besser noch mit 3 Ordnern zu arbeiten. Einen für die Literatur (die alphabetisch nach Verfassername geordnet werden muss), einen für die Rechtsprechung (die zeitlich nach Entscheidungsdatum geordnet werden muss) und – bei Benutzung von 3 Ordnern – einen für das Selbstproduzierte.

Das gilt in gleicher Weise für die Arbeit am Rechner. Jede Hausarbeit braucht ein eigenes Verzeichnis mit entsprechenden Unterverzeichnissen (Aufgabentext / eigene Bearbeitung / Rechtsprechung / Literatur / Sonstiges), das Ganze gerne auch in einer Cloud. Wenn es komplizierter wird, kann man Unterverzeichnisse (nach Handlungsabschnitten / nach Problemen) einrichten.

Die Anzahl der Ordner/Verzeichnisse hängt aber natürlich auch von der Art der Hausarbeit ab: Bei den ersten kleinen Hausarbeiten ist weniger, bei Arbeiten zum Ende des Studiums mehr Aufwand erforderlich.

- Karteikarten mit Kasten.
Egal wie groß ein Bildschirm ist: Irgendwann ist er zu klein. Deshalb ist aber einem bestimmten Maß an Komplexität die Arbeit mit Papier und Karteikarten sinnvoll.
Zwei Größen sind für Karteikarten anzuraten: Din A7 = halbe Postkarte für die Fundstellen (Aufsätze/Bücher/Entscheidungen), Din A5 = doppelte Postkarte für ein Stichwortverzeichnis. In jedem Fall: Keine grellen Farben, sondern eher Pastelltöne wählen. Grund: Der Kontrast zur Tinte/zum Bleistift ist bei grellen Farbtönen zu gering, um entspannt lesen zu können. Verschiedene Farben für verschiedene Zwecke kaufen. Beispiel: weiß – Rechtsprechung; gelb – Aufsätze; blau – Bücher. Ausreichende Anzahl (mindestens je 100).
Karteikasten und -karten gibt es natürlich auch längst in elektronischen Versionen für Smartphone und Tablet. – Geschmackssache.

- Sonstige Kleinigkeiten.
Schere, Klebstoff, Radiergummi, Bleistiftspitzer, Tesafilm, Locher (mit Schiene), Hefter (mit Klammern), Heftstreifen, Büroklammern etc.
Hat man all dieses, bevor die Hausarbeit ausgegeben wird, kann man den Dingen, die da kommen, schon gelassener entgegensehen. Jetzt ein Weiteres.

2. Der Arbeitsplatz

a. Daheim

Jede Hausarbeit wird (teilweise) auch zu Hause geschrieben. Hier sollte man sich zunächst mal seinen **Schreibtisch** anschauen. Erkennt man die Tischplatte noch als solche, besteht eine gewisse Hoffnung. Der Schreibtisch dient natürlich als Ablage- und Schreibfläche. Dazu ist er da. Während einer Hausarbeit sollte sich aber der Großteil des darauf abgelegten Materials mit den Themen dieser Hausarbeit befassen. Mag es auch ab und an ganz amüsant sein, blind in einen Stapel Papier und Bücher zu greifen und mit einem Ruck ganze Berge zum Einsturz zu bringen: Das ist zeitraubend und kostet Nerven. Stress kann da gar nicht ausbleiben.
Wichtig ist weiterhin, dass die hoffentlich benutzten Aktenordner und Karteikarten & Kästen in Griffweite stehen. Völlig witzlos ist es, jedes Mal mit energischem Schritt beispielsweise in das Schlafzimmer der Eltern zu rennen. Das schränkt den Wert solcher Mittel doch nicht unerheblich ein.
Schreibt man zu Hause, ist man stets Opfer zahlreicher Attacken. Seien es die Eltern, Freund/Freundin, Geschwister oder sonst wer: Jeder fühlt sich bemüßigt,

kurz den Kopf durch die Tür zu stecken und mit einem herzlichen „Ich-störe-doch-nicht?" zu stören.

Da hilft nur eines: **Disziplin**. Wer zu Hause arbeitet, braucht feste Zeiten, in denen nicht gechattet, nicht gegessen, nicht geplaudert wird.

b. Unterwegs

Daheim und unterwegs. Daheim hatten wir – jetzt unterwegs.

In den meisten Universitäten gibt es eine besonders zentrale, große Bibliothek (zärtlich: Bib), die manchmal auf den klangvollen Namen *Hauptseminar* hört. So ein **Hauptseminar** als meistens größte Bücherei ist Anlaufpunkt der überwiegenden Mehrheit aller Hausarbeitler. Entsprechend gemütlich geht es dort zu. Keine 2 Schritte bleiben ungetan, ohne dass in irgendjemandes Auge der freudige Funke des Erkennens aufblitzt.

Besser ist es, gleich die denkbaren **Alternativen** wahrzunehmen. Welche dies sind, hängt von dem jeweiligen Fachgebiet der Hausarbeit ab. So gibt es verschiedene Institute, die in jeweils einem Rechtsgebiet umfangreich sortiert sind. Die möglichen Alternativen aufzuzeigen, würde an dieser Stelle zu weit führen. Es ist ratsam, sich zum einen online und zum anderen vor Ort z.B. bei der jeweiligen Fachschaft (studentische Vertretung) zu erkundigen.

Gleich, welches man nun bevorzugt: Bevor die Hausarbeit ausgegeben wird, sollten die **Öffnungszeiten** im fraglichen Zeitraum ausgekundschaftet werden. Insbesondere ist hier auf Feiertage zu achten. Abweichende **Kopierzeiten** müssen ebenfalls bekannt sein.

Alsdann: Die **Standorte** der wichtigsten Literaturquellen müssen lokalisiert sein; dies setzt natürlich voraus, dass man die Standardkommentare, die Rechtsprechungssammlungen, die großen Zeitschriften kennt.

Schließlich sollte man sich unbedingt noch mit der Bedienung der wichtigsten **online-Recherchemöglichkeiten** und der Auswertung damit erlangter Informationen vertraut machen.

Viel **Information ist nicht** dasselbe wie viel **Wissen**.

Hat man auch dieses, steht der Prädikatshausarbeit eigentlich nichts mehr entgegen. Oder bestenfalls noch die Bearbeitungsphase.

II. Die Bearbeitungsphase

Die Bearbeitungsphase beginnt mit der **Ausgabe des Hausarbeitstextes**. Unmittelbar anschließend werden die ersten und mit die gröbsten Fehler gemacht. Der Bearbeiter verschwindet im Laufschritt in einem Seminar oder einem Institut und schlägt zu. Eine Fülle von Literatur wird angehäuft und abgearbeitet. Oder er verschanzt sich hinter seinem Rechner, gibt Suchbegriffe ein, speichert alles, was an Ergebnissen dabei herauskommt und fräst sich dann durch diesen Dateiberg.

Nun möchte man fragen, was denn daran fehlerhaft sein soll, schließlich ist ja gerade die Aufgabe einer Hausarbeit, den Bearbeiter mit Literatur und Rechtsprechung arbeiten zu lassen.

Wohl, aber arbeiten heißt nicht, einfach nur lesen. Es sollte ein sinnvolles Arbeiten sein. Und sinnvoll kann ein juristisches Arbeiten nur dann sein, wenn klar ist, warum man gerade das liest, was man da liest. Hier hilft auch nicht die allgemeine Bemerkung, man müsse sich erst einmal in ein Thema einlesen. Wer sagt denn, dass das, worüber man sich einzulesen gedenkt, gerade das Thema ist, um das es in der Hausarbeit geht? Diese Überlegungen zeigen, dass **der direkte Weg** vom Sachverhalt **in die (online-)Bibliothek nicht der beste** sein kann.

1. Vorüberlegung

Im ersten Teil wurde bereits ein Satz aufgestellt, den man unbesehen als Zeichen maßloser Überheblichkeit werten könnte.

Erst denken, dann handeln.

lautete er. Mit dieser Prämisse heißt es folglich zunächst zu überlegen. Zu überlegen nämlich, wie die Bearbeitungsphase jeder Hausarbeit abläuft. Folgende Elemente enthält jede Hausarbeit:

- Lektüre
- Verständnis
- (Grob-)Gliederung
- Literaturverarbeitung
- Manuskripterstellung
- Dokumenterstellung

2. Lektüre und Verständnis

Zu Beginn steht die **Lektüre** des Sachverhaltes. Es folgt das **Verständnis**. Man sieht: Hier ist zu differenzieren. Lesen heißt nicht immer direkt Verstehen. Insbesondere bei umfangreicheren Texten fällt beides regelmäßig auseinander.

Lektüre und Verständnis erfordern ein gründliches Durcharbeiten des Textes. Es genügt nicht, den Sachverhalt einmal kurz überflogen zu haben.

Am sinnvollsten ist es, man notiert sich die von den einzelnen Personen vorgenommenen Handlungen in der Reihenfolge ihrer Vornahme. Dies muss selbstverständlich für jeden Beteiligten getrennt erfolgen. Anhand der dadurch entstehenden Liste kann man dann die rechtlichen Verhältnisse ausloten, also im Strafrecht etwa die Strafbarkeit der einzelnen Handlungen, im bürgerlichen Recht die Relevanz für die Anspruchsprüfung. Ebenfalls sinnvoll ist es in den meisten Fällen, eine (ggf. mehrere) **Zeichnung(en)** anzufertigen, die die Rechtsbeziehungen der Beteiligten untereinander widerspiegelt.

Diese Arbeit zu Beginn darf nicht unterschätzt werden. Die besten rechtlichen Ausführungen nutzen nichts, wenn sie auf **fehlerhaften tatsächlichen Umstän-**

den basieren. Es ist nicht nur sehr peinlich, sondern darüber hinaus auch mindestens ebenso ärgerlich, die Arbeit etlicher Stunden nur deshalb wegwerfen zu müssen, weil man „aus Versehen", besser: aus Schlampigkeit, beispielsweise den Falschen hat morden, den Falschen den Untergang einer Sache hat verschulden lassen.

Im Übrigen hat die detaillierte Aufdröselung des Sachverhaltes einen weiteren Vorzug: In der Regel hat jeder Satz im Sachverhalt seine Bedeutung; Füllsätze kommen selten vor. Die detaillierte Auflistung der einzelnen Vorgänge garantiert eine **Eigenkontrolle,** die ansonsten leicht untergeht. Man kann jederzeit überprüfen, ob auch *alle* Umstände verarbeitet wurden, es wird nichts übersehen. Bleibt nach dieser Prüfung etwas vom Sachverhalt übrig, das keine rechtlichen Implikationen hervorruft, liegt es ohne Weiteres nahe, dass mit der eigenen Arbeit etwas nicht stimmt.

3. (Grob-)Gliederung

Hat man verstanden, worum es geht, macht man eine Lösung, eine vorläufige **(Grob-)gliederung.** Diese Grobgliederung erstellt man tunlichst **ohne jedes literarische Hilfsmittel, nur mit dem Gesetz und dem eigenen Kopf.** Man verfeinert sie anschließend.

Bei der Erstellung dieser Gliederungen kommt man über kurz oder lang todsicher an Punkte, die man ohne Literatur nicht lösen kann. Es sind in aller Regel Schaltpunkte, bei denen das weitere Vorgehen von der Entscheidung im konkreten Punkt abhängt. Hier – und erst hier – ist Literatur, sinnigerweise ein kleinerer Kommentar, zu Hilfe zu nehmen.

Diese Arbeit (Erstellung einer Gliederung) ist **für alle in Betracht kommenden Fragen** vorzunehmen. Hat eine Hausarbeit etwa 3 Fragen, dann muss, **bevor** irgendetwas anderes geschieht, die Gliederung auch für die letzte, die dritte Frage bereits stehen. Der Sinn dieser Arbeit ist folgender:

Regelmäßig ist die Seitenzahl einer Hausarbeit, immer die Bearbeitungszeit begrenzt. Die Probleme einer Hausarbeit verteilen sich normalerweise auf die ganze Arbeit. Es ist nicht selten, dass die letzte Frage besonders knifflig ist. Hat man nun eine Gliederung zunächst nur für die ersten beiden Fragen erstellt, und handelt man folglich nach dem Motto „Alles zu seiner Zeit", besteht die Gefahr, dass man die Probleme, die man durch das Erstellen der Gliederung kennt, sehr sorgfältig abhandelt, die anderen aber – mangels Kenntnis – nicht berücksichtigt.

Das wiederum führt dazu, dass die letzte Woche der Hausarbeit in absoluten Stress ausartet: Denn jetzt muss man die letzte Frage ja behandeln. **Und jetzt** stellt sich dann auf einmal heraus, dass hier noch ein dickes Problem liegt. **Und jetzt** merkt man, dass dieses Problem eigentlich viel mehr Zeit beansprucht, als man noch übrig hat. **Und jetzt** merkt man auch, dass man den anderen Problemen vielleicht zu viel Zeit gewidmet hat, jedenfalls mehr als ihnen in Relation zum nun aufgetauchten Problem zukommt. Zuletzt merkt man auch, dass wegen der Überbetonung der bekannten Probleme die **Seitenzahlbegrenzung** nicht mehr eingehalten werden kann.

Die Erstellung einer Gliederung für die komplette Arbeit soll es dem Bearbeiter also ermöglichen, die Schwerpunkte richtig zu setzen, Zeit und Raum richtig zu verplanen.

4. Literaturverarbeitung

Unter Literaturverarbeitung im Sinne dieses Abschnitts wird die Verarbeitung von allem verstanden, was geschrieben ist, also auch von Gerichtsentscheidungen. Die Literaturverarbeitung besteht aus drei Phasen:
- Orten und Herausschreiben
- Überprüfen
- Beschaffen.

Die Gliederung bringt den Bearbeiter – wie bereits erwähnt – an Schaltpunkte. Diese **Schaltpunkte beschäftigen sich** in aller Regel **mit einem Streit**. Verschiedene Ansichten führen zu verschiedenen Ergebnissen. Verschiedene Ansichten werden aber auch von verschiedenen Personen und/oder Gerichten mit verschiedenen Argumenten vertreten.

Hier beginnt die eigentliche Arbeit mit der Literatur, also die eigentliche Arbeit im Hauptseminar oder anderen Büchereien. Und ab hier wird es übrigens auch eng, wenn man ansonsten gerne online arbeitet. Es gibt noch nicht alles online.

In einer ersten Phase wird **gesammelt**: Wer hat zur betrachteten Streitfrage überhaupt Stellung genommen? In dieser Phase wird anhand eines Kommentars (jetzt schon ein etwas größerer) **herausgeschrieben**, wer wo etwas zur betrachteten Thematik gesagt hat.

Hat man alle Namen, Gerichte und Fundstellen auf eine Liste, besser noch auf die im 1.Teil empfohlenen Karteikarten geschrieben, beginnt eine zweite Phase:

In der Bibliothek des Vertrauens werden die herausgesuchten Quellen **überprüft**. Dazu beschafft man sich das konkrete Werk (Bsp.: JuS 1982, 332 – JuS = Juristische Schulung) und überfliegt es kurz anhand der Überschriften oder sonstiger markanter Punkte (Fettdruck etc.). In dieser Phase fällt ein lockeres Drittel bis knapp zur Hälfte der vorher notierten Quellen wieder heraus. Der Grund dafür ist simpel: Der Aufsatz/das Urteil beschäftigt sich zwar mit der betrachteten Thematik, aber unter einem anderen Blickwinkel.

Geht es um die Frage, ob AGB durch kaufmännische Bestätigungsschreiben Vertragsinhalt werden können, dann ist ein Aufsatz, der die Problematik sich kreuzender Bestätigungsschreiben behandelt, zwar thematisch (Bestätigungsschreiben) treffend, aber inhaltlich unergiebig.

In der dritten Phase der Literaturbearbeitung wird die Literatur **beschafft**. Das bedeutet für Bibliotheksbenutzer konkret, dass kopiert oder gescannt wird (es gibt spezielle Miniscanner, das Smartphone tut es aber auch; hier gibt es spezialisierte Scan-Apps).

Man beachte aber zweierlei:
- Erstens erfolgt dieses Kopieren erst, wenn man die unbrauchbare Literatur bereits ausgesiebt hat. Das erspart (mindestens) Zeit und (manchmal) Kosten.
- Zweitens bedeutet auch **Kopieren** noch nicht **Kapieren**.
  Es nutzt nichts, wenn man stapelweise Kopien mit nach Hause schleppt oder sich mit Scans zumüllt und diese dann nicht liest. Die Folgerung aus dieser Erkenntnis: Lieber etwas weniger.

Zum Thema Kopieren noch ein praktischer Tipp: Bei den Geräten, die Kopien „face up" ausgeben, kann man sich das lästige Sortieren sparen, wenn man die Quelle von hinten nach vorne kopiert.

Im Übrigen ist es für eine bestimmte Sorte von Literatur ausgesprochen wichtig, die **Fundstelle** nach dem Kopieren **auf der Kopie** zu **notieren** oder – alternativ – die entsprechenden Angaben von den vorderen Seiten der Quelle mit zu kopieren oder zu scannen. Gemeint sind etwa die Entscheidungssammlungen des BGH, weiterhin alle Monographien, zum Teil auch Kommentare. Man sollte bereits in dieser Phase daran denken, dass aus der zitierten Literatur ja auch irgendwann einmal ein Literaturverzeichnis gebastelt werden muss.

Verzichtet man bei BGH-Entscheidungssammlungen auf die Notiz in der Kopie oder den Zusatzscan, kann man schon das Zitieren vergessen: Mangels Bandangabe wird man nicht mehr wissen, woher das Urteil kommt.

Bei Kommentaren weiß man zwar noch, wer ihn geschrieben hat – das steht regelmäßig in der Kopfzeile -, aber die Auflagen und exakten Angaben aller Kommentare haben wohl nur die wenigsten im Kopf. Bei Monographien, Dissertationen und Festschriften ist es noch viel lustiger; da kann man sich dann am letzten Tag mit der im Übrigen fertigen Arbeit und einem Notebook in die Uni setzen und den Rest in der Bibliothek tippen.

Hoffentlich gemerkt: Die Zeit, die man vorher hineinsteckt, um die Fundstelle exakt zu notieren, bekommt man hinterher vielfach wieder heraus. Wer es nicht glaubt (zweifellos sehr viele), der wird es probieren und merken. Wer es gemerkt hat und trotzdem nicht ändert, dem ist nicht zu helfen.

5. „Manuskript"-Erstellung

Jedes Manuskript (lat.: handgeschrieben) enthält eine Reihe von strukturell immer gleichen Elementen (wobei heutzutage die meisten „Manuskripte" wohl direkt in den PC kommen und damit **Typoskripte** sind):

- Deckblatt
- Sachverhalt
- Gliederung (Inhaltsverzeichnis)
- Literaturverzeichnis
- Text

a. Der Text

Jetzt wird es ernst. Hat man bis hierher alles gemacht, wie vorgeschlagen, kann man aber schnell wieder zum heiteren Teil übergehen.

Nehmen wir einmal an, wir haben eine Gliederung. Dann wissen wir im Idealfall auch genau, wo die Probleme liegen. Das bedeutet, wir wissen auch, bis wohin es problemlos ist. Diesen Teil kann man mal als erstes in Angriff nehmen. So etwas schreibt sich runter, wie eine ganz normale Klausur, eher noch: kürzer. Dann kommen **die ersten Probleme**. Ein Streit beispielsweise.

Inhaltlich dreht sich ein juristischer **Streit** allgemein immer um die Frage, wie ein bestimmtes *rechtliches* Thema zu behandeln ist. Ein Streit sollte deshalb auch immer mit dem **Merkmal aus einem Gesetz** verknüpft sein, das man gerade prüft. Das Streitthema lässt sich dabei als konkrete Frage formulieren.

Handelt jemand, der einen Angreifer im Rahmen einer Notwehrlage tötet, auch dann nach § 32 StGB gerechtfertigt, wenn er den Angreifer vorher vorsätzlich (ggf.: fahrlässig) zu dessen Angriff provoziert hat, um ihn während der darauf erforderlichen Verteidigung zu töten? Kann das durch Notwehr „geboten" sein?

aa. Stellungnahme zu juristischen Streitfragen

Jeder Streit hat immer **dieselbe Struktur**: Entweder es gibt **eine herrschende und eine Mindermeinung** (manchmal auch ein paar völlig abartige dazu, die man direkt wieder vergessen kann), **oder** es gibt **drei Meinungen**, zwei extreme (eine dafür, eine dagegen) und eine vermittelnde (plus die abartigen, s.o.).

> Bitte beachten: Ich rede hier von einer *Struktur*. Natürlich sind Streitigkeiten häufig auf viele Einzelmeinungen und unterschiedliche Schattierungen aufgefächert. Aber *strukturell* kann man diese einzelnen Meinungen dann einer herrschenden oder einer Mindermeinung zuordnen, strukturell kann man sie dabei in einem Extrem oder einer vermittelnden Position sehen.

An dieser Stelle gibt es zwei Möglichkeiten:
- Entweder es kommt auf den Streit nicht an, weil in der konkreten Gestaltung alle Ansichten zum selben Ergebnis führen. Dann kann man die Ansichten in Kürze darstellen und anschließend mit der Bemerkung „Im vorliegenden Fall bedarf es keiner Entscheidung, weil jede Ansicht ..." zur Tagesordnung, sprich: zur weiteren Lösung übergehen.

- Oder es kommt drauf an. Dann muss eine Entscheidung zugunsten einer Ansicht getroffen werden.

Nun verlangt niemand von einem Studenten, dass er sich einen eigenen neuen Grund ausdenkt, warum dieser oder jener Meinung zu folgen sei. Es empfiehlt sich, ein bestimmtes Raster auszuarbeiten und zu befolgen. Zwei Möglichkeiten möchte ich vorstellen. Möglichkeit 1 sieht so aus:
1. Darstellung der abgelehnten Ansicht
2. Wenn mehrere verschiedene abgelehnt werden, wie Punkt 1.
3. Darstellung der befürworteten Ansicht, mit einem Einführungssatz, der in etwa so aussehen sollte: „Richtigerweise ist hier der Ansicht des BGH zu folgen. Es wäre inkonsequent, eine Schadensverlagerung zu bejahen ..."

Man beachte, dass die Argumente der befürworteten Ansicht erst **nach** dem Einführungssatz kommen und quasi die Stütze der eigenen Ansicht geworden sind.

Gewarnt werden soll an dieser Stelle noch kurz vor einer beliebten Methode, mit der man übel auf die Nase fallen kann. Man beginnt mit der Darstellung der abgelehnten Ansicht(en). Dann stellt **man** die befürwortete Ansicht dar (ohne Einführungssatz) und **unterschlägt ein paar Argumente**. Anschließend bringt man diese Argumente, um die Befürwortung durch die eigene Ansicht zu begründen. Das ist unredlich. Und schlimmer noch: Korrekturassistenten sind nicht nur dumm. Am schlimmsten: Es gibt Leute, die sind ehrlich und schreiben der befürworteten Ansicht auch alle Argumente zu, die diese gebracht hat. Spätestens dann fliegt man auf. Also besser die Finger davon lassen.

Möglichkeit 2 beginnt etwas anders. Als Vorüberlegung spielt mit, dass wir als Juristen mit hoher Wahrscheinlichkeit früher oder später etwas mit Gerichten zu tun haben. Das bedeutet, dass die Rechtsprechung der Gerichte das ist, was wir als Mindestes kennen müssen. Es wäre (später) in der Praxis ein Riesenfehler, sich um einige Literaturauffassungen zu kümmern, den BGH dabei aber zu vergessen.
Der Rechtsprechung kommt daher eine herausragende Bedeutung zu, mit deren Betrachtung die Bearbeitung eines praktischen Falles stets zu beginnen ist. Das soll jetzt aber nicht so aussehen, als ob man es dabei dann belassen könnte. Ganz im Gegenteil. Anschließend zeigt man, was aus der Sicht der Literatur (oder auch abweichender Rechtsprechung) dagegen spricht. Also sieht es so aus:
1. Darstellung der Rechtsprechung, möglichst höchstrichterlich, und der unterstützenden Auffassungen.
2. Darstellung der sonstigen Ansichten.
3. Überschrift „Stellungnahme", Feststellung, dass die Argumente der Ansicht 1. oder 2. überzeugender sind.

Die Ausführungen zu Punkt 3. sind von einer Wertung getragen, die nicht vertieft begründet werden kann, wenn man bei 1. und 2. ausführlich genug war. Man kann dann wirklich nur noch formulieren:

„Die Auffassung des BGH ist überzeugend. Es ist aus Gründen der Rechtssicherheit davon auszugehen, dass es bei der Frage der Wegnahme im Rahmen des § 249 allein auf das äußere Erscheinungsbild ankommt."

Hat man auf diese Weise das Problem erledigt, hat man den ersten Schaltpunkt hinter sich gelassen. Es folgen regelmäßig ein kurzes unproblematisches Zwischenstück und anschließend der nächste Schaltpunkt. Verfahren dann genau, wie gerade beschrieben. So geht man die ganze Arbeit durch, bis man irgendwann nicht mehr weiter kann. Hat man alles richtig gemacht, ist die Arbeit genau dort am Ende. Alles, was wie ein Problem aussah, ist dann erschöpft.

Damit sind wir hier natürlich noch lange nicht am Ende. Es gilt eine Fülle von scheinbaren „Formalien" zu beachten, die allesamt eigentlich nur ein Ziel haben: Zeit und Aufwand sparen. Nebenbei bringen sie aber noch den hübschen Nebeneffekt, dass die Arbeit überaus wissenschaftlich aussieht. Genau das wird Thema des nun folgenden Teiles sein.

bb. Meinungsdarstellung und Fußnoten – Allgemeines und Fehler

Jede wissenschaftliche Auseinandersetzung mit einer Problematik verlangt, dass man sich mit den Veröffentlichungen auseinandersetzt, die zu dieser Problematik gemacht wurden. Natürlich nicht mit allen, das ist gar nicht möglich.

Wenn man sich auseinandergesetzt hat, dann hat man die eine und die andere Ansicht dargestellt. Solche Darstellungen müssen im Text als solche gekennzeichnet sein. Man benutzt hierfür herkömmlicherweise Fußnoten, die an das Ende der dargestellten Meinung kommen.[12] Die Darstellung der Ansicht erfolgt dabei fast immer in der **indirekten Rede**, **wörtliche Zitate** sind nur dann erlaubt, wenn es genau auf die zitierte Formulierung ankommt. Dann allerdings gehören sie in „Anführungszeichen". Und dann ist auch keine Manipulation an der Form zulässig; soll heißen: Grammatikalische Korrekturen sind verboten.

Beispiel: Autor A hat zur Frage der Sittenwidrigkeit von Prostitutionsverträgen folgende Erkenntnis zum Besten gegeben: „Es handelt sich hierbei um eine allgemeine sittliche Anschauung, nach der der entgeltliche Verkehr zu missbilligen ist."

Solch eine Stellungnahme muss, wenn man sie schon wörtlich wiedergibt, genau so erscheinen und nicht etwa wie folgt:

---

[12] Der Fußnotentext steht dabei unten auf der Seite, auf der die Fußnote auftaucht.

„A vertritt die Ansicht, „es handle sich ..."' Dieses Zitat ist falsch. A hat nicht gesagt, es „handle", sondern es „handelt" sich.

Ein weiterer häufig vorkommender Fehler ist das beliebte **Sachverhaltszitat**. Der konkret zu untersuchende Sachverhalt wird mit einem Zitat belegt.

Text: Damit ist das Verhalten des A strafbar. (Fn)
Fn: Vgl. BGH aaO

Eine derartige Zitierung ist unzulässig. Der BGH hat – das kann man sagen, ohne das BGH-Urteil zu kennen – mit Sicherheit nichts über das Verhalten des A gesagt. Er hatte vielleicht einen ähnlichen Fall zu entscheiden.

Es gibt nun zwei Möglichkeiten, diesen Fehler zu korrigieren. Die eine ist eine Änderung des Textes:

Text: Ein derartiges Verhalten ist strafbar.(Fn) A ist folglich zu bestrafen.
Fn: Vgl. BGH aaO

Die andere besteht in einer Änderung der Fußnote:

Text: Damit ist das Verhalten des A strafbar.(Fn)
Fn: Vgl. zur Problematik derartiger Fallkonstellationen: BGH aaO

Ein besonders in Zeitnot gespieltes Spiel ist das sog. **„Juristische Roulette"**. Eine Fußnote wird benötigt, man hat aber keine. Man hat darüber hinaus auch keine Zeit, in der Bibliothek eine herauszusuchen. Dann muss man eben eine basteln.

Das geht ganz einfach. Man weiß ja, dass jeder Kommentar gleich aufgebaut ist. Alle Vorschriften werden der Reihe nach kommentiert, wobei die allgemeinen Aspekte jeder Vorschrift am Anfang, die besonderen eher auf das Ende zu behandelt werden. Benötigt man nun beispielsweise eine Definitionsfußnote für den Vorsatz im Strafrecht, peilt man zunächst die Norm (§ 15 StGB). Anschließend einen mittelgroßen Kommentar (Schönke/Schröder), dann eine Randnummer (am Anfang, sagen wir: 3). Fertig ist ein sauberes Zitat.

Text: Vorsatz bedeutet Wissen und Wollen der Tat.(Fn)
Fn: Vgl. Schönke/Schröder, § 15 Rn. 3

Sieht doch ganz prima aus, oder? Hat nur einen Nachteil: Die Wahrscheinlichkeit, dass es nicht stimmt, ist recht hoch. Entdeckt der Korrektor drei oder vier solcher **Scheinzitate**, kann man die Arbeit vergessen. Auch wenn sie ansonsten inhaltlich o.k. ist, fehlt ihr doch die Wissenschaftlichkeit, um derentwillen sie u.a. geschrieben werden sollte.

Neben den Scheinzitaten, gibt es aber noch die **Blindzitate**. Ein solches liegt immer dann vor, wenn man dem Kommentar einfach vertraut und die dort zitierten Fundstellen blind übernimmt. Diese Fundstelle kann richtig sein, ist es auch meistens, aber nicht immer. Es ist keineswegs selten, dass der Kommentator selber falsch zitiert. Peinlich kann dies bei Sinnentstellung werden.

Bsp.: Wer eine Fundstelle mit dem Inhalt „Es handelt sich hierbei um eine allgemeine sittliche Anschauung, nach der der entgeltliche Verkehr zu missbilligen ist." für die Ablehnung von Fahrpreiserhöhungen der Deutschen Bahn zitiert, läuft in Gefahr, in seiner Wissenschaftlichkeit nicht uneingeschränkt anerkannt zu werden (und in der Sache ist das im Übrigen ja zwischenzeitlich auch durch das ProstG überholt).

cc. Fußnoten – Standort und Minimalformalien

Nach all dem stellt sich jetzt natürlich die Frage, **wo** denn nun Zitate hinkommen **und wie** zitiert wird.

Die erste Frage (**Standort**) ist ganz einfach zu beantworten. Zitate-Fußnoten stehen immer hinter Definitionen und Ansichten. Dabei kann man sagen, dass Definitionen in aller Regel mit Kommentarzitaten belegt werden, Ansichten mit Rechtsprechungs- und Aufsatz- oder Buchzitaten. Mehr gibt es dabei eigentlich nicht zu wissen.

Das Fußnotenzeichen selbst steht hinter dem Textteil, auf den es sich bezieht. Geht es um eine Definition (z.B. von *Wegnahme* als *Bruch fremden und Begründung neuen Gewahrsams*[13]), dann gehört es direkt hinter den zu definierenden Begriff. Geht es um eine Ansicht, dann kommt es entweder hinter die Benennung der Quelle oder hinter das Satzzeichen, mit dem die Ansicht schließt.[14]

Wer mit dem Umfang seines Literaturverzeichnisses nicht zufrieden ist, kann dabei diese Kenntnisse mit der sog. **Ballontechnik** zur Erweiterung umsetzen. Dabei wird das Literaturverzeichnis künstlich aufgeblasen (Ballon).
- **Erster Schritt** ist es, eine möglichst allgemeine, unstreitige Definition zu finden.
- Im **zweiten Schritt** wird an diese Definition eine Fußnote angehangen.
- Der **dritte Schritt** besteht im systematischen Abgleich der gesamten Kommentarliteratur mit dieser Definition. Dabei kann man dann sicher sein, dass sich immer mindestens sechs oder sieben Kommentare finden. Bekanntlich ist einmal zitieren nicht nur notwendig, sondern auch ausreichend, um eine Quelle ins Literaturverzeichnis zu hebeln.

Beispiel Strafrecht: (Diebstahl) Wegnahme bedeutet Bruch fremden und Begründung neuen Gewahrsams. Das sagt jeder. Na wunderbar, wenn es jeder sagt, kann man ja auch jeden zitieren.

---

[13] Vgl. Fischer, StGB 2019, § 242 Rn. 10.
[14] Darauf verweist zu Recht schon Braunschneider, Methodenlehre 2019, S. 35.

Dies ist natürlich, das sei klar gesagt, nicht Sinn der Sache. Aber wenn mal Not am Mann ist, wird man die Zeitnot der Korrektoren einplanen können.

Die zweite Frage oben war, wie man zitieren soll, welche **Minimalformalien** Fußnoten erfüllen müssen. In dieser Frage herrscht im juristischen Bereich eine geradezu unglaubliche Schlamperei, die ihre Ursache in einer schlechten Ausbildung hat. Beginnen wir damit, dass wir zwei Kategorien von Fußnoten bilden: Diejenige, die sich mit der Zitierung von Urteilen beschäftigt. Und die, die den Rest ausmacht.

dd. Die Zitierung von Gerichtsentscheidungen

Nachdem Gerichtsentscheidungen nicht in das Literaturverzeichnis aufgenommen werden, muss **jede Entscheidung mit sämtlichen Identitätsangaben** in der Fußnote wiedergegeben werden. Diese Identitätsangaben bestehen aus
- dem Namen des Gerichts (BAG),
- dem Datum der Entscheidung (19.06.1967),
- dem Aktenzeichen der Entscheidung (2 AZR 287/66),
- der Fundstelle (BAGE 19)
- mit Anfangsseite und zitierter Seite (351, 352).

zusammen also: BAG v. 19.06.1967 (2 AZR 287/66) BAGE 19, 351, 352.

Nachdem es üblich ist, eine Reihe von Elementen einfach wegzulassen (BAGE 19, 352), möchte ich begründen, warum alle diese Merkmale erscheinen sollten. Vorweggeschickt sei, dass mit jedem abgedruckten Urteil die oben dargestellten Angaben mitabgedruckt werden.

Der **Name des Gerichts** dient zunächst schlicht der Identifizierung. Die Entscheidungssammlung „BAGE" (Entscheidungen des Bundesarbeitsgerichtes) lässt diesen Schluss zwar auch schon zu, es soll aber vorkommen, dass Entscheidungen etwa in der NJW abgedruckt werden. Ein gleichnamiges Gericht gibt es bislang noch nicht.

Das **Datum der Entscheidung** ist aus mehreren Gründen von Bedeutung. *Für den Leser,* der nicht alle Bände von BAGE kennt, der folglich eine Entscheidung im 19. Band ohne Angabe des Datums zeitlich gar nicht einordnen kann. *Für den Bearbeiter,* der – im Zusammenhang mit dem Aktenzeichen – unnütze Doppelkopien und -lektüren vermeiden kann. Dass eine Entscheidung in mehreren Zeitschriften gleichzeitig veröffentlicht wird, ist keine Seltenheit. Es ist daher leider auch sehr häufig, dass man nach einer rauschenden Kopiersession ernüchtert feststellen muss, dass man zumindest inhaltlich nur die Hälfte dessen bekommen, was man da kopiert hat. Derlei Unbill passiert bei einer Auswertung mit Datum und Aktenzeichen in aller Regel nicht mehr. Daneben versetzt die korrekte chronologische Erfassung den Bearbeiter in die Lage, eine Rechtsprechungskette historisch korrekt zu verfolgen.

Das **Aktenzeichen** hat neben seiner Ordnungsfunktion in Verbindung mit dem Datum auch erhebliche inhaltliche Bedeutung. Es gestattet eine zusätzliche Bewertung. Die Zahl am Anfang gibt den Spruchkörper an. Im oben angeführten Beispiel (2 AZR 287/66) bedeutet die „2", dass die Entscheidung vom 2. Senat des BAG gefällt wurde. Das kann wertvolle Hinweise auf die Qualität der Entscheidung geben. Findet sich beispielsweise ein nicht erklärbares Taumeln der Rechtsprechung des BAG, dergestalt, dass mal so, mal anders entschieden wurde, kann der Blick aufs Aktenzeichen ergeben, dass sich unterschiedliche Senate der Sache angenommen hatten.

Wird ein Senat immer wieder hart kritisiert, hat man möglicherweise den Querulantensenat des BAG erwischt. Die Bedeutung der Buchstaben hinter der Spruchkörperbezeichnung ist online nachzulesen z.B. unter *gerichtsaktenzeichen.de*.

Man kann daraus u.a. ersehen, ob es sich um ein Urteil oder einen Beschluss handelt, teilweise auch, welches Sachgebiet behandelt wurde. Die Zahlenkette am Ende, schließlich, ist die laufende Geschäftsnummer. Die Zahl hinter dem Schrägstrich gibt das Jahr an, in dem der Prozess bei dem entscheidenden Gericht begann, die Zahl davor, der wievielte Vorgang in diesem Jahr es war. Auch hier kann man einiges herausholen. Eine BGH-Entscheidung aus dem Jahre 1980, die eine Geschäftsnummer 12/77 trägt, sollte stutzen lassen. Mehr als 3 Jahre sind eine ungewöhnlich lange Zeit für eine Instanz, es könnte sich um eine Problematik handeln, die schwieriger ist, als sie aussieht.

Die Angabe der **Fundstelle** erklärt sich ohne Weiteres. Irgendwo muss man ja nachlesen können, was da zitiert wurde.

Die verschiedenen Seitenzahlen haben Orientierungsfunktion. Sie ermöglichen es, auf eine Entscheidung verschiedenartig zuzugreifen, und erleichtern so die beschleunigte Lektüre. Man stelle sich eine 40-Seiten-Entscheidung des BVerfG zum Thema „Strafbarkeit der Homosexualität bei Männern" vor (10. Mai 1957 - 1 BvR 550/52). Abgesehen vom Inhalt (amüsant bis nur-peinlich) genügt die Angabe der Anfangsseite nicht im Entferntesten, wenn die zitierte Stelle auf der dreißigsten Seite liegt. Bis dahin hat der suchende Korrektor längst aufgegeben und einen dicken Kringel um die Fußnote gemacht. Ähnlich ist es mit der ausschließlichen Angabe der zitierten Seite. Hier ist es ärgerlich, wenn man 30 Seiten suchend zurückblättern muss, um den Anfang zu finden, den man möglicherweise des eigenen Verständnisses wegen braucht.

Damit ist klar, warum eine Rechtsprechungsfußnote vollständig sein sollte. Sie sollte nicht so aussehen:

> BAGE 19, 352

sondern so:

> BAG v. 19.06.1967 (2 AZR 287/66) BAGE 19, 351, 352.

Abgesehen von den praktischen Vorteilen hat diese Zitierweise noch einen weiteren: Sie sieht in jedem Fall viel beeindruckender aus als die kurze. Und da darf man sich nichts vormachen: Es geht nicht nur um den Schein, den man bekommen will, sondern auch um den, den man selber setzt. Fußnoten dieser Art bezeugen, dass sich der Verfasser mit den Quellen auseinandergesetzt hat. Jedenfalls dann, wenn eine Arbeit auf der Kippe zwischen zwei Noten steht, werden derartige Umstände den Ausschlag geben.

ee. Die Zitierung von Literatur

Nach den Ausführungen zur Zitierung von Rechtsprechung nun zur Literatur. Die Zitierung von Literatur unterscheidet sich durch einen wesentlichen Faktor von der Zitierung der Rechtsprechung. Während die Rechtsprechung nämlich alleine in den Fußnoten auftaucht, gibt es für die Literatur noch ein **Literaturverzeichnis**. Die ordnungsgemäße Anfertigung dieses Verzeichnisses unterstellt, muss die Fußnote **nicht mehr komplett** alle bibliographischen Angaben enthalten, sondern kann sich auf das Verzeichnis beziehen. Aus diesem Grund nennt man die hier vorgeschlagene Zitierweise auch **„literaturverzeichnisbezogene Kurzzitierweise"**. Die Elemente, die eine Literaturfußnote danach noch haben muss, können allerdings nicht für jede Art von Literatur einheitlich genannt werden. Man muss – nur für die Zitierung – unterscheiden zwischen Kommentaren, Lehrbüchern und Aufsätzen. Es ergibt sich dabei Folgendes:

Für **Kommentare:**
- Namen des Autors (Lackner/Kühl)
- Stichwort aus dem Titel + Jahreszahl (StGB, 2018)
- bearbeiteter Paragraph (§ 15)
- Randnummer (Rn. 3)

Für **Lehrbücher:**
- Namen des Autors (Kindhäuser)
- Stichwort aus dem Titel + Jahreszahl (Strafrecht AT, 2017)
- Seite (110) oder Randnummer (Rn. 210)

Für **Aufsätze:**
- Name des Autors (Stark)
- Stichwort aus dem Titel, Jahr (Arbeitsvertrag, 1903)
- Fundstelle (JW 1903)
- mit Anfangsseite und zitierter Seite (230, 235)

Die **vollständigen Zitate** in den Fußnoten sähen dann so aus:
1) Lackner/Kühl – StGB, 2018 – § 15 Rn. 3
2) Kindhäuser – Strafrecht AT, 2017 – S. 110 (oder: Rn. 210)
3) Stark – Arbeitsvertrag, 1903 – JW 1903, 230, 235

Man beachte dabei folgendes: Vom **Namen des Autors** muss man nur den **Nachnamen** nennen. Wer sich dafür interessiert, wie bspw. Stark mit **Vornamen** heißt (Ralf), kann ja im Literaturverzeichnis nachschlagen. Der zweite Punkt – **Stichwort und Jahreszahl** – sichert, dass immer einheitlich zitiert wird. Als Stichwort aus dem Titel sollte man immer das erste selbständige Ordnungswort, das erste Hauptwort wählen. Lautet der Titel daher: „Der Arbeitsvertrag – eine Antikritik", dann hieße das Stichwort: „Arbeitsvertrag".

Die Unterschiede im Übrigen (bearbeiteter Paragraph und Randnummer einerseits, nur die Seite oder Randnummer andererseits, Fundstelle und Seite dritterseits) resultieren aus den unterschiedlichen Funktionen der einzelnen Literaturgattungen.

Während Kommentare in der Reihenfolge der Paragraphen alles Wissenswerte bringen (sollten), stellen Lehrbücher den Stoff paragraphenunabhängig dar. Aufsätze haben ohnehin eher punktuellen Charakter.

Die Zitierung von Kommentaren nach Paragraph und **Randnummer** hat darüber hinaus den Vorteil, dass sie einen hohen Grad von **Auflagenunabhängigkeit** erreicht. Wenn auch neu kommentiert wird – und sich die Seitenzahlen des Kommentars nahezu immer ändern -, bleibt doch der Rn-Standort häufig gleich.

Auf **Zitiervorschläge** in den einzelnen Werken muss man sich nicht nur nicht, man sollte sich auch **nicht darauf einlassen**. Es dient der eigenen Sicherheit und Kontrolle, wenn man stets davon ausgehen kann und muss, dass man jedes Werk in derselben Art zitiert hat.

Offengeblieben ist jetzt vielleicht die Frage, warum dem Stichwort noch die **Jahreszahl der Veröffentlichung** hintenan gestellt wird. Dies ist einfach zu beantworten. Es gibt nicht wenige Autoren, die scheinen im Schlaf ein Diktiergerät neben sich stehen zu haben, so viele Veröffentlichungen bringen sie auf den Markt. Wenn man eine derartige Veröffentlichung benutzt, ist es für den Leser vorteilhaft zu wissen, aus welcher Periode des Autors sie stammt (z.B. die blaue). Da sich darüber hinaus viele Autoren auch noch auf ein paar Spezialthemen eingeschossen haben, bringt die Angabe des Stichwortes aus dem Titel alleine nichts mehr.

Noch nicht behandelt wurde eine beliebte Unsitte. Die Rede ist vom **Verweis innerhalb der Fußnote**. Gerade in umfangreichen Aufsätzen von 10 oder mehr Seiten, die mit 200 oder mehr Fußnoten protzen können, findet man häufig das aus Kindestagen bekannte Spiel **„Schnitzeljagd"**. Die aufgemotzte Version spielt sich im – fürs Nachschlagen wichtigen – Fußnotenbereich ab.

Das Ganze beginnt, wenn man sich für die in Fn. 178 genannte Quelle interessiert, sie kopieren, womöglich gar nachlesen will. Fn. 178 nennt „Witzel a.a.O." Das bedeutet im Klartext: Witzel (der Autor), am angegebenen Ort. Nun beginnt der lustige Teil. Man muss suchen, wo denn der Ort angegeben ist. Dazu fährt das Auge die vorstehenden Fußnoten aufwärts und – Stunden später – rastet bei

Fn. 120 wieder ein. Fn. 120 lautet: „Witzel l.c." Das ist zwar etwas vornehmer als eben, heißt aber nichts anderes (l.c. = loco citato = an der zitierten Stelle). Es geht suchend weiter über Fn. 98 („Witzel op.cit." = opere citato) zu Fn. 70 („Witzel ebenda S.10") nach Fn. 34 („Witzel ibid S.9" – ibid = ebenda) bis Fn. 3. Dort findet sich als krönender Höhepunkt „Witzel passim". Das nun wiederum ist der Gipfel. Passim heißt „hier und dort" – eine der unbrauchbarsten Angaben, die man sich denken kann.

Ist der zitierte Witzel Autor eines Standardwerkes zur Kommentierung von Fußballspielen, und umfasst dieses Werk mehrere hundert Seiten, dann wäre man ja gezwungen, *alles* zu lesen. Das ist nicht Sinn einer Fußnote. Eine Aussage, die im Text wiedergegeben wird, soll belegt werden. Nicht nötig ist es, dem Leser allgemeine Literaturtipps an die Hand zu geben.

Von daher sollte jede Fußnote alle Angaben enthalten, die erforderlich sind, die genannte Quelle auch zu finden. Über den Bezug zum Literaturverzeichnis und die sich (nur) hieraus ergebenden Abkürzungsmöglichkeiten wurde bereits geredet.

ff. Text in Fußnoten

Abschließend soll zu den Fußnoten aber noch eines gesagt werden: Sie sollen im Wesentlichen **nur die Quellenangaben** beinhalten. Belehrende Hinweise („Instruktiv auch: …", „Lesenswert: …") sind ebenso entbehrlich, wie undifferenzierte Kritik („Völlig planlos: …", „Wie immer neben der Sache liegend: …") und wohlwollende Bemerkungen („Diesmal ganz ordentlich: …"). Wenn man schon Text in Fußnoten hineinbringen will, dann muss man sorgfältig darauf achten, dass dieser Text nicht zum Verständnis der eigentlichen Arbeit erforderlich ist. Die Fußnoten sind Belege, sonst nichts. Jegliche Ausweitung oder Weiterführung sollte einer Doktorarbeit oder vergleichbaren Veröffentlichungen vorbehalten bleiben.

gg. Überschriften

Der Text des Manuskriptes ist damit nahezu vollständig abgehandelt. Was noch fehlt (Überschriften als Gliederungspunkte), werde ich des Sachzusammenhanges wegen bei der Gliederung erörtern (ab Seite 361). Eine Arbeit – und damit auch das Manuskript – besteht aber, wie eingangs schon gesagt, aus mehreren Teilen. Es waren dies:

    1. Deckblatt
    2. Sachverhalt
    3. Gliederung (Inhaltsverzeichnis)
    4. Literaturverzeichnis
    5. Text

Sind wir vorhin rückwärtsgegangen, indem wir mit dem Text angefangen haben, setzen wir dies nun fort.

b. Das Literaturverzeichnis

Vorweg bemerkt: Es ist eine seltsame Marotte allein der Juristen, das Literaturverzeichnis **vor** die eigentliche Bearbeitung des Falles zu stellen. In jeder „normalen" wissenschaftlichen Arbeit steht es **dahinter**. Dies erscheint auch folgerichtiger: Vor der Lektüre der Arbeit ist das Verzeichnis ziemlich unsinnig; die Arbeit verweist ja erst darauf. Also bleibt nur ein Grund, es trotzdem vorher zu bringen: **schlichte Protzerei**. Der Leser soll bereits vor der Lektüre der Arbeit geblendet werden mit dem Wissen, das der Autor durch die Verarbeitung der angegebenen Literatur zu haben scheint. Gleichwohl, es ist so (Un-) Sitte, folglich müssen wir uns danach ausrichten.

Das Literaturverzeichnis beginnt mit einer **Überschrift**. Sinnigerweise sollte sie „Literaturverzeichnis" lauten.

Es folgen in **alphabetischer Reihenfolge** (des Autorennachnamens) alle jemals irgendwo im Text zitierten Werke. Wichtig ist, dass es wirklich *alle* sind. Fast noch wichtiger ist aber, dass es nicht *mehr* sind. Die zitierten Quellen legen sowohl die Ober- als auch die Untergrenze fest. Eine früher übliche **Unterteilung (z.B.) nach Kommentaren, Lehrbüchern, Monographien und Aufsätzen** sollte unterbleiben. Sie **ist sinnlos**.

Abgesehen davon, dass man als Leser ja nicht immer weiß, um welche Art von Literatur es sich bei der zitierten Quelle handelt, dass man weiter nicht weiß, ob der Autor das auch weiß, gibt es – zumindest im deutschsprachigen Raum – keine schnellere Zugriffsmöglichkeit als die über das Alphabet. Die Literaturgattung bleibt dann dem genauen Titel der jeweils zitierten und im Literaturverzeichnis aufgenommenen Quelle vorbehalten.

Mit welchen Angaben die Quellen im Literaturverzeichnis erscheinen (sog. **bibliographische Daten**), hängt von der Art der Arbeit ab. Man kann hier unterteilen zwischen Werken, die alleine stehen (**Einzelwerke**) und solchen, die in **Sammelwerken** erschienen sind.

In die erste Gattung gehören zum einen Bücher mit einem Autor und zum zweiten Zeitschriftenaufsätze. Sammelwerke sind solche, in denen mehrere Werke von mehreren Autoren stehen, wie etwa die meisten Kommentare, Festschriften usw. Da Bücher, Aufsätze und Kommentare unterschiedliche Merkmale aufweisen (vgl. bereits oben bei der Zitierung), muss man auch ihre Daten unterschiedlich erfassen. Zunächst einige Beispiele.

Kommentare (= in der Regel Sammelwerke) benötigen mindestens zwei Nachweise im Literaturverzeichnis: Einen unter dem des Werkes, einen unter dem des Autors.

Beispiel:
Palandt, Otto
Bürgerliches Gesetzbuch
78., neubearbeitete Auflage
2019 München

Herrler, Sebastian (BGB, 2019)
in: Palandt, Otto
Bürgerliches Gesetzbuch
78., neubearbeitete Auflage
2019 München

Wenn ein Kommentar mehrere Namen im Titel führt, sollte man auch diese vollständig ins Literaturverzeichnis aufnehmen. Dabei gibt es dann einen Eintrag für den Titel selbst, einen für den Bearbeiter und für den (oder die) Übriggebliebenen einen Verweis.

Beispiel:
Lackner, Karl / Kühl, Kristian
Strafgesetzbuch
29., neu bearbeitete Auflage
2018 München

Kühl, Kristian (StGB, 2018)
in: Lackner, Karl / Kühl, Kristian
Strafgesetzbuch
29., neu bearbeitete Auflage
2018 München

Lackner, Karl
s. Lackner, Karl / Kühl, Kristian

Das kann man ausdehnen auf Werke mit bis zu vier Namen im Titel. Mehr als vier Namen werden nicht aufgenommen. Hat ein Werk aber mehr, schreibt man nur den ersten und für die übrigen ein „u.a.".

Ähnlich wie mit Kommentaren verhält es sich auch mit **Festschriften**. Auch diese werden von bestimmten Personen herausgegeben und von (zusätzlichen) anderen mit Inhalt gefüllt. Für das Literaturverzeichnis ergibt sich dann eine Erfassung unter dem Namen des Gefeierten, unter dem Namen des Herausgebers und unter dem des zitierten Autors, im Ganzen folglich wieder drei Eintragungen.

Betrachtet man die obigen Beispiele und beginnt man dann zu abstrahieren, ergibt sich folgendes **Raster:**
1. Notwendig sind die allgemeinen Daten eines Sammelwerkes.
2. Der konkrete Autor wird dann nur noch mit seinem Namen aufgenommen, es folgen ein „in:" und die allgemeinen Daten des Sammelwerkes (wie unter 1.)

Die Arbeit, die man sich (mehr) machen muss, wenn man das Literaturverzeichnis vollständig haben will, ist also nur geringfügig. Abstrakt sehen die entsprechenden bibliographischen Daten so aus:

Autorenname, -vorname Lackner, Karl / Kühl, Kristian
Titel Strafgesetzbuch
Auflagenzahl, -art 29., neu bearbeitete Auflage
Jahr, Erscheinungsort 2018 München

für das **Sammelwerk**, und:

Autorenname, -vorname Kühl, Kristian
in: Autorenname, -vorname in: Lackner, Karl / Kühl, Kristian
Titel Strafgesetzbuch
Auflagenzahl, -art 29., neu bearbeitete Auflage
Jahr, Erscheinungsort 2018 München

für den **einzelnen Autor** des Sammelwerkes.

Bei Einzelwerken verändert sich dieses Bild. Nehmen wir zunächst einmal die – zumindest in Anfängerarbeiten häufigen – Aufsätze. Die sehen etwa so aus:

Beispiel:
Roxin, Claus
Die Mittäterschaft im Strafrecht
JA 1979, 519

Hier genügt natürlich ein Eintrag. Allerdings müsste er etwas vollständiger sein. Wir haben oben von einer **literaturverzeichnisbezogenen Kurzzitierweise** gesprochen. Auf das Literaturverzeichnis kann man sich aber nur dann beziehen, wenn man dort die Grundlagen für den Bezug geschaffen hat. Deshalb muss es im Literaturverzeichnis etwas ausführlicher zugehen.
Anders formuliert: Man muss dort angeben, **wie man zitiert** hat. Das geschieht am sinnvollsten **in einer Klammer** direkt hinter dem Autorennamen. Elemente sind (vgl. oben) das erste selbständige Ordnungswort (= Hauptwort) aus dem Titel und die Jahreszahl.

Beispiel:
Roxin, Claus (Mittäterschaft, 1979)
Die Mittäterschaft im Strafrecht
JA 1979, 519

Genauso geht es dann mit allen anderen Einträgen. Zu beachten ist dabei aber, dass bei Sammelwerken nur an den Namen ein Zitierhinweis hinkommt, der auch tatsächlich zitiert wurde. Im Beispiel oben (Lackner/Kühl) kam der Zitierhinweis also nur an den einsamen Kühl.

Ist man nun soweit, wird auch die **technische Arbeit** mit Quellen ein Kinderspiel. Man kann sie darüber hinaus aber noch weiter vereinfachen. Bereits im ersten Teil dieser Abhandlung (Vorbereitungsphase) war die Rede von (ggf. elektronischen) **Karteikarten und -kästchen.** Das hat folgende Bewandnis:

Bevor man Literatur oder Rechtsprechung kopiert, muss man irgendwo etwas darüber gelesen haben, sonst wüsste man ja gar nicht, was man kopieren soll. Dieses „irgendwo" wird im Zweifel in einem Kommentar sein. An dieser Stelle setzt die Arbeit mit den Karteikarten ein. Jede Quelle, aus der man schöpfen möchte, sollte eine eigene kleine Karteikarte bekommen. Und das, bevor man sie kopiert.

Dieses Verfahren – Arbeiten mit Karteikarten – hat mehrere entscheidende Vorteile. Der wichtigste ist der **Sortiervorteil für die Beschaffung.** Nehmen wir an, wir haben 20 verschiedene Quellen verschiedener Autoren. Dann kann man für das Kopieren nach Fundstellen sortieren (alle JuS, alle NJW usw.). Man kann die Fundstellen intern auch weiter untersortieren, nach Jahreszahl, Seite und Band, Seite etwa. Hat man diese Sortierung vorgenommen, geht das Heraussuchen des zu kopierenden Materials schon erheblich schneller vor sich.

Hinzu kommt Folgendes: Bekanntermaßen ist es in Büchereien verboten, die Bücher geöffnet übereinander zu stapeln und/oder auf diese Weise zu transportieren. Die Verluste durch ausreißende Bindungen sind nämlich bei derartigem Verfahren enorm. Benutzt man Karteikarten, stellt sich die Frage nach einer solchen Transportart gar nicht. Man nimmt schlicht das jeweilige Karteikärtchen und steckt es an der passenden Stelle in das Buch hinein. Am Kopierer öffnet man mit dieser Karte nach Art eines **Lesezeichens.**

Zuletzt dieses: Am Ende einer Hausarbeit steht man bei der Erstellung des Literaturverzeichnisses vor dem Problem, dass die einzelnen Autoren alphabetisch genannt werden müssen. Bei einer Anfängerarbeit mit nur etwa ein bis zwei Seiten **Literaturverzeichnis** ist das am Bildschirm noch rein optisch handhabbar (Ausschneiden und an richtiger Stelle wieder einfügen). Bei Fortgeschrittenenarbeiten aber kann man ohne Weiteres mit ca. 100 verschiedenen Quellen rechnen, die das Verzeichnis füllen werden. Da geht manuelle Sortierung am Rechner optisch nur mit hinreichend großem Monitor und Split-View.

Die Quellen auf Karteikarten lassen eine unproblematische manuelle Sortierung zu. Dieselben auf normalem Papier (möglichst auch noch Vorder- und Rückseite) verschiedener Blätter verteilt, erfordern starke Nerven. Und an denen wiederum fehlt es gegen Ende einer Hausarbeit regelmäßig.

Dass es für softwareaffine Windows-Nutzer (Mac nur unter parallels) interessante Spielzeuge gibt (z. B. https://www.citavi.com/de), sei am Rande erwähnt.

c. Die Gliederung

Bevor über das Aussehen der Gliederung etwas gesagt wird, ein Wort zu ihrer Aufgabe: Die Gliederung ist **ein Wegweiser** durch die folgende Arbeit. Ein Wegweiser ist nur dann sinnvoll, wenn es am Ende des Weges den Ort auch gibt, zu dem hingeführt werden soll. Daraus folgt zunächst dreierlei.

Zum einen muss die Gliederung *alle* Überschriften (= Gliederungspunkte) enthalten, die in der Arbeit auftauchen. Zum anderen dürfen es auch *nicht mehr* sein. Zum dritten müssen die Überschriften in der Arbeit und die Punkte der Gliederung absolut *inhaltsgleich* sein.

- Zur ersten Forderung: Wenn die Überschrift nicht in der Gliederung auftaucht, muss sie auch nicht im Text erscheinen. **Überschriften** dienen nur der Übersicht, wenn etwas Neues beginnt. Sie **sind** insoweit eine **Miniaturgliederung** auf jeder Seite. Hält man dagegen einen Gliederungspunkt für so unwichtig, dass man ihn nicht in die Gliederung der Gesamtarbeit aufnehmen will, dann ist nicht einzusehen, welche Bedeutung er für die konkrete Seite noch hat.
- Zur zweiten Forderung: Wegweiser sollen auf etwas weisen, was es gibt. Gibt es den in der Gliederung ausgewiesenen Punkt im Text nicht, ist der Punkt in der Gliederung ebenfalls überflüssig.
- Zur dritten Forderung: Wenn die Überschrift im Text anders ist als der Punkt in der Gliederung, verhält es sich ähnlich wie mit einer ganz fehlenden Überschrift. Der Gliederungspunkt hat seinen Job als Wegweiser dann verfehlt. Er verweist nur noch – notwendig – auf etwas, was (so) gar nicht besteht. Das aber ist witzlos.

Aus der Wegweiserfunktion folgt ein weiteres: **Jedem Gliederungspunkt** muss **eine Seitenzahl** folgen. Und zwar nur eine. Es ist völlig überflüssig zu sagen, wie lang der Gliederungspunkt ist (S. 10-15); das kann der Leser ohne Schwierigkeit selbst herausfinden. Er muss ja nur nachschauen, wo der nächste systematisch gleichwertige Gliederungspunkt beginnt.

Die **systematische Gleichwertigkeit** gibt das nächste Stichwort. Es gilt für jeden Gliederungspunkt die Regel: „Wer A sagt, muss auch B sagen." Folglich darf

    kein „A." ohne ein „B.",
    kein „I." ohne ein „II.",
    kein „1." ohne ein „2.",
    kein „a." ohne ein „b.",
    kein „aa." ohne ein „bb." stehen.

Damit sind zugleich die denkbaren Gliederungspunkte in ihrer üblichen Reihenfolge vorgestellt. **Tiefer** als bis hierher sollte man **nicht** untergliedern. Wenn 5 Ebenen nicht reichen, dann stimmt irgendwas nicht. Kann man es trotzdem nicht vermeiden, dann nicht tiefer untergliedern („aaa."), sondern die Ebenen nach oben erweitern: „1. Abschnitt", „1. Kapitel". Zumindest psychologisch wirkt das nicht so entsetzlich klein kariert.

Hinzuweisen ist darauf, dass **jede Gliederungsebene** auch **eine Argumentationsebene** darstellen muss. Und dann, dass Gleiches auf vergleichbaren Ebenen liegt. Also nicht:

> A. Strafbarkeit des A gemäß § 212 Abs. 1 StGB
>   I. Objektiver Tatbestand
>   II. Subjektiver Tatbestand
>   III. Rechtswidrigkeit
>   IV. Schuld
>
> B. Strafbarkeit des B gemäß § 212 Abs. 1 StGB

Das stimmt deshalb nicht, weil die Elemente objektiver und subjektiver Tatbestand nicht jeweils für sich, sondern nur zusammen als Tatbestand auf einer Ebene mit Rechtswidrigkeit und Schuld liegen. Deshalb muss es so aussehen:

> A. Strafbarkeit des A gemäß § 212 Abs. 1 StGB
>   I. Tatbestand
>   1. Objektiver Tatbestand
>   2. Subjektiver Tatbestand
>   III. Rechtswidrigkeit
>   IV. Schuld
>
> B. Strafbarkeit des B gemäß § 212 Abs. 1 StGB

Theoretisch denkbar ist es auch, für die Gliederungspunkte statt des hier vorgeschlagenen Systems Ziffernfolgen zu nehmen. Dies wird in der Tat (auf der Basis einer DIN) von einigen Autoren auch genauso gehandhabt.

Nehmen wir das gerade gebrachte Beispiel und erweitern es etwas, zeigen sich die Nachteile dieser Möglichkeit sofort.

> 1. Strafbarkeit des A gemäß § 212 Abs.1 StGB
>   1.1. Tatbestand
>   1.1.1. Objektiver Tatbestand
>   1.1.2. Subjektiver Tatbestand
>   1.1.2.1. Das Wissenselement
>   1.1.2.1.1. Der error in persona
>   1.1.2.1.2. Die aberratio ictus
>   1.1.2.2. Das Wollenselement
>   1.2. Rechtswidrigkeit
>   1.3. Schuld
>
> 2. Strafbarkeit des B gemäß § 212 Abs.1 StGB

Das wirkt sehr unübersichtlich. Aus gutem Grund. Es *ist* sehr unübersichtlich. Man sollte es bei dem Buchstaben-Zahlen-Kombinationssystem belassen.

Vielleicht aufgefallen ist, dass ich innerhalb der Gliederung Einrückungen vorgenommen habe. Diese bewirken eine zusätzliche optische Auflockerung, die die Übersichtlichkeit fördert. Die Einrückungen sollten allerdings nicht zu tief sein, da die Auflockerung dann sehr schnell in eine Zerrissenheit kippen kann. Das Gegenstück zur Einrückung ist die linksbündige Schreibweise. Beides hintereinander sähe so aus:

A. Strafbarkeit des A gemäß § 212 Abs.1 StGB
I. Tatbestand
1. Objektiver Tatbestand
2. Subjektiver Tatbestand
a. Das Wissenselement
b. Das Wollenselement
II. Rechtswidrigkeit
III. Schuld

B. Strafbarkeit des B gemäß § 212 Abs.1 StGB

A. Strafbarkeit des A gemäß § 212 Abs.1 StGB
  I. Tatbestand
    1. Objektiver Tatbestand
    2. Subjektiver Tatbestand
      a. Das Wissenselement
      b. Das Wollenselement
  II. Rechtswidrigkeit
  III. Schuld

B. Strafbarkeit des B gemäß § 212 Abs.1 StGB

Kommen zuletzt noch die Seitenzahlen hinzu und verbindet man diese optisch mit den Gliederungspunkten ergibt sich die fertige Gliederung:

A. Strafbarkeit des A gemäß § 212 Abs.1 StGB 1
  I. Tatbestand 1
    1. Objektiver Tatbestand 1
    2. Subjektiver Tatbestand 2
      a. Das Wissenselement 2
        aa. Der error in persona 3
        bb. Die aberratio ictus 6
      b. Das Wollenselement 7
  II. Rechtswidrigkeit 8
  III. Schuld 8
B. Strafbarkeit des B gemäß § 212 Abs.1 StGB 9

Das ist alles kein Hexenwerk und wer z. B. mit Microsoft Word arbeitet, sollte sich einmal die Zeit nehmen und in das Thema *Formatvorlagen* einarbeiten. Danach kann man sich den größten Teil der Handarbeit sparen.

Abschließend zur Gliederung noch zwei Bemerkungen:

Die eine über den Inhalt von Gliederungspunkten (und damit auch über den Inhalt von Überschriften). Es sollten **keine ganzen Sätze** und **keine Fragen** darin auftauchen. So sehr eine geschickt gestellt Frage auch die Dramatik einer Bearbeitung erhöht, so sehr auch ein gut formulierter Satz auf grammatikalische Grundkenntnisse schließen lässt: Um beides geht es nicht. Es geht in der Gliederung allein um Hinweise. Und ein Hinweisschild muss knapp sein, damit man es bei rasender Vorbeifahrt (s.o. zur Zeitnot von Korrekturassistenten) noch mitbekommt.

Die zweite über die sich nicht auf den Text beziehenden Gliederungspunkte: Neben dem Text enthält die Hausarbeit ja noch den Sachverhalt, die Gliederung selbst, das Literaturverzeichnis. Auch diese müssen in der Gliederung auftauchen. Man schreibt sie in der Reihenfolge ihres Auftretens hinein. Bemerkenswert: Bis auf den **Text (arabische Zahlen)** werden alle Seiten mit **römischen Zahlen** durchnummeriert. Das sieht dann so aus:

- II -

GLIEDERUNG

Sachverhalt I
Gliederung II
Literaturverzeichnis IV

A. Strafbarkeit des A gemäß § 212 Abs.1 StGB 1
   I. Tatbestand 1
      1. Objektiver Tatbestand 1

usw.

d. Der Sachverhalt / Das Deckblatt

Was jetzt vom Manuskript noch übrig bleibt, ist der Sachverhalt und das Deckblatt. Zum Sachverhalt ist hier nicht viel zu sagen. Er ist ja vorgegeben. Der Sachverhalt bekommt die Überschrift „SACHVERHALT" und die Seitenzahl - I -.

Wenn es keine konkrete Anweisung dafür gibt: Das Deckblatt enthält oben links (wie ein Absender) Name, Vorname, Anschrift, Matrikelnummer und Semesterzahl des Verfassers. Etwas weiter unten folgt (eventuell zentriert) der Name der Übung, der Name des Dozenten, die Art der Arbeit und das Semester. Das Deckblatt bekommt weder Überschrift noch Seitenzahl.

Mit diesen Elementen ist das Meisterwerk dann abgeschlossen.

6. Unterschreiben, Sichern und Tschüss.
Nun nehmen wir noch einen Stift und **unterschreiben** die Arbeit.
Dass wir einen zweiten Ausdruck zu Hause abheften und die elektronische Version vorsorglich auf (mindestens) einem externen Datenträger (Stick, Cloud) sichern, versteht sich.
Für die Abgabe der Arbeit gibt es eine **Ausschlussfrist**, die unbedingt eingehalten werden muss. Typischerweise genügt es hier, die Arbeit am entsprechenden Tag bei der Post **aufzugeben** (Einwurfeinschreiben mit Nachverfolgung), wenn der Poststempel stimmt. Dazu der Hinweis, dass in manchen Städten die Haupt- oder Bahnhofspost von 22:00 Uhr bis nach Mitternacht geöffnet hat. Das muss man natürlich vorher geklärt haben! In letzter Zeit findet sich aber auch verstärkt die Anweisung, dass die Arbeit in der Frist **eingegangen** sein muss. Soweit wir hier ganz klassisch von einer **Printversion** reden, ist auf jeden Fall die persönliche Abgabe in der Übung oder beim Institut anzuraten.
Für diesen Fall sollte man sich die Abgabe der Arbeit auf einer Kopie des Deckblattes kurz bestätigen lassen. Um dem Personal keine unnötige Mühe zu machen (die werden sich bedanken, wenn sie mehrere hundert Bestätigungen schreiben sollen), werden wir die Empfangsbestätigung auf dem Deckblatt schon mal vorschreiben. („Der Eingang einer Hausarbeit in der Übung ... am .... um .... Uhr wird hiermit bestätigt.") Aktuelles Datum und die Uhrzeit der Abgabe können wir vor der Tür noch schnell einfügen. Für das Institut bleibt dann nur noch, einen Stempel draufzusetzen. **Elektronische Versionen**, die online übermittelt werden können, erhalten im Normalfall eine Empfangsrückmeldung. Eine entsprechende Mail ist vorsorglich auszudrucken. Soweit es nur eine Bildschirmstatusmeldung gibt („Zugestellt") wäre ein screenshot hilfreich (auch ausdrucken).

III. Die Nachbearbeitungsphase – Beschwerden
Jetzt ist eine Phase an der Reihe, die dann an Bedeutung gewinnt, wenn die Arbeit nach der Korrektur nicht so bewertet ist, wie der Verfasser sich das vorgestellt hat. Ich nenne diese Phase die **Nachbearbeitungsphase**. Wie bewertet man eine Bewertung, wie beschwert man sich? So:

1. Übersicht – Der Beschwerdeansatz
Damit man sich beschweren kann, muss man erst einmal wissen, worüber man sich beschweren will. Sicher als Erstes über die Note. Aber die Note ist nur ein **Wert**urteil, das allenfalls sehr eingeschränkt überprüfbar ist. Nur: Die Note steht ja auf einer **tatsächlichen** Grundlage. Eine Beschwerde macht daher nur (aber auch immer) dann einen Sinn, wenn man die **tatsächliche Grundlage** der Benotung erschüttern kann. Die Grundlage der Benotung wiederum kann man den **Randbemerkungen** und der **Schlussbemerkung** des Korrektors entnehmen.

Der erste Schritt zur erfolgreichen Beschwerde besteht also darin, jede einzelne Randbemerkung des Korrektors auf ihre Plausibilität hin zu untersuchen. – Die Schlussbemerkung ist dann im Regelfall nur noch eine Zusammenfassung der ohnehin schon gemachten Anmerkungen.

Dabei kann man von ihrem Inhalt her verschiedene Arten von Randbemerkungen unterscheiden: Manche nehmen zu **Formalien** Stellung („Hinter jede Fußnote gehört ein Punkt!"), manche gehen auf **Aufbaufragen** ein („Hier hätten Sie zunächst vertragliche Ansprüche prüfen müssen."), manche lassen den **Stilisten** raushängen („A" -> = „Ausdruck"); manche bemängeln das **Ergebnis** („Nicht vertretbar"), manche die **Argumentation** („Nicht nachvollziehbar", „Nicht überzeugend"), manche den **Ansatz** („Abwegig").

Einige vertreten die reine Lehre („Das ist kein **Gutachtenstil**."), andere arbeiten lieber mit Piktogrammen (2 Seiten Schlängellinie mit Fragezeichen, am Ende ein „?!?"), wiederum andere üben sich in Drittverweisen („Vgl. Besprechung").

All dies gibt es pur, aber auch in Kombination.

Wenn man sich nun beschweren will, muss man erst einmal überprüfen, was an den Randbemerkungen dran ist. Einige setzen dabei voraus, dass man über einen Duden verfügt (Stilfragen, Grammatik, Rechtschreibung und Zeichensetzung), andere, dass man an der Besprechung teilgenommen hat („Vgl. Besprechung").

2. Korrekturfehler bei Formalien

Am einfachsten sind **die formalen Dinge** zu überprüfen. Ob irgendwo ein Punkt hingehört oder nicht, kann man ja nachschlagen. Das sind allerdings (bis zu einem gewissen Umfang) auch die unwichtigsten Korrekturfehler. Im Normalfall wird man niemandem schon deshalb eine schlechtere Note geben, weil hier und dort einige – vermeintliche – formale Fehler gemacht wurden. Die Bemängelung einer fehlerhaften Korrektur in diesem Bereich dient daher lediglich der Schaffung eines günstigen Beschwerdeklimas.

3. Formelle Korrekturfehler

Weit wichtiger sind die übrigen Umstände. Beginnen wir mit Korrekturen der **Schlängellinienkategorie,** so können wir festhalten, dass derartiges alleine eine Abwertung nicht tragen kann. Als Verfasser einer Arbeit darf man erwarten, dass Mängel auch als solche gekennzeichnet werden; das ist schließlich der Job eines Korrekturassistenten, dafür wird er bezahlt (wenn auch schlecht). Zu beachten ist aber, dass dies nur dann gilt, wenn solche Kunstwerke für sich alleine stehen. Stehen sie mit einem Kommentar oder folgt ein solcher, richtet sich die Beschwerde natürlich nach diesem Kommentar.

Man sollte bei der gedanklichen Vorarbeit zur Beschwerde dabei zwei Gruppen auseinanderhalten: die eine, die von der konkreten Arbeit unabhängig ist (Gutachtenstil), und die andere, die nur an der Arbeit hängt (Aufbau, Ansatz, Argumentation, Ergebnis).

4. Korrekturfehler bei fallunabhängigen Kriterien

Bei der Bemängelung, dass **kein anständiger Gutachtenstil** vorliege, werden wiederum zwei typische Korrektur-Fehler gemacht.

Einmal werden bestimmte Formulierungen als Gutachtenstil erkannt („Möglicherweise") und andere nicht („Zweifel bestehen, ob ..."). Hier sollte man sich selber überprüfen und schauen, ob man den charakteristischen Dreiertakt eingehalten hat (1. Frage aufwerfen, 2. Voraussetzungen aufzeigen, 3. Vergleich Sachverhalt – Voraussetzungen und Frage beantworten). Wenn dies der Fall ist, ist die Korrektur fehlerhaft.

Zu berücksichtigen ist dabei, dass sich diese drei Schritte bei komplexen Fragestellungen durchaus mehrfach geschachtelt über mehrere Seiten erstrecken können. Da kann es leicht vorkommen, dass man als Korrektor einmal etwas übersieht. Aber – und das muss hier auch gesagt werden – es kann genauso gut vorkommen, dass man als Bearbeiter einen Schritt vergessen hat. Und dann hat der Korrektor Recht!

Der andere typische Korrektur-Fehler besteht darin, dass der Korrektor zwar zutreffend erkannt hat, dass kein Gutachtenstil benutzt wurde, dass er aber nicht erkannt hat, dass dies in der konkreten Situation gar nicht nötig war. Es gibt ja bekanntlich Dinge, die nicht im Gutachtenstil geschrieben werden sollten, weil sie etwa evident sind. Dazu gehören auch schlichte Wiedergaben des Sachverhaltes, die zwar an sich nicht erlaubt, manchmal aber unumgänglich sind.

Auch hier gilt natürlich, dass sorgfältig geprüft werden muss, ob der Korrektor nicht zu Recht gerügt hat. Ein auf Bearbeiterseite beliebter Missgriff besteht nämlich darin, Unsicherheiten in der Argumentation, die durch Verwendung des Gutachtenstils zu Tage treten würden, mit dem Urteilsstil zuzudecken. Indizien auf dieser Seite liefert die Existenz der Wörter „zweifellos", „natürlich", „fraglos" etc.

5. Korrekturfehler bei fallabhängigen Kriterien

Es bleiben die Mängel, die in Aufbau, Ansatz, Argumentation und Ergebnis gefunden sein sollen. Beginnt man hinten und stellt nur am (jeweiligen) **Ergebnis** einen Korrekturvermerk fest, kann man schon konstatieren, dass diese Korrektur fehlerhaft ist.

Entscheidend ist bekanntermaßen nicht so sehr das Ergebnis als solches, sondern wie ein Ergebnis begründet wird. Steht daher nur am Ergebnis ein „Nicht-Vertretbar" und keine Bemerkung neben der Argumentation liegt eine typische **lösungsskizzenorientierte Korrektur** vor. Ein Beschwerdegrund liegt dann alleine schon in dieser Form der Korrektur: Dem Korrektor ist offensichtlich nichts gegen die Argumentation eingefallen – wenn diese aber nicht widerlegbar ist, dann kann auch das resultierende Ergebnis nur „Vertretbar" sein.

Wenn Einwände gegen die **Argumentation** vorgebracht werden, sollte man bedenken, dass es sich in erster Linie um die Wiedergabe von Ansichten aus Rechtsprechung und Literatur handelt. Formale Argumentationseinwände bezögen sich dann darauf, dass man nur jeweils gesagt hat, dass die Rechtsprechung diese und die Literatur jene Ansicht vertrete, dass man aber nicht gesagt hat, aus welchen Gründen die das machen. Das ist dann natürlich auch gar keine richtige Argumentation (der Korrektor hätte folglich Recht).

Inhaltliche Einwände könnten sich auf das Fehlen bestimmter, wichtiger Meinungen oder die fehlerhafte Wiedergabe beziehen. Hier muss man dann die Angaben des Korrektors mit der eigenen Darstellung und den angeführten Meinungen vergleichen. Und das diesmal direkt, also nicht über ein Blindzitat aus einem Kommentar, der es auch nicht verstanden hat.

Ein fehlerhafter **Ansatz** ist möglicherweise dann keiner, wenn er nur darauf beruht, dass man irgendwo von der Musterlösung abgewichen ist. Dann ist nur noch entscheidend, ob man **konsequent** geblieben ist. Kann man dies nachweisen und ist die Abweichung von der Musterlösung darüber hinaus vertretbar, sind Rügen des Korrektors im Hinblick auf den Ansatz unbegründet.

Aufbaufragen sind, sofern sie nicht durch die Aufgabenstellung vorgegeben sind („Hat die Klage Aussicht auf Erfolg?" bedeutet eben die Reihenfolge: 1. Zulässigkeit und 2. Begründetheit), weitestgehend von **Zweckmäßigkeitserwägungen** bestimmt. Das gilt allerdings nur in begrenztem Umfang. Nämlich solange, wie sich die aufzubauenden Elemente auf **einer logischen Ebene** befinden. So ist zum Beispiel die Prüfungsreihenfolge von objektiven Tatbestandsmerkmalen im Strafrecht nicht zwingend vorgegeben. Wohl vorgegeben ist aber die Reihenfolge „Tatbestand, Rechtswidrigkeit, Schuld". Ähnliches gilt im BGB, bei § 823 Abs. 1 etwa.

6. Zusammenfassung zur Vorgehensweise

Jede Randbemerkung ist also auf ihre formale und inhaltliche Richtigkeit hin zu untersuchen. Findet sich danach, dass der Korrektor zu viele Fehler gemacht hat, lohnt sich eine Beschwerde. Aber Vorsicht: Das ist mit Sicherheit nur selten der Fall. Gelohnt hat sich der Überprüfungsaufwand aber auch dann, wenn man anschließend von einer Beschwerde absieht. Denn um davon absehen zu können, muss man ja verstanden haben, dass der Korrektor Recht gehabt hat. Und um das zu verstehen, muss man auch die Arbeit selbst (nunmehr doch) verstanden haben.

Kommt man aber zu dem Ergebnis, dass eine Beschwerde fällig ist, ist Folgendes zu beachten.

7. Formalien einer Beschwerde

1. Üblicherweise besteht eine **Ausschlussfrist**, die häufig nur **eine Woche** beträgt. (Wenn eine Arbeit montags zurückgegeben wird, muss die Beschwerde spätestens am Montag der kommenden Woche eingegangen sein.)
2. Beschwerden sind **grundsätzlich schriftlich** abzufassen. Eine fundierte Beschwerde enthält eine differenzierte Auseinandersetzung mit dem Beschwerdegegenstand, dazu ist ein mündlicher Vortrag komplett ungeeignet. Außer-

dem zwingt die schriftliche Abfassung zur Präzision der eigenen Kritik. („Find ich alles nicht gut" klingt schon blöd, wenn man es mündlich bringt, schriftlich macht es gar nichts her.)

Von der äußeren Form her sieht eine Beschwerde so aus:
Oben links der Absender mit Matrikelnummer und Fachsemester. Darunter der Adressat. Dann ein Betreff-Vermerk („Korrektur der 1. Hausarbeit / Beschwerde"). Danach das Datum, dann die Anrede. Anschließend ein kurzer Hinweis über die Vorgehensweise, dann die eigentliche Beschwerde. Zum Schluss eine Zusammenfassung, die mit der Feststellung schließt, dass die Benotung zu schlecht war, verbunden mit der Bitte um sachgerechte Neubenotung. Hochachtungsvoll. Amen.
Wie es aussehen könnte, zeigt das folgende Beispiel.

Als Schlussbemerkung noch dies: Auch ein guter Jurist kann nicht immer gewinnen. Aber er kann es versuchen.

8. Beschwerdemuster
P. Lagiat
Punkte 3
18181 Ungerecht
Matr.-Nr.: 4711
2. Fachsemester

Herrn
Prof. Dr. Milde
Gnadenweg 1

50939 Köln

Betr.: Bewertung meiner Hausarbeit / Beschwerde
11.11.2020

Sehr geehrter Herr Prof. Dr. Milde,
ich erlaube mir, die von Ihnen eingeräumte Möglichkeit zu nutzen und mich gegen die Bewertung meiner Hausarbeit zu beschweren.
Ich halte die Korrektur für in der Sache und die Benotung für in der Stufe verfehlt.
Ich möchte die bemängelten Passagen meiner Arbeit derart verteidigen, dass ich zunächst die Korrekturbemerkung und dann die Gründe, warum ich diese für unzutreffend halte, vortrage.

Seite 1
Es beginnt auf S. 1 damit, dass der Korrektor schreibt: **m.E. fehlt hier die Subsumtion unter eine konkrete Norm.** Dies ist jedenfalls insoweit richtig, als dass in den ersten Zeilen der Arbeit in der Tat noch keine abgeschlossene Subsumtion vorgenommen wird. Dies ist allerdings an dieser Stelle der Arbeit auch noch gar nicht möglich. Zunächst einmal muss ja für eine Subsumtion eine Norm gefunden werden, unter die alsdann subsumiert werden kann. Wenn der Korrektor dann weiter noch eine konkrete Norm vermisst, hat er wohl übersehen, dass die für die Zuständigkeit maßgebliche Vorschrift des § 12 ZPO genannt, in ihren Voraussetzungen aufgezeigt und danach unter sie subsumiert wurde. Konkreteres ist hier wohl kaum denkbar.

.
.

Rückseite

Zusammenfassende Bewertung auf der Rückseite: Nachdem dort nur die im Text bereits gemachten angeblichen Fehler noch einmal unter bestimmten Gesichtspunkten aufgelistet werden, verzichte ich darauf, zu den Punkten im Einzelnen Stellung zu nehmen.

Die Bewertung „mangelhaft" halte ich für ungerecht. Meine Arbeit ist zweifellos nicht frei von Schwächen; ich denke, dass man dies im 2. Semester aber auch noch nicht erwarten darf. Die in der Besprechung auftauchenden, dort als wesentlich gekennzeichneten Probleme der Aufgabe habe ich in der Bearbeitung erkannt und behandelt. Dass man an der einen oder anderen Stelle auch ein anderes Ergebnis vertreten kann, will ich damit nicht in Frage stellen. Subsumtionsfehler vermag ich trotz der gegenteiligen Anmerkungen nicht zu entdecken.

Aus all diesen Gründen meine ich, dass ein „mangelhaft" eine verfehlte Bewertung darstellt, deren Korrektur ich mir von Ihnen erhoffe.

Hochachtungsvoll

P. Lagiat

1. Teil - Das System ✓
2. Teil - Die einzelnen Deliktsformen ✓
3. Teil - Täterschaft und Teilnahme ✓
4. Teil - Konkurrenzen ✓
5. Teil - Gutachtenstil und Übungsklausuren ✓
6. Teil - Hausarbeiten ✓
☞ **7. Teil - Sachregister**

7. Teil – Sachregister

Rechtsprechung

BGH v. 27.08.2019 - 4 StR 330/19 154
BGH v. 06.08.2019 - 3 StR 189/19 .... 241, 254
BGH v. 06.08.2019 - 4 StR 255/19 37
BGH v. 23.07.2019 - 1 StR 433/18 112
BGH v. 05.06.2019 - 1 StR 34/19 ...... 196, 198
BGH v. 09.05.2019 - 1 StR 19/19 275
BGH v. 25.04.2019 - 4 StR 442/18 39
BGH v. 24.04.2019 - 2 StR 377/18 40
BGH v. 10.04.2019 - 1 StR 646/18 157
BGH v. 26.03.2019 - 4 StR 381/18 256
BGH v. 20.03.2019 - 2 StR 594/18 255
BGH v. 26.02.2019 - 4 StR 464/18 156
BGH v. 26.02.2019 - 4 StR 514/18 .... 157, 158
BGH v. 17.01.2019 - 4 StR 456/18 67
BGH v. 27.11.2018 - 2 StR 481/17 296
BGH v. 21.11.2018 - 1 StR 506/18 277
BGH v. 18.10.2018 - 3 StR 126/18 223
BGH v. 01.08.2018 - 3 StR 651/17 255
BGH v. 04.07.2018 - 2 StR 245/17 277
BGH v. 26.03.2018 - 4 StR 408/17 45
BGH v. 11.10.2017 - 4 StR 322/17 293
BGH v. 28.09.2017 - 4 StR 282/17 157
BGH v. 27.09.2017 - 4 StR 215/17 221
BGH v. 13.09.2017 - 2 StR 161/17 241
BGH v. 13.09.2017 - 2 StR 188/17 65
BGH v. 24.08.2017 - 1 StR 625/16 292
BGH v. 22.08.2017 - 2 StR 362/16 268
BGH v. 22.08.2017 - 3 StR 299/17 155
BGH v. 02.08.2017 - 4 StR 169/17 218
BGH v. 14.07.2017 - 4 StR 580/16 293
BGH v. 11.07.2017 - 5 StR 202/17 292
BGH v. 28.06.2017 - 1 StR 624/16 35
BGH v. 20.06.2017 - 1 StR 125/17 275
BGH v. 24.05.2017 - 2 StR 219/16 65
BGH v. 16.05.2017 - VI ZR 266/16 112
BGH v. 09.05.2017 - 1 StR 265/16 149
BGH v. 23.03.2017 - 3 StR 260/16 268
BGH v. 22.02.2017 - 2 StR 573/15 112
BGH v. 21.02.2017 - 1 StR 223/16 274
BGH v. 21.02.2017 - 3 StR 455/16 .... 241, 255
BGH v. 07.02.2017 - 1 StR 231/16 273
BGH v. 01.02.2017 - 4 StR 635/16 63
BGH v. 21.12.2016 - 1 StR 253/16 112
BGH v. 21.12.2016 - 1 StR 265/16 274
BGH v. 20.12.2016 - 3 StR 63/15 79
BGH v. 14.12.2016 - 2 StR 177/16 255
BGH v. 24.11.2016 - 4 StR 289/16 228
BGH v. 23.11.2016 - 4 StR 471/16 156
BGH v. 22.11.2016 - 1 StR 194/16 37
BGH v. 17.11.2016 - 3 StR 402/16 292
BGH v. 20.09.2016 - 2 StR 43/16 165
BGH v. 20.09.2016 - 3 StR 174/16 218
BGH v. 10.08.2016 - 2 StR 493/15 150
BGH v. 29.06.2016 - 2 StR 588/15 153
BGH v. 08.06.2016 - 5 StR 170 17
BGH v. 12.04.2016 - 2 StR 523/15 .... 65, 66
BGH v. 07.04.2016 - 5 StR 332/15 99
BGH v. 16.03.2016 - 2 StR 346/15 256
BGH v. 03.03.2016 - 4 StR 134/15 294
BGH v. 23.02.2016 - 3 StR 5/16 .... 155, 160
BGH v. 09.02.2016 - 3 StR 538/15 256
BGH v. 04.02.2016 - 1 StR 344/15 254
BGH v. 03.02.2016 - 1 StR 383/15 296
BGH v. 03.02.2016 - 4 StR 379/15 275
BGH v. 13.01.2016 - 2 StR 148/15 19

BGH v. 23.12.2015 - 2 StR 525/13 99
BGH v. 22.12.2015 - 2 StR 419/15 272
BGH v. 22.12.2015 - 2 StR 468/15 275
BGH v. 08.12.2015 - 3 StR 439/15 255
BGH v. 03.12.2015 - 4 StR 223/15 .... 29, 55
BGH v. 27.10.2015 - 3 StR 199/15 .... 103, 118
BGH v. 27.10.2015 - 3 StR 199/15 63
BGH v. 29.09.2015 - 3 StR 336/15 254
BGH v. 05.08.2015 - 1 StR 328/15 218
BGH v. 04.08.2015 - 1 StR 624/14 222
BGH v. 09.07.2015 - 3 StR 537/14 .... 293, 294
BGH v. 09.06.2015 - 1 StR 606/14 57
BGH v. 03.05.2015 - 4 StR 223/15 28
BGH v. 04.09.2014 - 4 StR 473/13 214
BVerfG v. 16.03.2006 - 2 BvR 954/02 99
BGH v. 24.07.2003 - 3 StR 153/03 227
BGH v. 07.06.2000 - 2 StR 135/00 98
BGH v. 15.04.1999 - 4 StR 93/99 97
BGH v. 19.02.1997 - 3 StR 632/96 98
BGH v. 22.08.1996 - 4 StR 217/96 96
BGH v. 13.12.1995 - 3 StR 514/95 99
BGH v. 03.05.1994 - GSSt 2/93 294
BGH v. 30.03.1993 - 5 StR 720/92 31
BGH v. 07.11.1991 - 4 StR 451/91 225
BGH v. 25.10.1990 - 4 StR 371/90 252
BGH v. 15.09.1988 - 4 StR 352/88 246
BGH v. 01.07.1986 - 4 StR 306/86 68
BGH v. 06.11.1984 - 4 StR 72/84 55
BGH v. 21.12.1982 - 1 StR 662/82 150
BGH v. 30.06.1982 - 2 StR 226/82 197
BGH v. 16.05.1972 - 5 StR 56/72 180
BGH v. 26.04.1960 - 5 StR 77/60 .... 53, 55
BGH v. 23.01.1958 - 4 StR 613/57 257
BGH v. 31.03.1955 - 4 StR 51/55 225
BGH v. 02.10.1953 - 3 StR 151/53 68

BGH v. 18.03.1952 - GSSt 2/51 124
RG v. 23.3.1897 – Rep. 576/97 187

A

a.l.i.c.
   Anwendungsbereich 98
   Ausdehnungsmodell 81, 97
   Ausnahmelösung 81
   Ausnahmemodell 97
   Berauschung 80
   Führen eines Fahrzeugs 96
   Gewohnheitsrecht 97
   Koinzidenzprinzip 97
   mittelbare Täterschaft 81
   Rauschtat 80
   Straßenverkehrsgefährdung 96
   Tatbestandslösung 81
   Tatbestandsvorverlagerung 81
aberratio ictus
   siehe Irrtum
Absicht
   siehe Vorsatz
Abwandlung
   selbständige 16
   unselbständige 16
actio libera in causa
   siehe a.l.i.c.
agent provocateur
   siehe Teilnahme
Akzessorietät
      einschränkende Umstände 57
   limitierte
   siehe Teilnahme
Allgemeindelikt 5
Amtsdelikte 19

Amtsträger 19
animus auctoris 241
animus socii 241
animus-Theorie 241
Aufbau
    von Grundtatbestand & Qualifikation.... 119

B

Bedingungen der Strafbarkeit
    objektive 56
Begehungsdelikt 5

C

c.c.q.n.
    conditio cum qua non 221
c.s.q.n.
    siehe conditio-sine-qua-non-Formel
Conditio-sine-qua-non-Formel 28

D

Deliktsformen 7
direkter Vorsatz
    siehe Vorsatz
Doppelfunktion des Vorsatzes
    siehe Vorsatz
dreigliedriger Deliktsaufbau 8

E

Einverständnis
    tatbestandsausschließendes 75
Einwilligung
    bei Heileingriff 77
    bei Sachbeschädigung 76
    Einverständnis 75
    mutmaßliche 77
    rechtfertigende 74
Erfolg
    Definition 22
Erfolgsdelikt 5
erfolgsqualifizierte Delikte 193
Erlaubnisexistenzirrtum
    siehe Unrechtsbewusstsein
Erlaubnistatbestände
    siehe Rechtfertigungsgründe
Erlaubnistatbestandsirrtum
    siehe Unrechtsbewusstsein
Erlaubnisumfangsirrtum
    siehe Unrechtsbewusstsein
error in persona vel objecto
    siehe Irrtum
Eventualvorsatz
    siehe Vorsatz
extrem-subjektive Theorie 240

F

Fahrlässigkeit
    bewusste 38
    Handlung 171
    Kausalität 175
    Leichtfertigkeit 190
    Objektive Sorgfaltspflichtverletzung 171
    Schuld
        subjektive Sorgfaltspflichtverletzung 184
        subjektive Vorhersehbarkeit 186
        Unzumutbarkeit normgemäßen
        Verhaltens 187
    Sorgfaltspflicht

Art und Umfang 172
Inhalt 172
Maßstab 172
Streit um Prüfungsaufbau 169
Tatbestand
    subjektiver 181
Taterfolg 175
Vorsatz-Fahrlässigkeitskombinationen . 192
Zurechnung
    atypischer Kausalverlauf 176
    Objektive Vorhersehbarkeit 176
    objektiver
    Pflichtwidrigkeitszusammenhang 177
    objektiver
    Zurechnungszusammenhang 177
    Schutzzweck der Sorgfaltspflicht 179
formal-objektive Theorie 240
funktionellen Tatherrschaft
  siehe Täterschaft

G

Gefahr
    realisierte 29
    rechtlich missbilligte 28
Gewalt, absolute 20
Grundtatbestand 15
Gutachtenstil
    Beispielsfall 302
    Berichterstatter 298
    Dreierschrittmethode 299, 302
    Kollegialgerichte 298
    Konjunktiv 300
    Methode 299

Referendar 299
Relation 299
Überblick 298
Vorgehensreihenfolge 298

H

Handlung
  siehe Tathandlung
Handlungslehre
    finale 122
    kausale 122
    soziale 20
    soziale 122
Hausarbeiten
    Anleitung 338
    Arbeitsmittel 339
    Arbeitsplatz 341
    Bearbeitungsphase 342
    Beschwerdemuster 370
    Fußnoten 351
    Gerichtszitate 352
    Gliederung 361
    juristische Streitfragen 347
    Korrekturfehler 365
    Literaturverarbeitung 345
    Literaturverzeichnis 357
    Literaturzitate 354
    Meinungsdarstellung/Fußnoten 349
    Nachbearbeitungsphase 365
    Sachverhaltslektüre und Verständnis ... 343
    Text in Fußnoten 356
    Texterstellung 346
    Überschriften 356
    Vorbereitungsphase 339
    vorläufige Grobgliederung 344

I

Irrtum
- aberratio ictus siehe Irrtum
- Abirrung (Fehlgehen) der Tat 47
- atypische (kumulative) Kausalität 54
- Definition 42
- error in persona vel objecto siehe Irrtum
- Identitätsfehler 45
- Identitätsverwechslung 47
- im alltäglichen Sinne 43
- im rechtlich relevanten Sinne 43
- konkretisiertes Zielobjekt 46
- Mangelfall 51
- Objektqualitätsfehler 46
- Objektverwechslung 47
- Parallelwertung in der Laiensphäre 44
- Subsumtionsirrtum 44
- über das Tatobjekt 45
- über den [Kausal] Verlauf 53
- über deskriptive Merkmale 44
- über Entschuldigungsgründe 116
- über Privilegierungen 52
- über strafschärfende bzw. strafmildernde Umstände 51
- Überschussfall 51
- Wissensmangel 48
- Wollensmangel 48

K

Kausalität 23
- abbrechende 25
- alternative Kausalität 24
- atypische 24
- Definition 28
- Doppelkausalität 24
- hypothetische siehe: Unterlassungsdelikt, echtes
- hypothetische 26
- kumulative 24
- normative 55
- überholende 25
Kausalitätslehren 27
Kausalverlauf
- Irrtum über 53
- Unterbrechung durch Dritte 29
Koinzidenzprinzip
- siehe a.l.i.c.
Konkurrenzen
- Ablaufplan 292
- Fortsetzungsvorsatz 294
- Fortsetzungszusammenhang 294
- Gesamtvorsatz 294
- Gesetzeskonkurrenz 290, 295
- Handlungseinheit 290, 295
- Handlungseinheit durch Klammerwirkung 293
- Handlungseinheit durch Organisationsdelikt 293
- Handlungsmehrheit 295
- Idealkonkurrenz 296
- Klammerwirkung des dritten Tatbestandes 293
- Konsumtion 296
- mitbestrafte Nachtat 296
- mitbestrafte Vortat 296
- natürliche Handlung 292
- natürliche Handlungseinheit 292
- Realkonkurrenz 296

rechtliche Handlungseinheit 293
Spezialität 295
Subsidiarität 296
tatbestandliche Handlungseinheit 293
Tateinheit 296
Tatmehrheit 296
Überblick 288
unechte Konkurrenz 295

L

Lehre von der Tatherrschaft 241
luxuria
   siehe Fahrlässigkeit, bewusste

M

Mittäterschaft
   siehe Täterschaft
mittelbarer Täter
   siehe Täterschaft
Möglichkeit
   siehe Unterlassungsdelikt

N

negative Tatbestandsmerkmale
   Lehre 106, 148
negligentia
   siehe Fahrlässigkeit, unbewusste
Nothilfe
   aufgedrängte 68
   Verteidigungswille des Angegriffenen 68
Notstand
   § 34 StGB 73
   Aggressivnotstand, § 904 BGB 71
   Defensivnotstand, § 228 BGB 69

   entschuldigender, § 35 StGB 115
   Gefahr
      Definition 70
   rechtfertigender 69
Notwehr
   Angriff
      Bagatellfälle Rechtsgüter 63
      Definition 62
      geschützte Rechtsgüter 63
      Nothilfe 63
   Erforderlichkeit
      Ausweichen 65
      Definition 62
      mildestes Mittel 65
   Exzess 116
      extensiv 116
      intensiv 116
      Putativnotwehr 118
   Gebotenheit
      Abwägung 65
      Bewährungsbedarf 66
      Definition 62
      Provokationen 66
      Schutzwehr 67
      Trutzwehr 67
   Gegenwärtigkeit
      Definition 62
      Recht des ersten Schlages 63
      Recht zur Flucht 64
   Rechtswidrigkeit
      Definition 62
      Prüfungsreihenfolge 64

Verteidigung
  beeinträchtigte Rechtsgüter 64
  Definition 62
Verteidigungungswille 67
Wahndelikt 68

O

Objektive Sorgfaltspflichtverletzung
  siehe Fahrlässigkeit
Öffentliches Recht
  Definition 4
omnimodo facturus
  siehe Teilnahme
Organisationsdelikt, uneigentliches 293

P

Parallelwertung in der Laiensphäre
  siehe Irrtum
    Verbotsirrtum 112
Pflichtenkollision
  rechtfertigende 205
Privatrecht
  Definition 4
Putativnotwehr
  siehe Unrechtsbewusstsein

Q

Quasikausalität
  siehe Unterlassungsdelikt, unechtes

R

Rechtfertigungsgründe

allgemeiner Aufbau 60
Erlaubnistatbestände 60
Rechtsordnung
  Einheit 57
Rechtswidrigkeit
  „offene" Tatbestände 58
  Ausnahmesituationen 58
  Definition 57
  Normalfall 58
  Verwerflichkeit 59
  Zweck-Mittel-Relation 59
Regelbeispiele 17, 119
Reserveursache
  siehe Kausalität
Risiko
  erlaubtes 29

S

Sachverhalt
  Definition 14
Schuld
  Begehungsdelikt, vorsätzlich
  vollendetes 78
  persönliche Vorwerfbarkeit 99
  Schuldmerkmale, spezielle 98
  Unrechtsbewusstsein 99
Schuldfähigkeit
  Schuldausschließungsgründe 79
  Störungen Einsichts- und
  Steuerungsfähigkeit 79
  Vollrausch, § 323a 79
  Vollrausch, actio libera in causa 80
Schuldtheorie
  eingeschränkte 125
  Formulierungen 107

strenge 125
Schuldtheorie
   siehe Unrechtsbewusstsein
Schutzwehr
   siehe Notwehr
Selbstgefährdung
   eigenverantwortliche durch Opfer 30
Strafaufhebungsgründe 118
Strafausschließungsgründe 118
Strafverfolgungshindernisse 118
Strafzumessungsnormen 119
Subsumtionsirrtum
   siehe Irrtum

T

Tatbestand
   Definition 14
   objektiver
      Begehungsdelikt, vorsätzlich vollendet 19
   objektiver
      versuchtes Begehungsdelikt 149
   subjektiver
      versuchtes Begehungsdelikt 137
Tatbestand, subjektiver
   Absichtsmerkmale 41
   Begehungsdelikt, vorsätzlich vollendet ... 34
   überschießende Innentendenz 41
Tatbestände
   alternative 17
Tatbestandsannexe 56
Tatbestandsirrtum
   umgekehrter 141
Täterschaft
   aberratio ictus 252

Abweichung vom Kausalverlauf 252
animus-Theorie 241
Arbeitsteilung bei Mittäterschaft 254
eigenhändige Delikte 244
extrem-subbjektive Theorie 240
Fehler des Werkzeuges 252
formal-objektive Theorie 240
funktionelle Tatherrschaft 254
gemeinsame Tatausführung bei
Mittäterschaft 256
gemeinsamer Tatentschluss 254
Handlungsherrschaft 245
Handlungszurechnung 249
Irrtumsvarianten 251
Mittäterexzess 255
Mittäterschaft 253
mittelbarer Täter 245
Nebentäterschaft 261
Pflichtdelikte 244
Prüfungsraster 243
Randfigur 241
Sonderdelikte 243
sukzessive Mittäterschaft 255
Täter als eigenes Opfer 257
Tatherrschaftslehre 241
Tatherrschaftsregeln 244
Tatmittler 245
Überblick 238
unmittelbarer Täter 244
Vorbereitung bei Mittäterschaft 256
Werkzeug 245
Wertgrenzen und Aufbau 256
Wissens- und Willensherrschaft 245
Zentralfigur 241
Zurechnung bei Mittäterschaft 253
Täterwille 241

Sachregister

Tathandlung 19
Tatherrschaftslehre 241
Tatobjekt 21
Tatserie
    Konkurrenzen 293
Tatsubjekt 19
Teilnahme
    Abgrenzung Beihilfe Begünstigung 273
    Abgrenzung zu mittelbarer Täterschaft . 269
    Abstiftung 267
    agent provocateur 268
    Akzessorietätslockerungen § 28 278
    Anstifterhandlung 266
    Anstiftung 263
    Anstiftung zum Versuch 265
    Aufstiftung 267
    Beihilfe 271
    Beihilfe durch Unterlassen 274
    Beihilfe zum Versuch 273
    Beihilfe zur Beihilfe 272
    besondere persönliche Merkmale 279
    Doppelvorsatz Anstifter 268
    Doppelvorsatz des Gehilfen 275
    effektlose Beihilfe 274
    Exzess des Haupttäters 269
    Haupttat bei Anstiftung 264
    Irrtümer des Anstifters 269
    Kausalität der Teilnahmehandlung 267
    Kettenanstiftung 264
    limitierte Akzessorietät 262
    omnimodo facturus 266
    physische Beihilfe 273
    psychische Beihilfe 273
    Überblick 238, 262
    versuchte Anstiftung 265
    versuchte Beihilfe 272
    versuchte Beteiligung 276
Teilnehmerwillen 241
Trottelprivileg
    siehe Versuch
Trutzwehr
    siehe Notwehr

U

unmittelbarer Täter
    siehe Täterschaft
Unrechtsbewusstsein
    aktuelles 99
    bedingtes 99
    direkter Verbotsirrtum 110
    Erlaubnisexistenzirrtum 111
    Erlaubnistatbestandsirrtum 103, 111
    Erlaubnisumfangsirrtum 111
    indirekter Verbotsirrtum 111
    potentielles 99
    Putativnotwehr 103
    Schuldtheorien 103
    Schuld-Vorsatz 102
    Verbotsirrtum 99
    zweigeteilte Prüfung 101
Unterlassen
    Unterfall von Handlung 202
Unterlassungsdelikt
    fahrlässiges, echtes 208
    Möglichkeit eines Tuns 204
    Pflichtenkollision, rechtfertigende 205
    vorsätzliches, echtes 202
    Zumutbarkeit eines Tuns 204
Unterlassungsdelikt, unechtes
    Abgrenzung Tun-Unterlassen 212

Abgrenzung Vorbereitung Ausführung .. 231
Entsprechungsklausel, objektiv 222
Entsprechungsklausel, subjektiv 223
Garantenpflicht vs. -stellung 220
Garantenstellung 217
Garantentrias 218
Gebotenheit, objektive........................... 216
Gebotenheit, subjektive 217
Ingerenz.. 218
Kausalität, hypothetische 221
Möglichkeit gebotenen Tuns 220
Nichtvornahme gebotenen Tuns 212
Obhutspflichten..................................... 218
Pflichtenkollision, unechte.................... 226
Quasikausalität 221
Rechtsgutgefährdung, unmittelbare 231
Rettungshandlungen, revidierte 214
Schwerpunkt der Vorwerfbarkeit 214
Selbstgefährdung, eigenverantwortliche 227
Sicherungspflichten 218
Tun, vorangegangenes, gefährdendes .. 218
Zumutbarkeit gebotenen Tuns 221
Unzumutbarkeit normgemäßen Verhaltens
 siehe Fahrlässigkeit
Ursachenzusammenhang
 rechtlicher 55

V

Verbindung
 von Handlung und Erfolg 22
Verbotsirrum
 Gefälligkeitsgutachten 113
Verbrechen 5
Vergehen 5
Verhalten, sozialerhebliches 21
Verletzungsdelikt 5
Vermeidbarkeit
 Definition 112
 Verbotsirrtum 112
Versuch
 Aufbau
  Qualifikationen 165
 beendeter... 153
 Definition 133
 erfolgsqualifiziertes Delikt 195
 Erlaubnisirrtum
  umgekehrter 147
 fehlende Vollendung............................ 134
 fehlgeschlagener 155
 Prüfungsreihenfolge Tatbestand......... 136
 Rücktritt
  bei Vollendung................................. 160
  Betrachtungshorizont...................... 154
  Ernsthaftigkeit 158
  fehlendes Erfolgsunrecht................. 153
  Freiwilligkeit 156
  mehrere Beteiligte........................... 158
  neutralisiertes Handlungsunrecht 153
  Planungshorizont............................ 155
  Prämie.. 152
  Rücktrittshorizont 156
 Strafaufhebungsgründe 152
 Strafbarkeit 135
 Subsumtionsfehler 138
 Subsumtionsirrtum
  umgekehrter 145
 Tatentschluss
  Tatgeneigtheit................................. 139

Umfang 139
unbeendeter 153
unmittelbarer Ansatz 149
untauglicher
    Trottelprivileg 142
untauglicher 140
untaugliches Tatmittel 140
untaugliches Tatobjekt 141
untaugliches Tatsubjekt 141
Verbotsirrtum
    umgekehrter direkter 144
    umgekehrter indirekter 147
Vorbereitungsphase 149
Vorprüfung 134
Wahndelikt 143
Zitierweise 135
Vorsatz
    Absicht 36
    Definition 35
    direkter Vorsatz 37
    dolus directus 1. Grades 36
    dolus directus 2. Grades 37
    dolus eventualis 37
    dolus subsequens 40
    Doppelfunktion 102, 107
    Eventualvorsatz 37
    Gesinnungsaspekt 102
    intellektueller Aspekt 102
    Mitbewusstsein 35
    sukzessive Mittäterschaft 40
    Vollbewusstsein 35
    Wahrscheinlichkeitsurteil 35

    Wollenselement 35
    Zeitpunkt 40
Vorsatzdelikt 5
Vorsatz-Fahrlässigkeitskombinationen
    eigentliche 192
    uneigentliche 193
Vorsatzform
    Absicht 39
    wider besseres Wissen 39
    wissentlich 39
    zur Täuschung 39
Vorwerfbarkeit
    siehe Schuld

W

Werkzeug
    siehe Täterschaft
Wissens- und Willensherrschaft
    siehe Täterschaft
Wissenskomponente
    siehe Vorsatz

Z

Zumutbarkeit
    siehe Unterlassungsdelikt
Zurechenbarkeit
    Definition 28
Zurechnung
    normative 27
    objektive 55